广东省科技计划项目"华南技术转移中心建设（第一期、二期、三期）"
"广东创新驱动战略决策新型智库建设"（2017B070703005）成果

企业创新管理工具丛书

企业创新管理理论与实操

张振刚 李云健 周海涛 编著

图书在版编目（CIP）数据

企业创新管理：理论与实操 / 张振刚，李云健，周海涛编著 . -- 北京：机械工业出版社，2022.1（2024.1 重印）
（企业创新管理工具丛书）
ISBN 978-7-111-70058-6

I. ①企⋯　II. ①张⋯　②李⋯　③周⋯　III. ①企业创新 - 创新管理 - 研究　IV. ①F273.1

中国版本图书馆 CIP 数据核字（2022）第 007838 号

　　本书的概念框架源于企业的创新管理实践，着眼于思想凝练，致力于知行合一。对于企业创新管理，既注重多元性、直接性、现实性和跨学科的设问，也注重建设性、科学性、系统性和操作性的应答；既重视企业创新实践经验的总结，也着力加强企业创新管理理论和方法的系统建构。力争使本书在科学性、理论性、思想性与工具性、实用性、操作性两大方面实现平衡统一。基于大量的企业创新活动和管理实践，本书系统地总结了企业在制定创新路线图的过程中涉及的创新理论、创新方法、理论框架、流程方法等，是理论智慧与实践探索的结晶。本书通过三个世界、三大系统、三层创新、五条路线，对企业创新管理进行了全新、全方位的逻辑体系建构，开发出企业创新管理的实操工具——企业创新路线图，并从创新战略管理、技术研发管理、产品开发管理、市场营销管理与研发组织管理五个方面对企业创新管理进行了系统的阐述。同时，结合数字经济的时代背景，介绍了数字如何赋能企业创新。

　　本书既可作为管理学尤其是企业管理专业的教材，还可作为创新管理研究学者等的参考读物。同时，对于科技型、创新型企业的企业家、创业者、管理者与技术研发部门负责人也具有启发价值。

企业创新管理：理论与实操

出版发行：机械工业出版社（北京市西城区百万庄大街 22 号　邮政编码：100037）			
责任编辑：吴亚军		责任校对：马荣敏	
印　　刷：北京建宏印刷有限公司		版　次：2024 年 1 月第 1 版第 4 次印刷	
开　　本：170mm×230mm　1/16		印　张：26.5	
书　　号：ISBN 978-7-111-70058-6		定　价：79.00 元	

客服电话：（010）88361066　68326294

版权所有 · 侵权必究
封底无防伪标均为盗版

企业创新管理工具丛书编委会

主　　任：张振刚　周海涛
副 主 任：李　奎　廖晓东
成　　员：叶世兵　赖培源　牟小容　黄　何　张宏丽
　　　　　李妃养　李云健　余传鹏　王　鹏　李淑如
　　　　　左恬源　戴　川　闫永骅　陈欣怡　邱珊珊
　　　　　孙晓麒　张　跃　徐津晶　钱　钦　吴梦圈

前 言

在开放创新与协同创新的背景下,创新不再只是研发部门的事,而是一项由企业内部多部门共同参与、外部"政产学研"协同开展的系统工程。创新管理也不再局限于技术研发与产品开发项目管理,而是一项涉及创新战略、技术研发、产品开发、市场创新、研发组织创新等方面的系统管理活动。创新活动的多样化、生态化、复杂化,使其需要更为专业、全面与科学的创新管理。然而,现实中的企业尚存在创新管理专业人才短缺的问题,高校也没有专门的创新项目管理课程,缺少对创新管理专业人才的培养。现有教材大多注重对创新管理理论的阐述,而创新管理实操内容不足。对企业而言,比创新管理理论更为重要的是创新管理实操,编写一本兼顾创新管理理论与实操的教材成为当前创新管理专业人才培养的重中之重。

在国家社会科学基金和广东省华南技术转移中心有限公司的支持下,我们团队开展了《企业创新管理:理论与实操》一书的编写工作。本书是国家社会科学基金重大项目"数据赋能激励制造业企业创新驱动发展及其对策研究"(18ZDA062)的阶段成果之一。

自2009年开始,我们团队有幸参与广东省科学技术厅组织的企业"院线提升计划"实施工作,通过创新管理方法指导广东省创新型企业组建与发展研究开发院,探索企业创新路线图的制定与实施，帮助企业系统把握创新活动的核心，描绘未来创新的发展路径，突破创新关键壁垒，确立创新商业模式，增强自主创新能力，夯实创新组织基础，助推企业通过创新实现高质量发展。十多年来，我们团队对广东省内外包括广东美的集团、广东TCL集团、广东温氏集团、广州广药集团、广州广汽研究院、广州广船国际、广州金发科技、广州海格通信、广州达安基因、深圳华为技术有限公司、深圳研祥集团、中山华帝公司、珠海格力电器、珠海优特电力、惠州亿纬锂能、肇庆风华高科、广州白云电器、广州明珞汽车装备、青岛海尔集团、尚品宅配南海制造基地、广州金域医学集团、中国联通广州分公司、广州数说故事、中山顶固工业4.0制造基地、广州无线电集团、三星广州研究院、广东冠昊生物、中国南玻集团、深圳中兴通讯、广州通信研究所、上海大众集团、上海通用汽车、杭州阿里巴巴集团、北京京东方集团等100多家行业先进企业进行了广泛的实地考察和调研，同大部分企业的董事长和总经理进行了长期、反复的讨论与沟通，取得了大量的一手资料，并在此基础上形成了丰富的实践案例。

基于大量的企业创新活动和管理实践，本书系统地总结了企业在制定创新路线图的过程中涉及的创新理论、创新方法、理论框架、流程与方法等，是理论智慧与实践探索的结晶。本书通过三个世界、三大系统、三层创新、五条路线，对企业创新管理进行了全新、全方位的逻辑体系建构，开发出企业创新管理的实操工具——企业创新路线图，并从创新战略管理、技术研发管理、产品开发管理、市场营销管理与研发组织管理五个方面对企业创新管理进行了系统的阐述。本书共9章，第1章介绍了创新的含义、特点、过程、类型、模式、战略、思维与方法，阐述了什么是创新；第2章介绍了创新对发展的意义以及创新管理的作用，阐述了为何要创新以及如何进行创新管理；第3章阐述了创新管理的实操工具——创新路线图，重点探讨了企业创新路线图的基本概念、理论渊源、主要功能、制定原则与制定流程；第4～8章则分别围绕企业创新路线图的思想路线、技术路线、产品路线、市场路线与组织路线阐述了企业创新战略管理、技术研发管理、产品开发管理、市场营销管理与研发组织管理的基本含义、方法工具与实践经验，重点讨论的是创新管理方法与策略；第9章则结合数字经济时代下企业创新管理的变化趋势，介绍了数字如何赋能战略决策创新、研究开发创新、生产制造创新、市场营销创新和组织管理创新。

本书是集体智慧的成果。本书由张振刚、李云健、周海涛负责制定全书的详细写作提纲，提出编写思路，构建概念框架，确定与撰写具体内容，并组织相关人员开展编写工作。广东省社会科学院的陈志明副研究员、华侨大学的林春培教授、华南理工大学的余传鹏博士对企业创新路线图的前期工作做出了重要贡献，户安涛、沈鹤等博士生，张君秋、邓海欣、程琳媛、吴懿轩、郑少贤、李晓杰、胡琪玲、陈力恒、李娟娟等硕士生参加了本书前期的资料搜集、整理、编写与审校工作。广东省华南技术转移中心有限公司的李奎总经理、廖晓东执行总裁等为本书的修改提供了许多宝贵意见。在编写过程中，我们还得到了许多企业家的帮助和支持，在此一并表示衷心的感谢。

  本书的概念框架源于企业的创新管理实践，着眼于思想凝练，致力于知行合一。对于企业创新管理，既注重多元性、直接性、现实性和跨学科的设问，也注重建设性、科学性、系统性和操作性的应答；既重视企业创新实践经验的总结，也着力加强企业创新管理理论和方法的系统建构。力争使本书在科学性、理论性、思想性与工具性、实用性、操作性两大方面实现平衡统一，这一直是我们奋斗的目标之一。需要指出的是，本书虽然以一种新的创新系统理论形态呈现出来，但许多理论、方法、观点都是建立在前人大量研究基础上的。尽管我们在书中引用或借鉴他人文章的地方都有注释或资料来源，但难免挂一漏万，在此对所有引用和借鉴其成果的相关作者表示衷心的感谢。由于编者水平有限，书中难免存在遗漏、缺点甚至错误，希望读者不吝批评指正。

  最后，感谢机械工业出版社的鼎力支持。

张振刚

于华南理工大学工商管理学院

2022年1月

▶ 目录 ◀

前言

第1章　创新概述　/1
　　创新导入　阿里巴巴：创新比未来快一步　/2
　　1.1　创新的含义与特点　/4
　　1.2　创新的过程与类型　/8
　　1.3　创新的模式与战略　/13
　　1.4　创新的思维与方法　/22
　　创新探索　中国中车的创新发展之路　/25
　　本章小结　/28
　　思考与练习　/28

第2章　创新与发展　/29
　　创新导入　海康威视的超越追赶之路　/30
　　2.1　持续发展的动力源于创新　/33
　　2.2　为何许多企业的创新不成功　/42
　　2.3　创新管理是企业创新成功的基石　/49
　　创新探索　海尔的创新演变　/51

本章小结　/ 54

思考与练习　/ 54

第3章　创新路线图：创新管理的实操工具　/ 55

创新导入　中集集团的创新发展及其演进　/ 56

3.1　什么是创新路线图　/ 59

3.2　为何要用创新路线图　/ 70

3.3　如何制定创新路线图　/ 78

创新探索　TCL的创新路线图　/ 85

本章小结　/ 90

思考与练习　/ 91

第4章　思想路线：创新战略管理　/ 92

创新导入　三一重工的创新战略演变　/ 93

4.1　什么是创新的思想路线　/ 95

4.2　如何制定创新理念与目标　/ 101

4.3　如何确定创新战略　/ 108

4.4　思想路线的绘制　/ 126

创新探索　科大讯飞的创新思想路线　/ 128

本章小结　/ 130

思考与练习　/ 131

第5章　技术路线：技术研发管理　/ 132

创新导入　华为的技术领先之路　/ 133

5.1　什么是创新的技术路线　/ 135

5.2　如何识别技术价值　/ 138

5.3　如何由创意到技术创新方案　/ 158

5.4　技术研发项目管理　/ 165

5.5　如何绘制创新的技术路线　/ 174

创新探索　达安基因技术路线的绘制　/ 176

本章小结　/ 179

思考与练习　/ 180

第6章 产品路线：产品开发管理 / 181

创新导入 中国商飞的商用飞机产品开发 / 182

6.1 什么是创新的产品路线 / 185

6.2 如何找到有价值的产品概念 / 193

6.3 如何设计产品开发方案 / 206

6.4 产品开发管理 / 218

6.5 如何绘制创新的产品路线 / 224

创新探索 小米的产品路线 / 227

本章小结 / 230

思考与练习 / 231

第7章 市场路线：市场营销管理 / 232

创新导入 格力电器以市场创新打造发展新优势 / 233

7.1 什么是创新的市场路线 / 236

7.2 如何发现市场机会 / 240

7.3 如何进行市场选择 / 253

7.4 如何制定市场策略 / 263

7.5 如何绘制创新的市场路线 / 280

创新探索 美的集团的市场路线 / 282

本章小结 / 286

思考与练习 / 287

第8章 组织路线：研发组织管理 / 288

创新导入 杰赛科技研究开发院的建设 / 289

8.1 什么是创新的组织路线 / 292

8.2 如何进行研发组织设计 / 296

8.3 如何合理配置创新资源 / 326

8.4 如何设置创新管理制度 / 334

8.5 如何绘制创新的组织路线 / 351

创新探索 金发科技组织路线设计 / 354

本章小结 / 358

思考与练习 / 359

第9章　数字创新管理　/ 360

创新导入　数说故事：数据赋能企业创新　/ 361

9.1　迈进数字经济时代　/ 362

9.2　数字时代的创新管理　/ 367

9.3　数字如何赋能企业创新　/ 373

创新探索　美的集团数字化路线　/ 403

本章小结　/ 407

思考与练习　/ 408

结语　迈向创新成功之路　/ 409

第 1 章

创新概述

本章概览

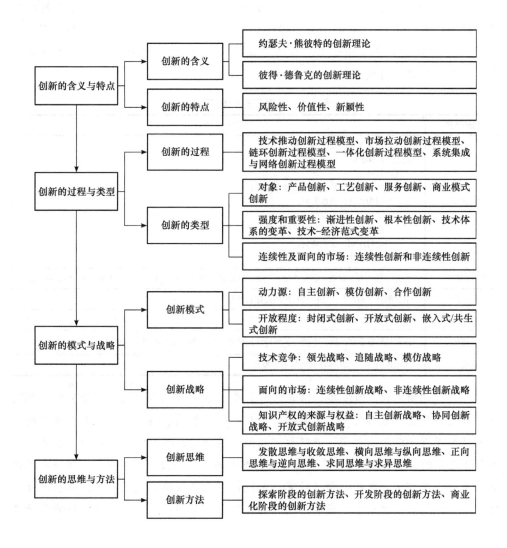

创新导入

阿里巴巴：创新比未来快一步

21世纪的新兴市场瞬息万变，要想在竞争激烈的市场中生存下来，企业必须进行创新。提到中国的创新企业，首先想到的就是阿里巴巴。自创办20多年以来，阿里巴巴始终致力于创新，将创新贯彻于企业文化、技术、产品、市场、组织和商业模式等方面。阿里巴巴的业务包括核心商业、云计算、数字媒体与娱乐以及创新业务。一个包含淘宝、盒马、钉钉、阿里云、菜鸟等多项业务的数字经济体逐渐完善。在近三年由波士顿咨询评选的"全球最具创新性企业50强"中，阿里巴巴是为数不多连续三年上榜的中国企业，并且在2020年使排名攀升至第七。阿里巴巴的创新模式如表1-1所示。

表1-1 阿里巴巴的创新模式

创新类型	内容
思想创新	使命：让天下没有难做的生意 愿景：活102年 "新六脉神剑"： 客户第一，员工第二，股东第三； 因为信任，所以简单； 唯一不变的是变化； 今天最好的表现是明天最低的要求； 此时此刻，非我莫属； 认真生活，快乐工作
技术创新	在云计算、人工智能、芯片、量子计算、区块链等领域保持高水平投入，并获得众多创新成果
产品创新	不仅创造了新产品，还围绕其产品创建新产业
市场创新	由国内市场扩张到国际市场
组织创新	设置创新事业群，以一个统一、可持续的机制，保障创新项目得到更好的成长
商业模式创新	从B2B、C2C、O2O等模式到新零售模式

在思想创新方面，2019年，阿里巴巴于成立20周年之际公布了"新六脉神剑"，与时俱进，全面升级其使命、愿景和价值观。阿里巴巴将其原有的企业愿景"成为一家持续发展102年的公司"升级为"我们不追求大，不追求强，我们追求成为一家活102年的好公司"，表明其对社会责任感的追求。在技术创新方面，阿里巴巴在云计算、人工智能、芯片、量子计算、区块链等领域保持高水平投入，并获得众多创新成果。例如，阿里巴巴研制的飞天云操作系统是中国唯一一个自主研发的计算

引擎，首次实现将百万个服务器连成一台超级计算机；阿里巴巴全面自主攻克存储计算分离、分布式、兼容性等关键技术，在数据库技术方面实现了自主可控；阿里巴巴发布的首款物流机器人"小蛮驴"充4度电就能跑100多千米，每天最多能送500个快递。在产品创新方面，阿里巴巴不仅创造了新产品，还围绕其产品创建新产业。例如，支付宝、阿里云、菜鸟等原本为零售平台提供便利的产品，目前在金融、数字营销、物流等方面构成了生态产业链。在市场创新方面，阿里巴巴由国内市场扩张到国际市场。截至2019年9月，入驻天猫国际的海外品牌超过22 000个，覆盖4 300多个产品类目，产品来自78个国家和地区。天猫国际已成长为中国最大的进口平台。同时，阿里巴巴希望可以在2019～2024年的5年里，通过云计算和大数据技术，在全球范围内建立一个可以服务20亿消费者和数千万企业的"全球买，全球卖"的商业生态平台。在组织创新方面，阿里巴巴建立了创新事业群。该事业群总裁朱顺炎将其归结为"以使命驱动的创新组织"，并总结出了"创新组织=业务+团队+文化"的公式。通过设置专门的创新事业群，阿里巴巴能够以一个统一、可持续的机制，保障创新项目得到更好的成长。在该创新事业群的领导下，阿里巴巴的创新产品需要同集团战略保持一致，先通过战略规划把不同的创新产品连成线，再把线扩成面，最终实现由一个产品带动整个产业发展的目标。例如，其智能搜索产品——夸克，一方面可与阿里巴巴经济体的布局相配合；另一方面在未来会开放给更多的行业，与产业形成良好的互动。目前，阿里巴巴创新事业群已主导孵化夸克、唱鸭、VMate等产品的千万级用户。在商业模式创新方面，阿里巴巴先后经历了1999年企业创立时的B2B模式、2003年的C2C模式、2008年的B2C模式、2011年的餐饮及生活服务O2O模式、2014年的全品类O2O模式以及近些年大力提倡的新零售模式。在瞬息万变的市场中，阿里巴巴始终走在创新的前沿，不断用技术创新带动商业模式创新，通过组织创新来保障产品创新的实现，将技术与商业完美结合。

当今市场环境已不再是渐变，而是剧变。发明家兼预言家Ray Kurzweil曾预测，到2045年将会出现更加剧烈的行业转变。因此，对于21世纪的企业来说，"创新"是一个重要的话题，更是一个必然的选择。

资料来源：①阿里巴巴集团官网. [2020-09-26]. https://www.alibabagroup.com/cn/about/businesses.
②姚明明，吴东，吴晓波，等. 技术追赶中商业模式设计与技术创新战略共演：阿里巴巴集团纵向案例研究 [J]. 科研管理，2017，38（05）：48-55.

思考：
1. 阿里巴巴为何能成为电商巨头？
2. 我们应该如何理解创新？

> 创新是企业家的具体工具，也是他们借以利用变化作为开创一种新实业和一项新服务的手段。企业家们需要有意识地去寻找创新的源泉，去寻找成功创新的机会。他们还需要懂得创新成功的原则并加以运用。
>
> ——彼得·德鲁克

1.1 创新的含义与特点

创新已成为当今社会的热点话题。国家提倡"大众创业、万众创新"，企业主张技术创新、产品创新、市场创新、组织创新。阿里巴巴建立了专门的创新事业群，北京大学建设了科技创新研究院。那么，我们随处可以听到的"创新"是什么呢？我们常说高速铁路、扫码支付、共享单车和网络购物是"新四大发明"，那么发明等于创新吗？创新的含义到底是什么呢？

1.1.1 创新的含义

创新理论最早由美籍奥地利经济学家约瑟夫·熊彼特提出。1912 年，他在《经济发展理论》一书中指出，"创新"就是"建立一种新的生产函数"，即实现生产要素和生产条件的新组合。它包括五种情况⊖：

（1）引入一种新的产品或提供产品的新质量；

（2）采用一种新的生产方法；

（3）开辟一个新的市场；

（4）获得一种原料或半成品的新的供应来源；

（5）实行一种新的企业组织形式。

熊彼特的创新理论具有以下六大特征⊜，如图 1-1 所示。

（1）创新是在生产过程中内生的。熊彼特指出，创新是从内部自行发生的变化，而不是由外

图 1-1 创新的六大特征

资料来源：熊彼特.经济发展理论[M].王永胜，译.上海：立信会计出版社，2017.

⊖ 熊彼特.经济发展理论[M].王永胜，译.上海：立信会计出版社，2017.
⊜ 宁钟.创新管理[M].北京：机械工业出版社，2012.

部强加的。例如，如果企业自身不重视创新，那么即使政府在创新方面投入得再多，也是效率极低的。

（2）创新是一种"革命性"的变化。熊彼特曾有过这样一个形象的比喻：无论你把多大数量的驿路马车或邮车连续相加，也绝不能得到一条铁路。"革命性"变化的发生涉及的是一种技术、经济和管理上的发展问题，具有间断性和突发性的特征。

（3）创新同时意味着毁灭。在竞争性的经济活动中，生产要素和生产条件的新组合通过竞争消灭旧组合，用新的工具取代旧的工具，用新的方法取代旧的方法，用新的产品取代旧的产品，用新的市场取代旧的市场。

（4）创新必须能够创造出新的价值。企业通过将新工具、新方法与新手段运用于生产实际与社会实践，取得新的经济效益和社会价值，从而创造新的价值。

（5）创新是经济发展的本质规定。熊彼特认为经济发展可以分为增长和发展两种情况。这里的发展是"流转渠道中自发的和间断的变化，是对均衡的干扰，永远在改变和代替以前存在的均衡状态"。也就是说，发展是经济循环流转过程的中断，也就是实现了创新。

（6）创新的主体是"企业家"。熊彼特把实现"新组合"的主体称为"企业"，因此，以实现"新组合"为目的的人们便是"企业家"。企业家的核心职能不仅在于经营与管理，还包括发现与执行这种"新组合"。这样定义企业家突出了创新的特殊性，说明了创新活动的特殊价值——实现"新组合"。

熊彼特的创新理论强调创新的经济学意义，认为创新是具有商业目的的一个生产过程，是追求经济效益的一种手段。

到了20世纪50年代，现代管理学之父彼德·德鲁克将创新的概念引入管理领域。他认为，创新通过有目的的专注变革努力，从而提升企业的经济潜力或社会潜力。创新是一项具有系统性、目的性的工程。它是每位高管的职责，始于有意识地寻找机会。要找到这些机会并加以利用，人们需要严格有序地工作。㊀

然而，创新与发明经常被混淆。为了更好地理解创新的内涵，我们需要将创新与发明区分开。熊彼特最早对二者进行了区分。他认为，如果发明没有得到实际应用，那么它在经济上就不起作用。而实行任何改善并使之产生经济效用的行为是创新，它是发明的第一次商业化应用。因此，发明和创新是两个不同的任务。它们之间的最主要区别就是是否产生经济效益，并且要完成这两个任务所要

㊀ 德鲁克.创新与企业家精神[M].蔡文燕,译.北京：机械工业出版社,2018.

求的才能也是不同的。对企业家来说,创新是企业家的职能,而发明则不是。由此可以看出,企业家将发明创造的成果商业化和产业化,并且取得成功的过程才是创新。创新是与经济效益的提高紧密联系的。表 1-2 显示了技术与产品的发明和创新年份。

表 1-2 技术与产品的发明和创新年份

技术与产品	发明年份	创新年份	从发明到创新的周期
拉链	1891	1918	27
电视	1919	1941	22
复印机	1937	1950	13
4G	2005	2013	8
5G	2014	2019	5

资料来源:根据"许庆瑞.许庆瑞集[M].杭州:浙江人民出版社,2011."等资料整理。

由表 1-2 可以看出,从时间周期来看,创新滞后于发明,随着社会的发展,技术与产品从发明到创新的周期总体上呈现缩短的趋势。

创新是利用已有资源创造新价值的行为,通过创新可以实现创造发明潜在的经济和社会价值。创新是一个复杂的价值创造过程,包括科学、技术、经济、社会、文化、生态等价值的创造,涉及科学发现、可行实验、原型设计、商业应用、大规模采用、扩散到其他领域和产生经济社会影响等阶段,如图 1-2 所示。

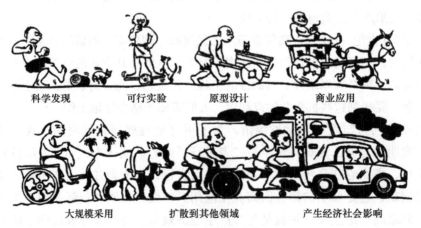

图 1-2 创新的阶段

资料来源:Joseph Martino.Futurist[J].July-August,1993.

1.1.2 创新的特点

1. 风险性

从企业的角度出发,创新最为显著的特点是风险性。创新的风险性是指创新给社会及企业自身带来损失的不确定性。创新的风险性主要表现为以下两个方面。①企业因时机把握不当而给自身带来损失的不确定性。过早地把握创新机会或错失创新机会都会给企业带来一定的风险。企业过早地把握创新机会,会使资源的投入变成沉没成本;企业错失创新机会,会让竞争对手抢占大块市场份额。②企业因创新内容、手段等问题的选择而给自身带来损失的不确定性。

2. 价值性

创新具有价值性,即创新是价值创造的基础。创新是实现创造发明潜在的经济和社会价值的过程。通过技术、产品和商业模式的创新,可以创造出价值。创新可以使产品的体验愉悦感或效率大幅提升,从而满足客户的需求,为客户创造更多的价值。

3. 新颖性

创新具有新颖性。无论是从无到有地创造新产品、新技术、新市场等,还是循序渐进地在原有产品或技术的基础上进行改进,只有当产品、技术、市场等生产要素与以往有所不同,或生产要素和生产条件有了新的组合方式,才可将其称为创新。

◀ 创新聚焦 ▶

大疆创新占领天空

作为全球领先的无人机系统及解决方案提供商,深圳市大疆创新科技有限公司(以下简称"大疆创新")始终以领先的技术和尖端的产品为发展核心。通过坚持创新,大疆创新研发出商用飞行控制系统、ACE 系列直升机飞控系统、多旋翼飞控系统、筋斗云系列专业级飞行平台 S1000 与 S900、多旋翼一体机 Phantom、Ronin 三轴手持云台系统等产品。其研发不仅填补了国内外多项技术空白,而且将应用场景拓宽到农业、能源、安全、工程等多个领域。2018 年 8 月,在 CB Insights 公布的 2018 年全球独角兽企业榜单中,大疆创新的科技排名是第 6 位;2019 年 6 月,大疆创新成功入选 2019 年《麻省理工科技评论》50 家聪明公司榜单;2020 年 6 月,大疆创新入选福布斯"2020 中国最具创新力企业"榜单。然而回顾其发展历程,我们可以看到,精准发现并牢牢抓住市场机遇助力了大疆创新的成功。在 2012 年 1 月以前，国内还没有形成消费级无人机市场，无人机依然是远离大众的专业级产品，航模爱好者是主要受众。2013 年 1 月，随着大疆无人机精灵 Phantom 1 的上市，消费级无人机市场开始"起飞"。

　　大疆创新之所以能够有今天的市场地位，得益于对市场升级机会的准确把握。大疆创新对市场升级机会的把握体现在其产品创新和模式创新两个方面。在产品创新方面，2012 年，大疆创新推出了到手即飞的世界首款航拍一体机"大疆精灵 Phantom 1"。而在这款产品出现之前，由于飞行器的空中摄像系统震动幅度较大，摄像机拍到的视频摇晃得厉害，严重阻碍了航拍飞行器的发展。而大疆创新勇于创新，拓展思路，通过一种前所未有的增稳云台实现方案创造性地解决了该问题。该公司历时两年，由 20 人的团队潜心研发出增稳云台样机，成功将相机抖动控制在 0.04 度的范围内，使得航拍模式进入大众市场，同时形成了大疆创新在航拍领域的绝对优势。在随后的几年中，大疆创新始终专注于产品和技术，凭借在无人机航拍领域的技术开拓、成本缩减及用户体验优化等举措，不断升级产品，最终在行业内形成良好的口碑。

　　在模式创新方面，为了扩大用户群并探索无人机的应用领域，大疆创新开始平台化的积极探索，这分别体现在产品平台化和运营平台化两个方面。在产品平台化方面，大疆创新在软件和硬件层面分别推出开发者套件。其中，开源软件开发平台叫 SDK，用户可使用 SDK 来开发更符合自身需求的产品。在硬件层面，大疆创新推出可灵活扩展的飞行平台经纬 M100 和视觉传感导航系统 Guidance。在运营平台化方面，大疆创新上线"大疆社区"，为航拍爱好者打造学习、分享和交流的社区，举办相应教程和作品展示活动并提供相关服务。通过用户在社区的交流，可进一步发挥无人机在航拍过程中的潜力并带动相关产品和增值服务的发展。

　　大疆创新凭借着对市场机遇的精准把控，对产品和技术的创新投入，以及平台导向的战略，最终实现在无人机领域的快速崛起。

　　资料来源：①大疆创新官网. [2020-09-26]. https://www.dji.com/cn/company?site=brandsite&rom=ooter. ②王满四，周翔，张延平. 从产品导向到服务导向：传统制造企业的战略更新：基于大疆创新科技有限公司的案例研究 [J]. 中国软科学，2018（11）：107-121.

1.2　创新的过程与类型

　　在了解了创新的含义与特点后，进一步了解创新的过程与类型有助于我们更好地理解企业创新这几十年来经历的变化，并帮助我们更好地区分不同的创新。

1.2.1 创新的过程

从 20 世纪 60 年代发展到今天，总共经历了具有代表性的五代创新过程模型。它们分别是：20 世纪 60 年代到 70 年代早期的技术推动和市场拉动创新过程模型；20 世纪 70 年代后期到 80 年代早期的链环创新过程模型；20 世纪 80 年代后期到 90 年代初期的一体化创新过程模型；最新一代的系统集成与网络创新过程模型。

1. 技术推动创新过程模型

技术推动创新过程模型表明，研究开发是创新构思的主要来源，一项新发现引发一系列实践，从而使发明得到应用，市场被动地接受研究开发的成果。这是一个简单的线性过程，包括研究、开发、生产和销售等内容，如图 1-3 所示。该模型诞生的背景为在"二战"后的前 20 年左右的时间里，电子信息技术及半导体、新材料等新技术蓬

图 1-3　技术推动创新过程模型
资料来源：傅家骥. 技术创新学 [M]. 北京：清华大学出版社，1998.

勃发展，一些产业的新技术实现了商业化，社会上出现了越来越多的商业机会，人们对科技的地位和作用的认可程度不断增加。在这种背景下，简单线性的技术推动创新过程模型诞生了。

汽车产业是符合技术推动创新过程模型的典型例子。通过蒸汽机、蒸汽牵引机、四轮蒸汽篷车、单缸的内燃机引擎、汽油引擎、两轮的摩托车、从三轮汽车到现代汽车原型、用驱动轴代替链条等一系列技术发明与改进活动，汽车产业才得以蓬勃发展。

2. 市场拉动创新过程模型

与技术推动创新过程模型相反，市场拉动创新过程模型表明，市场需求刺激了研究开发，创新是由市场需求所引发的。在市场需求的刺激下，企业进行研究开发，并最终将产品投入市场，如图 1-4 所示。该模型诞生于 20 世纪 60 年代后期，人们发现大多数创新并不是由技术推动引起的，如果只强调技术的投入而忽视市场需求，那么技术创新就无法实现。因此，有人认为技术创新是市场需求引发的结果，进而提出市场拉动创新过程模型。20 世纪初，福特汽车公司生产的 T 型车大受欢迎。但是，老福特对于他人关于改进 T 型车的建议，一概拒绝接受。与此同

时，福特汽车公司的竞争对手雪佛兰公司捕捉到人们对于汽车外观新颖与内座舒适的需求，不断进行技术创新，以更低的价格推出更符合大众需求的汽车。1927年，雪佛兰公司的销量远远超越福特汽车公司。

图1-4 市场拉动创新过程模型

资料来源：傅家骥.技术创新学[M].北京：清华大学出版社，1998.

需要指出的是，市场需求虽然会引发大量的创新活动，但这些创新活动往往是渐进性的，是对原有技术的进一步改进，而根本性的创新则大部分来自技术的推动。

3. 链环创新过程模型

链环创新过程模型表明，在创新过程早期就应该将营销与创新过程联系起来，预期消费者对引入市场的新产品的反应。因此，在创新时要将技术和市场的因素结合起来考虑，降低新产品不被市场认可的风险。从想法产生、想法成型到投入市场，技术驱动与市场驱动都要紧密结合且贯穿始终，具体过程如图1-5所示。

链式创新过程模型与前两代模型相比，更具有代表性。理由是，在技术推动创新过程模型中，研究开发投入的增加不一定会带来更多的创新；市场拉动创新过程模型由于过分强调市场的作用，因此难以带来根本性创新。而链式创新过程模型把创新分成一系列职能各不相同但相互联系、相互作用的阶段，加强了技术推动和市场拉动创新过程模型中技术与营销的结合。链环创新过程模型又被称为技术与市场的耦合互动模型。该模型诞生于20世纪70年代，两次石油危机的爆发导致大量产品供过于求，而企业关注的焦点在于如何提高产量、降低成本。大量研究证明，应将科学、技术和市场三者结合起来，技术创新是由技术和市场交互作用所引发的。

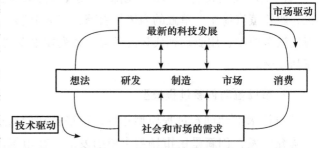

图1-5 链环创新过程模型

资料来源：Rothwell R G, Zegveld W. Reindustrialization and technology[M].New York: ME Sharpe, 1985.

4. 一体化创新过程模型

一体化创新过程模型表明，研究与发展、生产制造、市场营销及进入市场后的活动可以同时并行地开展。一体化创新过程模型提出了一个非线性的、动态化的创新理论框架。它强调研发（R&D）部门、设计生产部门、供应商和用户之间的密切沟通与合作，如图1-6所示。

该模型起源于20世纪80年代末。西方国家在大量观察并思索日本企业的成功经营之道后，发现日本企业在全球市场上的优势不仅来自模仿和准时制生产方式，还有通过集成与并行开发的方式助力它们比西方国家更快、更有效地推陈出新。

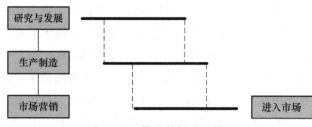

图1-6　一体化创新过程模型

资料来源：傅家骥.技术创新学[M].北京：清华大学出版社，1998.

克莱斯勒公司（美国第三大汽车制造企业）利用网络与供应商、经销商合作，将下游经销商与上游供应商结为一体，构成了一体化的创新系统。通过这一网络，下游经销商将市场需求及销售状况传递给供应商，同时完成网上订货与付款等交易活动。供应商则综合各地市场销售情况，调整生产计划，并通过网络订购原材料。与供应商、经销商合作的一体化创新过程，使克莱斯勒公司的产品开发时间从18个月减少到12个月，不仅节省了大量成本，而且更好地满足了顾客需求。

5. 系统集成与网络创新过程模型

系统集成与网络创新过程模型表明，企业创新深深地根植于社会和经济活动中。在该过程中，主体企业进行创新的统筹规划，通过战略合作、业务外包等形式形成包括产品构思、应用研究、试验开发、生产制造、工艺完善、营销设计和市场开发等一系列创新活动在内的网络组织，并对各合作单位的合作成果进行系统集成，如图1-7所示。一体化、灵活性、网络化以及并行（实时）信息处理是系统集成与网络创新过程模型的主要特色。自20世纪90年代以来，企业竞争优势的重要来源为新产品的开发时间，但当新产品的开发时间缩短时，成本会提高。因此，企

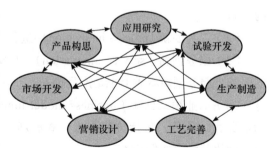

图1-7　系统集成与网络创新过程模型

资料来源：Rothwell R G, Zegveld W. Reindustrialization and technology[M].New York: ME Sharpe, 1985.

开始追求并使用时间更短且成本更低的、以系统集成和网络化为特征的第五代创新过程。

空中客车A380飞机是欧洲空中客车工业公司研制生产的4台发动机、550座级超大型远程宽体客机，也是全球载客量最大的客机，堪称系统集成创新与网络创新的典范。与之前的飞机相比，A380研发、测试与应用了有关材料、工艺、系统和发动机等一系列新技术，在更大范围内采用了复合材料，改进了气动性能、飞行系统和航空电子设备，使之不仅成为迄今为止建造的最宽敞的民用飞机，而且是最先进的民用飞机，同时建立了创新和技术的新标准。为了完成A380项目，空中客车工业公司与美国、日本和中国等国家的大约120个供应商和行业合作伙伴签订了200多份重要合同。他们在研发和实施革新性技术以及实践验证设计方案方面与空中客车工业公司通力合作，以确保A380项目获得成功。为了建造空中客车A380飞机，空中客车总装厂在图卢兹专门建造了一间特大的厂房。空中客车A380飞机部件运输滚装船"波尔多城"号把全球各地工厂制造的A380飞机部件运送至法国波尔多港。然后，这些部件将通过驳船和卡车等运输工具，被运往法国图卢兹总装厂进行总装。

1.2.2 创新的类型

根据不同的角度，我们可以将创新分为不同的类型。

1. 根据创新对象不同分类

根据创新对象不同，可将创新分为产品创新、工艺创新、服务创新以及商业模式创新四种类型。

（1）产品创新（product innovation）：对现有产品的实质性改进或者生产一项新的产品。

（2）工艺创新（process innovation）：进行生产过程的改进或者采用新的生产方法。

（3）服务创新（service innovation）：对现有服务的实质性改进或者提供一项新的服务。服务创新本质上也是产品创新。

（4）商业模式创新（business model innovation）：通过对各种资源的优化配置创造更大的价值，包括价值主张模式创新、价值创造模式创新、价值传递模式创新、价值网络模式创新[⊖]。

⊖ 孙永波. 商业模式创新与竞争优势[J]. 管理世界，2011（7）：182-183.

2. 根据创新的强度和重要性不同分类

根据创新的强度和重要性不同，可将创新分为渐进性创新、根本性创新、技术体系的变革和技术－经济范式变革四种类型。

（1）渐进性创新（incremental innovation）：由渐进的和连续的小的创新构成，技术变化不大，以技术改进为主。

（2）根本性创新（radical innovation）：在技术上有重大突破的技术创新。其特点是在观念上有根本性的突破。

（3）技术体系的变革（change of technology system）：由具有深远意义的技术变革组成一系列创新，往往影响到若干产业部门，可以促使新兴产业出现，形成技术上相关联的创新群和大量的根本性创新，如新能源汽车的技术体系。

（4）技术－经济范式变革（change in tech-economic paradigm）：比技术体系更为宽泛的概念，这种创新能对社会产生广泛而深远的影响，几乎可以改变所有部门和人们的行为方式，形成若干个技术系统变革，如生命科学、信息技术等。

3. 根据创新的连续性及面向的市场不同分类

根据创新的连续性及面向的市场不同，可将创新分为连续性创新与非连续性创新，其中非连续性创新包括破坏性创新与颠覆性创新。

（1）连续性创新（continuous innovation）：建立在现有的知识、市场和技术基础设施之上，创新产品同原有产品只有细微的差异，对消费模式的影响也十分有限。

（2）非连续性创新（discontinuous innovation）：建立在全新的知识或是各种知识融合的基础之上，是引进和使用新技术、新原理的创新，能给产品带来全新的功能，或者产生现有市场上不曾存在的产品。非连续性创新包括破坏性创新和颠覆性创新。其中，破坏性创新是指在低级市场中进行商业模式与产品的创新或在新市场中有简易性与价格负担上的创新，通过在这两个市场中创造独特价值来进入非主流市场。颠覆性创新是指通过引入新技术、新产品或新服务实现对原有技术、产品及服务的完全替代，最终形成新标准、新模式与新领域⊖。

1.3 创新的模式与战略

在了解创新的概念与分类后，进一步理解创新的模式和战略有助于了解创新活

⊖ 刘文勇. 颠覆式创新的内涵特征与实现路径解析[J]. 商业研究，2019（02）：18-24.

动的规律和创新实践的特征。企业创新模式的选择是创新战略制定的重要内容,选择何种模式在很大程度上决定了企业经营战略的性质、方向和成败。

1.3.1 创新模式

在了解创新的过程和类型之后,我们来学习创新的不同模式。把解决某类问题的方法总结归纳到理论高度就是模式。创新模式是指关于创新的方式、方法和范式的理论归纳与总结。

1. 根据创新的动力源不同分类

按照创新的动力源不同,创新模式可以分为自主创新、模仿创新和合作创新(傅家骥,1998)。

(1)自主创新:是指企业通过自身努力探索技术前沿,取得技术突破,自主掌握核心技术和自主拥有知识产权,并独立完成技术的商业化全过程。自主创新的成果,一般体现为新的科学发现以及拥有自主知识产权的技术、产品、品牌等。

自主创新主要包括原始创新、集成创新和引进消化吸收再创新三种类型。原始创新是指前所未有的重大科学发现、技术发明、原理性主导技术等创新成果。原始创新意味着在研究开发方面,特别是在基础研究和高科技研究领域取得独有的发现或发明。原始创新是最根本的创新,是一个民族对人类文明进步做出贡献的重要体现。集成创新是指通过对各种现有技术的有效集成,形成有市场竞争力的产品或者新兴产业。引进消化吸收再创新是指在引进国内外先进技术的基础上,经过学习、分析、借鉴,进行再创新,形成具有自主知识产权的新技术。引进消化吸收再创新是提高自主创新能力的重要途径。发展中国家通过向发达国家直接引进先进技术,尤其是通过利用外商直接投资的方式获得国外先进技术,经过消化吸收实现自主创新,不仅可以极大地缩短创新时间,而且能够降低创新风险。

(2)模仿创新:是指企业通过向首创者学习和模仿创新的思路与行为,并从中汲取成功的经验和失败的教训,购买或者破译核心技术和技术秘诀,对技术进行改进和完善,根据市场的特点和市场的发展趋势进行深入开发的创新行为。模仿创新包括两种方式。一是完全模仿创新,即对市场上现有产品的仿制。一项新技术从诞生到完全使市场饱和需要一定的时间,基本遵循 S 曲线的演进规律,所以创新产品投放到市场后还存在一定的市场空间,这使技术模仿成为可能。二是模仿后再创新,即对率先进入市场的产品进行再创造,也即在引入他人的技术后,经过消化吸收再创新使其超过原来的水平。模仿创新要求企业掌握被模仿产品的技术诀窍,然后进行产品功能、外观和性能等方面的改进，从而使产品更具市场竞争力。

（3）合作创新：是指企业之间、企业与高等院校或者研究机构之间实现优势互补，共同投入到某一项研究之中，形成创新的协同效应，从而达到双赢或者多赢的目标。

合作创新既包括具有战略意图的长期合作，如战略技术联盟、网络组织，也包括针对特定项目的短期合作，如研究开发契约和许可证协议。近年来，合作创新已经成为国际上一种重要的技术创新方式。由于企业合作创新的动机不同，因此，合作的组织模式也多种多样。狭义的合作创新是指企业、高等院校、研究机构为了共同的研发目标而投入各自的优势资源所形成的合作，一般特指以合作研究开发为主的基于创新的技术合作，即技术创新。

表 1-3 是根据创新的动力源不同对创新进行的分类。

表 1-3　根据创新的动力源不同对创新进行的分类

创新分类	含　义	类型/方式
自主创新	企业通过自身努力探索技术前沿，取得技术突破，自主掌握核心技术和自主拥有知识产权，并独立完成技术的商业化全过程	原始创新、集成创新和引进消化吸收再创新
模仿创新	企业通过向首创者学习和模仿创新的思路与行为，并从中汲取成功的经验和失败的教训，购买或者破译核心技术和技术秘诀，对技术进行改进和完善，根据市场的特点和市场的发展趋势进行深入开发的创新行为	完全模仿创新和模仿后再创新
合作创新	企业之间、企业与高等院校或者研究机构之间实现优势互补，共同投入到某一项研究之中，形成创新的协同效应，从而达到双赢或者多赢的目标	具有战略意图的长期合作，如战略技术联盟、网络组织；针对特定项目的短期合作，如研究开发契约和许可证协议

◀ 创新聚焦 ▶

海信集团的创新模式

海信集团位于我国山东省青岛市，是我国著名的大型电子产业信息集团。海信集团利用 20 世纪 60 年代"青岛无线电二厂"的十几万元固定资产开始"创业"，经过 50 多年的发展，整个集团的销售收入在 2019 年突破 1 268 亿元，海外收入为 461 亿元，同比增长 21.1%。

海信集团始终坚持"技术立企、稳健经营"的发展战略，在多个业务领域排名靠前，有着突出的表现。在以彩电为核心的 B2C 产业以及近些年来蓬勃发展的智慧交通、精准医疗和光通信等新动能 B2B 产业中，海信集团均取得了良好成绩，居于行业领先位置。海信集团正在实现由传统"家电公司"向"高科技公司"

的转变。

海信集团历来以其突出的自主创新能力而在业界闻名。从研发成效来看，海信集团获得了一系列令人瞩目的技术与产品创新成就。例如，海信集团制造了全球首款 100 英寸超短焦激光电视、100 英寸 4K 超短焦激光电视以及超短焦双色激光电视、全球首款 300 英寸激光影院。截至 2020 年 5 月，海信激光电视在国内外累计申请专利 1 089 件，国内外发明授权累计 404 件。海信集团在国内外累计申请专利 24 414 件，国内外发明授权累计 5 352 件。ULED 动态背光分区控制技术共含有 210 多项技术专利创新。在 2019 年的 CES（国际消费类电子产品展览会）上，海信集团发布了 70 英寸三色激光电视。这是行业内首次将激光电视的尺寸下探到 70 英寸，也是首次将三色激光显示技术运用到中小尺寸的电视中。同时，海信集团深耕芯片技术，在 8K 超高清显示画质处理芯片、电视 SoC 芯片、AI 芯片方面不断有所突破。在空调技术创新方面，海信集团完全自主掌握了变频的核心控制技术，包括直流压机驱动核心算法、PFC 功率校正控制算法、压机参数自适应算法；不断地进行整机的高效换热器翅片技术、高效送风技术、制冷系统冷媒节流技术等关键技术的创新。

在产业布局方面，海信集团在全球拥有 14 家工业园区，以及 17 所研发中心。其中，海信研发中心现已建成国内较为完善的研发平台体系，包括应用基础研究中心（国家级科研平台）、产品开发中心、工业设计中心、模具开发中心、检测中心、中试中心、数据信息中心、技术培训与学术交流中心、产学研合作基地（联合实验室、联合研发中心）。其创新体系包括众多国内外研发中心及国家级科研平台，坚持从全球引进高端人才，提升技术产品研发能力。海信集团内部鼓励创新、容许失败、主张用开放的态度学习新技术。坚持技术创新、重视研发投入已成为海信人的共同信仰。海信集团采取技术创新和用户需求双擎驱动的创新模式。

凭借着创新技术优势，海信集团的多项业务取得突出成果。在电视方面，海信电视畅销海内外，以超过 1/5 的市场占有率位于国内第一阵营；在"城市智能交通市场千万项目中标企业"排名中，海信集团连续多年蝉联第一名。海信集团的发展得到了党和国家的高度认可。因为在自主创新和产品质量方面的突出表现，海信集团被评为"国家首批创新企业"，并两次获得"全国质量奖"，它也成为第一家两次获得该奖项的企业。

资料来源：海信集团官网．[2020-09-26].http://www.hisense.cn/hxry/index.aspx?nodeid=140.

2. 根据创新的开放程度不同分类

按照创新的开放程度不同,创新模式经历了从封闭式创新(创新范式1.0)到开放式创新(创新范式2.0),再到嵌入式或共生式创新(创新范式3.0)的过程。

在知识经济时代,随着技术、产品更新换代速度的加快,产品生命周期大幅缩短,企业仅仅依靠内部的资源进行高成本的创新活动,已经难以适应快速发展的市场需求以及日益激烈的竞争。迄今为止,创新范式已经经历了线性范式(创新范式1.0)、创新体系(创新范式2.0),并开始进入创新生态系统(创新范式3.0)的阶段。与此相关,企业创新模式、政府创新政策也都开始转向3.0时代。随着研究的深入,欧盟提出了创新模式演化的轨迹,如图1-8所示。图1-9是相关学者对企业创新模式演化的丰富表达。

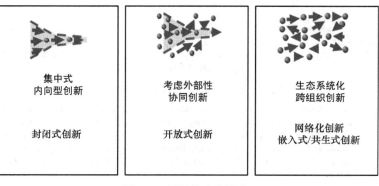

图1-8 创新模式的演化

资料来源:The European Commission. EU directorate-general for communications networks, content and technology[R].Open Innovation 2013, 2013.

(1)创新范式1.0,即封闭式创新,主要是指企业依靠内部资源进行创新,自己研发技术,生产、销售产品,并提供售后服务、财务支持的创新模式。开放式创新可以说是封闭式创新的一个对立面,是指系统地在企业内外部的广泛资源中寻找创新资源,有意识地将企业的能力和资源与从外部获得的资源整合起来,并通过多种渠道开发市场机会的一种创新模式(Joel West, Scott Gallagher, 2003)。从图1-10中可以看出,封闭式创新强调自我研究功能,注重企业资金供给和有限研发力量的结合,能保证技术保密、独享和垄断。这可能会使那些无力承担高额研发费用的企业处于竞争劣势。

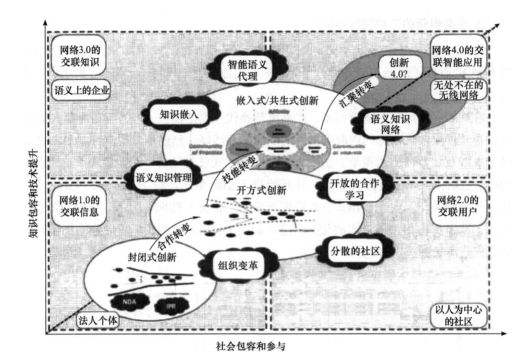

图 1-9　企业创新模式 1.0-2.0-3.0 的演化

资料来源：① Hafkesbrink J, Evers J. Innovation 3.0: Embedding into community knowledge: The relevance of trust as enabling factor for collaborative organizational learning. In: Hafkesbrink J, Hoppe H U, Schlichter J. Competence Management for Open Innovation—Tools and IT-Support to Unlock the Potential of Open Innovation[M].Eul Verlag, 2010. ② 李万，常静，王敏杰，等. 创新 3.0 与创新生态系统[J]. 科学学研究，2014，32（12）：1761-1770.

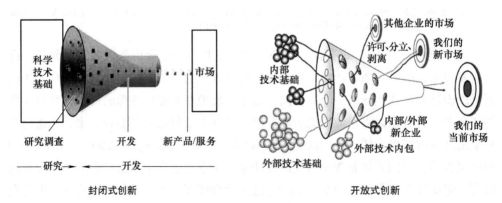

图 1-10　封闭式创新与开放式创新模式

资料来源：Chesbrough.Open Innovation: The New Imperative for Creating and Profiting from Technology[M]. Boston: Harvard Business School Press, 2003.

（2）创新范式2.0，即开放式创新，是指企业可以同时利用内部和外部有价值的知识来加快内部创新，并利用外部创新开拓市场，积极寻找外部的合资、技术特许、委派研究、技术合伙、战略联盟等合适的商业模式，尽快将创新思想变为现实产品和利润。同时，企业内部的创新思想可能在研究或发展的任何阶段通过知识的传播、人员的流动或专利权转让扩散到企业外部。例如，虽然CD-R技术的主要拥有者为Philips（飞利浦）及Sony（索尼）公司，但是它们并不亲自生产光碟，光碟生产厂商支付的占生产成本32%～42%的专利使用费就可以使Philips及Sony公司赢得较多的收入。封闭式创新与开放式创新的基本原则的区别如表1-4所示。例如，伊利集团通过"搭平台、创模式、聚人才"的开放式创新模式，在为消费者提供更优质健康的产品的同时，实现了自己的业绩领先目标，并引领整个行业向高质量方向发展。

表1-4 封闭式创新与开放式创新的基本原则的区别

封闭式创新的基本原则	开放式创新的基本原则
本行业里最聪明的员工为我们工作	需要和企业内外部的所有聪明人合作
为了从研发中获利，自己进行发明创造、开发产品并将其推向市场	外部研发工作可以创造巨大的价值，而要分享其中的一部分，就必须进行内部研发
自己进行研究，最先把产品推向市场	不是非要自己进行研究才能从中受益
最先将创新商业化的企业会成为赢家	建立一个更好的商业模式要比贸然冲向市场好得多
形成行业中最多最好的创意一定会使企业取得成功	充分利用企业内外部的创意是获得成功的重要途径
控制知识产权，使竞争对手无法从我们的创意中获利	通过出售或转让知识产权而获利，或者购买别人的、能够提升我们的商业模式的知识产权

资料来源：Chesbrough.Open Innovation: The New Imperative for Creating and Profiting from Technology[M]. Boston: Harvard Business School Press,2003.

（3）创新范式3.0，即嵌入式、共生式创新或网络化创新，体现为"产学研用"的"共生"以及政府、企业、高等院校和用户的"四螺旋"结构。随着生产消费者（prosumer）的兴起及"产学研用"社区生态化创新模式的发展，企业的核心竞争优势来源发生了转变，即开始源于由生产消费者粉丝社区、利益相关者社区、实践社区以及科学社区所构成的创新生态系统。企业创新范式3.0如图1-11所示。

1.3.2 创新战略

在了解创新模式的基础上，我们进一步学习创新的战略。创新的战略是指企业在复杂多变的环境中为保持独特的竞争优势而制定的关于经营、工艺、技术、产品、组织、市场等方面的创新方案和策略。依据不同的分类标准，企业创新的战略有不同的分类方法。

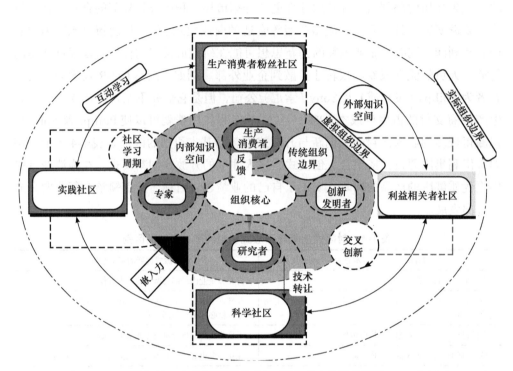

图 1-11　企业创新范式 3.0：嵌入式 / 共生式创新

资料来源：① Hafkesbrink J, Evers J. Innovation 3.0: Embedding into community knowledge: The relevance of trust as enabling factor for collaborative organizational learning. In: Hafkesbrink J, Hoppe H U, Schlichter J. Competence Management for Open Innovation—Tools and IT-Support to Unlock the Potential of Open Innovation[M].Eul Verlag, 2010. ②李万，常静，王敏杰，等. 创新 3.0 与创新生态系统 [J]. 科学学研究，2014，32（12）：1761-1770.

1. 从技术竞争的角度划分

从技术竞争的角度划分，可将创新战略分为领先战略、追随战略和模仿战略。

（1）领先战略是指企业赶在所有竞争者之前，率先采用新技术并将新产品投入市场，以获取较大市场份额和利润的一种战略。采用这一战略的企业一般拥有雄厚的实力，较强的应用研究与开发的能力，能先发制人，保证技术处于领先地位。采用领先战略的企业一般通过两种方式获取利润：一是把价格定在较高的水平上；二是通过平价政策赢得较大的市场份额，以便在较长时期内实现盈利。例如，海信集团在 1996 年就开始引进与开发变频空调技术，并很快掌握该项技术，成为最早推出变频空调的国内企业。变频技术的领先优势使海信集团占据国内变频空调市场的先机，并成为国内空调领域的"变频专家"。

（2）追随战略是指企业不以抢先研究和开发新技术、新产品为目标，而是采取追随方式，对市场上已出现的新技术、新产品进行及时改进和完善，迅速占领市场，以便跟上技术发展的步伐，减少技术领先企业对其造成的威胁。该战略的重点不在于激发用户的初始需求，而在于总结"领先者"所犯的错误和积累的经验，从而开发出性能更好、可靠性更高和具有先进性的产品，把现有用户吸引过来。例如，国内的华为公司虽然在规模上已是行业的巨头，但在创新上却一直秉承开放的思想，即在企业不具备创新能力或创新能力不足的情况下要尽可能学习和利用他人的先进技术，紧紧追随在行业内领先的国际巨头，以商业应用为导向，摒弃脱离商业成功导向的、"唯技术"的创新，进而逐步打开并占领国际市场。

（3）模仿战略是指通过购买领先者的核心技术、专利许可或反向工程等方式来模仿领先者的技术创新战略。采取这种战略的企业，技术实力一般较弱，技术的获取主要来自外部，也就是说，自身的技术实力建立在购买外部技术的基础上，且自身的技术积累较差。该战略的重点是如何快速和低成本地获取所需的技术。因此，采用模仿战略的企业往往在产品成长期或稍后一些时间内进入市场，并在产品定型化或标准化之后再对生产设备进行大量投资。因为此时产品销量较大，接近经济上最合理的产量规模。模仿战略是国内企业采用较多的战略，在诸多行业都可以看到这一战略的拥护者，如国内的运动服装企业、汽车制造企业、手机制造企业、计算机制造企业等。

2. 从面向的市场的角度划分

从面向的市场的角度划分，可将创新战略分为连续性创新战略与非连续性创新战略。

（1）连续性创新战略是指企业建立在现有的知识、市场和技术基础设施之上，对产品的性能进行改进。创新产品同原有产品只有细微的差异。

（2）非连续性创新战略是指企业建立在全新的知识或各种知识融合的基础之上，引进和使用新技术、新原理对产品进行创新，给产品带来全新的功能，或者进入细分市场，针对特定市场提供新产品。

3. 从知识产权的来源与权益的角度划分

从知识产权的来源与权益的角度划分，可将创新战略分为自主创新战略、协同创新战略和开放式创新战略。

（1）自主创新战略是指企业为增强自己的市场竞争能力，在开发产品时不是采用传统的、大众化的、模仿别人的技术和管理模式,而是自己不断研究、开发,在产品结构、性能和生产工艺的关键技术上不断地进行发明和创造,并拥有自主知识产权的技术、产品等。

(2)协同创新战略是指企业为了实现重大科技创新,而与政府、知识生产机构(大学、研究机构)、中介机构和用户等开展大跨度的整合合作,实现相关协同方之间资源的最佳配置与最优整合,从而提高企业的创新能力和竞争能力,实现企业的可持续发展。

(3)开放式创新战略是指为了促进组织内部的创新,企业积极灵活地运用内外部的技术及创意等资源,以增加将组织内创新扩展至组织外的市场机会。企业可通过产学研合作、企业技术联盟、技术并购等方式引入外部创新能力,从而降低自己的研发成本并加快创新速度、提高创新成功率。

1.4 创新的思维与方法

创新的模式和战略为创新指明方向。选择正确的创新方向后,企业还需要通过创新的思维和方法促使企业创新成功。创新思维和科学的创新方法可以有效地提高企业创新活动的效率,并提高员工的创造力。

1.4.1 创新思维

创新思维是指以新颖独创的方法解决问题的思维过程。培养创新思维需要打破思维定式、思维惯性和封闭思维,以超常规甚至反常规的方法、视角去思考问题,提出与众不同的解决方案。创新思维的本质是将对创新的感性愿望提升为理性的探索,使创新活动实现由感性认识到理性思考的飞跃。创新思维可以分为发散思维与收敛思维、横向思维与纵向思维、正向思维与逆向思维、求同思维与求异思维四组思维方式[一]。它们相互联系、相互结合、共同作用。

1. 发散思维与收敛思维

发散思维是指一种面对问题从多方面思考、产生多种设想或答案的思维方式。其主要功能就是提供尽可能多的解决方案,特点是思维由问题的中心指向四面八方。头脑风暴法就是一种典型的激发发散思维的有效形式。收敛思维是指在解决问

㊀ 赵洁,石磊,丁丽娜. 创新思维与TRIZ创新方法[M]. 北京:人民邮电出版社,2018.

题的过程中，尽可能利用已有的知识和经验，把众多的信息和解题的可能性逐步引导到条理化的逻辑序列中，最终得出一个合乎逻辑规范的结论。其特点是思维始终集中于同一方向，具有封闭性、综合性和合理性。

收敛思维与发散思维具有互补性，不可偏废。一般来说，通过发散思维所产生的众多设想或方案，多数是不成熟的或不切实际的，因此，我们必须借助收敛思维对发散思维的结果进行筛选。而在运用收敛思维的过程中，要想准确地发现最佳的方法或方案，必须综合考察各种发散思维的结果，并对其进行归纳、分析和比较。

2. 横向思维与纵向思维

横向思维是指通过截取历史的某一横断面，来研究同一事物在不同环境中的发展状况，并通过同周围事物的相互联系和相互比较，找出该事物在不同环境中的异同。纵向思维是指从事物自身的过去、现在和未来的分析对比中，发现事物在不同时期的特点及前后联系，从而把握事物本质的思维过程。我们通过综合应用横向思维与纵向思维，能够对事物有更全面的了解和判断。

3. 正向思维与逆向思维

正向思维是指依据事物的发展过程建立的一种思维方法。人们常用到这种思维方式，它是从已知到未知来揭示事物本质的一种思维方法。逆向思维与正向思维相反，是指对通常的似乎已成定论的事物或观点反过来加以思考的一种思维方式，即从问题的相反面深入地进行探索，运用逻辑推理去寻找新的方法和方案。它具有批判性和新颖性。正向思维与逆向思维相互补充、相互转化，在解决问题的过程中共同使用，通常会取得事半功倍的效果。

4. 求同思维与求异思维

求同思维是指在创新活动中把两个或两个以上的事物，根据实际的需要联系在一起，并寻找它们的共同点，然后从这些共同点中产生新创意的思维活动。求同思维是异中求同，从已知的事实或已知的命题出发，沿着单一的思维方向来揭示和归纳事物内部存在的规律和联系。求异思维是指对某一现象或问题，进行多起点、多方向、多角度、多原则、多层次、多结果的分析和思考，捕捉事物内部的矛盾，揭示事物表象下的本质，从而选择富有创造性的观点、看法或思想的一种思维方法。在求异思维中，我们常用到寻找新视角、变换要素和转换问题等方法。采用求异思维，往往能突破思维定式，打破传统规则，寻找到与原来不同的方法和途径。

1.4.2 创新方法

在启发创新思维的过程中，我们需要运用科学的创新方法。创新方法是人们在创造发明、科学研究或创造性地解决问题的实践活动中所采用的有效方法和程序的总称[一]，是加快创新进程、缩短产品研发时间、提高生产效率、提升产品品质、减少创新成本的有效手段。企业在从创意产生、产品开发到商业化的全流程中形成了创新链，各阶段都需要相应的方法来持续改进。因此，我们基于产品创新流程归纳了一些具有代表性的创新方法，如图1-12所示。

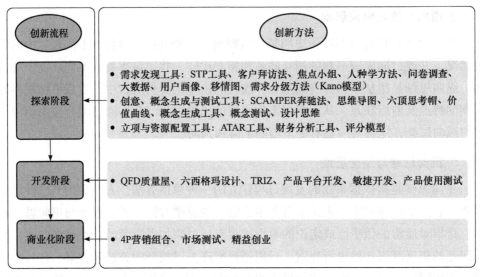

图1-12　创新流程与创新方法

（1）产品的探索阶段是创新的前端阶段，主要任务是寻找和筛选具有突破性的创意机会，为开发阶段提供"输入"[二]。探索阶段包括需求发现、创意产生、概念生成与测试以及立项分析等内容。我们需要采用多种创新方法激发新产品创意，并有效地论证和筛选新产品创意。在需求发现方面，可采用STP工具、焦点小组、用户画像等创新方法，这些有助于我们了解客户的实际需求；在创意、概念生成与测试方面，思维导图、设计思维等都是对新产品创意做进一步优化和完善的方法；在立项与资源配置方面，主要采用ATAR工具、财务分析工具和评分模型等，以提

[一] 彭凡,等. 企业创新方法实践：多种创新方法在制造业的融合与应用[M]. 北京：机械工业出版社，2019.

[二] 成海清. 产品创新管理：方法与案例[M]. 北京：电子工业出版社，2011.

高立项分析工作的效率和质量。

（2）产品的开发阶段是产品实现阶段，包括设计与开发、测试与矫正等重要阶段。由于开发阶段的周期长、投入大、参与人员多、任务复杂，因此应采取有效的创新方法来推进，以确保项目执行的质量和效率。在这一阶段中，主要采用 QFD 质量屋、六西格玛设计、TRIZ 等创新方法，以开发出满足用户需求的新产品。在企业创新链中，技术研发和产品开发是最为重要的一环，TRIZ 是开发阶段中采用的核心创新方法。TRIZ 是一种为系统研究与解决复杂问题所创立的理论、方法和模型，主要用于解决技术领域中的创新问题。在利用 TRIZ 解决问题的过程中，我们首先应将待设计的产品表达成 TRIZ 问题，然后利用 TRIZ 中的工具，如发明原理、标准解等，求出该 TRIZ 问题的普适解或模拟解，最后把该解转化为领域的解或特解。美国的一些知名公司，如波音公司，利用 TRIZ 理论解决了波音飞机空中加油的关键技术问题，从而战胜了法国的空中客车工业公司，赢得了几亿美元的订单。德国的西门子、奔驰、宝马等企业都有专门的机构及人员负责 TRIZ 理论的培训和应用。

（3）产品的商业化阶段是实现投资回报的阶段，主要任务是分析内外部环境、制定营销战略，目的是确保新产品顺利上市，实现预期的上市绩效。项目进入商业化阶段时，新产品也就变成常规产品了，这时需要继续做好各项工作，不断开发和改进产品。在这一阶段中，主要采用 4P 营销组合、市场测试、精益创业等创新方法。这些方法的运用有助于新产品顺利进入市场并实现绩效提升。

◀ 创新探索 ▶

中国中车的创新发展之路

中国中车股份有限公司（以下简称"中国中车"）是一家既传统又年轻的企业，说其传统是因为实际上中国中车最早的子公司可追溯到 1881 年，而说其年轻是因为中国中车继承了中国北车股份有限公司、中国南车股份有限公司的全部业务和资产，经重组整合后在 2015 年开启了全新征程。合并后的中国中车，成为全球规模领先、品种齐全、技术一流的轨道交通装备供应商。中国中车始终坚持采用创新驱动模式，与中国的铁路和轨道交通事业发展同步，走出了一条追求高质量发展的道路。2018 年，中国中车实现营业收入 2 190.83 亿元，德国权威统计机构 SCI 发布的数据显示，中国中车在 2018 世界轨道交通装备企业排名中稳居榜首，销售收入超过位列第二、三位的阿尔斯通与庞巴迪之和。中国中车的创新体系发展历程可划分为三个阶段,如图 1-13 所示。

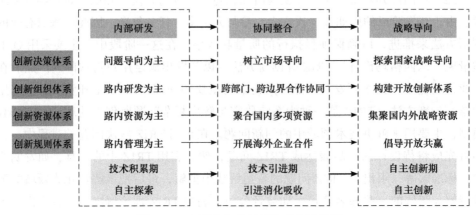

图 1-13 中国中车的创新体系发展历程

1. 技术积累期(1978~2003 年):建立企业内部知识库,积累技术创新要素

在技术积累期,中国机车车辆企业的自主研发深度促进了企业技术能力的形成与积累。中车集团四方机车车辆股份有限公司(以下简称"中车四方")在 1994~2004 年间,开发了一套机车研发制造的完整体系,包括研发体系、电力体系和配套体系等。这十年是中车四方打基础的阶段,没有采用外来引进方式,坚持自己摸索,在技术能力上有所提升。中车四方在总结能顺利自主研制出时速为 200 千米的车辆的经验时,将其概括为:大量的实验数据,时速为 160 千米车辆的成熟的技术队伍,时速为 160 千米车辆的设计规范和配套技术厂家的技术支持。

2. 技术引进期(2004~2008 年):结合内部学习和外部学习,形成模仿创新能力

中国中车在自主探索技术积累期之后,进入技术引进消化吸收阶段。2004 年,有人将其称为"中国高铁元年",正是在这一年,中国铁路开始在全球范围内大规模引进高速列车技术。在这一阶段,领军企业技术能力的提升,建立在内部学习和外部学习的结合上:一方面,企业通过消化吸收外部先进技术和知识,通过外部学习来发展技术能力;另一方面,企业在内部基于企业现有知识库、现有技术和人才队伍,进行内部激活再学习。2004 年和 2005 年,在"引进先进技术、联合设计生产、打造中国品牌"的基本原则下,铁道部⊖统一组织,就时速为 200 千米和

⊖ 2013年实行铁路政企分开,相关职责分别由交通运输部以及新组建的国家铁路局和中国铁路总公司承担,不再保留铁道部。

300千米的动车组进行了两次采购招标,从法国阿尔斯通、以日本川崎为首的联合体、加拿大庞巴迪及德国西门子等企业引进了四种产品平台和部分关键技术。在这两次招标中,中国中车分别从高速动车组技术最发达的四个国家引进了四种产品平台,其中西门子提供的是基于IEC开发的VelaroC平台技术,代表了当时世界上动力分散型动车组的最高水平。通过这两次招标采购,中国中车成功实现了对国外先进成熟动车技术的引进,而多种产品平台的引进也有利于消化吸收不同产品的技术特点。中国中车在消化吸收的基础上形成模仿创新能力,基于自身知识、人才、技术能力积累开始进行局部自主创新。

3. 自主创新期(2009年至今):构建开放式创新网络,发展自主创新能力

中国中车在经历前面的技术积累期和技术引进期之后,最关键、迫切的任务是培养和发展自主创新能力。在自主创新期,中国中车基于已有的知识技术积累和模仿创新能力,通过构建开放式创新网络发展企业技术创新能力。中国中车联合清华大学、北京大学、中国科学院等21家高校及科研院所和41家配套企业,建立了"产学研用"协同创新联盟,通过搭建政府、高校及科研院所、供应商和用户的开放式创新网络,开展密切的技术研发,发展核心技术能力。同时,中国中车还积极拓展建立海外研发中心,并相继成立了"中德轨道交通技术联合研究中心""中泰高铁联合研究中心""中英轨道交通技术联合研发中心"。在这一时期,中国中车建立了世界领先的轨道交通装备产品技术平台和制造基地,以高速动车组、大功率机车、铁路货车、城市轨道车辆为代表的系列产品已经全面达到世界先进水平,能够适应各种复杂的地理环境,满足多样化的市场需求。2017年6月,"复兴号"在京沪高铁首发,标志着中国铁路技术装备达到了领跑世界的先进水平。值得强调的是,中国中车已经开始面向国际市场系统性地输出"中国方案"。截至2019年11月,中国中车的产品已经出口到全球105个国家和地区,基本覆盖"一带一路"沿线国家。

中国中车经历了从技术积累、技术引进到自主创新的阶段,实现了产品从批量出口到技术输出、资本输出、服务输出的目标,这离不开其对自主创新、开放创新和协同创新的坚持。中国高铁列车车谱的延展,彰显了中国中车的创新实力。

资料来源:①金丹,杨忠.创新驱动发展下的领军企业技术能力提升策略研究[J].现代经济探讨,2020(03):80-84.②中车研究院.中国中车科技创新的探索与实践[R].[2020-10-20].③中国中车官网.[2020-10-20].http://www.crrcgc.cc/.④经济参考报.中国中车:以创新打造中国标准[EB/OL].(2019-11-01)[2020-11-18].https://finance.sina.com.cn/stock/relnews/cn/2019-11-01-doc-iicezzrr6393637.shtml.

思考：

1. 中国中车的创新体系经历了怎样的变化？
2. 中小企业可从中国中车的创新体系演变中得到什么启示？

◆ 本章小结 ◆

1. "创新"就是"建立一种新的生产函数"，即实现生产要素和生产条件的新组合。它包括五种情况：引入一种新的产品或提供产品的新质量；采用一种新的生产方法；开辟一个新的市场；获得一种原料或半成品的新的供应来源；实行一种新的企业组织形式。创新的特点为风险性、价值性、新颖性。

2. 按照创新的动力源不同，创新模式可以分为自主创新、模仿创新和合作创新；按照创新的开放程度不同，创新模式经历了从封闭式创新到开放式创新，再到嵌入式、共生式创新的过程。从技术竞争的角度划分，可将创新战略分为领先战略、追随战略和模仿战略；从面向的市场的角度划分，可将创新战略分为连续性创新战略和非连续性创新战略；从知识产权的来源与权益的角度划分，可将创新战略分为自主创新战略、协同创新战略和开放式创新战略。

3. 创新思维是指以新颖独创的方法解决问题的思维过程，主要包括发散思维与收敛思维、横向思维与纵向思维、正向思维与逆向思维、求同思维与求异思维。

4. 创新方法是人们在创造发明、科学研究或创造性地解决问题的实践活动中所采用的有效方法和程序的总称。本章从产品创新流程出发，梳理出从探索阶段、开发阶段到商业化阶段的相应的创新方法。

◆ 思考与练习 ◆

1. 创新的含义、特点及过程是什么？
2. 创新模式及创新战略该如何分类？
3. 创新思维是什么？创新思维的类型有哪些？
4. 在各创新阶段中，应该采用哪些创新方法？

第 2 章

创新与发展

本章概览

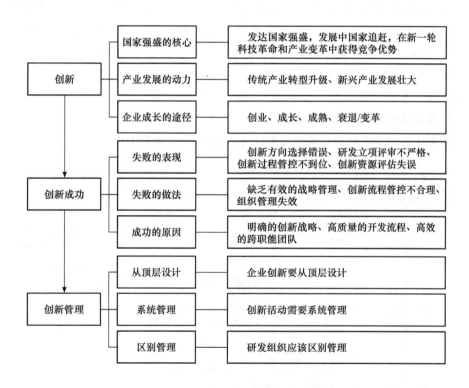

创新导入

海康威视的超越追赶之路

在新的时代背景下,面对全球化制造与新一轮科技革命和产业变革的机遇,中国企业已进入从以引进利用为主的"二次创新"转变为以开放探索为主的"超越追赶"的阶段。从众多实现追赶的企业案例中可以发现,"二次创新"是中国多数企业赢得后发优势的一个有效方法。

杭州海康威视于2001年成立,是以视频为核心的智能物联网解决方案和大数据服务提供商,聚焦于综合安防、大数据服务和智慧业务,2016～2018年入选全球安防50强企业,居全球第一。十多年来,海康威视的营业收入从最初的3 000万元蹿升到2019年的576亿元。其在多个细分领域内已成为"隐形冠军"。海康威视的成功离不开创新。

1. 海康威视的追赶:二次创新

海康威视的二次创新过程主要经历了两个阶段,如图2-1所示。

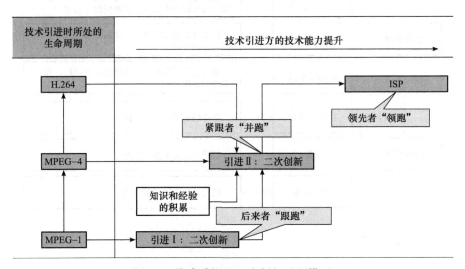

图2-1　海康威视的二次创新过程模型

第一阶段的主要任务是引进国际上成熟的技术。由于海康威视初期没有相关的技术知识和先前积累的经验,且吸收能力较差,所以海康威视首先采用从国外引进成熟的MPEG-1硬压缩方案,之后以"逆向工程"的方式简单地模仿国外的产品和工艺，并且将已有的技术结构与引进的技术结构做适配，针对本地市场改进创新，成功开发出基于 MPEG-1 标准的视音频压缩板卡。

第二阶段的主要任务是引进新兴技术，形成主导设计能力。海康威视通过与专利管理公司签订专利授权许可协议引进 MPEG-4 和 H.264 两种算法，与竞争对手同时开始研发新一代产品。由于在第一阶段已经积累了视音频压缩板卡的互补性技术，因此，海康威视的技术能力的快速提升促使其引入通用的 DSP 芯片，自主研发核心压缩算法。在短短半年时间内，海康威视就推出了成熟的新一代产品，由于技术性能稳定，该产品销量达到全国第一。基于自身技术能力与行业发展的考虑，海康威视于 2004 年开始自主研发 ISP 技术，并在 2009 年取得全面突破，推出了国内第一款采用完全自主研发 ISP 技术的实时百万像素网络全高清球机。海康威视首次实现"原始创新"。

海康威视的"二次创新"的立足点是企业创新能力的演化与升级，而企业只有以原始创新能力代替二次创新能力，才能实现从技术跟随、技术追赶到超越追赶的转型。

2. 海康威视超越追赶的技术路径

海康威视强调技术体系演变过程的动态性，如图 2-2 所示，并抓住了发展的机遇。

在发展初期，行业内正孕育着模拟技术范式向数字技术范式转变的契机，海康威视从视音频压缩板卡切入，凭借低成本、高质量的优势成为国际知名品牌代工商。在 2001～2004 年间，海康威视的业务重点是生产安防所用的视频压缩板卡。其采用了德州仪器的 DM642、DS-4000 板卡系列，解决了海康威视基本的生存问题。2005～2006 年，除继续巩固视频压缩板卡市场的领先地位之外，海康威视开始进行嵌入式 DVR（硬盘录像机）研发，采用 ARM DM6442 的 DS-8000 系列经典产品帮助其成为国内最大的 DVR 厂商，并将其知名度和影响力推向了新的高度。目前该公司依然是全球最大的嵌入式 DVR 供应商。

从 2007 年起，海康威视敏锐地觉察到安防行业出现的技术、制度、需求三个层面的"机会窗口"。2008～2010 年，该公司向前端延伸扩展产品线，从单一的产品供应向系统级方向延伸，成为安防产品综合供应商。2011～2015 年，海康威视主攻行业高清解决方案。

2016 年至今，AI（人工智能）与大数据技术的兴起带来了从网络范式向智能范式的转变，海康威视也逐渐超越霍尼韦尔公司，实现营业收入全球第一。

海康威视专注于视频内容提供，并在多种智能技术、物联网、大数据技术上取得突破。

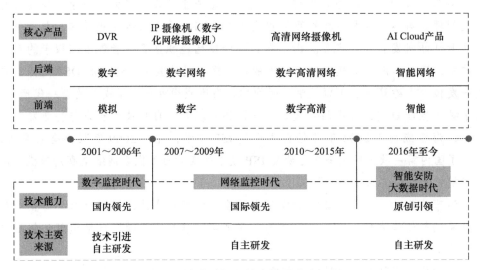

图 2-2　海康威视的技术体系演变过程

基于多年的探索和积累，海康威视形成了自主创新模式，并将技术合作与自主研发紧密结合。其创新理念使多项关键技术走在行业前沿。海康威视的成功为后发企业的创新发展提供了新的思路。

资料来源：①海康威视官网．[2020-09-26].https://www.hikvision.com/cn/about_8.html. ②吴晓波，李思涵．中国企业从"二次创新"到"原始创新"的超越追赶之路[J]．清华管理评论，2020（Z2）：119-127．③郑刚，陈劲，蒋石梅．创新者的逆袭：商学院的十六堂案例课[M]．北京：北京大学出版社，2017．

思考：
1. 海康威视为何能在短短十几年时间内实现赶超，成为国内安防行业的龙头？
2. 海康威视的创新模式有哪些值得借鉴的地方？

从海康威视的成功可以看出，在新一轮科技革命和产业变革的浪潮下，强大的核心技术和独立自主的创新能力是企业持续发展的驱动力所在。创新的重要性愈发明显。而在实践中，企业的创新之路充满挑战，并不是每个企业的创新都能获得成功。因此，我们要先了解创新的重要性，将创新运用到企业的各个成长阶段，进而弄清企业创新失败和成功的表现和做法，汲取经验，做好创新管理。

2.1 持续发展的动力源于创新

2.1.1 国家强盛的核心

迈克尔·波特（Michael E. Porter）认为，任何先进的经济体都有必要以创新来支撑高度的繁荣。根据波士顿咨询公司（BCG）2015～2020年发布的全球最具创新力企业报告来看，全球最具创新力企业集中分布在极少数国家，主要在美国和亚欧地区，如表2-1所示，发达国家占绝大多数，发展中国家在不断追赶。

表2-1 2015～2020年全球最具创新力企业数量的国家分布情况

国家	年 份				
	2015	2016	2018	2019	2020
美国	29	34	28	26	25
德国	7	6	8	10	6
日本	5	3	3	2	3
中国	3	2	3	2	5
法国	2	3	3	1	0
韩国	1	1	1	2	2
瑞士	1	0	1	1	3
印度	1	0	0	0	0
英国	1	1	2	2	1
荷兰	0	0	2	4	5
巴西	0	0	0	1	0
瑞典	0	0	0	0	1

注：1. 入选榜单的创新企业联合利华的总部在荷兰和英国。
2. 2017年BCG没有发布全球最具影响力报告，故没有2017年数据。
资料来源：① BCG.Most innovative companies 2015[R/OL].[2020-08-05]https://www.bcg.com/zh-cn/publications/collections/most-innovative-companies-2015. ② BCG.Most innovative companies 2016[R/OL].[2020-08-05].https://www.bcg.com/zh-cn/publications/2016/most-innovative-companies. ③ BCG.The most innovative companies 2018[R/OL].(2018-01-17)[2020-08-05].https://www.bcg.com/zh-cn/publications/collections/most-innovative-companies-2018. ④ BCG.The most innovative companies 2019[R/OL].[2020-08-05].https://www.bcg.com/zh-cn/publications/collections/most-innovative-companies-2019-artificial-intelligence-platforms-ecosystems. ⑤ BCG.The most-innovative-companies 2020[R/OL].[2020-08-05].https://www.bcg.com/zh-cn/publications/2020/most-innovative-companies/overview.

美国企业占据了全球创新企业的大部分，在很多高科技领域中处于全球领先地位。美国企业的持续创新能力较强，在2015～2020年跻身全球最具创新力前50

名的企业中,美国有13家企业每年都榜上有名(见表2-2),如在智能手机操作系统上,谷歌的安卓和苹果的iOS两大系统处于完全垄断地位;在云计算领域中,亚马逊、微软的市场份额遥遥领先;在服务器市场上,惠普、IBM排在前三位;在路由器市场上,思科位居第一;在电动汽车领域中,特斯拉领先发展;在医药行业里,强生是全球十大制药公司之一。对创新产品的不断探索,紧跟技术发展前沿,使这些企业在变动的市场环境中保持着持续竞争优势,同时促进美国的科技水平不断提升,经济持续繁荣发展。

表2-2 2015～2020年全球创新企业排名变化

美国企业	年份				
	2015	2016	2018	2019	2020
Apple(苹果)	1	1	1	3	1
Alphabet/Google(谷歌)	2	2	2	1	2
Amazon(亚马逊)	9	5	4	2	3
Microsoft(微软)	4	4	3	4	4
IBM(国际商业机器公司)	13	10	8	7	8
Facebook(脸书)	28	9	7	8	10
Tesla(特斯拉)	3	3	6	9	11
Cisco(思科)	31	25	16	17	12
HP(惠普)	23	13	15	44	15
Netflix(奈飞)	21	6	13	6	17
Johnson & Johnson(强生)	20	29	25	14	26
JPMorgan Chase(摩根大通)	43	28	26	20	36
3M	40	42	41	39	44

注:2017年BCG没有发布全球最具影响力报告,故没有2017年数据。
资料来源:① BCG.Most innovative companies 2015[R/OL].[2020-08-05]https://www.bcg.com/zh-cn/publications/collections/most-innovative-companies-2015. ② BCG.Most innovative companies 2016[R/OL].[2020-08-05].https://www.bcg.com/zh-cn/publications/2016/most-innovative-companies. ③ BCG.The most innovative companies 2018[R/OL].(2018-01-17)[2020-08-05].https://www.bcg.com/zh-cn/publications/collections/most-innovative-companies-2018. ④ BCG.The most innovative companies 2019[R/OL].[2020-08-05].https://www.bcg.com/zh-cn/publications/collections/most-innovative-companies-2019-artificial-intelligence-platforms-ecosystems. ⑤ BCG.The most-innovative-companies 2020[R/OL].[2020-08-05].https://www.bcg.com/zh-cn/publications/2020/most-innovative-companies/overview.

值得注意的是,近几年,欧洲的创新企业数量不断增加,尤其是荷兰、瑞士,其创新表现尤为突出。世界知识产权组织发布的衡量一个经济体的经济创新能力的

《2019年全球创新指数》报告显示①，2019年创新指数排名前20的国家中，有12个是欧洲国家，其中瑞士连续九年雄踞榜首，在专利申请、知识产权收入和高端技术产品生产方面都处于领先地位，且创新成果转化率极高。而欧盟委员会的《欧洲创新记分牌（EIS）2020》将荷兰列为欧洲的创新领导者②。荷兰具有创新友好的商业环境，飞利浦、IBM、玛氏公司、沙特基础工业公司、华为和联合利华等企业的欧洲研发中心都位于荷兰。此外，荷兰还大力推崇科学、工业和政府之间的战略伙伴关系，进而推动了国家的创新发展。

发达国家的经济高度发展离不开创新，而发展中国家也已充分认识到创新对于经济发展的重要性，并通过创新不断追赶发展。例如，在2020年，中国的华为、阿里巴巴、腾讯、小米和京东5家企业入选全球最具创新力企业50强，其中，排名最靠前的华为位列第6名，阿里巴巴排在第7名，腾讯和小米重新上榜，腾讯排名第14，小米排名第24，首次上榜的京东排在第31名。华为和小米在技术硬件领域创新发展，阿里巴巴和京东是批发和零售领域的领先者，腾讯在媒体和娱乐领域的创新表现较为突出。再如，印度的塔塔汽车（Tata Motors）颠覆了汽车工业的认知，设计和生产了一种安全、环保、小巧、便宜的家庭小汽车，在2015年入选全球最具创新力企业榜单，排名第26；巴西淡水河谷公司是世界第二大矿业公司，在2019年登上榜单，位居第19名。

进入21世纪以来，全球创新活动进入空前密集活跃的时期，新一轮科技革命和产业变革正在重构全球创新版图、重塑全球经济结构。新一轮科技革命和产业变革的主要特点是重大颠覆性技术不断涌现，科技成果转化速度加快。从《麻省理工科技评论》于2016～2020年发布的"全球十大突破性技术"来看，这些突破性技术主要涉及智能制造、生物医药、信息技术、新能源以及环境和公共管理等领域，如图2-3所示。这些既体现了过去五年中科技发展的热点领域，也反映出科技发展的未来优势。从这些突破性技术的主要研究者来看，美国在各个领域内均处于领先地位。此外，在智能制造领域，中国、德国、日本、加拿大、法国、瑞典有重要突破；在生物医药领域，中国、瑞士、韩国、德国、荷兰也有一定建树；在信息技术领域，中国、荷兰等国家也走在全球前列；在新能源领域，加拿大和日本已开展深入研究；在环境和公共管理领域，荷兰、英国在气候变化方面做出了突出贡献。由

---

① WIPO.Global innovation index 2019[R/OL].[2020-08-06].https://www.wipo.int/edocs/pubdocs/-en/wipo pub g-ii_2019.pdf.
② 驻欧盟使团经济商务处."2020年欧洲创新记分牌"显示欧盟创新绩效持续提高[EB/OL].（2020-07-16）[2020-08-06].http://www.mofcom.gov.cn/article/i/jyjl/m/202007/20200702983680.shtml.

此可以看出，在全球新一轮科技革命和产业变革加速演进的背景下，国际竞争的新优势越来越体现在创新能力上。可以说，放眼当今世界，谁牵住了科技创新这个"牛鼻子"，谁走好了科技创新这步"先手棋"，谁就能占领先机、赢得优势。

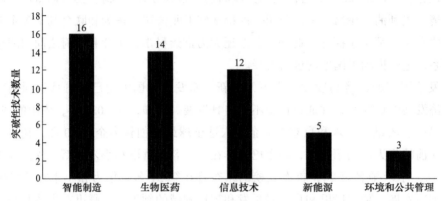

图 2-3　2016～2020 年"全球十大突破性技术"分布领域

资料来源：① MIT technology review.10 Breakthrough Technologies 2016[EB/OL].(2016-02-23)[2020-08-04].https://www.technologyreview.com/10-breakthrough-technologies/2016/. ② MIT technology review.10 Breakthrough Technologies 2017[EB/OL].(2017-02-22)[2020-08-04].https://www.technologyreview.com/10-breakthrough-technologies/2017/. ③ MIT technology review.10 Breakthrough Technologies 2018[EB/OL].(2018-02-21)[2020-08-04].https://www.technologyreview.com/10-breakthrough-technologies/2018/. ④ MIT technology review.10 Breakthrough Technologies 2019[EB/OL].(2019-02-27)[2020-08-04].https://www.technologyreview.com/10-breakthrough-technologies/2019/. ⑤ MIT technology review.10 Breakthrough Technologies 2020[EB/OL].(2020-02-26)[2020-08-04].https://www.technologyreview.com/10-breakthrough-technologies/2020/. ⑥麻省理工科技评论.科技之巅3[M].北京：人民邮电出版社，2019. ⑦ MIT technology review. 2020 年"十大突破性技术"解读[J].中国科学基金，2020，34（03）：250-265.

2.1.2　产业发展的动力

创新不仅是国家强盛的核心竞争力，还是产业进步的驱动力，是促进产业结构转型升级、破解产业发展所面临的产能过剩和环境压力问题的重要路径㊀。创新会通过创造新的需求和构建创新网络两种机制来带动产业升级，新的需求出现会产生产品创新动机，企业通过创新创造出新产品并逐渐发展形成新的产业部门，进而推动产业结构演进㊁。随着科学技术的不断发展，创新资源和成果会在不同产业间重

㊀ 李政，杨思莹.科技创新、产业升级与经济增长：互动机理与实证检验[J].吉林大学社会科学学报，2017，57（03）：41-52，204-205.

㊁ Sengupta J. Theory of Innovation: A New Paradigm of Growth [M]. Switzerland: Springer International Publishing, 2014.

新配置，引起产业结构优化升级[一]。龚轶等人研究了产业进化的动力和过程，认为技术创新是产业进化的根本动力，即技术创新会导致劳动和资本效率的提高，促进产业结构的优化转型[二]。历史经验也表明，每一次产业变革都离不开重大技术革命的推动，技术和产业的关系日趋紧密，相互影响和促进。表2-3是技术革命和产业变革的历史。由此可以看到，持续不断的创新必定带来产业发展的新高潮，将世界发展引入一个新的历史阶段。如今，以物联网、大数据、人工智能等为代表的新一轮科技革命和产业变革正在兴起。新一轮科技革命和产业变革为经济社会发展带来了新动力、新技术、新产业、新业态、新模式等，这为传统产业的转型升级以及战略性新兴产业的高质量发展提供了重要的历史机遇。

表2-3　技术革命和产业变革的历史

技术革命	技术革命的内容	产业变革	产业变革的内容
第一次技术革命：蒸汽机和机械革命	18世纪，蒸汽机、纺织机等机械的发明和应用，炼铁技术等出现	第一次产业变革：机械化革命	18～19世纪，包括蒸汽机、纺织机和工作母机应用等
第二次技术革命：电力和运输革命	19世纪，电力技术、内燃机、炼钢技术、石油开采和运输工具等出现	第二次产业变革：电气化革命	19～20世纪，包括电力技术、内燃机和电信技术应用等
第三次技术革命：电子和信息革命	20世纪，电子技术、电子计算机、互联网等出现	第三次产业变革：自动化和信息化革命	20世纪40年代以来，包括电子技术、信息技术和高科技的应用等

资料来源：①郭濂，栾黎巍，何传启，等.创新驱动需要抓住新产业革命的战略机遇[J].理论与现代化，2014（04）：5-14.②何传启.新科技革命的预测和解析[J].科学通报，2017，62（08）：785-798.

1. 创新是传统产业转型升级的推动力

我国传统产业以廉价劳动力为基础、以大量资源能源消耗和环境污染为代价的粗放型增长模式难以为继，因此，加快传统产业转型升级是传统产业的发展出路。加快传统产业转型升级的核心就是依靠创新，其实质是将最新的科技和高新技术，如新一代信息技术、生物医药技术等运用到生产中，带动传统产业的转型升级和上下游产业的联动发展[三]。促进传统产业转型升级的途径包括技术创新和设备更新、生产方式和组织模式创新、产业组织调整和集群创新等，如图2-4所示。这种以新

[一] 李政，杨思莹.科技创新、产业升级与经济增长：互动机理与实证检验[J].吉林大学社会科学学报，2017，57（03）：41-52，204-205.

[二] 龚轶，顾高翔，刘昌新，等.技术创新推动下的中国产业结构进化[J].科学研究，2013，31（08）：1252-1259.

[三] 程强，武笛.科技创新驱动传统产业转型升级发展研究[J].科学管理研究，2015，33（04）：58-61.

技术产业化、重塑产业链为目标的创新驱动方式，推动传统产业在设备与产品、工艺流程与生产过程控制、组织管理方式、销售经营方式、产品设计与物流配送等方面进行重构和创新，显著提升资源的利用效率并促进各个环节的高度融合，激发生产力，从而推动实现传统产业结构的降本增效和转型升级。例如，工业互联网连接融合全球工业系统与高级计算、分析、感应技术以及互联网，重构全球工业，带动制造业的增加值规模达到 14 694.68 亿元，名义增速为 18.41%⊖，推动低成本、高产出的传统制造业转向高技术含量、高产品附加值的新型优势制造业。

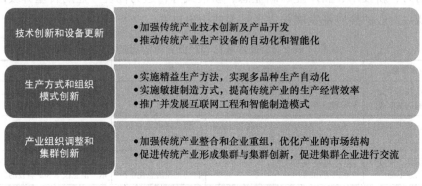

图 2-4　传统产业转型升级的路径

资料来源：杜朝晖. 经济新常态下我国传统产业转型升级的原则与路径 [J]. 经济纵横，2017（05）：61-68.

2. 创新是新兴产业发展壮大的加速器

新兴产业是随着新的科研成果和新兴技术的诞生及应用而出现的新经济部门或行业，而战略性新兴产业以重大技术突破和重大发展需求为基础，代表了全球科技创新和未来产业发展的方向，如新一代信息技术、生物产业、高端装备制造业、新能源产业、新材料产业等。为了培育战略产业、壮大新兴产业，需要积极推进创新链与产业链融合，带动价值链提升。我们可以通过整体设计与创新体制改革、资源共享与集群创新、市场创新与产品重构等创新方式驱动新兴产业向更高层次演化，如图 2-5 所示。例如，新能源技术推动新能源汽车产业价值链向上下游大幅延伸，

⊖ 中国工业互联网研究院. 中国工业互联网产业经济发展白皮书：2020年[R/OL]. (2020-08-21) [2020-10-10]. https://www.fxbaogao.com/pdf?id=2131944&query=%7B%22keywords%22%3A%22%E6%95%B0%E5%AD%97%E6%8A%80%E6%9C%AF%E4%B8%BA%E4%BA%A7%E4%B8%9A%E8%BD%AC%E5%9E%8B%E5%8D%87%E7%BA%A7%E6%8F%90%E4%BE%9B%E6%94%AF%E6%92%91%22%7D&index=0.

带动产业生态链的形成和资本链的激活。2018 年全球电动乘用车存量超过 500 万辆，同比增长 63%。2018 年，约 45% 的电动汽车在中国上路，总数为 230 万辆，而 2017 年这一比例为 39%[一]。

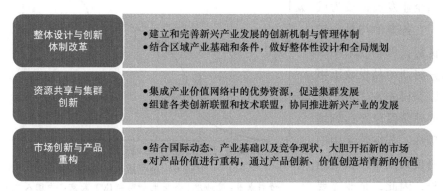

图 2-5　新兴产业发展壮大的路径

资料来源：①汪秀婷，杜海波.系统视角下战略性新兴产业创新系统架构与培育路径研究[J].科学管理研究，2012，30（01）：10-14.②李进兵.战略性新兴产业创新系统演化进程与驱动力[J].科学研究，2016，34（09）：1426-1431.

2.1.3　企业成长的途径

创新推动国家、产业的发展，而从企业的层面上看，创新在企业成长中起着核心作用，企业的持续成长以不断创新并促使创新有利可图为基础[二]。2014 年 5 月，习近平总书记在河南考察时指出，"一个地方、一个企业，要突破发展瓶颈、解决深层次矛盾和问题，根本出路在于创新，关键要靠科技力量"。

根据企业生命周期，我们可以把企业成长的时间维度分为创业阶段、成长阶段、成熟阶段和衰退与变革阶段，如图 2-6 所示。可以看到，企业成长的过程曲线的横轴是时间，纵轴是企业价值。在创业阶段，企业价值比较低、成长比较慢；进入成长阶段、成熟阶段之后，企业价值快速提高，并达到峰值；企业价值在衰退与变革阶段持续下降，部分企业在成熟阶段通过锐意变革再次创造价值增长新高峰。

我们可以从战略、技术、产品、市场、组织五个方面来分析各阶段的企业创新表现。

（1）从战略的角度来看，如图 2-7 所示，在创业初期，出于企业资金技术的缺

一　Global EV Outlook 2019[EB/OL]. [2020-09-26].https://www.iea.org/reports/global-ev-outlook-2019.
二　纳尔森.经济增长的源泉[M].汤光华，等译.北京：中国经济出版社，2001.

乏、市场上较大的不确定性等原因，企业主要采取模仿创新战略。在成长阶段，企业得到快速发展，主要采用跟随创新战略来开拓市场。当企业发展得较为成熟时，在各方面均具备较强的优势，可率先采用新技术并将新产品投放于市场，以获得先发优势。企业在成熟阶段已经达到增长的顶峰，若继续采用旧的战略模式则难以获得新的增长，因此，企业需要通过创新谋求新的突破。

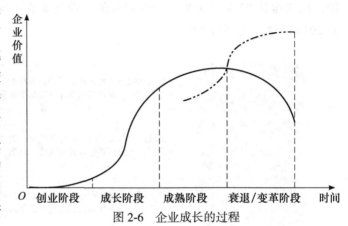

图 2-6　企业成长的过程

资料来源：爱迪思. 企业生命周期[M]. 北京：中国人民大学出版社，2017.

创业阶段	成长阶段	成熟阶段	衰退阶段	变革阶段
资金技术缺乏，市场不确定性大，以模仿创新战略为主	有一定的资金和技术积累，通过跟随创新战略来开拓市场	企业在各方面均具备较强的实力，可采用领先战略以获取先发优势	战略守旧，对于企业发展的方向把握不准	通过破坏性创新或颠覆式创新来谋求突破

图 2-7　企业成长各阶段的战略特点和策略

（2）从技术的角度来看，如图 2-8 所示，在企业创业初期，技术的研发和应用前景不清晰，企业通常需要通过加大研发投入来提高技术水平。在成长阶段，企业的研发风险降低，应对其技术进行优化升级。在成熟阶段，技术发展已经较为完善，企业在这个阶段如果不进行技术创新，则难以满足新产品的技术需求。进入衰退阶段后，企业应不断进行技术革新，以适应市场变化。

创业阶段	成长阶段	成熟阶段	衰退阶段	变革阶段
技术研发前景不清晰，企业需要加大研发投入，以提高技术水平	研发风险降低，需对技术进一步优化	技术发展已比较完善，应通过新设备的使用、优化配置来降低成本	由于技术本身的限制，产品性能等已无法满足日益增长的需求	积极进行技术革新，以适应市场变化

图 2-8　企业成长各阶段的技术特点和策略

（3）从产品的角度来看，如图 2-9 所示，在发展初期，企业需要加快创新产品设计，在不断迭代的过程中完善产品。在成熟阶段，企业产品的发展需要寻求自下而上和自上而下相结合的创新平衡，企业要在鼓励产品创新的同时，对创新想法进行筛选，既不盲目冒险，也不错失机会。在成熟阶段后期，企业需要转换创新思路，开发新的产品品类，激发创新动力。

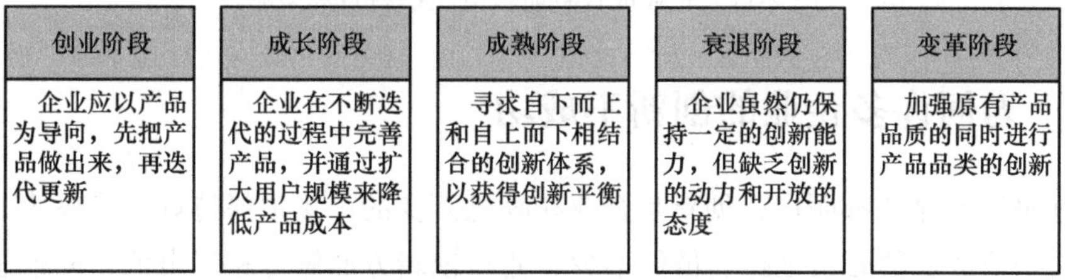

创业阶段	成长阶段	成熟阶段	衰退阶段	变革阶段
企业应以产品为导向，先把产品做出来，再迭代更新	企业在不断迭代的过程中完善产品，并通过扩大用户规模来降低产品成本	寻求自下而上和自上而下相结合的创新体系，以获得创新平衡	企业虽然仍保持一定的创新能力，但缺乏创新的动力和开放的态度	加强原有产品品质的同时进行产品品类的创新

图 2-9　企业成长各阶段的产品特点和策略

（4）从市场的角度来看，如图 2-10 所示，企业在发展初期往往会面临很多不确定性，对市场环境非常敏感，因此，企业在创业和成长阶段，应该稳步打开市场，获取市场资源。在成熟阶段，企业已经具备较大的市场竞争优势，要想获得进一步的发展，就不能故步自封，需要积极探索新的蓝海市场，通过市场范式创新改革来谋求更大的发展机会。

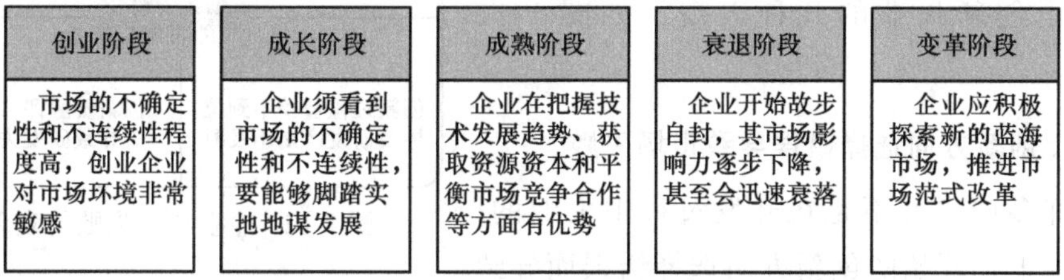

创业阶段	成长阶段	成熟阶段	衰退阶段	变革阶段
市场的不确定性和不连续性程度高，创业企业对市场环境非常敏感	企业须看到市场的不确定性和不连续性，要能够脚踏实地地谋发展	企业在把握技术发展趋势、获取资源资本和平衡市场竞争合作等方面有优势	企业开始故步自封，其市场影响力逐步下降，甚至会迅速衰落	企业应积极探索新的蓝海市场，推进市场范式改革

图 2-10　企业成长各阶段的市场特点和策略

（5）从组织的角度来看，如图 2-11 所示，企业的组织结构只有与企业的成长阶段相适应，才能发挥企业的活力。企业从创业阶段到成长阶段，经历了从扁平式组织向层级型组织的转变。在成熟阶段，虽然企业的组织形式较为稳定，但大多数企业没有处理好企业扩张和组织结构改革的关系，进而为组织衰退埋下了隐患。因此，企业应该通过组织结构、设计、氛围等的创新管理，重新激发组织活力。

创业阶段	成长阶段	成熟阶段	衰退阶段	变革阶段
创始人决定企业发展方向；创始团队人数虽少，但相互信任	经历了从扁平式组织向层级型组织转变的过程	企业虽然拥有稳定的领导者、团队、组织结构，但官僚风气开始形成	企业决策效率低，组织活力下降	推动组织变革，激发组织活力

图 2-11　企业成长各阶段的组织特点和策略

2.2　为何许多企业的创新不成功

几乎所有企业都明白，创新是企业在瞬息万变的市场中保持竞争优势的不竭动力，是企业成长的必由之路。虽然不少企业在创新方面做得相当出色，但企业创新失败的案例也不可忽视。从企业创新失败的表现和做法中汲取经验，了解企业在创新管理过程中存在的问题，进而规避风险是十分重要的。

2.2.1　创新失败的表现

理解创新失败的表现可以让我们避免因过多关注创新的成功而受到"幸存者偏差"的影响。结合企业的实践情况，我们总结了创新失败的几种表现，如图 2-12 所示。

1. 创新方向选择错误导致市场失败

许多项目并不是在开发过程中失败的，而是由于一开始的创新方向选择错误而导致

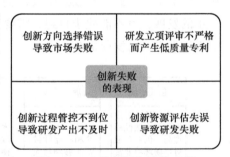

图 2-12　企业创新失败的表现

失败的。企业创新有时会走入"解决有趣问题"的"迷途"，即坚持错误的创新方向而忽视实际的市场需求。因此，企业即使在产品开发阶段花费了大量的人力和物力，最终还是会落后于竞争对手，被市场淘汰。例如，施乐公司是最早的复印公司，它虽然不断进行技术创新，并拥有 500 多项专利，但在一次次巨大的商机面前，仍然没有走出文件处理领域，而 IBM、微软等公司受到施乐公司的启发，陆续在个人计算机领域取得了成功。施乐公司由于缺乏对市场敏锐的判断力，一次次错失市场机会，在激烈的竞争中败下阵来，并且因为在创新方向的选择上失误而导致最终的失败。

2. 研发立项评审不严格而产生低质量专利

最近几十年，中国企业在创新的关键指标专利数量上实现了爆发式增长，2019年我国发明专利申请总量为140.1万件[○]，根据世界知识产权组织（WIPO）发布的数据，中国2019年在《专利合作条约》（PCT）框架下提交了近5.9万件国际专利申请，超过了美国等国家。但是，专利申请数量上的优势绝非真正的技术优势和竞争优势。由于研发立项评审不严格，一些企业片面追求专利的数量，而忽视了对质量的追求和控制，因此专利成果转化率较低。2019年，我国企业有效专利实施率为63.7%，产业化率为45.2%，许可率为6.1%，转让率为3.7%，专利"多而不优"的问题依然存在。有些企业拥有的专利并不能和主营业务、核心竞争力等匹配，在未实施的专利中，有相当比例是用于完成专利评审或考核、形成宣传效用、获得奖励等，专利沦为企业象征性创新的手段[○]。低质量的、无用的专利不利于技术创新的实质性应用和企业的持续发展，会占用研发资源，甚至导致企业损失惨重。例如，原日本三菱化学株式会社董事长谷川晓司在《企业知识产权战略为何失败》一书中提到了高分子材料生产公司，该公司申请了某复合催化剂的专利，但因其专利质量较低，没有形成知识产权壁垒，故被其他竞争公司模仿创新，这使得该公司的专利体系被彻底打破，产品失去了市场[○]。

3. 创新过程管控不到位导致研发产出不及时

产品创新是一项系统而复杂的工程，是在市场需求和技术发展驱动下将创意通过研发转化为有价值的产品或技术的过程。近年来，我国企业大量的科研成果转化率较低，商业化周期过长，主要是研发流程的设计不合理所引起的。创新过程管控不严、流程粗放、层次不清、不同职能部门之间缺乏交流，都可能造成整个项目的延期，甚至会出现质量事故。虽然很多企业确立了产品开发流程，但其只是一些零散的功能性流程（如硬件开发流程、测试流程等），缺乏系统性，在执行方面缺乏纪律性，没有对各职能部门参与产品开发的流程进行统一部署和安排，加之跨部门协作机制不强，使得企业在研发、采购、生产制造、市场营销等环节之间存在着较大的界面障碍，研发与生产、技术开发与市场化之间严重脱节，进而导致产品开发流程在"部门墙"林立的情况下运行艰难。各部门权责不明、员工推诿懈怠会导致

○ 国家知识产权局. 2019年中国专利调查报告[R/OL]. (2020-03-30)[2020-07-22]. http://img.yichang.-gov.cn/up-load2020/2020/0330/20200330033702835.pdf.

○ 江诗松, 何文龙, 路江涌. 创新作为一种政治战略: 转型经济情境中的企业象征性创新[J]. 南开管理评论, 2019, 22（02）: 104-113.

○ 长谷川晓司. 企业知识产权战略为何失败[M]. 秦武陵, 译. 镇江: 江苏大学出版社, 2012.

研发进度滞后、产出落后于市场，使得企业失去竞争优势。例如，空气空调行业研究和开发机构特灵公司过去的新产品开发流程存在着研发环节定义不清、项目整体控制较松散、纠错响应滞后等问题，进而导致创新产品不合格、研发时间过长等，使得研发成本不断上升、产品更新换代速度不断下降。

4. 创新资源评估失误导致研发失败

创新资源是企业进行创新必须具备的基本条件，与企业获得竞争优势密切相关，直接影响着创新的质量和最终结果。企业只有对平台、人才、设备和知识储备等创新资源进行准确的评估，充分利用自身独特、难以模仿、难以转移的关键资源进行研发，才有可能获得成功的高价值产品。对自身创新资源的评估不准确或出现错误，往往导致企业的研发方向与获得竞争优势的方向背道而驰，耗费大量资源所进行的创新或因难以开展而以失败告终，或因入不敷出而将企业置于不利境地。美国科技市场研究公司 CB Insights 对 20 世纪以来全球最大的 189 个创业失败⊖、160 个大型企业产品创新失败⊖的案例进行研究后发现，42% 的企业失败于开发的产品并不适用于市场为其建立竞争优势，29% 的企业失败于未对自身的创新资源进行准确评估就开展创新活动，进而耗尽财力。例如，摩托罗拉的铱星计划就因自身的技术限制无法解决室内通话问题而无法获得足够的用户市场，历时 12 年、耗资 50 亿美元的项目被迫以失败告终。

2.2.2 创新失败的做法

为什么这些试图创新的企业都以失败告终呢？创新本就是一个充满风险的过程。外部环境的不确定性和持续变化会导致企业创新成败，内部管理不善更是创新失败的重要原因。在实践中，创新失败的企业往往存在着管理层不重视管理、管理模式不当等问题，如图 2-13 所示。

1. 缺乏有效的战略管理

企业不重视创新战略管理，导致企

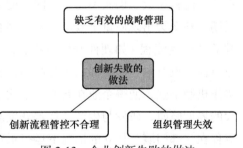

图 2-13 企业创新失败的做法

⊖ CB Insights. 189 of the biggest,costliest startup failures of all time [R/OL].(2020-01-28) [2020-07-22]. https://www.cbinsights.com/research/biggest-startup-failures/.

⊖ CB Insights.When corporate innovation goes bad: The 160 biggest product failures of all time [R/OL]. (2020-04-07)[2020-07-22].https://www.cbinsights.com/research/corporate-innovation -product-fails/.

业选择了错误的创新方向，难以冲出产品创新的"迷雾"。企业通常会提出一个远大的产品发展规划，但一般过于笼统，没有明确的竞争定位，也很少在产品战略和产品规划上下功夫。我国企业的产品开发计划和实际的产品立项，往往是被动响应市场和竞争的结果，缺乏主动的、基于充分市场研究的、前瞻性的战略规划。企业的战略管理流于形式，缺少创新思想和创新观念的指导，就会出现发展无章可循的情况。而且，企业对企业内部的创新文化、创新环境、创新策略和创新机制等管理不到位，对市场潜力预测失误等，最终也会导致产品开发以失败告终。

2. 创新流程管控不合理

企业采用了不合理的创新流程管理模式，会导致产品研发失败。创新是一项极其复杂的工作，涉及创意产生、产品开发、商业化等阶段，因而只有按照一定的流程实施，才能使创新活动顺利进行。对制药业新产品开发的研究发现，从创意产生到实现产品开发的概率只有0.47%，产品开发失败的关键在于从创意产生到产品开发这一过程[一]。目前企业中普遍存在创新流程粗放、层次不清、管理不规范等问题，对技术、产品的创新与管理活动缺乏有效的整合，容易造成人员分配不均，影响开发进度，使项目创新流程失控[二]，进而造成研发产出过时、研发失败的结果。此外，企业还存在对创新流程控制过严的问题。很多企业为了维持高速稳定发展，将用于现有业务的那套规划、预算和评估方法照搬于创新流程中，制定了一系列严格甚至苛刻的规章制度。这样严格的制度、僵化的管理流程可能会导致创新项目卡在各个环节中无法继续下去，难以激发团队和个人的创新能力。

3. 组织管理失效

企业的组织管理不适应企业的创新发展，抑制了员工的创新积极性。产品创新开发是一项需要跨部门协作的综合性活动，研发、产品、市场等部门加强合作是产品创新开发中的关键。一些企业在组织运作上的职能化特征明显，"部门墙"的存在给部门之间的协作和协调增加困难，使企业内的研发与生产、研发与市场营销之间存在严重的界面问题。此外，企业在对研发组织进行管理时，一味采用或模仿对一般职能人员的管理模式是不合适的。技术创新要求建立独立的项目团队组织，给予研发部门更多的自主发挥权力，以实现在经费运用与创新项目选择上较大的弹性与自主性。企业在资源布局上的失调，不能赋予研发部门更多的自主发挥权力，研

㊀ 陈劲，郑刚. 创新管理：赢得持续竞争优势[M]. 北京：北京大学出版社，2009.
㊁ 吴松诗. 如何加强产品研发中的项目管理[J]. 中国高新技术企业，2013（01）：119-121.

发部门在经费运用与创新项目选择上缺少弹性与自主性,会降低研发人员的积极性和创造性,从而导致创新失败。

2.2.3 创新成功的原因

创新失败的案例给予我们很多教训。在实践中,我们还需要将新产品项目创新失败和成功的经验结合起来进行分析,深入探寻新产品制胜及创新企业成功的秘诀。也就是说,是什么将创新成功的企业和创新失败的企业区分开来?

罗伯特·G.库珀在调查了161家公司后发现,在企业层面上有三个主要原因驱动着企业创新成功,如图2-14所示。明确的创新战略、高质量的开发流程与高效的跨职能团队三个主要原因真正地将卓越公司与其他公司区分开来。

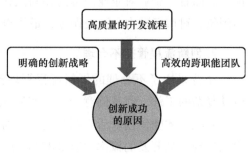

图2-14 企业创新成功的原因

资料来源:库珀.新产品开发流程管理:以市场为驱动[M].5版.北京:电子工业出版社,2019.

1. 明确的创新战略

一个清晰、明确的创新战略,是创新成功的驱动力。明确的创新战略具有四个主要因素,能共同提高企业的创新效率。一是企业是否为创新定义一个明确的、可书写的目标。研究发现,许多公司没有为创新订立目标,因此,公司基本策略上的欠缺导致了公司在创新上的负面后果[⊖]。优秀的公司往往会制定创新目标,诸如"30%的部门销售来自未来3年的新产品开发"。其他常提及的目标包括"利润的百分比""每年新产品的发布数量"等。二是创新在实现企业目标过程中所起的作用是否传达给每个人。企业人员的共同目标是将创新推动向前的力量,然而,有些员工并不总是清楚其为之努力的创新目标在整个企业发展中所起的作用。三是企业在创新过程中具有指导作用的战略重点是否被明确定义。企业的创新战略包括企业的使命、愿景、目标等。这些创新战略会明确产品、技术和思想的方向。创新战略的有效定义有利于产生产品创意和抓住市场发展机会。四是企业在创新过程中是否有长期的战略推进和重点。一个合理且长期的创新战略是企业运作的"心脏",明确创新长期目标、定义战略推进的领域及大政方针等都是企业创新成功的重点。

⊖ 库珀.新产品开发流程管理:以市场为驱动[M].5版.北京:电子工业出版社,2019.

2. 高质量的开发流程

所有卓越的公司都有一个共性，即具有高质量的新产品开发流程。新产品开发流程是指从构思到产品发布过程中所有的步骤、活动和决策点。需要注意的是，仅有一个正式的产品开发流程时不会影响新产品的绩效，关键因素是流程的质量。一方面，在项目进入开发阶段前，必须强调前期工作，如了解市场和技术评估的重要性，明确定义早期产品等。前期工作不充分和错误定义产品的目标市场、定位、需求等，是新产品在开发阶段失败的主要原因。另一方面，新产品开发流程是完整、全面、灵活的。优秀的公司在产品开发的过程中，致力于提升主要任务和活动的质量，通过细化每一个阶段或决策的主要内容，以及全面回顾过去的工作，从而使工作质量显著地提高。同时，灵活的流程能反映不同项目的风险水平，在风险许可范围内，可缩短决策链，因此，省略一些流程的做法也已得到认可。

3. 高效的跨职能团队

创新是一个跨业务领域、不同学科的结果，组织的结构设计和管理是很重要的。一方面，企业的创新必须绕过传统的、部门组织的边界和障碍。斯坦福创新项目团队在高科技公司开展的新产品的研究显示：区分成功与失败的一个关键的、突出的因素是"研发、制造和市场的同时参与"。格里芬等人关于新产品开发的研究总结表明，高效的跨职能团队对企业创新取得成功是至关重要的[1]。很明显，传统职能式的组织结构不能满足创新的诸多要求，企业需要转向团队化，这样才能贯通各个领域。另一方面，创新氛围和文化是能使企业的创新活动良好运转的关键因素。良好的创新氛围必须鼓励和奖励，从资源上保证创新的需要。例如，携程鼓励员工提出创新提案并持续改进[2]。携程在每个季度都会通过"创新推进委员会"对员工提出的创新建议与项目进行评估，并奖励"金点子"项目。

◀ 创新聚焦 ▶

两家企业的创新管理做法与结果

创新已成为企业发展的重要动力。我们通过深入分析两家企业——广州迪森热能技术股份有限公司和汉能控股集团的创新管理做法，对比这两家企业在创新管理方面（思想、技术、产品、市场、组织）的效果，可以总结它们创新成败的原

---

[1] 格里芬, 塞莫尔梅尔. PDMA新产品开发工具手册3[M]. 北京：电子工业出版社, 2011.
[2] 本刊编辑部. 传统企业的反颠覆与再造[J]. 清华管理评论, 2014（12）：1.

因及发展启示。

1. 企业概况

广州迪森热能技术股份有限公司（以下简称"迪森公司"）是国家级重点高新技术企业、国家级创新型企业。随着公司的不断发展壮大，现在已逐步转型为以生产锅炉设备为基础，重点发展新能源的高新技术企业。

汉能控股集团（以下简称"汉能集团"）是一个大型清洁能源公司，在传统水电领域站稳脚跟后，大举进入光伏太阳能和薄膜发电领域，在全球逆势收购4家高科技公司，一跃成为行业领导者。然而好景不长，出于种种原因，整个集团陷入困境。

2. 企业创新管理分析

迪森公司自成立以来，积极建设企业创新文化，明确企业创新战略，坚持以人为本，以创新为动力，以完善的现代企业经营制度来吸引省内外优秀的技术、营销与管理人才，形成高效的创新开发团队。经过十多年的创新管理，迪森公司在家用锅炉、工业锅炉和新能源领域形成了自己独特的专利技术，在市场竞争中处于同行业的优势地位。迪森公司的创新管理是成功的。企业文化和技术创新是迪森公司可持续跨越式发展的两大驱动力，而创新的组织管理是迪森公司发展壮大的重要保障。迪森公司的创新管理如表2-4所示。

表2-4　迪森公司的创新管理

创新管理	创新管理的内容
创新思想管理	（1）建设企业创新文化 （2）积极完善知识产权管理制度，建立进攻型战略模式
创新活动管理	（1）致力于研发节能减排新技术、新工艺、新设备 （2）积极引进、消化、吸收新技术，参与五项国家级计划和多项省市重大科研专项计划
创新组织管理	（1）与多家单位组成产学研联盟 （2）建立高效的整合性研发平台，搭建"一站一院一室两中心"的科研平台 （3）采取一系列企业人才政策，打通科技人才发展渠道，建立科技人才与经营管理人才分类管理体制

反观汉能集团，它曾是行业的巨头，但由于其内部组织管理混乱、产品技术与市场需求不匹配等，在2015年开始陷入发展危机。这在很大程度上是由于企业战略定位不清晰、创新流程管控失效以及采用不合理的组织管理模式所导致的。经过一年的反思，集团高层针对企业的发展战略、产品技术和市场路线、组织管理等进行了大刀阔斧的创新改革，如将战略从B2B转型到B2C，实施"移动能源+"战略，聚焦于薄膜发电技术市场化业务，将投资型组织转变为扁平化组

织,加大市场拓展力度,引入战略投资者,推出员工持股计划,以便更好地激励员工创新发展等。汉能集团通过创新变革重新塑造企业形象和品牌价值,逐渐得到社会的认可,并凸显创新管理成效。汉能集团的创新管理转变如表 2-5 所示。

表 2-5 汉能集团的创新管理转变

创新管理	旧管理模式	创新管理转变
创新思想管理	致力于"用清洁能源改变世界"	采用"移动能源+"战略
创新活动管理	虽然采取全渠道战略布局的方式,但其直营店的销售额远不能弥补租金,网上商城及门店的销售情况也不理想	聚焦于薄膜发电技术市场化业务
创新组织管理	"大企业病"严重,上、中、下游分割的投资型组织模式不利于快速响应市场发展,部门结构和人才结构不合理	将投资型组织转变为扁平化组织,推出员工持股计划

由此我们可以看到,迪森公司的成功和汉能集团的"转危为安"离不开有效的创新管理。有效的创新管理不仅可以帮助企业更为系统地扫描外部环境的变化,包括顾客偏好和技术变革的动态发展趋势、行业关键和共性技术的突破以及竞争对手的创新重点,而且可以帮助企业全面客观地检视自身组织结构对外部环境的适应性以及技术能力对现有产品开发的支持情况等,使企业能够合理地分配创新资源并进行创新决策。因此,企业不应只强调创新的重要性,还应该将创新纳入有效的管理规划中。

资料来源:①李新男,梅萌.中国创新型企业案例:第 1 辑[M].北京:清华大学出版社,2010.②郑刚,陈劲,蒋石梅.创新者的逆袭:商学院的十六堂案例课[M].北京:北京大学出版社,2017.

思考:
1. 迪森公司创新管理的优势体现在哪些方面?
2. 汉能集团的创新管理与原来传统的管理模式有什么区别?
3. 迪森公司和汉能集团的创新管理做法对于中小企业的发展有什么启示?

2.3 创新管理是企业创新成功的基石

在当前高速发展的时代,企业面临前所未有的创新压力。想要在这个不确定的环境中保持竞争优势,分得时代发展的"一杯羹",企业不仅需要着力规避导致创新失败的种种做法,还应该将创新活动纳入有效的管理规划之中,探索符合自身发展规律的创新管理模式,将创新管理视为企业创新成功的基石。随着创新管理理论和实践的不断发展，创新管理的内容与方式也日益复杂，在经历个体或单个创新管理、组合创新管理两个阶段的演变后，企业创新管理现已步入全面创新管理阶段[一]。这一阶段的创新管理要求企业必须将思想、技术、产品、市场和组织等创新要素有机结合，通过有效的创新管理机制、方法和工具，实现全时、全员、全球化、全流程和全价值链创新。根据 P. 切克兰德（P. Checkland）的观点[二]，企业创新管理活动是人类行为有意设计的结果，构成了复杂的人工系统。于是，我们基于切克兰德的系统观和创新管理理论，提出了一种管理创新活动的方法论工具，即创新路线图，将企业创新管理分解为创新战略体系（人工抽象系统）、创新活动体系（人工活动系统）与创新支撑体系（人工物理系统）三大体系（系统）和思想、技术、产品、市场、组织五条路线的行动方案，从而为企业创新管理提供有效的指南。

2.3.1　企业创新要从顶层设计

从创新思想管理来看，制定明确的创新战略是企业创新成功的关键所在。企业创新的成功不是一蹴而就的，实施创新管理，不能"脚踩西瓜皮，滑到哪儿算哪儿"，要切实做好顶层设计。要实现创新的成功，企业就要牢牢把握创新战略的顶层决定性、整体关联性和实际操作性，必须具有全局思维、世界眼光，找准科技发展趋势、市场现状和企业自身应走的路径，将自身发展需要和现实能力、近期工作及长远目标统筹起来考虑，提出切合实际的发展方向、目标和工作重点。这就要求企业视创新思想路线为企业创新的生命线，将企业创新愿景、使命、价值观等创新理念与自身发展目标有机结合，对自身技术、产品、市场和组织层面的各抽象要素进行统筹，形成创新战略体系，关注全部要素的内在联系，以实现创新管理的实际操作性。

2.3.2　创新活动需要系统管理

从创新活动管理来看，对研发、制造、市场等系统整合有利于提高创新效率。创新活动是企业技术研发、产品开发与市场拓展等各种活动要素的集合，体现为技术创新管理、产品创新管理、市场创新管理及其相互关系[三]。企业创新活动管理是综合、复杂和非线性的，技术、产品和市场创新管理相互作用，引导着企业技术研

[一] 谢章澍，许庆瑞. 论全面创新管理发展及模式[J]. 科研管理，2004（04）：70-76.

[二] 切克兰德. 系统论的思想与实践[M]. 左晓斯，史然，译. 北京：华夏出版社，1990.

[三] 张振刚，陈志明，周国基，等. 创新型企业创新管理模式研究：基于广州市企业创新现状[J]. 技术经济与管理研究，2013（12）：25-30.

发、产品开发与市场开拓活动,包含了技术推动与市场拉动过程,是企业创新原动力的体现。因此,企业创新活动需要系统管理,即在创新过程中综合运用各种管理手段、工具,对技术、产品、市场等创新活动进行有效整合。企业在构筑创新活动体系时应该注重技术、产品和市场这三个有逻辑的创新活动子体系的无边界管理,通过先进的信息管理软件与先进的创新管理工具,实现技术、产品和市场界面的有效对接,提高创新活动效率。因此,我们在吸收技术路线图、产品集成开发(IPD)等的先进经验的基础上,将企业创新活动具体化为创新路线图的技术路线、产品路线和市场路线。

2.3.3 研发组织应该区别管理

从创新组织管理来看,对研发组织进行弹性管理有助于激发创造力。企业的研发水平是评估企业创新能力的重要指标。企业对研发组织的管理为思想、技术、产品和市场创新管理的实现提供了支撑与保障,在很大程度上决定了企业创新管理的成效。然而,企业组织管理中常出现职责不明、管控失灵和层级混乱的现象,这是企业组织管理失效所导致的。为实现创新组织变革,第四代研发管理思想表明,企业要积极发展以创新为导向的企业文化,强调独立的项目团队组织,项目团队在经费运用与创新项目选择上具有自主性⊖。因此,企业在对研发组织进行管理时,所设计的研发管理制度应该富有弹性,根据公司不同系列人员、结合技术创新的不同阶段的特点来设计相应的管理制度,对包括创新组织、管理制度与创新资源等具有确定性的要素在内的创新支撑体系进行整体性的设计与安排。创新路线图的组织路线就是企业构建高效的创新支撑体系的行动指南,可以帮助建立企业创新组织架构、统筹安排参与创新活动的员工、优化配置创新资源,使企业的创新活动得到充分的组织支持,进而获得良好的效益。

◀ 创新探索 ▶

海尔的创新演变

海尔于 1984 年在中国青岛创立,是全球白色家电的领导企业。海尔始终坚持以用户体验为中心,历经名牌战略、多元化战略、国际化战略、全球化品牌战略、网络化战略和生态品牌战略六个战略阶段。海尔在"2012 年度全球最具创新力企

⊖ 米勒,等. 第四代研发:管理知识、技术与革新[M]. 关山松,等译. 北京:中国人民大学出版社,2005.

业50强榜单"中排名第8位。海尔通过技术创新体系的搭建、HOPE创新平台的支持，以及战略创新、组织创新、管理创新、制度创新、文化创新等非技术要素的全面协同，实现了核心能力的积累与发展，进而驱动企业持续健康发展。海尔创新策略的改变是伴随着海尔不同时期的战略转化而产生的，如表2-6所示。

表2-6　海尔各战略阶段的主要创新做法

战略阶段	主要创新	主要做法
名牌战略（1984～1991年）	单一创新（20世纪80年代末～1993年）	单一技术创新
多元化战略（1991～1998年）	组合创新（1994～2005年）	（1）技术与市场的协同（2）组织、管理、制度等的协同（3）战略与文化的协同
国际化战略（1998～2005年）		
全球化品牌战略（2005～2012年）	全面创新（2005年至今）	（1）全方位创新（2）全时空创新（3）全员创新
网络化战略（2012～2019年）		
生态品牌战略（2019年至今）		

1. 单一创新：20世纪80年代末～1993年

海尔在1984～1991年实施了名牌战略，在这8年的时间里，冰箱是海尔的主要产品。为了提高冰箱的技术生产能力，张瑞敏制定了"起步晚、起点高"的引进技术原则。从20世纪80年代末到90年代初，中国家电在技术或设备上陷入了"引进-落后-再引进-再落后"的怪圈。海尔意识到问题的严重性，明白要想拥有自己的品牌，就必须拥有自己的核心技术。于是海尔用了6年时间，通过委派技术人员学习、在实践中摸索等方式，经过消化吸收，再植入海尔的创新基因，以差异化的产品质量立足于市场，成为我国家电领域的领先者。在单一创新阶段，海尔取得了众多技术成果，如在1990年，海尔获得了"国家质量管理奖"，通过了美国UL认证；在1992年，海尔通过ISO 9001国际质量体系认证；在1993年，海尔冰箱股票在上海证券交易所挂牌上市交易。

2. 组合创新：1994～2005年

在企业发展过程中，海尔面对的矛盾逐渐由产品质量与市场需求之间的矛盾转化为产品类型单一与需求多元化之间的矛盾以及旧的组织结构与创新效率需求之间的矛盾。海尔开始认识到组合创新的重要性。海尔从顶层设计，促进技术与市场的组合，组织、制度、管理等的组合，战略与文化的组合，通过组群的有机结合和协同作用,分别从业务层次、组织管理层次、思想文化层次上促进企业高效、持续发展。海尔通过对能力的组合创新,经过一段时期的发展,已经取得了良好的成绩,如在2005年,海尔的新产品产值率超过85%,订单处理时间从7天缩短到1小时内,每个工作日申报专利数达到2.8个,各部分创新指标得到明显的提高。

3. 全面创新:2005年至今

随着企业规模的扩大,组织结构也越来越复杂,企业发展的管理因素、制度因素、市场因素、组织因素等方面之间都存在着矛盾。为了更快、更好地满足用户的个性化需求,提高创新的绩效和核心能力,海尔逐步实施以全方位创新(战略、组织、制度、管理、市场、技术、文化)为基础,以全时空创新和全员创新为主要特色的全面创新管理。全面创新管理与核心能力的关系如图2-15所示。在这一时期,海尔把传统的"瀑布式"研发颠覆为"迭代式"研发,同时为了整合全球创新资源,海尔在全球建立了以用户为中心的"10+N"开放式创新生态体系,并在2013年搭建了HOPE创新平台。HOPE创新平台是海尔开放式创新生态体系的核心,主要工作是整合全球的资源网,具体为全球一流模块化供应商资源网、全球一流研发资源网、全球用户资源网,通过整合这三张资源网来满足用户需求。在这一阶段,海尔的全球营业额、利润、冰箱的市场份额基本呈现逐年上升的趋势。2018年,海尔的全球营业额达到2 661亿元。

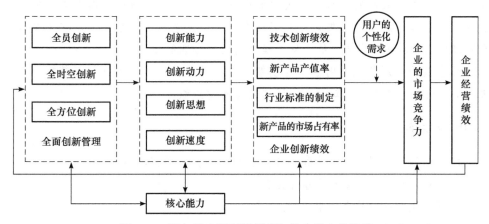

图2-15 海尔的全面创新管理与核心能力的关系

由海尔在各战略阶段的创新做法及其演变可以看出,企业在不同的发展阶段只有采取与其相符合的创新形式,才能获得持续的发展。虽然并非任何企业都能复制海尔的全面创新管理模式，但其注重战略设计、全面协同、系统化的理念却是每个企业都可以借鉴的。它可以使全面创新管理能力真正地成为企业的核心能力，从而推动企业转型升级。

资料来源：①许庆瑞，李杨，吴画斌.企业创新能力提升的路径：基于海尔集团1984～2017年的纵向案例研究[J].科学与科学技术管理，2018，39（10）：68-81.②海尔集团官网. [2020-09-25]. https://www.haier.com/about-haier/intro/?spm=net.31740_pad.header_128848_20200630.1.

思考：

1. 海尔的创新经历了哪几个阶段？海尔是如何提升企业创新能力的？
2. 海尔的全面创新管理模式对中小企业的创新发展有什么启示？

◆ 本章小结 ◆

1. 本章从创新的重要性、创新失败和成功的表现及做法、创新管理三个方面展开，阐述了创新和创新管理对于企业成功的重要性，重点引出企业创新管理的工具——创新路线图。

2. 企业创新失败的主要表现为：创新方向选择错误导致市场失败，研发立项评审不严格而产生低质量专利，创新过程管控不到位导致研发产出不及时，创新资源评估失误导致研发失败。其失败的做法主要是缺乏有效的战略管理、创新流程管控不合理、组织管理失效。在实践中，企业创新成功的主要因素在于企业具有明确的创新战略、高质量的开发流程和高效的跨职能团队。

3. 有效的创新管理有助于企业创新的可持续发展。企业进行创新管理时要注重顶层设计、系统管理创新活动、区别管理研发组织。

◆ 思考与练习 ◆

1. 谈谈创新与国家、产业和企业发展的关系，并举例说明。
2. 企业创新失败主要有哪些原因？
3. 简单谈谈创新管理的重要性。
4. 企业需要从哪几个方面着手进行创新管理变革？

第 3 章

创新路线图
创新管理的实操工具

本章概览

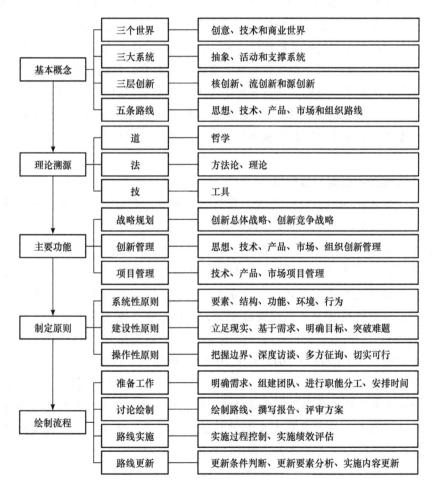

基本概念	三个世界	创意、技术和商业世界
	三大系统	抽象、活动和支撑系统
	三层创新	核创新、流创新和源创新
	五条路线	思想、技术、产品、市场和组织路线
理论溯源	道	哲学
	法	方法论、理论
	技	工具
主要功能	战略规划	创新总体战略、创新竞争战略
	创新管理	思想、技术、产品、市场、组织创新管理
	项目管理	技术、产品、市场项目管理
制定原则	系统性原则	要素、结构、功能、环境、行为
	建设性原则	立足现实、基于需求、明确目标、突破难题
	操作性原则	把握边界、深度访谈、多方征询、切实可行
绘制流程	准备工作	明确需求、组建团队、进行职能分工、安排时间
	讨论绘制	绘制路线、撰写报告、评审方案
	路线实施	实施过程控制、实施绩效评估
	路线更新	更新条件判断、更新要素分析、实施内容更新

创新导入

中集集团的创新发展及其演进

1. 中集集团的自主创新成就

中国国际海运集装箱(集团)股份有限公司(以下简称"中集集团")是全球领先的物流及能源行业设备及解决方案供应商,主要经营集装箱、道路运输车辆、能源化工及食品装备、海洋工程、物流服务、空港设备等装备的制造和服务业务。作为一家为全球市场服务的多元化跨国产业集团,中集集团在海内外拥有300余家成员企业及4家上市公司,2019年的营业收入达到858.15亿元。

中集集团实施以"创新推动价值增长"为导向的"技术牵引型"科技创新机制,不断进行新产品、新技术、新工艺和新装备的研究开发,促进符合产业发展规律的重大科技项目的引进和孵化。中集集团下设5家研究院、21家技术分中心、5个国家博士后科研工作站,联合30家国家认定的高新技术企业推动创新技术研发,建设"一网覆盖,全面共享"的开放式创新平台,提供从创意、设计、研究、开发到售后运行的创新全周期服务。

2. 中集集团的创新发展历程

回顾中集集团的创新发展历程,我们不难发现,先进、系统的创新管理以及清晰的创新发展路线是其取得成功的最为重要的因素之一。

蓄势待发阶段(1980~1992年):20世纪80年代初,刚起步且技术薄弱的中集集团以门槛最低、最易体现比较成本优势的标准集装箱为突破口,通过劳动力和生产制造成本优势迅速扩大企业生产规模,并站稳脚跟。这一阶段的中集集团主要以复制性模仿为主,创新程度低,确保生存与发展是其主要方向,如图3-1所示。

强势扩张阶段(1993~2011年):20世纪90年代,中集集团在首次成为集装箱"产销量世界第一"后,清醒地认识到仅凭劳动力和生产上的低成本已不能在激烈的市场竞争中保持优势,因而开始通过其出色的资本运作来开展技术型并购,以快速扩张集团规模。中集集团从复制性模仿过渡到消化吸收先进经验后的自主创新,并发起占领国际市场的攻势,如图3-2所示。

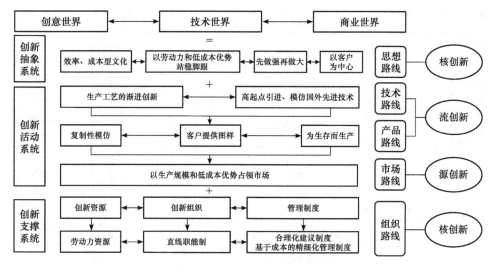

图 3-1　中集集团蓄势待发阶段的创新路线图

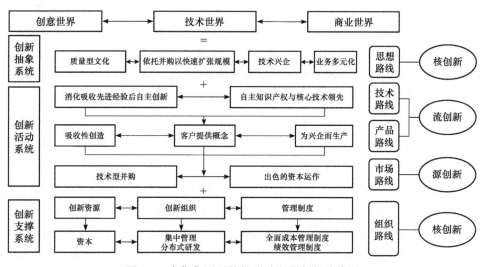

图 3-2　中集集团强势扩张阶段的创新路线图

多元化、全球化运营阶段（2012年至今）：2012年，中集集团开始实施"5S管理体系"，推行全面创新管理，以"制造＋金融＋服务"为核心定位，整合创新资源、提供多元服务，采用生产、技术、管理、市场等的全面领先战略，以比竞争对手更低的价格提供多元化、差异化、个性化的高质量产品，从而体现出强大的国际竞争力，如图3-3所示。

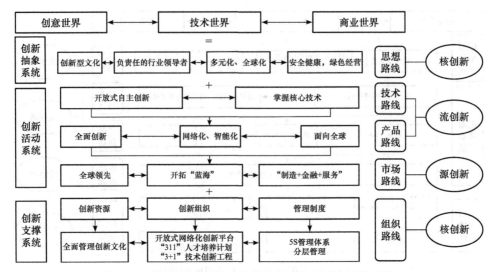

图 3-3 中集集团多元化、全球化运营阶段的创新路线图

从 20 世纪 80 年代起，中集集团经历了从蓄势待发到强势扩张，再到多元化、全球化运营的阶段。中集集团通过出色的资本运作、整合全球资源、技术型并购等手段，低成本、高起点地引进国内外先进技术并迅速消化吸收再创新，快速形成较强的自主创新能力，逐步完善自主创新体系，实现了从初期的"创造型中集集团"到如今的"创新型中集集团"的转变，建立了全面的竞争优势。中集集团不断改进管理手段、组建创新平台、改善创新流程、改进研发工具、加强制度建设、营造良好的创新文化，逐步形成了一个全面的创新管理系统。其创新发展的思想路线、技术路线、产品路线、市场路线以及组织路线值得其他企业模仿与学习。

资料来源：①张振刚，陈志明. 创新管理：企业创新路线图 [M]. 北京：机械工业出版社，2013. ②中集集团官网 . [2020-07-26].http://www.cimc.com/. ③郭爱芳，陈劲. 企业成长中科学/经验学习的协同演进 [J]. 科学研究，2012，30（05）：748-754. ④郑刚，何郁冰，陈劲，等."中国制造"如何通过开放式自主创新提升国际竞争力：中集集团自主创新模式的案例研究 [J]. 科研管理，2008，29（04）：95-102. ⑤郑刚，郭艳婷，罗光雄，等. 新型技术追赶、动态能力与创新能力演化：中集罐箱案例研究 [J]. 科研管理，2016，37（03）：31-41.

思考：

1. 仔细比较中集集团在不同阶段的创新路线，找出中集集团的创新及其演进的特点。

2. 创新在中集集团的发展中起到了怎样的作用？

3. 通过阅读本案例，你对创新路线图有了怎样的认识？

创新是企业持续发展的动力，创新管理是企业创新成功的基石，而创新路线图则是企业创新活动的路径指南，为企业进行决策提供了一种管理工具。通过对中集集团案例的分析，我们对创新路线图有了一个直观的了解。本章将会对创新路线图的概念框架、理论基础及其制定进行详细介绍。

3.1 什么是创新路线图

3.1.1 创新路线图的含义

企业的创新路线图是指企业系统开展创新活动的战略规划及实施方案，即在综合分析企业创新内部和外部环境的基础上，系统地制定企业创新发展的愿景、使命、价值观、目标，以及技术、产品、市场、组织在企业不同发展阶段中的基本任务、主要任务与实施方案 ⊖ 。

创新路线图建设了创意、技术和商业三个世界，构筑了抽象、活动和支撑三大系统，开展了核创新、流创新和源创新三层创新，规划了思想、技术、产品、市场和组织五条路线，如图3-4所示。其构成用公式表达是：

创新世界 = 创意世界 + 技术世界 + 商业世界；

创新系统 = 抽象系统 + 活动系统 + 支撑系统；

创新层次 = 核创新 + 流创新 + 源创新；

创新路线 = 思想路线 + 技术路线 + 产品路线 + 市场路线 + 组织路线。

思想路线和组织路线分别是为了引领和支撑企业创新发展而精心合理设计或制作的抽象系统和支撑系统；技术路线、产品路线和市场路线是企业表达自我创新行为的活动系统。

同时，思想路线和组织路线也是科学与文化创新的来源，体现为企业的核创新；技术路线和产品路线是改善企业现有价值链的活动，体现为企业的流创新；市场路线是企业创新的商业化过程，体现为企业的源创新。

⊖ 张振刚，陈志明，余传鹏. 企业创新路线图:理论基础与概念框架[J]. 管理学报，2014，11 (12)：1826-1833.

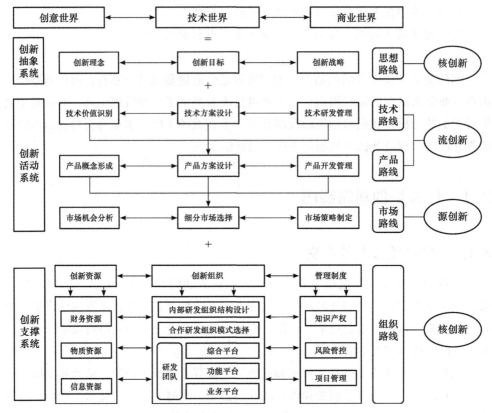

图 3-4　企业创新路线图的构成

1. 建设三个世界：创意、技术和商业

创新集成观强调创新过程中的技术、组织、制度、管理、文化等创新要素的相互匹配及协同合作。在此过程中，企业对各种创新要素进行整合、重组与融合，并通过组织过程将好的资源、工具和解决问题的方法进行集成应用，以创造出新的技术创新方式与经济增长点。波普尔提出了包括物理、精神与知识的"三个世界"理论：物理客体或物理状态的物理世界、意识状态或精神状态的精神世界或关于活动的行为意向的精神世界、思想的客观内容的知识世界○。回顾企业实际创新活动的过程，我们不难发现：市场与客户的需求激发了创意，经过筛选的创意又直接驱

○ IANSITI M, WEST J. Technology Integration: Turning Great Research into Great Products [M]. Cambridge: Harvard Business School, 1997.

○ POPPEER K R. 客观的知识：一个进化论的研究[M]. 舒炜光，译. 杭州：中国美术学院出版社，2003.

动技术发展，企业家通过对技术和产品的商业化运作来实现创新的商业价值和社会价值。因此，基于创新集成观和"三个世界"的观点，可将企业成功的创新活动概括为三个世界的建设：一是形成丰富多彩的创意世界；二是构建卓越领先的技术世界；三是开创充满活力的商业世界，如图 3-5 所示。

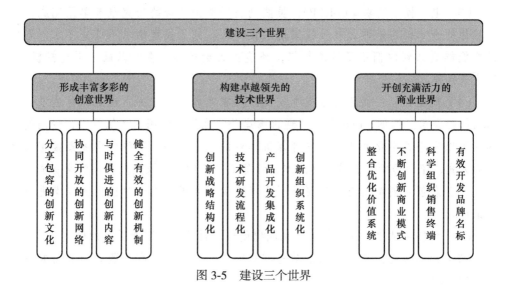

图 3-5　建设三个世界

创意世界本质是激发创新的过程，是企业创新软实力的体现，集合了企业开展内部互动和外界交流而产生的创新文化、创新网络、创新内容与创新机制。创意世界的核心是企业运用有效的策略，广泛开拓与利用内外部创新源，激发各创新主体的创意，并将隐性知识转化为显性知识⊖。例如，海尔建立了开放式创新平台HOPE，与全球研发机构和个人合作，把创意、技术、知识的供给方和需求方聚集到一起，搜寻和获取全球创意、创新资源，并将资源输入和输出渠道打通。

◀ 创新聚焦 ▶

通往创意世界的十种渠道

在《开放式创新——企业如何在挑战中创造价值》一书中，作者将创新渠道分为十类。企业需根据自身实际情况确定项目的创新渠道。

（1）内部：公司内部的现有资源。最为重要的创意不仅来自研发人员，还包

⊖ 张振刚，陈志明，余传鹏. 企业创新路线图：理论基础与概念框架[J]. 管理学报，2014，11（12）：1826-1833.

括车间工人、市场开发人员等。

（2）合约式研究机构（CRO）：具有明确的定位，专注于某些领域和技能。例如，应用分析（Applied Analytical）公司专门做活性药用成分的稳定性试验。目前，国内出现的第三方实验室，如达安基因第三方实验室，也是一种合约式研究机构。

（3）电子提案请求（e-RFP）：虽然创新任务由传统的研究服务单元完成，但是签约的合作机构是通过电子提案请求找到的。电子提案请求不仅使寻求创新的机构能够联系到他们不了解的组织，还能扩大选择面，在此基础上再选择机构、洽谈条件等。

（4）离岸外包：在劳动力成本较低的国家完成工作任务。这是一种追求低成本的创新渠道。例如，oDesk公司通过离岸外包在世界范围内组织员工，专门处理那些可以完全数字化并通过互联计算机作业的工作任务。这种在当地直接聘用员工的方式，不但降低了直接劳动成本，还降低了签约合同及谈判协商的交易成本。

（5）众包－创意构思：只要求解决者提供创意思路或者对提出的方案进行理论论证。

（6）众包－付诸实施：解决者完成把创新"付诸实施"所需要的研究工作。

（7）大学合约：带有学术活动的创意渠道。知识产权和出版方面有需要特别注意的问题。

（8）顾问咨询：一种历史可能最为悠久的形式。

（9）优先购买权：一种降低风险的手段，更类似于一种合约条款，最初只购买"较少"的权利，以此为条件，在实验结果明确、风险降低之后，再谈判协商更多的知识产权。

（10）合资：两个实体没有竞争关系，能同时从创新成果中获益，并且希望共担风险、成本以及共享收益的一种合作行为。

资料来源：Bingham A, Spradlin D. The open innovation marketplace: Creating value in the challenge driven enterprise [M]. London: Ft press, 2011.

技术世界本质上是整合资源的过程，是企业创新硬实力的体现，集合了技术研发、产品开发、产品生产过程中涉及的资源、流程、方法等诸多要素。技术世界的核心是企业将创意转化为有价值的产品。其结果一般不允许失败[①]。例如，华为聚焦无线领域，在产品、技术、基础研究、工程能力等方面持续投入，发布了业界首

---

① 张振刚，陈志明，余传鹏. 企业创新路线图：理论基础与概念框架[J]. 管理学报，2014，11（12）：1826-1833.

个符合 3GPP 标准的全系列 5G 端到端商用产品与解决方案，基于自研芯片和自有天线技术的 5G 系列化产品规格及性能最优，率先完成了 IMT-2020（5G）等各项测试。

商业世界本质上是实现创新价值的过程，是企业在新产品成功开发后对价值系统、商业模式、终端渠道与品牌名称的商业化运作。商业世界的核心是企业在新产品开发后进行各种商业化运作，各方联合创造与获取创新价值⊖。例如，格力电器尝试推行营销渠道变革，以"格力董明珠店"为依托，联合主要线上平台和 3 万家线下门店，并且开始与家具公司等进行配合，在不同渠道进行直播带货，充分发挥联动机制。

◀ 创新聚焦 ▶

吉利控股集团的商业模式创新与技术创新的演化过程

1. 吉利控股集团概况

吉利控股集团（以下简称"吉利"）始建于 1986 年，于 1997 年进入汽车行业，是一家集汽车整车，动力总成，关键零部件设计、研发、生产、销售及服务于一体，并涵盖出行服务、线上科技创新、金融服务、教育和赛车运动等业务在内的全球型集团。作为中国最大的私营汽车集团，吉利已连续八年入选《财富》"全球 500 强企业"。

吉利始终将自主创新置于其商业战略的核心位置。为了充分利用全球智慧，吉利建立了一个遍布全球的研发造型网络，在全球拥有五大研发中心和五大造型设计中心，专注于核心汽车技术的发展和未来出行服务。吉利正稳步推进全球创新型科技企业的建设，逐步实现从汽车制造商向移动出行服务商的转变。图 3-6 是吉利发展历程的关键事件。

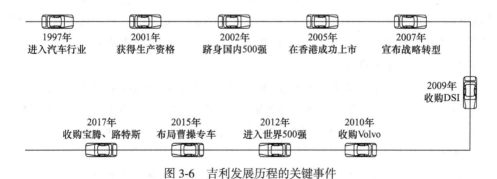

图 3-6 吉利发展历程的关键事件

⊖ 张振刚，陈志明，余传鹏. 企业创新路线图：理论基础与概念框架[J]. 管理学报，2014，11（12）：1826-1833.

2. 吉利控股集团的商业模式创新与技术创新的演化路径

在创业初期，受市场需求吸引且考虑到自身技术能力的不足，吉利选择以市场为导向的技术创新，在依靠部件组装开发新车的过程中，开展效率性商业模式创新。吉利有针对性地寻找汽车零部件低配低价的供应商，以满足效率性，对合作伙伴的要求较低。

在扩张时期，消费者市场需求发生了改变，此时效率性导向已不能满足需求。市场需求对企业能力提出了新要求，吉利首先试图调整商业模式，寻找异质性伙伴进行合作。这是因为异质性知识能够为企业创新注入新动力，扩大组织资源储备量，通过与市场导向的技术创新之间的互动进一步推动企业能力跃迁。

步入转变阶段后，吉利倾向于寻找互补性合作伙伴。互补性导向能够支持企业开展技术导向的研发创新。此时创新开始在较大程度上向技术导向转变，互补性导向和技术导向之间相互调整与适应。

在成熟阶段，吉利再次调整商业模式创新，通过搭建技术架构平台推动合作网络内企业的协同发展，以参股合资生产等强制性方式提升锁定性导向，支持企业不断进行新技术研发，并实现汽车关键技术自主化，使技术导向的创新能力持续增强，从而在竞合网络内凭借技术优势获得一席之地。企业技术导向的研发创新能力得到显著提升后，便可在合作网络内占据中心位置，使锁定性导向加强，通过绑定利益推动网络中的企业发展，不断加大技术研发力度以保持业内领先地位。此外，高锁定性导向能够支持企业获取额外的垄断租金，依附合作网络形成信息和技术等方面的壁垒，在合作网络内部形成一种有利的竞争环境，二者之间的调整又能进一步促进企业创新能力的提升。

如图 3-7 所示，通过对吉利 20 多年的发展历程进行研究可以发现，商业模式创新和技术创新是推动企业成长、实现企业升级的重要途径。技术创新与商业模式创新之间是协调互动、相互促进的关系。企业成功的创新离不开创意世界、技术世界和商业世界的建设。

资料来源：①吉利控股集团官网. [2020-07-27]. http://zgh.com/overview/. ②王核成，李鑫，周泯非，等. 商业模式创新与技术创新共演下企业能力升级：吉利汽车纵向案例研究 [J]. 科技进步与对策，2020，37（21）：100-109.

思考：

1. 吉利控股集团的商业模式创新与技术创新经历了哪几个阶段？它们有什么特点？

2. 吉利控股集团的创新举措对于中小企业的创新发展有何启示？

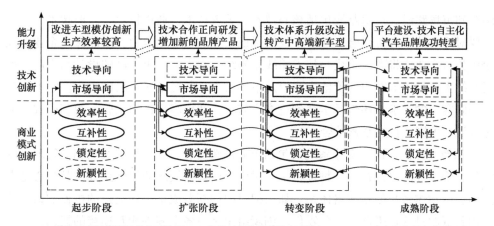

图 3-7 吉利的商业模式创新与技术创新的演化过程

2. 构筑三大系统：抽象、活动和支撑

根据切克兰德系统论的观点，人工抽象、人类活动和人工物理系统是人类行为有意设计的结果，人类可以不断创造、调整并加以运用[⊖]。而企业创新路线图就是这样一个有意设计的人工系统，具有很强的目的性或意向性，旨在分析企业各种创新要素的变化趋势以及它们之间的内在联系，从而明确企业未来创新发展的方向和关键路径，进而提升企业的自主创新能力。因此，企业创新除了可从创意世界、技术世界和商业世界加以概括外，还可以从创新战略体系（人工抽象系统）、创新活动体系（人工活动系统）与创新支撑体系（人工物理系统）加以描述。

创新战略体系这一抽象系统是包括创新的愿景、使命、价值观、目标和战略等抽象要素在内的概念系统，对应于创新路线图的思想路线，是管理者、员工、股东、合作伙伴等利益相关者及其他非利益相关者对企业创新发展的合理性及可操作性的想法、思路和计划等要素的集合。企业不仅应该将这些要素弄清楚、说明白，还应该将各要素构成一个完整的系统，以满足简单化、可视化与可操作化的要求。

创新活动体系这一活动系统是包括企业技术创新、产品创新、市场创新等有逻辑的活动子体系构成的系统，介于创新战略体系与创新支撑体系之间。创新活动体系包括技术研发、产品开发和市场拓展活动，对应于创新路线图的技术路线、产品

⊖ 切克兰德. 系统论的思想与实践[M]. 左晓斯，史然，译. 北京：华夏出版社，1990.

路线和市场路线。技术路线包括核心技术、关键技术、通用技术、一般技术。企业需要对这些技术进行组合，这样不仅能保证企业的核心竞争力，还能保证企业的规模优势。企业应将产品路线与技术路线紧密结合起来，注重产品的设计与生产。市场路线主要是了解客户的价值主张以及市场潜力，制定市场策略的过程。它不仅包括理解客户的需求，还包括学会创造客户需求，实现客户价值主张、盈利模式、关键资源、关键流程的紧密结合。

创新支撑体系这一支撑系统是包括企业创新资源、创新组织及其相关管理制度等具有确定性的要素在内的物理系统，对应于创新路线图的组织路线。其核心是支撑创新活动体系与创新战略体系。如果把组织创新看成是一台复杂的机器的话，那么创新资源是这台机器的重要零件。创新组织是使各个零件相互连接的架构，而创新管理制度则是推动机器有效运转的程序及方法。因此，创新资源、创新组织、创新管理制度三个要素相互作用，缺一不可，共同支撑着企业创新活动。

◀▪ 创新聚焦 ▪▶

大疆创新的三大创新系统

1. 企业简介

大疆创新成立于 2006 年，如今已发展成为空间智能时代的技术、影像和教育方案引领者。成立 15 年间，大疆创新的业务从无人机系统拓展至多元化产品体系，在无人机、手持影像系统、机器人教育等多个领域成为全球领先的品牌，并在更多的前沿领域中不断革新产品与解决方案。目前，大疆创新在 9 个国家设有 17 家分支机构，销售与服务网络覆盖全球 100 多个国家和地区。2018 年，全球知名风投调研机构 CB Insights 公布全球独角兽企业榜单，大疆创新排名第 6 位。2020 年，大疆创新入选福布斯中国"2020 中国最具创新力企业"榜单。

2. 创新体系

大疆创新建设了一个包括抽象系统、活动系统、支撑系统在内的全面的创新体系，如图 3-8 所示。

大疆创新在企业文化输出方面始终保持创新的理念：①创新愿景：成为持续推动人类进步的科技公司；②组织使命：做空间智能时代的开拓者，让科技之美超越想象；③核心价值：激极尽志、品诚求真、乐享谦学；④发展目标：建设开放、合作、共赢、可持续的技术生态体系，与客户、伙伴携手推动产业健康良性发展。

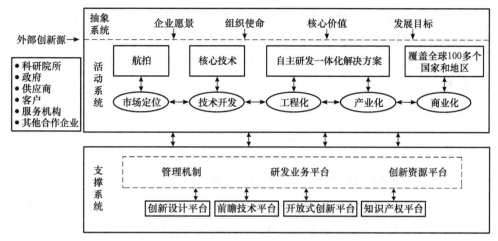

图 3-8　大疆创新的创新体系

作为全球顶尖的无人机飞行平台与影像系统自主研发和制造商,大疆创新始终以领先的技术和尖端的产品为发展核心。大疆创新通过技术创新,研发了具有自主知识产权的口袋飞机,并提出了"两年打基础,五年立品牌"的运营理念。在这个运营理念的指导之下,大疆创新在 2010～2012 年主打技术创新,通过两年时间构建了集研发、制造、创新于一体的基础设施,并整合公司资源进行科研创新。大疆创新从最早的商用飞行控制系统起步,逐步研发推出 ACE 系列直升机飞控系统、多旋翼飞控系统、筋斗云系列专业级飞行平台 S1000 与 S900、多旋翼一体机 Phantom、Ronin 三轴手持云台系统等产品。2015 年,大疆创新实现销量的大幅度上升,成为全球同行业中的领军企业,不仅填补了国内外多项技术空白,而且形成了自身特点鲜明的无人机生产技术。截至 2020 年 7 月,大疆创新累计申请专利 12 900 余件,其中 PCT 国际申请 4 260 件,PCT 专利申请量连续四年排名国内前十,全球商标布局 57 个国家和地区,已注册 1 500 余件。

大疆创新在实现技术和产品质量领先的同时,通过组织创新不断地对制作过程进行优化处理,将创新活动系统和创新支撑系统不断进行匹配,并取得了良好的运营效果。例如,以互联网为基础,构建了"产学研"三位一体的交互网络,从而显著地提升了组织管理效率与研发效率。除此之外,大疆创新还通过技术创新将其产品扩展到传感器与机器人等领域,并协同组织上的"一中心、多基地"模式,实现了技术创新与组织创新的匹配发展。

资料来源:① 大疆创新官网. [2020-07-28].https://we.dji.com/zh-CN/about#story. ② 王满四,周翔,张延平.从产品导向到服务导向:传统制造企业的战略更新:

基于大疆创新科技有限公司的案例研究[J]. 中国软科学, 2018 (11): 107-121. ③黄华. 当前高端装备制造企业的管理突破: 基于典型案例的组织创新与技术创新匹配研究[J]. 河南社会科学, 2020, 28 (05): 56-63.

思考:
1. 大疆创新的创新体现在哪些方面?
2. 你从大疆创新的创新体系中得到了什么启示?

3. 开展三层创新: 核创新、流创新和源创新

美国斯坦福大学的谢德荪教授 (Edison Tse) 在《源创新——转型期的中国企业创新之道》一书中提出了创新层次观, 将创新划分为始创新、流创新与核创新三类⊖。我们在始创新特指科学创新的基础上, 增添了文化创新, 共同构成企业发展的核心, 将企业创新能力培养过程中拥有的企业创新、产业创新和集群创新划分至点、线、面三个维度, 形成核创新、流创新和源创新三个层面的创新分类, 如图 3-9 所示。

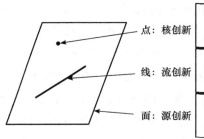

图 3-9 创新路线图的三层创新

核创新以提升企业核心竞争力为目标, 包括文化创新与科技创新。其创新的内容体现在创新文化、核心技术、人才队伍以及知识产权等方面。流创新则从产业创新的层面来改善企业现有的价值链、产业链和创新链, 使资源能够更有效地流动, 进而开展相关的创新活动, 包括工艺创新、产品创新与流程创新等内容, 是管理企业与外部产业链关系的能力体现。源创新是从集群创新的层面对企业内部和外部资源进行整合并创造价值, 是企业与其产业链的上下游供应商、竞争对手以及其他组织对客户价值主张的认识、盈利模式的设计、关键资源的匹配与关键流程的设计的

⊖ 谢德荪. 源创新: 转型期的中国企业创新之道[M]. 北京: 五洲传播出版社, 2012.

结果,是通过协同创新进行知识创造与共享的体现。

3.1.2 创新的五条路线

创新的五条路线作为三个世界、三大系统、三层创新的具体细化,为下一步实操确定创新路线图提供了解决思路。由五条路线构成的企业创新管理理论框架如图3-10所示。其理论架构包括创新思想、价值创造和创新组织,阐释为五条路线的组合。

思想路线对企业的发展具有引领全局的作用,是企业基于内外部环境分析而形成的关于未来创新发展的愿

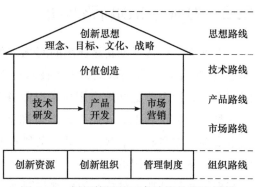

图 3-10 创新管理的五条路线的理论框架

景、使命、价值观、发展目标、工作任务与总体战略,包括创新理念、创新目标、创新文化和创新战略四大要素。思想路线是制定其他路线的前提,为技术路线、产品路线、市场路线和组织路线的制定提供了整体方向、基本准则与边界条件。

从创新思想出发,各职能部门共同开展企业价值创造活动,具体包括技术研发、产品开发和市场营销等活动,表现为技术、产品、市场三条路线,以持续的创新来创造经济价值、环境价值和社会价值。技术路线是企业基于技术预测、技术识别与筛选而制定的关于未来核心技术、关键技术、一般技术和通用技术的研发计划和行动方案,包括技术价值识别、技术方案和技术研发管理三大要素,是企业技术创新方案的直观显示。产品路线是企业基于对产品概念的寻找,对其未来生产经营产品的预测、系统设计以及开发管理的行动方案,包括产品概念形成、产品方案设计、新产品开发管理三大要素,是企业产品创新方案的直观显示,是体现创新价值的物质载体。市场路线是企业基于市场需求与组织能力而制定的一系列关于市场创新的行动方案,包括市场机会、细分市场和市场策略三大要素,是企业市场创新方案的直观显示。

创新资源、创新组织和管理制度为上述价值创造活动提供了组织基础支撑,表现为企业的组织路线。组织路线是企业基于创新目标与工作任务而设计的关于创新组织、研发团队、创新资源配置及创新管理制度的行动方案,包括创新组织、研发团队、创新资源和创新管理制度四大要素,为思想、技术、产品、市场路线的发展提供支撑。组织路线结合了思想路线、技术路线、产品路线和市场路线的内容,要

求企业对内部的研发组织、研发团队、创新资源和管理制度有针对性地进行审视、设计与配置，以实现创新路线图的发展目标。

3.2　为何要用创新路线图

要回答为何选择创新路线图的问题，我们需要回顾一下路线图的发展历程。在20世纪70年代，人们认识到生产技术对于企业发展的重要性，开始提出技术路线图的概念，使企业更好地应用技术以服务于未来的产品开发[一]。技术路线图自此作为一种管理方法和工具开始引起学者和企业管理者的关注。随着经济社会的发展，其重要性更加突显。微软、三星、飞利浦等大型企业也纷纷将其应用于企业的管理实践中。从实际应用的角度看，虽然技术路线图在制定过程中考虑了环境的变化，但归根结底只是基于对技术的预测和管理，将其应用于企业整体层面的创新战略制定时，其理论基础有所欠缺、反映的创新内容尚不完整、企业战略制定的顶层要求难以满足的局限性也逐渐显现。而创新路线图作为技术路线图概念的拓展与延伸，能满足企业整体的创新发展需求。相较于技术路线图而言，创新路线图兼具科学性与实用性，能够更好地回答企业"创新什么"以及"怎么创新"的问题[二]，从思想、技术、产品、市场和组织等方面着手解决企业的创新发展难题，可以帮助企业统筹创新资源、寻找未来的创新路径、提高创新效率和实现持续成长。

3.2.1　创新路线图的理论溯源

从科学性出发，创新路线图是学者和企业管理者采用全面的认知方式，从"道""法""技"三个层面汲取哲学、方法论、理论与工具的经验要素，并不断丰富管理实践经验的成果。

1. 道——哲学

哲学是认知的"道"的层面。对于生活中普遍存在的事物发展的基本规律，我们需要用哲学的思维、知识与方法去认识、抽象与把握，不断提高认知水平。在系统论的视角下，企业的创新路线图充分体现了系统论的系统性、协同性、整体性等特征。创新活动的系统性，决定了创新路线图的要素、结构、功能和环境的刻画具

[一] 周华任. 路线图的基本原理及应用[M]. 北京：清华大学出版社，2013.
[二] 张振刚，林春培，陈志明，等. 技术路线图概念的拓展与延伸：基于企业创新视角的创新路线图分析[J]. 技术经济，2011，30（12）：1-5.

有系统性的特征。在创新路线图中，企业新、旧创新要素之间相互依赖和相互制约的复杂的非线性动态过程被直观显现，且具有协同性。企业的创新路线图将技术预测、产品开发等单个要素的功能联系与整合，形成更高层次的功能与作用的能力是其整体性特征的表现。

2. 法——方法论

方法论是认知的"法"的第一层面，是认识物理世界的一个基础科学。创新路线图的认知过程涉及软科学研究方法和切克兰德软系统研究方法论。

（1）软科学研究方法　创新路线图是运用软科学研究的基本范式以及华莱士"科学环"逻辑模型得出的一种企业创新管理工具，如图3-11所示。第一，研究者首先针对企业创新管理所面临的困境，对研究进行"设问"，即企业能否有一个更系统、更全面、更具操作性的创新管理工具。第二，研究者提出了研究的具体目标，即综合已有的创新管理方法，在哲学、方法论、理论与工具的经验的指引下，形成一个系统、全面、具有操作性的创新管理工具，为企业管理创新活动、形成创新思路、制定创新战略提供方法指引。第三，研究者提出了相应的研究计划与调研计划，将理论与现实情景结合起来，形成创新路线图的构想。第四，形成了创新路线图的概念、结构、功能、方法等一套系统的研究成果。第五，将创新路线图运用于企业，得到企业运用的反馈，并确立新的研究方向，以不断完善创新路线图理论。

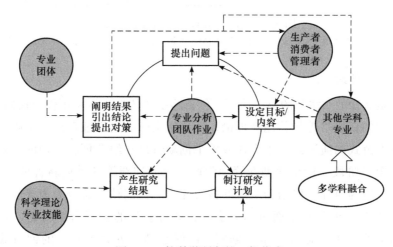

图 3-11　软科学研究的一般范式

资料来源：埃斯里奇. 应用经济学研究方法 [M]. 朱钢, 译. 北京：经济科学出版社，1998.

（2）切克兰德软系统研究方法论　20世纪80年代中期，英国的P.切克兰德（P. Checkland）提出了具有代表性的方法论，以处理用工程问题的思路难以解决的社会问题或"软科学"问题，如图3-12所示。切克兰德软系统研究方法论对于创新路线图制定的意义在于指明了一种系统思考的思维方法：①通过理论研究与实践来认识企业创新管理的主要相关因素；②分析企业创新管理的各个相关因素之间的关系，对创新路线图涉及的要素进行根底定义；③运用结构化思维构建创新路线图的概念模型；④通过企业实践将现实问题与概念模型进行比较，不断修正相关定义；⑤选择具有可操作性的概念模型方案；⑥将概念模型应用于实践中，不断改进和完善创新路线图。

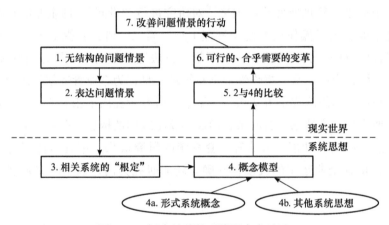

图3-12　切克兰德软系统研究方法论

资料来源：切克兰德.系统论的思想与实践[M].左晓斯，史然，译.北京：华夏出版社，1990.

3. 法——理论

理论是认知的"法"的第二层面。创新路线图的理论渊源不仅包括创新概念、创新模式和创新战略等相关创新理论，还包括全面创新管理理论。企业技术创新管理的基本范式的演进经历了个体或单个创新管理和组合创新管理两个阶段，目前正迈向第三阶段，即全面创新管理阶段。全面创新管理是创新管理的新范式。它以价值创造为目标，以培养组织的核心能力、提高核心竞争力为导向，以各种创新要素的有机组合与全面协同为手段，通过有效的创新管理机制、方法和工具，力求获得"人人创新、事事创新、时时创新、处处创新"的创新效果，如图3-13所示。

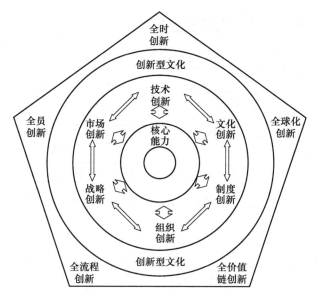

图 3-13　企业全面创新管理的五角模型框架

资料来源：许庆瑞.全面创新管理：理论与实践[M].北京：科学出版社，2006.

◀■ 创新聚焦 ■▶

海格通信的五层次全面创新战略管理体系

广州海格通信集团股份有限公司（以下简称"海格通信"）位于广州经济技术开发区科学城（世界500强企业工业园区），是520家国家重点企业集团、全国电子信息百强企业之一的广州无线电集团的主要成员企业，秉承其50多年的专业品质，经过十年快速稳健发展，已由原来单一为海军提供舰用专装整机设备，发展成为陆、海、空、二炮、武警等全军各军兵种提供通信、导航装备，并集研发、制造、销售、服务于一体的高科技企业，且处于行业领先地位。

海格通信建立了企业创新管理的五层次全面创新战略管理体系，如图3-14所示，涵盖董事会、总经理经营班子、中高层管理者、职能部门和全体员工。企业各岗位员工各司其职，以保证创新战略的合理制定与有效运作。

海格通信基于五层次全面创新战略管理体系，将企业的创新战略与差异战略相结合，即在文化、形象、质量和成本上的差异，进行观念、组织、技术、管理和制度的全面创新，如图3-15所示，并形成了企业独特的全面创新战略管理模式。

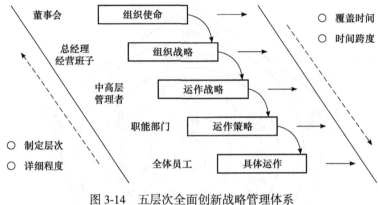

图 3-14　五层次全面创新战略管理体系

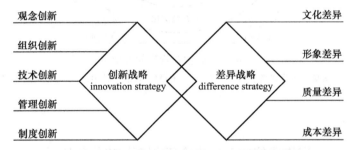

图 3-15　海格通信的创新战略和差异战略的结合

全面创新战略管理模式的实施激发了海格通信各层级管理者和员工的创新活力，促进了观念创新、组织创新、技术创新、管理创新和制度创新等持续发展和全面融合，推动了企业创新水平的提升，以保障企业高水平、全面发展。

资料来源：《海格管理探索》，广州海格通信集团股份有限公司，2018.

思考：

1. 海格通信的创新管理体系包括哪些内容？有什么特点？
2. 海格通信的五层次全面创新战略管理体系对于中小企业的发展有什么启示？

4. 技——工具

工具是认知的"技"的层面，即对于事理的认识，是在工作实践中积累的各种具体的技术、经验与方法。创新路线图继承发扬了技术路线图和 IPD（集成产品开发）两种工具的优点。

（1）技术路线图是未来发展愿望图。它结合了知识、理想、企业、政府资源、相关投资及管控流程[一]。技术路线图常采用多层结构格式，横向反映技术的时间维度，纵向反映技术发展与研发活动、产业、基础设施、市场前景等不同层面的社会条件，如图 3-16 所示。技术路线图对于产业的技术需求提供了确认、评估及选择策略的技术方案，能帮助企业规避技术开发风险、合理配置科技资源、寻求自身发展机会。就整体而言，技术路线图是针对某一特定领域，集合众人意见，对重要变动因素所进行的展望。

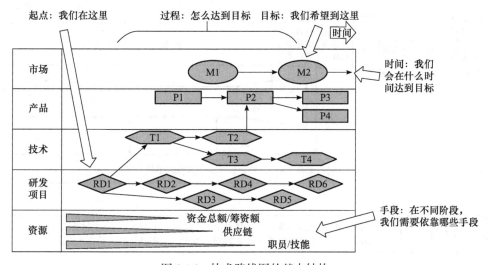

图 3-16　技术路线图的基本结构

资料来源：剑桥大学制造学院技术管理中心 .[2020-07-27].https://www.ifm.eng.cam.ac.uk/.

（2）集成产品开发（integrated product development，IPD）是一套产品开发的模式、理念与方法。其核心思想包括：跨部门协同、产品开发过程就是投资决策过程、将技术研发与产品研发相分离、基于平台的异步研发模式和重用策略、结构化的并行研发流程、产品的创新要以市场需求为基础、产品线与能力线并重和职业化人才梯队建立八个方面[二]。IPD 集成了代表业界最佳实践结果的诸多要素，具体包括异步开发与共用基础模块、跨部门团队、项目和管道管理、结构化流程、客户需求分析、优化投资组合和确立衡量标准七个方面。图 3-17 是 IPD 整体制定框架。

[一] 李雪凤，全允桓，谈毅. 技术路线图：一种新型技术管理工具[J]. 科学研究，2004（S1）：89-94.

[二] 张连营，索永庆，刘威. 新产品开发IPD管理模式实施的关键因素分析[J]. 科技管理研究，2015，35（15）：1-4+9.

国内外大型企业运用 IPD 方法的实践证明，IPD 可以帮助企业实现缩短研发周期、降低产品成本的目标，在降低研发投入比例的同时，使人均产出率得到大幅提高，且花费在中途废止项目上的费用明显减少，使产品质量得到普遍提高。IPD 的成功实施受很多因素的影响，例如，品牌和愿景的制定、对客户需求的深入理解、将供应商融合到产品开发流程中、进行良好的项目管理和进行采购管理五个方面会对 IPD 在企业中的成功实施起到积极的作用。

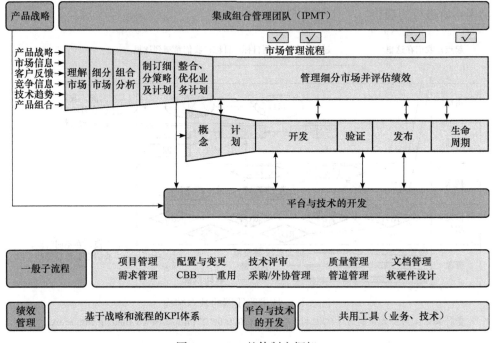

图 3-17　IPD 整体制定框架

资料来源：周辉 . 产品研发管理：构建世界一流的产品研发管理体系 [M]. 北京：电子工业出版社，2012.

企业创新是全面、系统、综合、复杂、非线性的活动，是一个管理过程，而不是一项职能活动。创新管理过程本质上是复杂的，需要一个系统化、结构化的工具来支撑，而这种工具需要涉及企业创新管理过程中的关键要素。根据系统论、研究方法论、创新管理理论方法、技术路线图以及 IPD 的基本理念与范式，并结合企业创新管理实践，我们提出了一个企业创新管理的框架结构——创新路线图，如图 3-18 所示。系统论为创新路线图的提出提供了哲学层面的认识与理解；研究方法论是构建创新路线图的基本研究过程；创新管理理论方法为创新路线图提供了基本的要素与内容；技术路线图、IPD 为创新路线图的提出构建了基本的范式与逻辑框架。创新路线图的制定过程遵循思想路线、技术路线、产品路线、市场路线与组织路线的顺序。各条路线相互联系、相互补充、异步并行。

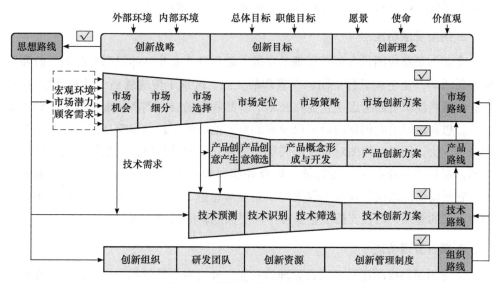

图 3-18　创新路线图的制定框架

☑表示组织外部行业专家论证。

3.2.2　创新路线图的三大功能

企业创新路线图以科学的理论为支撑。从实用性的角度出发，创新路线图是企业制定发展路径和管理创新活动的工具，具有战略规划、创新管理和项目管理等功能。

1. 战略规划功能

企业创新路线图具有战略规划的功能，适用于企业整体层面的创新战略制定。企业要在激烈的市场竞争中求生存、谋发展，就必须自觉地从实际出发，对企业的未来做出总体战略规划。企业通过绘制创新路线图，应用一系列战略与创新管理方法，系统地分析自身在思想、技术、产品、市场和组织层面的创新活动以及它们的内在关系，灵活、正确地实现资源与环境的良好匹配，可以形成和明确创新发展的总体方向和战略部署情况，提高预见性和主动性，为自身长久立于不败之地打好坚实基础。创新路线图囊括了企业基于创新的理念系统、在发展过程中为了应对各种变化所要达到的创新目标及其理念系统和创新目标的总体思路、任务和具体计划。完成了这些内容的分析和确定，就是完成了企业系统性、全面性的创新战略规划任务的确定。另外，创新路线图的定期修编，实现了企业战略规划的动态更新，保证了企业创新战略规划文本的有效性，是企业永久活力的体现。

2. 创新管理功能

企业创新路线图具有创新管理的功能，能帮助企业从整体层面系统地了解和管理创新活动，是企业进行全面创新管理的蓝图。区别于传统规划工具和分析方法，企业创新路线图全面考虑了企业在技术、产品和市场层面创新的重要性，强调了企业在思想和组织层面创新的价值以及它们对其他层面创新的影响。借助于其他工具和分析方法，创新路线图对企业不同层面的创新要素及其内在关系的变化趋势进行研判，凝聚了企业各个层级的员工以及外部利益相关者对企业未来创新发展的共识。它所得出的结论和观点不仅支持了企业对思想、技术、产品、市场和组织层面创新活动的管理，而且支持了企业对不同层面创新活动的协同管理。

3. 项目管理功能

企业创新路线图还具有项目管理的功能。通过对项目过程的控制，企业在形成整体创新战略后可以基于职能层面对业务进行全面管理，加强跨部门沟通与协作，有效地配置和共享资源，减少计划拖延的情况并降低运营成本。创新路线图的制定运用了系统的观点、方法和理论，有助于企业明晰未来创新的发展方向和关键路径，在技术攻关、新产品研发、市场开拓和组织变革等具体的项目中找出创新战略实施的重点内容。企业创新路线图对这些项目何时启动、何时结束、有何影响，以及如何实施、协调、控制和评价做出了明确的规划，为企业创新活动持续高效进行提供了保证。可以说，企业创新路线图为企业在不同层面的创新型项目提供了一种系统管理的方式。

3.3 如何制定创新路线图

3.3.1 创新路线图的制定原则

1. 系统性原则

企业的创新活动发生于各种技术、经济和管理活动以及各个层面的人员行为的交互作用之中,是一个涉及经济、科技、社会、文化和法律制度的综合过程。企业一般从某一特定领域或项目开始并以此为核心,但后续的创新过程往往会带来整体性的变动。因此,企业创新路线图的制定应遵循系统性原则,以系统性思考为基础,详细讨论其内外部的各要素之间的联系、系统与周边环境的关系、各要素变化后对系统及外部环境可能造成的影响,并在此基础上进行技术、产品、市场和组织层面的创新战略部署与创新路径设计。创新路线图的系统性规划过程,涉及思想凝练、市场实现、产品演进、技术支撑和组织变革五个层面的互动、筛选、组合和评价。随着时间的推移,原有的创新路线图或多或少将不再适用,企业必须视情况对其进行系统更新,甚至重新绘制。

2. 建设性原则

企业创新路线图的提法来源于科技实践活动,这表明企业创新路线图与科技实践活动有着天然的联系。企业制定创新路线图的最终目的在于服务自身的科技实践活动。如果企业创新路线图无法精练地总结企业的过去、深刻地分析企业所处的现状、前瞻性地预测企业未来的发展,那么企业所制定的创新路线图可能是无效的,无法给企业未来的发展带来有价值的建议或启示。因此,企业创新路线图的制定必须遵循建设性原则,即始终以企业的科技实践活动的具体情况为出发点,以提升企业科技自主创新能力为落脚点,基于企业发展的战略需求,综合运用各种具体的创新方法,总结企业创新理念,明确企业创新发展目标,并在此基础上确定企业在市场、产品、技术和组织等层面的战略重点和创新突破口,以帮助企业明确未来发展的创新困境及其破解之道。也就是说,建设性原则是以结果为导向的,强调创新路线图对于企业创新发展的内在价值。

3. 操作性原则

为了保证企业创新路线图的建设性,真正体现其在科技实践活动中的内在价值,在制定创新路线图的过程中还必须坚持操作性原则,即在制定思想路线、技术路线、产品路线、市场路线和组织路线的过程中,不仅要把握好用户的需求变化和行业技术发展趋势,还要充分考虑企业的发展实际,确保"五大路线"在明晰未来发展方向的同时,能够通过符合企业实际以及外部环境的具体措施加以推进。操作性原则要求企业创新路线图的制定者必须采用扎根企业的方式,通过各种方式与企业的全体人员进行深度沟通和访谈,深入了解和分析企业的各种技术创新活动,综合考虑各利益相关者的想法和意见,以保证企业创新路线图在具体执行层面的顺利实施。

3.3.2 创新路线图的绘制流程

在工作流程上，创新路线图的制定主要包括企业创新路线图的准备、绘制、实施和更新四个阶段，如图 3-19 所示。准备阶段是制定创新路线图的首要阶段，也是基本条件。它直接关系到创新路线图的后续阶段能否顺利开展。绘制阶段紧随其后，是制定创新路线图的核心部分，也是难点。它直接影响着创新路线图的可行性和可操作性。创新路线图的实施阶段是制定创新路线图的最终目的。其实施效果为企业创新路线图的动态更新提供了重要依据。更新阶段是制定创新路线图的最后一个阶段，也是保证创新路线图具有长久生命力的重要过程。它促使创新路线图不断完善，与时俱进。

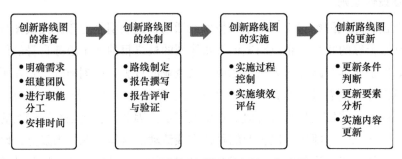

图 3-19 企业创新路线图制定的一般流程

1. 准备工作

准备工作是制定企业创新路线图的基本条件，主要包括明确需求、组建团队、进行职能分工和安排时间四个部分。

（1）明确需求 在制定企业创新路线图之前，我们必须先明确企业对创新路线图的需求，解决以下几个问题：制定创新路线图的目的是什么？它预期可以发挥怎样的功能？它能给企业创造什么价值？它的适用范围和边界是什么？需要提前做好哪方面的资源准备？只有对以上问题有了明确的答案后，才能开始着手进行创新路线图的制定。在这里，要特别强调的是对资源的准备，它包括人、财、物、知识和技术储备等方面。在当前信息化时代，企业产生了大容量、变化极快、种类繁多的结构化、半结构化和非结构化的数据信息资源。MIT（麻省理工学院）的调查结果显示，企业应用数据驱动的程度越高，运维效果也就越好[一]。这就对企业的数据收

[一] Mc Afee A, Brynjolfsson E, Davenport T H, et al. Big data: The management revolution[J]. Harvard Business Review, 2012, 90 (10):60-68.

集、储存和分析处理、报告和可视化能力提出了较高的要求。企业在制定创新路线图服务于自身发展时，需要评估当前数据处理与业务应用系统是否能够满足挖掘分析与深度应用的需求。企业可以根据自身发展需要来决定是否引进数据分析相关人才、NoSQL 等数据存储系统、GFT（Google Fusion Tables）可视化平台以及 Storm（流式大数据处理）等数据处理技术，以对公开渠道爬虫获得的公共信息资源与自身私有的商业全过程信息资源进行妥善处理[○]。

（2）组建团队 明确自身需求后，可以开始编排创新路线图的领导小组、协调小组、制定小组和支持小组成员。领导班子、专家委员会和技术委员会组成领导小组；企业职能部门的中高层管理人员组成协调小组；制定小组按照"多学科、跨部门、重能力"的原则组建，由经营、战略、技术、产品、销售和市场等不同职能部门的核心成员构成，也可通过"外部聘请专家团队＋企业跨部门团队"的模式来构建；企业经营、市场、技术和产品等职能部门的员工组成支持小组。

（3）进行职能分工 在企业创新路线图的制定过程中，不同类型的团队的职能分工各异，如表 3-1 所示。

表 3-1 创新路线图制定过程中的职能分工

团队构成	职能分工
领导小组	组建团队，明确目标，提供技术支持，进行评审工作
协调小组	协助制定小组与支持小组的沟通工作
制定小组	对整个制定工作统筹安排；指导企业的相关部门完成各种调查表、分析表；对调查结果进行统计分析与整理；完成会议流程具体设计，会议记录、整理与总结，以及创新路线图报告撰写等工作
支持小组	在制定小组的领导下完成创新路线图的绘制准备工作及绘后整理工作，包括问卷设计、问卷发放、问卷回收及信息反馈等工作

（4）安排时间 企业可以视自身经营情况，根据淡旺季和发展阶段，灵活安排和调整创新路线图的制定进度，包括准备工作、"五大路线"制定、创新路线图报告和相关评审工作完成的时间计划，但不包括企业创新路线图实施和修编的时间计划。

2. 讨论绘制

企业创新路线图的讨论绘制工作主要由制定小组在支持小组的配合下完成，包括确定企业创新思想路线、技术路线、产品路线、市场路线和组织路线的具体内容，撰写企业创新路线图研究报告以及评审企业创新路线图三大任务。

○ 丁雪辰，柳卸林. 大数据时代企业创新管理变革的分析框架[J]. 科研管理，2018，39（12）：1-9.

3. 路线实施

企业在实施创新路线图的过程中不可避免地会出现失效的情况。所谓失效是指实施结果偏离了预定的目标或理想状态。造成这一结果的原因主要有两个方面：一是对创新路线图实施过程的控制出了问题；二是创新路线图本身已不适应现有的内外部环境。为了保证创新路线图是有效的，我们必须对实施过程进行控制并对实施绩效进行评估。

（1）基本原则　对创新路线图实施过程的控制，主要遵循六大原则，如图 3-20 所示。

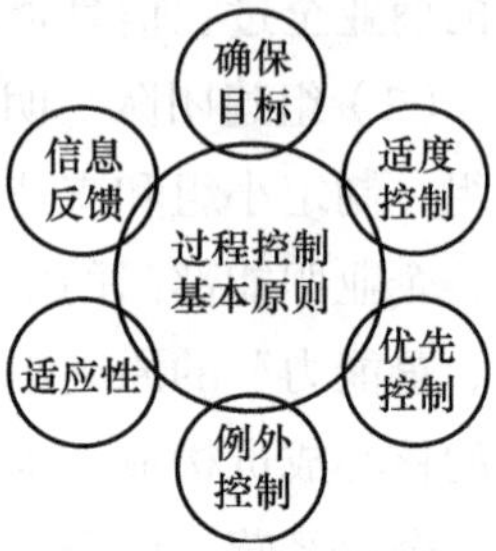
确保
目标
适度
控制
优先
控制
例外
控制
适应性
信息
反馈
过程控制
基本原则

图 3-20　控制创新路线图实施过程的六大原则

① 确保目标原则：对创新路线图实施过程的控制就是要确保总体战略目标以及各职能目标的实现。

② 适度控制原则：对创新路线图实施过程控制的范围、程度和频次要恰到好处，它必须与涉及的工作相适应并且是经济的。

③ 优先控制原则：要抓住影响创新路线图执行的关键因素进行控制。

④ 例外控制原则：当出现例外事件影响创新路线图的实施时，要对创新路线图进行调整。

⑤ 适应性原则：对创新路线图实施过程应该根据不同职能部门的职责进行控制。

⑥ 信息反馈原则：创新路线图实施过程中的信息反馈包括两个方面：一是对预测的各种前提信息是否正确进行反馈，以便调整策略；二是对执行过程中的各种信息进行反馈，以便对该过程进行控制与调整。

（2）三个环节　从控制时间来看，对创新路线图实施过程的控制主要可以分为事前控制、事中控制和事后控制三个环节，如图 3-21 所示。

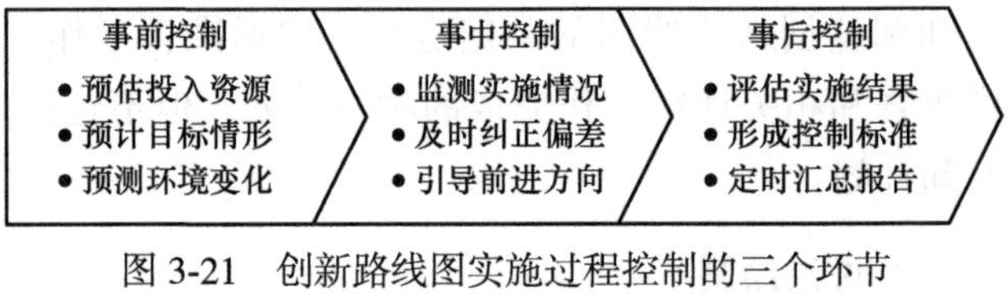
事前控制
• 预估投入资源
• 预计目标情形
• 预测环境变化
事中控制
• 监测实施情况
• 及时纠正偏差
• 引导前进方向
事后控制
• 评估实施结果
• 形成控制标准
• 定时汇总报告

图 3-21　创新路线图实施过程控制的三个环节

（3）主要内容　对企业创新路线图的实施进行控制主要有设定绩效标准、进行绩效监控与偏差评估、监控内外部环境变化的关键因素、设计并采取纠正偏差的措施四个部分，如图 3-22 所示。

（4）实施绩效评估　在耗费大量的人力、物力之后，创新路线图终于制定完成。此时，需要一种有效的方法对创新路线图实施的绩效进行评估，以判断绘制出的创新路线图是否可以有效地指导企业的创新实践活动。企业可以使用的绩效综合评价方法有很多，本书主要运用平衡计分卡对创新路线图实施的效果进行评价。

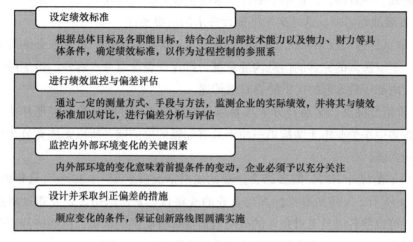

图 3-22　创新路线图实施过程控制的内容

平衡计分卡以平衡为目的，从财务、客户、员工的学习与成长、企业内部运营四个角度来审视自身业绩。其基本框架如图 3-23 所示。

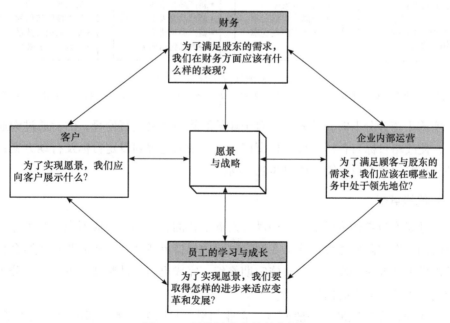

图 3-23　平衡计分卡的基本框架

资料来源：卡普兰，诺顿.平衡计分卡：化战略为行动 [M]. 广州：广东经济出版社，2004.

平衡计分卡因其科学、有效、可分解的优点而被广泛应用于各大公司，以创造良好的绩效。一般而言，适用平衡计分卡的企业需要满足以下几个指标：

① 发展战略明晰。这是运用平衡计分卡的前提条件。

② 信息传递与反馈系统完善。平衡计分卡体系的建立，需要有全体员工的通力合作、上下协调的完善的信息沟通系统，以保证企业财务、客户、员工的学习与成长以及内部运营方面的信息能够有效传递。

③ 价值链完整。平衡计分卡需要通过价值链各部分的影响来实现其功效。这是因为许多中小企业由于结构单一而不具有完整的价值链，所以无法充分运用平衡计分卡的功能。

运用平衡计分卡时，需要结合企业的发展情况确立 15～20 个可量化的指标，如图 3-24 所示，以使所有指标都与企业的战略目标紧密联系。企业通过将指标逐级分解，可以使各级员工对企业的战略与前景都有明确的认识，从而将战略落实到具体行动中。

财务指标	客户指标	内部流程指标	员工学习与成长指标
•创新经费投入 •创新投入强度 •新产品销售收入 •新产品销售收入占总销售收入的比例	•新产品的市场占有率 •新客户开发率 •新产品客户满意率 •新产品客户获利率	•新产品开发成功率 •新产品合格率 •新产品开发上市速度 •新产品销售速度 •新产品售后服务	•员工满意率 •员工晋升比例 •员工接受培训的比例 •发表的论文数量 •申请的专利数量

图 3-24　平衡计分卡评价参考指标

注：图中包含的要素是一般性的，并不完整，使用者可根据具体的使用环境添加或删除一些要素。

实施平衡计分卡时，首先需要对企业的愿景与战略进行诠释；然后通过沟通与链接，使战略目标与各层级目标相衔接；接下来通过规划设定目标及行动方案；最后进行战略的学习与反馈，如图 3-25 所示。

4. 路线更新

企业是在复杂的内外部环境中动态发展变化的，并不会一成不变。为了保证创新路线图具有实际操作性，除了在制定过程中保持灵活性外，还需要企业结合自身内外部发展情况对创新路线图实施定期修编，完成更新条件判断、更新要素分析和实施内容更新三方面的内容。

（1）更新条件判断　一般而言，企业如果仅是因为受到外部环境的轻微影响，或是创新路线图中仅有部分内容的具体实施面临困难，那么这时仅需考虑更新创新路线图对应部分的内容即可。但当企业的外部环境发生了重大变化时，如行业关键技术的根本性变革、国家政策和企业发展方向的重大调整等，或是创新路线图的大部分任务会超前完成（实施效果良好）时，或是绝大部分内容无法实现（可行性极差）时，就需要考虑按照流程更新创新路线图。更新条件并没有绝对的标准，企业可以由高层领导基于自身的战略远见做出决策（自上而下），也可以通过成立专家小组进行测试和判断（自下而上）。

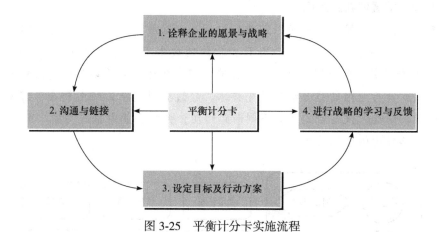

图 3-25 平衡计分卡实施流程

（2）更新要素分析　创新路线图大多数时候仅是进行部分更新，只针对不同路线需要更新的要素进行详细分析即可。为了避免出现反复更新创新路线图的情况，企业需要审慎分析问题出现的原因，做好类似问题的应对策略，并根据对更新要素分析的结果，通过思想、技术、产品、市场和组织路线的相关内容进行调整和修改。

（3）实施内容更新　一旦企业的创新路线图进行更新，制定小组就需要相应地调整创新路线图的研究报告。如果创新路线图只是局部更新，那么制定小组就只需要调整部分内容；如果技术、产品等多条创新路线的大多数内容发生了改变，那么制定小组就需要着重改写研究报告或重新撰写研究报告。

◀ 创新探索 ▶

TCL的创新路线图

1. 公司简介

TCL 科技集团股份有限公司（以下简称"TCL"）在 1981 年创立于中国惠州，是目前中国最大的、全球性规模经营的消费类电子企业集团之一。致力于成为高科技产业集团的 TCL 于 2019 年 4 月完成重组，由多元化经营转为聚焦半导体显示及材料产业，并以产业牵引，发展产业金融和投资业务。TCL 至今已经历早期探索、跨国并购、稳步成长和全球化再出发四个阶段，现有 7 万名员工，28 个研发中心，10 余家联合实验室，22 个制造加工基地，在 80 多个国家和地区设有销售机构，业务遍及全球 160 多个国家和地区。TCL 位列 2020 年中国企业最具价值品牌百强榜单第 69 位，同时入选 2020 年《财富》中国 500 强排行榜，排名第 79 位。

2. 公司发展创新路线图

随着我国经济发展逐步迈入工业化中后期，以及国家对以企业为主体的科技体制改革方向的进一步确立，TCL 已由传统的成本竞争模式转为创新驱动模式。TCL 全力通过实施企业创新路线图、营造内部创新环境来推动公司进入新发展阶段，争取成为行业内转型升级的领先样本。经过公司创新路线图领导小组和专家队伍的多次论证，TCL 制定了如下创新路线图，并在企业中推广实施。图 3-26 为 TCL 创新路线图的整体结构。

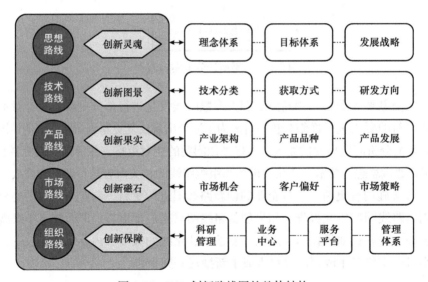

图 3-26　TCL 创新路线图的整体结构

（1）思想路线：TCL 借助一系列理论方法和工具，凝练了集团未来发展的思想路线，分析和明确了未来发展愿景，讨论和制定了未来中长期发展规划，并将其作为集团未来创新发展的总体部署，如图 3-27 所示。其中，理念体系包含了创新愿景、使命、价值观等内容，是达成目标的方向性保障，是发展战略的宏观指引；目标体系分为近期、中期和长期发展目标，是实现理念和战略的衡量指标；发展战略分为技术追随、技术赶超和技术创新等，是实现理念体系和目标体系的执行内容。

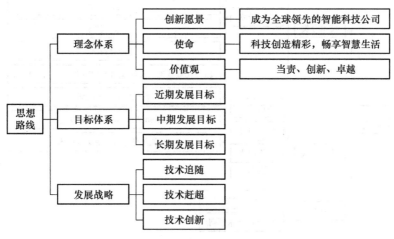

图 3-27　TCL 的思想路线

（2）技术路线：TCL 紧随全球家电行业向网络化、智能化、生态化方向发展的趋势，将现有各类技术分为核心技术、关键技术和通用技术三个方面，如图 3-28 所示。TCL 运用了智能电视软件系统和数字家庭共性集成技术，确定了智能技术、新型显示技术、数字家庭技术、云计算技术四项关键技术，明确了新一代互联网（无线宽带及 IPV6 协议）接入技术、智能家庭网关技术、Android 与 Windows 平台开发技术、数字家庭终端设备集成技术等共性度较高的通用技术，进而列出了可以获取这些技术的方式，最后提出了如何根据战略部署进行前瞻性研究的方向，即确定了未来企业核心技术发展沿革的宏观方向。

（3）产品路线：产品路线是指根据 TCL 的发展战略和中长期目标制定的涵盖产品品种和未来发展方向的路线，如图 3-29 所示。TCL 搭建了一个以"TCL 多媒体、TCL 通信、华星光电和 TCL 家电集团"为四大核心产业，以"系统科技事业本部、泰科立集团、新兴业务群、投资业务群、翰林汇公司、房地产"为六大业务的"4+6"新产业组织架构。在产品品种上，TCL 提供了智能电视、空调、冰箱、洗衣机等产品。在产品发展上，TCL 先后推动产业链垂直整合以及"智能+互联网"和"产品+服务"的"双+"战略转型，努力实现从"做产品"到"做服务"的转变，通过打造企业创新文化来提升企业的软实力。

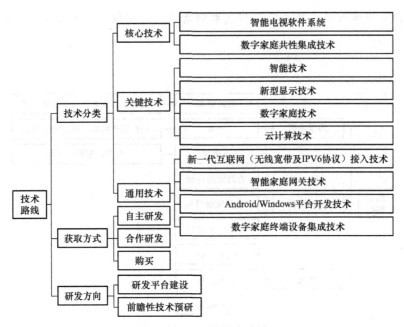

图 3-28　TCL 的技术路线

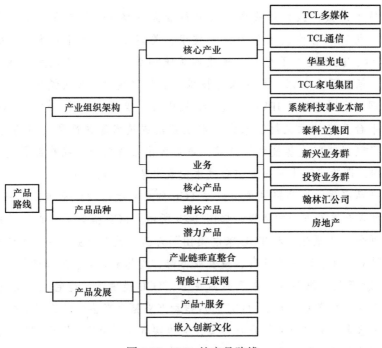

图 3-29　TCL 的产品路线

（4）市场路线：市场路线以市场机会和用户偏好为导向，通过战略取向的分析，驱动企业获得利润，赢得市场份额，如图3-30所示。在市场机会方面，全球竞争越来越集中在以技术创新为焦点的科技竞赛上，高附加值创新型科技产品备受关注，加之我国智能产品的渗透率逐年上升、以智慧家电为节点的智慧城市建设将成为未来社会的重中之重，因此，这些因素都为TCL的扩容发展提供了极其重要的战略机遇。在用户偏好方面，用户表达诉求和参与虚拟社区交互的意愿越发强烈，对电子产品的网络化和数据存储性能提出了新的要求。同时，随着使用体验的不断演化，用户对家电产品的期望值越来越高，这促使家电制造厂商必须以新型的、智能化的家电产品来满足用户需求，以获得更大的市场。在市场细分及营销策略方面，TCL创造性地提出了"有计划的市场推广策划"，有目的地搜集市场信息，做好市场定位，制订周密的推广计划，优化设计组合，实现总体的营销推广策略。

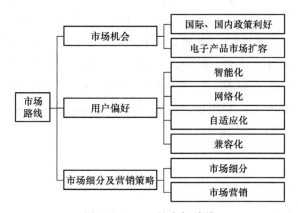

图3-30　TCL的市场路线

（5）组织路线：TCL在基于自身创新目标与工作任务的基础上，设计了关于集团创新组织、管理制度及资源配置的行动方案。如图3-31所示，TCL建设了以科研管理、信息管理和知识产权管理为主要内容的科研管理组织，以技术中心、产品中心为核心的业务中心，以国家数字家庭工程技术研究中心与数字家庭互动应用国家地方联合工程实验室为基础的公共服务平台，以及对公司各项规章制度、文件进行管理的体系四个方面的内容。通过组织路线的实施，TCL在创新领导组织架构、部门职能职责和制度建设等方面形成了良好的互动协作机制。

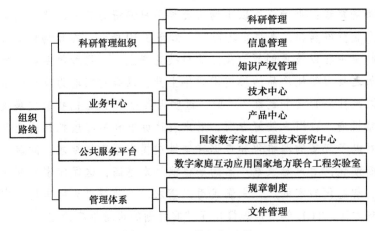

图 3-31 TCL 的组织路线

制定与实施创新路线图推动了 TCL 的持续创新，提高了其技术创新能力，优化了企业产品体系，使其在行业竞争中取得了更大的产业发展优势。

资料来源：① TCL 集团官网．[2020-07-27].https://www.tcl.com/group/news/index. ② 郑翔，薛浩．TCL 集团：借力创新路线图 提升国际竞争力 [J]．广东科技，2013，22（21）：63-66. ③ 财富中文网．2020《财富》中国 500 强排行榜 [EB/OL].(2020-07-27)[2020-07-28].http://www.fortunechina.com/fortunee500/c/2020-07/27/content_369925.html.

思考：

1. TCL 的创新路线图有何特点？
2. TCL 的创新路线图对中小企业绘制创新路线图有何启发？

◆ 本章小结 ◆

1. 本章从分析创新路线图的内涵和外延着手，阐述了企业创新路线图的基本概念框架。企业创新路线图是企业系统开展创新活动的战略规划及实施方案，建设了创意、技术和商业三个世界，构筑了抽象、活动和支撑三大系统，开展了核创新、流创新和源创新三层创新，规划了思想、技术、产品、市场和组织五条路线。

2. 从创新路线图的理论基础看，创新路线图是学者和企业管理者采用全面的认知方式，从"道""法""技"三个层面汲取哲学、方法论、理论与工具的经验要素的成果，具有战略规划、创新管理和项目管理三大功能。

3. 本章重点讨论了创新路线的制定原则和绘制流程。创新路线图的制定应遵循系统性原则、建设性原则和操作性原则。在工作流程上，创新路线图的制定主要包括企业创新路线图的准备、绘制、实施和更新四个阶段。

4. 本章对企业创新路线图的概念、理论、绘制等方面的介绍旨在揭示创新路线图的本质、特点、规律。它也是后面章节的理论基础。

◆ 思考与练习 ◆

1. 怎么理解企业创新路线图？
2. 企业创新路线图包含什么内容？有什么特点？
3. 简单描述创新路线图的理论基础。
4. 创新路线图的绘制有几个阶段？需要注意什么？
5. 谈谈创新路线图和企业发展的关系？请举例说明。

第 4 章

思想路线
创新战略管理

本章概览

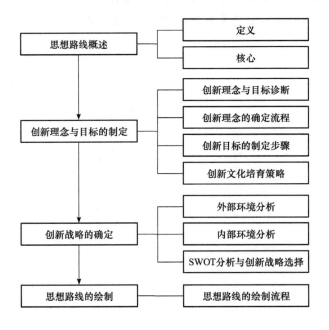

创新导入

三一重工的创新战略演变

三一重工股份有限公司(以下简称"三一重工")是一家以"工程"为主题的机械研发制造企业。其主导产品为混凝土机械、挖掘机械、起重机械、筑路机械、桩工机械等全系列产品。三一重工已经发展成中国最大、全球第五的工程机械制造商,也是全球最大的混凝土机械制造商。

为什么三一重工能够从最初的一个年产值几百万元的村镇小企业,发展成为2019年营业收入为756.66亿元的世界一流工程机械企业呢?通过研究三一重工的创新战略演变过程,探讨其快速实现技术跨越的主要原因,我们可以发现,三一重工的创新战略经历了三个阶段,分别是模仿创新战略阶段、跟随创新战略阶段和领先创新战略阶段。

1. 模仿创新战略阶段(1989~1994年)

三一重工在1994年改制之前为涟源市茅塘乡焊接材料厂,初期成立规模小,只有约500平方米的厂房,员工及领导层不足10人。在这一阶段,公司只面向省内的区域市场,产品种类单一,只生产技术含量低的焊接材料,且技术主要通过购买或先仿照外部技术,然后在企业内进行消化吸收的方式获得。三一重工的创始团队最早都是工厂的技术工人,依靠在工厂工作所积累的生产技术成功地自行研制HL105铜基焊料,但它仍属于市场大众产品,并不是创新产品;企业较少有高层次研发人才,直至20世纪90年代末仍基本上没有硕士以上学历人员,因此很难开展研发活动。企业在这一阶段选择模仿创新战略,通过复制市场的现有技术或从外部购买技术来缩短企业的新产品开发周期,没有自行研发新产品,且技术水平较低;研发投入极少,研发人员整体水平较低,高层次的核心研发人员只占10%;企业基本上没有专利申请,新产品的销售额只占6%。

2. 跟随创新战略阶段(1994~2007年)

1994年,三一重工正式成立,技术来源由外部转向以内部为主,并成立了三一研究院,以高于行业平均水平3倍的投入进行研发,接连成功研发新产品并迅速抢占国内市场。企业通过开展大量的试验研究,在专利到期前以较快的速度开发出被仿制的产品。为适应该阶段的技术要求,企业确立了跟随创新战略,大幅提升研究经费占销售额的比例,开始构建自身的研发团队。企业在跟随创新阶段开始自主研发新技术，以打破市场的垄断格局并抢占市场。随着2003年成功上市，三一重工在国内建立起知名度，核心产品的国内市场份额排名第一，创下了两项世界纪录。但该阶段的重心偏向新产品研发，未十分关注基础研究和变革性技术创新。截至2007年年底，三一重工已有研发人员646人，三一研究院聚集了大量的核心研发人员，年申报专利104项，较2006年增长近100%。

3. 领先创新战略阶段（2007年至今）

2007年，三一重工的超长臂架泵车打破吉尼斯世界纪录。三一重工正式进入领先创新阶段，在技术创新方面表现得非常突出。此后，企业确定了领先创新战略规划，研发投入以数量级式增加，大力扩展国际市场，丰富产品线，使产品不断刷新世界纪录，其挖掘机产品甚至超越国际品牌并获得最高的市场占有率。为了引领行业的技术变革，三一重工提高研究阶段的经费占比，引进大量的高水平研发人员，且硕士以上学历的员工的年增长速度基本在30%以上。上述投入带来了高的创新绩效，新产品持续推出，专利申请量逐年增加。

三一重工正是因为在每个阶段都适时正确地进行了创新战略变革，所以才能从创新要素缺乏的后发企业一跃发展成为全球一流的制造企业，如图4-1所示。而驱动自身进行创新战略变革的主要因素是其所处的发展与成长阶段以及创新资源配置结构。研究发现，当企业从萌芽期到发展期乃至向成熟期转变时，与之相应的创新战略选择要从模仿创新到跟随创新乃至领先创新，这就需要企业相应地调整创新资源配置结构，从而提高企业绩效。

在从技术模仿到技术跟随再到技术领先的过程中，三一重工一开始在企业处于萌芽期时，通过购买或模仿外来技术来提高产品的生产能力，没有自主研发活动，后来逐步成长为处于发展期、成熟期的企业时，则加强研发力度，开发具有自主知识产权的核心技术，这一战略重心的转变会导致研发资源配置结构发生显著变化，也就是说，从最初不需要高层次的核心研发人员和不需要过多的研究经费，到后来由于企业对自主创新的要求提高，因而需要重点开展研发活动中的基础研究，建设高水平的研发团队。随着不同创新战略中创新资源配置结构的转变，三一重工的自主研发能力有所提升，创新绩效逐步提高。

资料来源：①祝雅琴. 后发企业的迂回赶超路径：基于华为和三一重工的案例研究 [D]. 武汉：武汉理工大学，2015. ②许岱璇，陈德智. 技术战略对创新绩效的影响：基于资源结构视角的案例分析 [J]. 科技管理研究，2016，36（19）：13-19.

思考：

1. 三一重工的创新战略经历了哪几个阶段？

2. 三一重工为什么能从后发企业发展成为全球一流的制造企业？

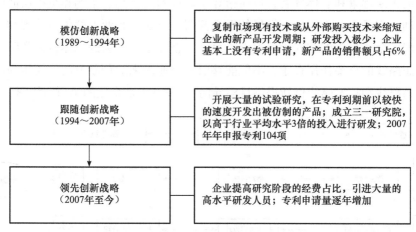

图4-1　三一重工在不同时期的创新战略选择

通过上述案例分析，我们能够较为直观地理解企业发展过程中的创新战略的演变与选择。研究发现，众多同三一重工一样的优秀的中国企业选择了一条从模仿创新、跟随创新到领先创新的发展之路，逐步从后发企业发展成为行业领先企业，甚至全球一流企业。这些企业在创新战略管理方面做得相对出色。企业创新战略管理就是对企业未来创新要达到预期状态的清晰定位和描述，主要回答"企业往何处创新"的问题，可以用创新路线图中的"思想路线"加以表达，并充分吸收了观念创新和战略管理的精髓。因此，我们首先需要了解什么是创新的思想路线。

4.1　什么是创新的思想路线

4.1.1　思想路线的定义

思想路线是企业基于内外部环境分析而凝练的关于未来创新发展的理念系统、工作任务与总体战略，凝结了企业高层对企业创新愿景、使命、价值观、目标和战略的整体思路，是企业创新的指导思想。思想路线的本质是创新战略管理的工具，即在企业重新系统地梳理创新战略管理的基础上，结合企业成长阶段与内外部环境变化绘制而成的创新思想蓝图。绘制思想路线的核心在于先制定创新理念与目标，继而在内外部环境分析的基础上进行创新战略的选择。

思想路线的价值就在于它通过一系列工具和方法的运用，分析和阐述了企业创新发展的预期远景和总体部署，进而指导企业技术、产品、市场和组织层面的具体创新活动。它是企业未来创新发展的思想蓝图，反映了企业家的创新精神和经营哲学，凝聚了全体员工的共同价值追求，表达了企业未来创新的总体目标和阶段性目标。思想路线的重要作用在于，不但能够引领企业未来的创新方向，还能为市场路线、产品路线和技术路线创新提供目标导向○。图4-2是企业的思想路线图。

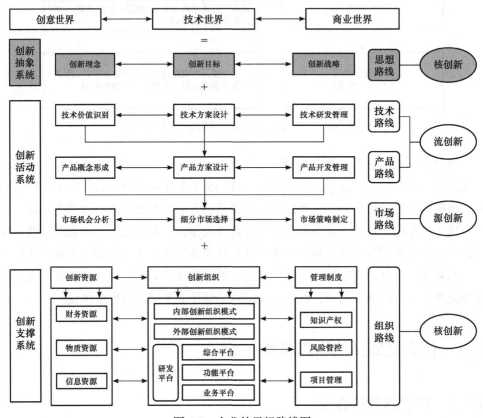

图4-2　企业的思想路线图

4.1.2　思想路线的核心

在明确创新的思想路线的定义后，需要进一步了解其构成要素。我们将创新

○ 张振刚，撒云添. 基于系统论的企业创新路线图研究：以广东某企业为例[J]. 科技进步与对策，2013，30（15）：83-87.

的思想路线的构成要素确定为企业创新的愿景、使命、价值观、目标和战略五大要素。企业创新的愿景、使命、价值观构成企业的创新理念，而目标是对创新愿景和创新使命的进一步阐述和界定。创新战略就是企业实现创新目标的方法，创新价值观对创新战略有指导与引领作用。它们之间的关系如图 4-3 所示。

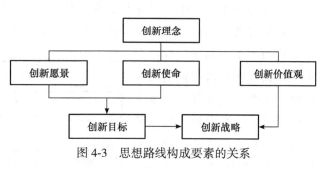

图 4-3　思想路线构成要素的关系

1. 企业创新愿景

企业创新愿景是企业创新的愿望和远景，即对企业长期创新愿望、未来创新状况以及创新发展蓝图的设计。它是一种意愿的表达，是企业“我要成为什么”的体现。优秀的企业往往会通过一种正式或非正式的方式来表达创新愿景。图 4-4 是一些企业创新愿景的具体表达。

腾讯：用户为本，科技向善

TCL：成为全球领先的智能科技公司

云从科技：成为全球智能生态领军企业

上汽集团：倾力打造富有创新精神的世界著名汽车公司，引领未来汽车生活

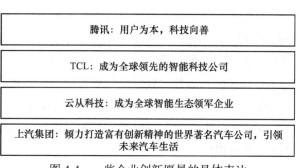

图 4-4　一些企业创新愿景的具体表达

2. 企业创新使命

企业创新使命是指企业基于创新愿景，在生产经营活动层面对自身角色和责任的定位。创新使命规范了企业创新的具体行为，是员工开展各项创新活动的最高行动指南。管理学大师德鲁克曾说过：一个企业不是由它的名字、章程和条例定义的，而是由它的使命定义的。这突出了企业确定使命的重要性。优秀的企业会通过各种形式来表达创新使命。图 4-5 是一些企业创新使命的具体表达。

华为：把数字世界带入每个人、每个家庭、每个组织，构建万物互联的智能世界

小米：始终坚持做“感动人心、价格厚道”的好产品，让全球每个人都能享受科技带来的美好生活

上汽集团：坚持市场导向，依靠优秀的员工队伍，持续创新产品和服务，为各相关方创造价值

字节跳动：Inspire creativity, enrich life（激发创造力，丰富生活）

图 4-5　一些企业创新使命的具体表达

3. 企业创新价值观

企业的创新发展往往涉及大量的决策和行动。企业创新价值观就是企业创新行动和决策选择的标准，也是企业在追求经营成功的过程中所推崇的基本信念。如果我们把企业创新当成是火车，那么创新价值观就是火车铁轨。优秀的企业善于通过企业创新价值观来引导、规范员工的创新行为，进而推动企业创新愿景、使命的实现。图 4-6 是一些企业创新价值观的具体表达。

浪潮：	客户、创新、团队、斗志、方法
伊利：	卓越、担当、创新、共赢、尊重
广药集团：	济世、奉献、诚实、创新、勤奋、合作
蓝思科技：	以人为本，诚信务实，勇于创新，乐于奉献

图 4-6　一些企业创新价值观的具体表达

虽然几乎每个企业都会有自己的创新理念，但其实相当一部分企业并没有正确理解创新愿景、使命与价值观的区别与意义。总体而言，企业创新使命和创新价值观表达了"我是谁"，创新愿景表达了"我要成为什么"，三者共同构成了企业创新理念。只有在弄清楚"我是谁"的基础上，才能正确地界定"我要成为什么"。在实际经营和创新活动中，不同企业完全可能拥有相似的创新使命或创新价值观。判断企业成功与否的并不是创新使命或创新价值观的内容，而是员工对创新使命或价值观的理解程度。

4. 企业创新目标

在确定企业的创新愿景、使命和价值观的创新理念之后，我们需要对其进行更进一步的阐述和界定，制定企业创新需要完成的具体任务。这就是创新目标。按照目标的层次，我们可以将创新目标分为企业创新的总体目标和企业创新的职能目标。

（1）企业创新的总体目标是对企业创新愿景和使命更加具体的阐述和界定，是对企业创新预期达到的成果的具体描述。合理的总体目标，既要包括经济目标，也要包括非经济目标；既要包括定性目标，也要包括定量目标。对于不同的企业，总体目标所包含的具体内容各有不同，但是，一般来说，它要涉及经济、社会和环境等方面的内容。具体内容如表 4-1 所示。

（2）企业创新的职能目标是指相关职能部门的创新目标，是用于指导各职能部门创新活动的目标。这里主要指企业在技术、产品、市场和组织创新层面的具体创新目标。表 4-2 列出了企业创新职能目标中的部分具体指标。

表 4-1 总体目标的具体内容

目标类型	目标项目	具体指标	
经济目标	成本	财务成本	降低研发支出、营销支出等财务成本指标
		时间成本	缩短研发周期等时间成本指标
	效益	提高资本利润率、销售利润率、资本周转率、销售额增长率、劳动生产率等效益指标	
社会目标	客户	为利益相关者创新创造的价值	产品质量、服务质量、客户忠诚度、口碑等
	股东		分红、股票收益、股票价格等
	员工		工资、福利、培训、晋升机制等
环境目标	节能	企业创新过程中的电能、办公用纸、工业用水等物质资源和能源资源的节约量	
	减排	企业创新过程中的生产废弃物、环境有害物等的减少量	

表 4-2 企业创新职能目标中的部分具体指标

目标类型	具体指标
技术创新目标	研发投入强度、研发成功率、主要产品研发周期、专利申请数、关键制造技术/工艺创新数、重大技术攻关数、主持或指定标准数、人均技术创新提案数等
产品创新目标	产品成本降低率、新产品开发数、改进产品利润率、产品组合数等
市场创新目标	市场占有率、新产品销售量或销售额等
组织创新目标	参与政府科技政策数、对外合作项目数、国际级/省级重点实验室数、研发投入占销售收入的比例、技术带头人数、研发人员培训费用等

5. 企业创新战略

创新目标是企业创新过程中需要完成的具体任务，因此，在明确企业创新目标之后，作为企业管理者，还需要运用一定的方法和手段来实现目标，这便属于战略的制定和实施范畴。创新战略关乎企业做什么、不做什么和怎么做的问题。通过创新战略的制定，可以让企业上下齐心协力，共同为了完成创新目标而努力。

从技术竞争的角度来看，企业创新战略可分为以下三种：领先创新战略、跟随创新战略和模仿创新战略。在选择创新战略时，我们可能会使用一种或多种战略，应考虑企业的组织特征、产品的市场特征及产品的财务特征，并且针对企业所处的不同生命周期（创业期、成长期、成熟期、衰退期或转型期）采取不同的创新战略，从而使企业的总体创新战略更具前瞻性、目标性和可操作性。企业的技术能力、组织能力和反应能力，以及产品的市场需求、生产成本、营销费用和利润空间等要素是企业选择创新战略的重要参考依据。表 4-3 是企业的不同创新战略适用条件分析表。

表 4-3　不同创新战略适用条件分析

创新战略	各项特征		
	企业的组织特征	产品的市场特征	产品的财务特征
领先创新战略	1.技术能力和营销能力很强 2.领导高度重视	1.市场对新产品的需求迫切 2.营销费用低	生产成本较高，但潜在利润大
跟随创新战略	1.研究能力一般，但开发能力很强 2.有灵活的组织能力与非常敏捷的反应能力	市场容量大，非领先进入市场的企业所能独占	生产成本高，但比领先者低很多
模仿创新战略	1.研究能力很弱或几乎没有，但有一定的开发能力 2.非常擅长低成本生产 3.研究开发费用低	进入市场时，有能力在价格上进行竞争	1.低成本和"薄利多销"的营销方式 2.在短期内仍可获取较大的利润

资料来源：根据"许庆瑞.研究、发展与技术创新管理[M].2版.北京：高等教育出版社，2010."整理。

（1）领先创新战略是指企业赶在所有竞争者之前，率先采用新技术并将新产品投入市场，以获取较大的市场份额和利润的一种战略。例如，海信集团成为"变频专家"采用的就是技术领先战略。值得注意的是，实行领先创新战略的企业必须时刻保持警惕，要坚持不懈地进行技术创新，否则稍有懈怠就会被其他企业赶超，领先者的位置也将被人替代。领先创新战略的风险和成本高，因为开发领先的产品极易失败，而且研发费用以及开拓市场费用都很高。例如，美亚光电始终坚持技术领先战略，构建产学研结合的自主创新平台，与中国科学院安徽光学精密机械研究所、中国科学技术大学、安徽农业大学等科研院所、院校开展产学研合作，联合攻关，解决关键技术难题，打破国外技术垄断，同时研发对国外产品构成威胁的技术。其数字化智能茶叶色选机、数字化 X 光异物分拣机、广泛用途 CCD 色选机等科技成果经鉴定具有国际先进、国内领先水平。

（2）跟随创新战略是指企业不以抢先研究和开发新技术、新产品为目标，而是采取跟随方式，对市场上已出现的新技术、新产品进行及时改进和完善，迅速占领市场，以跟上技术发展的步伐，减少技术领先企业对其造成的威胁的一种战略。腾讯是充分利用跟随创新战略并获得成功的典型。例如，腾讯创立微信时，微信并不是世界上也不是国内第一个开始做的社交软件，其采取的是跟随创新战略。腾讯微信对产品进行创新和持续改造，匹配通讯录、附近的人、摇一摇、漂流瓶、朋友圈、微信支付等多种功能的创新，以帮助微信不断扩大市场份额，最终成为国内社交软件"霸主"。

（3）模仿创新战略是指通过购买领先者的核心技术、专利许可或反向工程等方式模仿领先者的技术创新战略。采取这种战略的企业，技术实力一般较弱，技术的获取主要来自外部，战略的重点是如何快速和低成本地获取所需的技术，其自身的技术能力建立在购买外部技术的基础上，且自身的技术积累较差。模仿创新战略是国内企业采用较多的战略，在诸多行业中都可以看到这一战略的拥护者，如国内的运动服装企业、汽车制造企业、手机制造企业、计算机制造企业等。例如，在比亚迪的早期发展历程中，其推出了多款模仿车型，如仿制丰田花冠的F3、仿制丰田Aygo的F0等。这两款车型很畅销，帮助比亚迪获得了大量的关注。

4.2 如何制定创新理念与目标

在明确什么是创新思想路线之后，我们还需要知道如何诊断和制定创新理念与目标，即如何诊断和评估企业现有的创新理念与目标是否恰当，是否需要进行优化或调整，如果需要重新制定企业的创新理念与目标，那么企业该如何去做。

4.2.1 创新理念与目标诊断

一般而言，企业都有自己的愿景、使命、价值观和目标，但是，这些理念与目标可能会与企业现有的定位不符，可能时间间隔久远，也可能存在近期业务发生变更等情况。因此，企业需要重新审视并着手诊断已有的创新理念与目标。从采用的方式来说，常见的企业创新理念与目标诊断方法包括资料查阅法、个人访谈法、观测法和问卷调查法。

首先，企业在诊断创新理念前需要广泛并有选择地收集本企业的各种相关的文本资料，大致包括以下内容：

①企业历史沿革资料；②包含企业创新愿景、使命、价值观的企业文化手册；③各部门规章制度；④企业员工手册；⑤企业绩效考核表；⑥包含企业创新目标的中长期发展规划、年度方针规划；⑦近五年企业年报；⑧企业高层决策者近年的重要讲话和文章；⑨各种媒体近年对企业的宣传报道；⑩企业宣传的优秀事迹；⑪行业态势、主要竞争伙伴及重点客户的资料；⑫企业曾经或现在使用的理念用语及广告文案；⑬企业创新理念与目标诊断的访谈提纲；⑭企业创新理念与目标诊断的调查问卷；等等[1]。

其次，企业一般会通过对各层级员工进行访谈、问卷等手段来判断和评估已有

---

[1] 胡新桥. 丰田精益管理：企业文化建设[M]. 北京：人民邮电出版社，2014.

的创新理念与创新目标是否符合企业当下的战略定位以及未来的发展方向。

访谈诊断就是对企业领导、主管等人员以面谈的方式了解他们对企业的创新理念与创新目标的理解程度，以判断是否需要优化和修改创新理念与目标。访谈提纲如表4-4所示，不同的企业可根据自身情况进行适当修改。

表4-4　企业创新理念与目标诊断访谈提纲

诊断企业创新愿景、使命、价值观和目标需要的访谈提纲包括以下内容：
（1）您能说说对企业创新愿景的理解吗？
（2）您能说说对企业创新使命的理解吗？
（3）您能说说对企业创新价值观的理解吗？
（4）您能说说对企业创新文化的理解吗？
（5）您能说说对企业创新目标的理解吗？
（6）您认为我们应该如何更好地推行企业的创新文化？
（7）您认为我们应该如何更好地践行企业的创新愿景、使命和价值观？
（8）您认为我们应该如何更好地完成企业的创新目标？
（9）您认为企业制定的创新目标需要如何调整？

此外，企业还需要通过向员工发放结构化调查问卷的方式进行诊断。表4-5是企业创新理念与目标诊断调查问卷范例。不同企业可根据自身情况进行适当修改。

表4-5　企业创新理念与目标诊断调查问卷范例

诊断企业创新愿景、使命、价值观和目标需要进行调查问卷，具体包括以下内容：
打分题（1~5分，5分代表程度最高的正向答案）
（1）您是否了解企业的创新愿景？
（2）您认可或赞同企业的创新愿景吗？
（3）您是否了解企业的创新使命？
（4）您认可或赞同企业的创新使命吗？
（5）您是否了解企业的创新价值观？
（6）您认可或赞同企业的创新价值观吗？
（7）您是否了解企业的创新目标？
（8）您认为企业制定的创新目标是否合理？
（9）您认为企业制定的创新目标是否需要调整和优化？
（10）您认为企业高层是否注重创新文化、创新理念的建设呢？
（11）您认为企业高层是否重视创新目标的完成情况呢？
开放题：
（1）您认为企业创新使命还应该包括什么要素？
（2）您认为企业创新愿景还应该包括什么要素？
（3）您认为企业创新价值观还应该包括什么要素？

资料来源：马永强.轻松落地企业文化[M].北京：北京时代华文书局，2016.

最后，基于对上述企业文本资料、访谈资料和调查问卷的分析，编制企业创新理念与目标的诊断报告。在收集员工填写的问卷后，对其填写情况进行分析。

对打分题和开放题进行分类统计,打分题总分为 55 分。当员工得分为 44 ~ 55 分时,可视为员工非常认可并了解企业的创新理念、创新目标和创新价值观。当员工得分为 33 ~ 43 分时,可视为员工对企业创新理念与目标的认同处于中上等水平。当员工得分为 11 ~ 32 分时,企业需要与员工进行有关创新理念、创新目标的沟通,判断员工是不了解还是不认可,如果是不了解但认可,则可加强对现有的创新理念、创新目标等的宣传。如果多数员工不认可,认为企业现有的创新理念与创新目标不符合国家政策导向、产业发展方向和自身战略定位时,则可根据访谈提纲及调查问卷表中开放题的回答对其进行优化和调整,必要时需要重新制定企业创新理念与目标。

4.2.2 创新理念的确定流程

在了解企业创新理念与目标的诊断方法之后,我们还需要知道如何详细地重新制定创新理念与创新目标,从而完整地绘制企业创新思想路线。

我们要搞清楚企业创新理念的确定流程。企业创新理念的确定,需要汇总、整理一些基本要素,并在此基础上通过研讨会加以归纳、提炼和升华。

(1)调查与整理创新理念的基本要素 这些基本要素可以从企业各部门工作人员参加"有奖征集"活动或填写调查问卷统计分析中获取(调查问卷的一般形式如表 4-6 所示),也可以从与企业董事会成员、总经理等高层领导的结构性访谈中获取,最后还需要企业董事会、总经理等高层领导的全面配合和最终确认。

表 4-6 企业创新理念的基本要素调查问卷

确定企业创新愿景、使命和价值观要考虑的问题如下:
(1)我们是一家什么样的企业?我们期待社会、客户、员工如何看待我们?
(2)我们不断创新,希望达到什么样的境界?我们能够达到何种境界?
(3)我们的创新能为股东、客户、员工、社会等带来什么价值?
(4)是什么激励着企业全体员工不懈地进行创新?
(5)我们在创新过程中一直秉承着什么样的原则?
(6)如何定义企业未来必须具备的核心竞争能力?
(7)企业做出创新决策的依据是什么?

(2)召开研讨会 在调查创新理念的基本要素的基础上,企业通过召开研讨会,以现场头脑风暴的形式,就企业的创新愿景、创新使命和创新价值观展开讨论,筛选出企业创新理念中最为关键的要素,经讨论直到形成一致意见。图 4-7 是创新理念的确定流程。

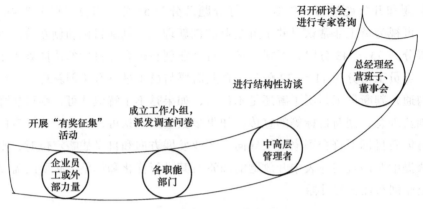

图 4-7　创新理念的确定流程

在召开研讨会的过程中,相关人员应做好详细记录,将讨论结果记录在如表 4-7 所示的空格中。记录完成后,对会议记录表里的具体讨论结果进行统计分析,将出现频率最高的创新愿景、使命、价值观要素综合起来,并将其确定为企业最终的创新理念。

表 4-7　创新理念研讨会的会议记录

与会人员	创新愿景要素	判断依据
1		
⋮		
与会人员	创新使命要素	判断依据
1		
⋮		
与会人员	创新价值观要素	判断依据
1		
⋮		

4.2.3 创新目标的制定步骤

在搞清楚企业创新理念的确定流程的基础上，我们还需要熟悉企业创新目标的制定步骤。我们通常将企业创新目标分为企业创新的总体目标和职能目标两类。其中，企业创新的职能目标包括市场层面、产品层面、技术层面、组织层面的创新目标。

我们一般通过设立创新目标基本要素调查问卷的方式进行分析，在具体调研过程中可按表 4-8 来提问（开放式的问题更易于激发调查对象的想象力，更多的问题可根据各企业的实际情况进行设计）。调查结束后，企业创新战略管理人员应对调查结果进行总结与提炼。

表 4-8　企业创新目标基本要素调查问卷

1. 确定企业创新的总体目标要考虑的问题
　（1）创新应该来源于企业内部还是外部？
　（2）创新应该在什么时候和以什么样的方式推向市场？
　（3）创新应该如何组织和管理才能够达到有效果和有效率？
　（4）企业应该如何和在多大程度上对技术创新进行投资？
2. 确定企业创新的职能目标要考虑的问题
　（1）市场层面。
　　①潜在的细分市场有哪些？
　　②未来的市场份额的阶段目标是什么？
　　③用于市场开发的投资预算如何？
　　④企业与其供应商的关系发展目标是什么？
　（2）产品层面。
　　①新产品开发或现有产品改进计划是什么？
　　②用于新产品开发的投资预算如何？
　（3）技术层面。
　　①为了形成并保持核心竞争力，需要获得或开发哪些新技术？
　　②企业的技术创新应针对哪些技术、产品和市场？
　　③如何组织技术创新及管理创新成果？
　（4）组织层面。
　　①在新产品和技术开发、现有产品和技术改良时的组织模式如何？有没有更为有效的模式？
　　②如何更好地协调市场部门、研发部门和生产部门，以形成合力？
　　③在保持或开发新市场时的组织模式如何？是否充分发挥了组织支持作用？
　　④是否存在对现有管理模式加以改进的方向或可能更为有效的管理模式？

企业创新目标的制定步骤如图 4-8 所示。

首先，确定企业发展各阶段的创新总体目标。创新总体目标应该与企业所处的发展阶段相适应，以判断企业正处于生命周期（萌芽期、发展期、成熟期和衰退期）中的哪个阶段，因为在不同的生命周期阶段，企业创新总体目标的差异较大。萌芽期的企业处于创业开拓阶段，其首要的创新目标是产品层面的目标，即企业生产的产品是否具有创新性和吸引力，能够得到消费者的青睐，并且能够获利，以确保在市场上站稳脚跟。当企业处于成长阶段（发展期）时，企业目标由以产品层面目标为主转向以市场层面目标为主，这时需要考虑采取何种行动来进一步扩大市场。成熟期的企业处于盈利稳定阶段，这时需要进一步考虑技术层面的目标，同时兼顾产品、市场层面的目标，不断关注市场占有率以及产品和技术的更迭情况，以确保市场领先和技术领先。衰退期的企业需要进一步加强对组织目标的考虑，综合考虑企业组织、产品、市场和技术层面的目标，重点考虑是企业的产品、市场、技术，还是组织模式存在问题，是否需要开发新产品、拓展新市场、探索新技术、变革组织模式，企业是否需要转型与变革以及是否需要颠覆式创新来成功度过衰退阶段，进而迈入新的增长阶段。此外，创新总体目标应该包括创新目的、相应的指标体系、时间节点等。同时，在制定企业创新总体目标时，不仅需要中高层管理者在宏观上把握，还需要向有关专家或机构进行咨询，并考虑竞争对手的战略对策。

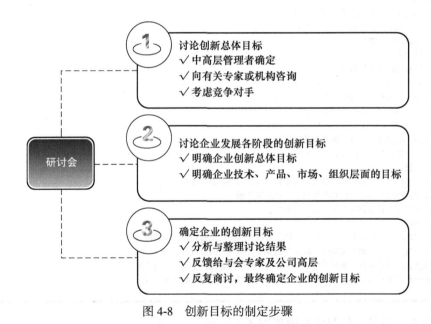

图 4-8　创新目标的制定步骤

其次，确定企业发展各阶段的创新职能目标。在明确企业创新总体目标的基础上，就企业创新发展的技术、产品、市场、组织各个职能层面的萌芽期、发展期、成熟期和衰退期目标展开讨论，将创新总体目标细化到各个职能目标中，在讨论过程中仍以调查整理结果为基本的讨论素材，不断激发与会者进行思考。

最后，将相关讨论结果进行分析与整理，并综合研讨会上专家的观点，提出企业创新愿景、使命、价值观及目标（包括总体目标、市场创新目标、产品创新目标、技术创新目标、组织创新目标）。与此同时，将整理的结果反馈给与会专家及企业高层领导，并征求领导意见，以争取获得企业高层领导的认可和采纳。在此阶段中，企业高层领导反馈的信息至关重要，有利于增强创新理念的适应性，创新目标的可实现性和可操作性。

4.2.4　创新文化培育策略

对企业来说，仅仅制定创新愿景、创新使命和创新价值观是远远不够的，企业需要在制定创新理念的基础上，将其用于营造适合科研活动的创新文化氛围，进行企业创新文化建设。创新文化是一种培育创新思想的文化，能够唤起包括研发人员在内的全体员工的热情、主动性和责任感，以帮助企业更好地实现创新理念和创新目标。

因此，我们需要清楚地知道企业创新文化培育的有效策略。一般而言，我们将创新文化分为创新物质文化、创新制度文化和创新精神文化三个方面，并从这三个方面进行创新文化建设。由于不同生命周期阶段的企业创新文化的侧重点有所不同，因此在培育企业创新文化时，要注意判断企业正处于生命周期（创业阶段、成长阶段、成熟阶段和衰退阶段或变革阶段）中的哪个阶段，进而根据不同的阶段来确定企业应培育的创新文化。当企业处于创业阶段，面临着较大的生存压力时，企业无法迅速建立一套成熟的创新机制，因此，应在企业内大力营造创新氛围，从精神上鼓励员工并包容员工的多元想法，给予员工试错的机会，使他们勇于创新。当企业处于成长阶段时，应该通过建立一种创新性制度文化，为员工提供学习和发展项目以激发他们的创造力，促进他们成长，进而带动企业成长。当企业发展较成熟时，企业规模扩大、利润增加，此时应该培育一种创新的物质文化，即通过奖励创新、薪酬激励、营造激励的工作环境来不断激发内部员工创新或吸引外部创新人才。由于企业创新文化是动态发展的，因此应该根据企业不同成长阶段的实际情况而不断完善与改进创新文化。表 4-9 是企业创新文化培育策略表。

表 4-9　企业创新文化培育策略

创新物质文化	奖励创新	成功提出创意的员工必须得到承认和奖赏。物质奖励可以以奖金、升职或股票的形式出现
	薪酬激励	为员工提供具有竞争力的薪酬。薪酬激励包括短期、中期和长期激励组合
	营造激励的工作环境	办公室的设计应该在激发创造力和增进交流方面起到一定的作用
创新制度文化	创造力培训制度	企业要有正式的员工学习和发展项目，为员工提供开发创造力的培训，培养个人和组织的创造力
	创新组织架构	包括建立跨学科的研究与开发团队，实行研发活动"并行工程"等
创新精神文化	思想多元化	保障企业员工产生大量独创且有创意的想法至关重要，从量的角度出发，向跨国企业学习，因为它们能够获取全世界员工的各式各样的想法
	公开的交流	好的想法往往来自那些在一线工作、每天都与顾客打交道的员工。给所有层次的员工创造机会，倾听他们为新产品或服务提出的自己的想法
	支持冒风险	营造一种氛围，让员工能够挑战传统的办事方法，敢于创新，敢于冒风险
	容忍失败	营造一种氛围，使员工不用担心创意想法失败后会受惩罚甚至被解雇，给员工创新试错的机会

资料来源：王曼. 企业创新文化建设[M]. 北京：化学工业出版社，2010.

4.3　如何确定创新战略

在弄清楚企业创新理念和创新目标的制定流程、步骤，以及创新文化的培育策略之后，我们紧接着需要知道创新战略的确定流程。

企业在选择创新战略时，不仅受到外部环境中的机会和威胁的影响，而且受到企业内部资源、能力与核心竞争力的本质和质量的影响。因此，企业的创新战略需要在内外部环境分析的基础上来制定，如图 4-9 所示。其中，企业的外部环境通过用于宏观环境层面的 STEEP 模型和用于行业环境层面的波特五力模型来进行分析；而企业的内部环境分析可以采用波特价值链模型、创新能力资源审计等方法。同时，企业可通过 SWOT 分析工具归纳企业开展创新活动的优劣势以及所面临的机会和威胁。企业的创新战略应当起到充分借助其内部的资源或能力优势，并利用外部机会化解危机，以保证创新活动能为企业带来最大化价值和可持续的竞争优势的作用。

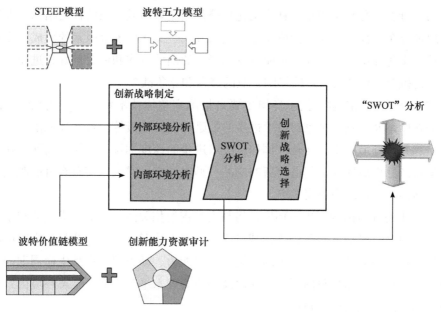

图 4-9 企业创新战略的制定流程

一般而言,创新战略的确定包括外部环境分析、内部环境分析、SWOT 分析与创新战略选择几个步骤。

4.3.1 外部环境分析

外部环境分析的目的就在于明确"我们应该做什么""我们可能做什么"的问题。企业只有明确自身所面临的机会与威胁,才能选择做什么,并基于此来制定、修正、调整自身的创新战略,从而使之与外部环境相匹配。

1. STEEP模型分析

企业创新的外部环境分析最重要的一个方面就是宏观环境分析,STEEP 模型就是针对宏观环境的最为典型的分析工具。STEEP 分别代表社会文化(social)、技术(technological)、生态(ecological)、经济(economic)和政治(political)五个因素。STEEP 模型又称为驱动力模型,我们可以将其理解为分析宏观环境这五个方面对企业创新的驱动力。

在利用 STEEP 模型进行分析时,应先从社会文化、技术、生态、经济和政治五个方面关注影响企业创新发展的可能因素,然后找出企业应当重点考虑的相关因素,最后分析这些因素对企业创新战略所产生的影响。

（1）社会文化环境因素 社会文化环境是指企业所处区域的社会结构、人口规模、地理分布、社会风俗、价值观念、生活方式、文化传统等因素的形成与变动情况。社会文化环境因素的变动可能改变消费者的消费方式和消费偏好，进而给企业带来新的机会或者威胁，最终影响企业的经营和竞争战略。

（2）技术环境因素 技术环境主要是指国家整体技术水平及变化趋势、国家技术创新体系及变化、国家对技术进步的鼓励和保护政策等。技术环境因素的变化可以引起其他环境因素的变化。例如，技术进步的速度加快，可能会消除行业的边界，缩短产品生命周期，创造出新的产品、顾客及市场需求，甚至有可能改变行业的竞争结构、企业的商业模式等。

（3）生态环境因素 生态环境是指与人类密切相关的，影响人类生活和生产活动的各种自然（包括人工干预下形成的第二自然）力量（物质和能量）或作用的总和。生态环境因素包括空气和水的质量、回收能力、动力源、产品生命周期的演化阶段、污染程度、原材料的可替代性以及环境管理水平等方面。生态环境因素对企业技术创新的意义变得日趋重要。

（4）经济环境因素 经济环境是指构成企业生产和发展的社会经济状况及国家经济政策，包括一国的经济制度、产业布局、资源状况、国民经济发展状况（如国民经济增长幅度、居民收入增长情况、通货膨胀率等）及未来经济走势等。经济环境是一个动态系统，对不同行业的影响强度有所不同，例如，钢铁业、汽车业、装备业、地产业等与经济的景气密切相关，而婴儿食品行业所受影响就相对较小。一个国家或地区的利率、汇率、失业率、居民可支配收入等经济环境因素对于企业创新发展具有重要影响。

（5）政治环境因素 政治环境因素是指一个国家或地区的政策法规等环境因素。这些因素常常制约并影响着企业的创新行为。其所包含的内容涉及社会结构、政治结构、政府政策与倾向，以及对企业经营活动具有约束作用的各种法律法规。在分析企业的政治环境因素时，应当重点关注产业政策、税收政策、补贴政策和国家及地方的各类法律规范。这些因素对行业环境及企业战略行为的影响具有直接强制性的特点。通过对政治环境因素进行分析，企业可以明确其所在国家和政府目前禁止企业干什么，允许企业干什么以及鼓励企业干什么。在政治环境因素中，一个很重要的因素是国家战略，国家战略导向会影响企业创新战略。当前，最重要的国家战略莫过于新基建（新型基础设施建设）战略，怎样将企业创新战略与之结合有待深入思考。加快新型基础设施建设是重要的国家战略，是促进当前经济增长、夯实长远发展基础的重要措施。其出发点和落脚点都在于推动我国经济转型升级、实现高质量发展。而企业作为推动经济高质量发展的主体，也是参与新型基础设施建设的重要力量，应当响应国家战略，寻求发展机会。因此，当前乃至今后一段时间内，企业在制定创新战略时应当与国家新基建战略导向紧密结合。

综上所述，STEEP 模型的主要分析内容如表 4-10 所示。企业作为社会个体行为的重要组成部分，其创新活动一直嵌入整个经济社会环境中，因此，政治、社会文化、经济和技术环境因素对于企业创新路线图的制定也有重要影响。需要注意的是，宏观环境是不断变化的，企业对其外部环境的 STEEP 模型分析也应当适时更新，以识别新出现的机会或威胁，从而及时将这些变化反映到企业目标和策略的调整中。

表 4-10　STEEP 模型的主要分析内容

社会文化	技术	生态	经济	政治
意识形态的特点	拥有的专利权	空气和水的质量	GDP 增长	政党的政策
联盟组织的类型	研发预算	回收能力	外汇储备	管理机构的能动性
社会各阶层的生活方式差异	一个地区大学的数量	动力源	通货膨胀率	有关财产保护法律法规的出台
社会各阶层的收入差距	技术变化的速度	产品生命周期的演化阶段	收入分配水平与范围	影响政治决策的能力
经济和社会各阶层的人口比例	技术群的出现	污染程度	利率	选举率及发展趋势
公民的文化背景	技术发展速度或产品的改进	原材料的可替代性	小企业的借贷水平	权力机构与决策机构的性质
出生率和死亡率	带宽容量	环境管理的水平	国际收支平衡情况	公众舆论

2. 波特五力模型分析

运用 STEEP 模型对企业外部的宏观环境进行分析之后，还需要进一步对企业外部的行业环境进行分析，以了解企业所处的行业发展状态、竞争态势、获利情况、与上下游行业之间的关系等。此时，我们就需要用到波特五力模型，如图 4-10 所示。该模型可用于企业所处行业的竞争结构分析。其中，"五

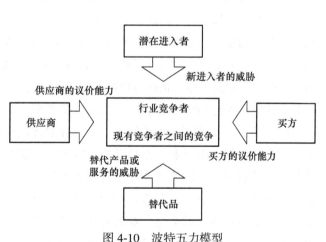

图 4-10　波特五力模型

资料来源：波特. 竞争战略 [M]. 陈丽芳，译. 北京：中信出版社，2014.

力"是指来自行业竞争者、供应商、买方、替代品和潜在进入者五方的竞争力,包括现有竞争者之间的竞争、供应商的议价能力、买方的议价能力、替代产品或服务的威胁、新进入者的威胁。

（1）现有竞争者之间的竞争　影响一个行业平均盈利水平最重要的因素是本行业的现有竞争者之间的竞争情况。现有企业之间的竞争常常表现在价格、广告、产品介绍、售后服务等方面,其竞争强度与许多因素有关。当行业内存在大量的实力强大的竞争者、行业的增长速度变缓、行业固定成本及库存成本等较高时,该行业比较容易发生价格战,从而使整个行业的盈利水平降低。当本行业之间的竞争较激烈时,基于打破企业边界的跨界创新可能会取得令人意想不到的结果。例如,在竞争激烈的手机市场中,小米联手家电企业打造智能家居,通过其独特的"生态链"模式,目前已建成了连接超过 1.3 亿台智能设备的 IoT 平台。创业仅 7 年时间,小米的年收入就突破了千亿元人民币。

（2）供应商的议价能力　一个行业平均盈利水平的高低与该行业供应商的议价能力的高低密切相关。如果供应商的议价能力较强,则会向下游行业的企业提高原材料采购价格,或者降低产品品质和服务,进而会压低整个行业的盈利能力。供应商的力量强弱主要取决于供应商的行业集中度、供应商的产品是否有替代品、供应商的产品支出占企业总成本的比例及对企业的重要性等。无论供应商的议价能力如何,企业都可以和供应商达成合作,进行开放式创新,倾听供应商的建议及意见并进行改进,以实现供应商和企业的双赢。

（3）买方的议价能力　一个行业平均盈利水平的高低与该行业买方的议价能力高低也密切相关。如果买方的议价能力较强,则会要求上游行业企业降低产品价格或提高产品品质和服务,进而压低整个行业的盈利能力。买方议价能力的强弱主要取决于买方在该行业的集中度、买方所购买产品的差异性、买方转换产品的成本等。如果买方的议价能力很强,那么企业可通过渐进式创新提供一种和其竞争对手有差异的特殊产品,从而提高企业产品在顾客产品形成中的重要性,进而降低买方的议价能力。

（4）替代产品或服务的威胁　一个行业的替代产品或服务是该行业盈利能力的最高限制。如果一个行业没有替代产品或服务,那么该行业的企业很有可能因为供需失衡而获得暴利。即使企业并不打算进入新的行业,也需要对自身所处行业的替代产品或服务的威胁进行分析。行业环境有时会发生突变,今天不是企业的替代产品或服务,或许明天就会是企业的替代产品或服务,只有知己知彼才能做到百战百胜。因此,企业需不断分析替代产品或服务的威胁,并根据替代产品或服务的优势对自己的产品或服务进行创新。

（5）新进入者的威胁　一个行业的潜在进入者威胁的大小是指愿意进入该行业的企业数量的多少以及进入该行业的难易程度。新进入者在给该行业带来新生产能力、新资源的同时，也希望能在已被瓜分完毕的市场中赢得一席之地，这就有可能与现有企业发生原材料与市场份额的竞争。潜在进入者进入该行业的难易程度取决于两方面的因素：进入新领域的障碍大小与预期现有企业对于新进入者的反应情况。

进入新领域的障碍主要包括规模经济、产品差异、资本需要、转换成本、销售渠道开拓、政府行为与政策（如国家经过综合平衡统一建设的石化企业）、不受规模支配的成本劣势（如商业秘密、产供销关系、学习与经验曲线效应等）、自然资源（如冶金业对矿产的拥有情况等）、地理环境（如造船厂只能建在海滨城市）等方面，其中，有些障碍是很难借助复制或仿造的方式来突破的。

预期现有企业对于新进入者的反应情况，主要是指采取报复行动的可能性大小。这取决于有关企业的财力情况、报复记录、固定资产规模、行业增长速度等。当行业潜在进入者的威胁较大时，企业可通过开放式创新从内外部环境中获取创新资源，从而以更快的速度、更低的成本提供更好的产品或服务，提高自己的市场竞争力，更好地应对潜在进入者的威胁。

行业的竞争结构会随着宏观环境因素的变化而改变，企业应该时刻关注环境的变化趋势，并通过主动的战略性行为来提高行业的进入障碍，提高自身对供应商及买方的谈判能力，或者提高产品或服务的竞争力以及避免本行业经常陷入价格战中。

总之，上述五种力量的强弱会随着时间和产业状况、宏观环境的变化而改变，因此管理者应通过波特五力模型分析，认清这些竞争力量的变化如何给企业带来新的机会或威胁，从而做出适当的战略调整。

4.3.2　内部环境分析

企业在通过外部环境分析明确了"我们应该做什么""我们可能做什么"之后，就需要进一步明确"我们能够做什么""我们有条件做什么"，这便是内部环境分析。企业内部环境分析是其对自身的资源、能力和核心竞争力进行自我评价的过程。资源、能力和核心竞争力是企业竞争优势的基础，资源和能力的有效结合能够创造出企业独一无二的核心竞争力。因此，企业内部环境分析对于确定企业创新的总体目标和职能目标有着非常关键的作用，是企业制定思想路线的基本依据和条件。

1. 企业创新资源的分布与界定

（1）企业的创新资源　企业的创新资源就是现阶段企业所拥有或控制的有效创

新因素的总和,包括有形的创新资源和无形的创新资源两大类。其中,企业有形的创新资源是指那些属于企业的、实物形态的,并有利于企业进行创新的自然资源和社会资源,如表 4-11 所示;而企业无形的创新资源是指深深根植于企业的历史之中,难以被竞争对手仿照和获取的资源,这属于一种更为高级的核心竞争力来源,如表 4-12 所示。企业只有将自身的各种有形和无形的创新资源进行深度挖掘,进行有效的创新资源管理,才能够使创新资源得以充分利用,以实现经营效率最大化。

表 4-11 企业有形的创新资源

财务资源	实物资源	其他资源
财务管理制度 财务分析与决策工具或软件 企业的借款额度 企业的应收账款 有价证券 ⋮	土地 建筑 设备 原材料 ⋮	

表 4-12 企业无形的创新资源

人力资源	知识产权资源	创新技术资源	其他资源
技术基础 企业文化 管理能力 员工对企业的归属感 ⋮	专利 品牌 供应商声誉 商标 ⋮	创意 科技能力 研发能力 ⋮	金融资源 信息资源 关系型资源 形象资源 ⋮

(2)价值链分析(评分) 企业在明晰自身拥有的创新资源之后,应如何对这些创新资源进行分析和整合呢?这里我们引入分析企业经营资源的常用工具,即价值链分析。美国哈佛商学院的波特教授认为:企业的价值创造是通过一系列活动构成的。这些活动可分为基本活动和支持活动两类:基本活动包括进料后勤、生产运作、发货后勤、销售和售后服务等;支持活动则包括采购、研发、人力资源管理和基础设施建设等。这些互不相同但又相互关联的生产经营活动,构成了一个创造价值的动态过程,即价值链。图 4-11 是波特价值链模型。

那么,企业如何识别出基本活动和支持活动的价值创造能力或潜力呢?这个问题的答案取决于对三种因素的分析:一是企业所在的行业及其特点,如对于物流行业中的企业来说,物流是价值创造力最大的活动,而对于化妆品行业中的企业来说,营销可能是价值创造力最大的活动;二是企业的目标市场;三是企业的商业模式。企业可以参考表 4-13 列出的各项价值链活动对企业价值链的价值创造能力进行判断和评价。在对这些价值链活动进行评价时,需要与竞争对手的能力和核心竞争力进行比较，如果公司在执行一个活动时能创造出比竞争对手更高的价值并且公司能够执行竞争对手无法执行的价值创造活动，则公司在该价值链活动方面具有核心竞争优势，此时可在"优劣势评价"栏填写"优势"。反过来，如果竞争对手能够执行而本公司无法执行的价值创造活动或竞争对手在某一价值链活动方面能够创造出比本公司更高的价值，则公司在该价值链活动方面具有劣势，此时可在"优劣势评价"栏填写"劣势"。如果与竞争对手势均力敌，则可以在"优劣势评价"栏填写"均势"。

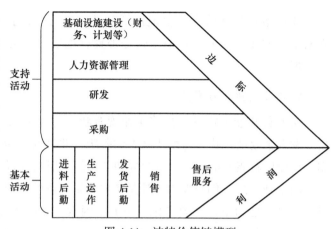

图 4-11　波特价值链模型

资料来源：波特. 竞争战略 [M]. 陈丽芳，译. 北京：中信出版社，2014.

表 4-13　分析价值链活动的优势和劣势

价值链活动		价值创造能力判断	优劣势评价
基本活动	进料后勤	原材料的处理，存货控制，接收、储存和分配原材料的行为	
	生产运作	把输入物资转换为最终产品所需的环节，包括加工、包装、装配、设备维护以及其他运作行为	
	发货后勤	收集、储存以及发送最终产品给客户的环节，包括最终产品的存储、原材料的处理及订单处理	
	销售	为客户提供采购产品的方式以及引导客户的采购行为。为了有效地推广和销售产品，企业运用广告和促销活动，选择合适的配送渠道以及销售队伍	
	售后服务	用于维持和提高产品价值的行为。企业会参与一系列与服务相关的活动，包括安装、修理、培训和调试	
支持活动	采购	购买企业生产产品所需的材料。采购物资包括生产所需消耗的材料，如原材料以及固定资产（机器、实验设备、办公设备）等	
	研发	用于改进企业的产品以及生产产品的过程。研发采用多种形式，例如，产品设计、基础研究、设备及生产工艺改良、服务改进等	
	人力资源管理	包括设计所有员工的招聘、培训、职业发展以及薪酬体系的行为	
	基础设施建设	包括总体管理、计划、财务、会计、法律支持、政府关系等对整个价值链起到支持作用的行为。通过建设基础设施，企业不断地识别外部机会和威胁，了解自身资源和能力，从而形成核心竞争力	

资料来源：希特，等. 战略管理：概念与案例 [M]. 吕巍，译. 北京：中国人民大学出版社，2009.

通过检查和评价自身价值链活动的优劣势后，企业可结合自身的创新资源，判断企业的成本和顾客价值主张是否具有竞争力，从而为后续的创新战略选择提供依据。

2. 企业创新能力审计

企业创新能力审计是指将企业现有状态与过去以及其现有竞争者进行对比分析，发现企业现有状态与期望状态的差距，并将其作为企业制定创新战略的参考依据。企业创新能力审计主要从业务和公司两个层次进行。

（1）业务层次创新能力审计是指要识别出影响该层次创新战略的关键因素。业务层次创新能力审计主要考虑以下五个因素，如图 4-12 所示。企业可以用于创新活动的资源包括企业的财务资源、实物资源、人力资源、创新技术资源等；理解竞争对手的创新战略和多产业演化的能力，需要较快且准确地识别出竞争对手的创新战略，并及时进行改变；理解业务层次的技术环境的能力，在一定程度上决定了业务层次的创新能力；业务层次的组织结构和文化环境也会影响业务层次的创新能力，开放包容的文化环境有利于业务层次进行创新；业务层次的战略管理能力可以保证创新活动有效进行。在这五个因素中，前三个因素是业务层次创新战略制定的输入因素，后两个因素对业务层次创新战略的实施特别重要。

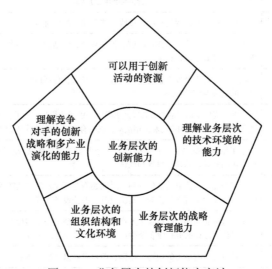

图 4-12　业务层次的创新能力审计

资料来源：Robert A.Burgelman, Clayton M. Christensen,Steven C. Wheelwright. Strategic management of technology and innovation[M].New York: McGraw-Hill/Irwin, 2008.

（2）公司层次创新能力审计是公司管理层识别多业务公司存在的必要性的一项

工作。它既要识别出影响公司与业务层次在创新能力方面的关键因素，也要识别出影响公司整体创新战略制定和实施的关键因素。一般来说，公司的创新能力可以从以下三个方面来描述：组合横跨当前业务层次的创新能力而产生新产品、新服务和生产与交付系统的范围与速度；在公司研究开发和技术开发工作的基础上形成新业务的范围与速度；上述各项的进入时机。

公司层次创新能力审计需要考虑以下五个因素，如图 4-13 所示。公司层次创新能力审计的第一个因素是可以用于创新活动的资源及其配置，例如，公司在研究开发时，可以用于风险项目的现金；第二个因素是理解竞争对手的创新战略和多产业演化的能力，例如，识别竞争对手变更创新战略的速度；第三个因素是理解技术发展的能力，例如，多产业监测与技术预测；第四个因素是公司组织结构和文化环境；第五个因素是公司战略管理能力，例如，通过"横向"战略在创新中开发融合效应、公司内部创业投资与并购战略等。在这五个因素中，前三个因素是公司战略制定的输入因素，后两个因素是公司战略实施的输入因素。

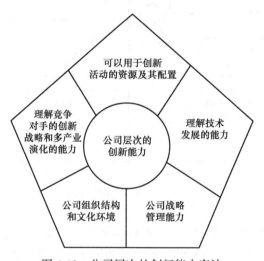

图 4-13　公司层次的创新能力审计

资料来源：Robert A. Burgelman, Clayton M. Christensen, Steven C. Wheelwright. Strategic management of technology and innovation[M].McGraw-Hill/Irwin, 2008.

4.3.3　SWOT分析与创新战略选择

1. SWOT矩阵与创新组合战略

我们已使用 STEEP 模型、波特五力模型、价值链分析和创新能力审计等工具对企业的外部环境和内部环境单独进行了分析,而下面介绍的 SWOT 矩阵则是对企业的内外部环境因素进行综合分析,从而寻找到二者最佳可行创新战略组合的一种分析工具。它能够帮助企业找出自身关于创新方面的优势(strengths)、劣势(weaknesses)、机会(opportunities)、威胁(threats)以及核心竞争力,如图 4-14 所示。这种创新核心竞争力来源于企业"能够做的"(组织的强项和弱项)和"可能做的"(环境的机会和威胁)之间的组合战略,可以推动企业更好地发挥自身优势,消除潜在威胁,转化现有劣势,把握发展机会。

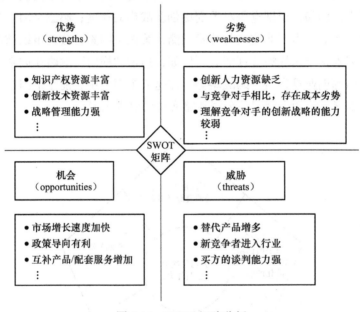

图 4-14　SWOT 矩阵分析

企业进行 SWOT 矩阵分析时,主要有以下三个步骤。

一是分析影响企业创新发展的内外部环境因素,可直接利用企业外部和内部创新环境的分析结果。

二是构造 SWOT 矩阵,即将调查得出的各种因素根据轻重缓急或影响程度进行排序,构造出 SWOT 矩阵。在这个过程中,应将那些对企业发展有直接的、重要的、迫切的、久远的影响因素排在前面,而将那些间接的、次要的、不紧急的、短暂的影响因素排在后面。

三是制定行动策略。在完成内外部环境因素分析和构造 SWOT 矩阵后,要基于分析结果制定行动策略,并将其作为选择创新战略的参考依据。制定行动策略的基本思路是：发挥优势因素，克服劣势因素，利用机会因素，化解威胁因素，形成企业未来发展的 SO 策略、WO 策略、ST 策略、WT 策略。这些策略为进行各种可能的战略选择提供了决策依据。

当企业面临外部环境的机遇，同时自身具有良好的内部条件时，比如，当资金雄厚、有丰富的人才储备时，企业可采取"自主创新＋领先创新"策略（SO 策略），通过独立开发产品或技术来获得"先发优势"，即获取高额利润，占据有利的销售渠道、要素来源和市场地位等，即在抓住外部机遇的同时发挥内部优势。当企业的外部环境有利，但自身具有一些弱势时，比如缺乏资金或技术，企业可采取"模仿创新＋开放式创新"策略（WO 策略），通过与其他企业或高校等不同的合作伙伴进行联合开发，来共同分担开发新产品或新技术所需要的高额投入及可能面临的失败风险。采取 WO 策略时，可利用外部环境来弥补自身劣势。当外部环境不利，存在很多威胁，例如，市场增速放缓、同行业竞争压力增大等，然而企业内部具有技术、资金、市场等优势时，可采取"自主创新＋颠覆式创新"策略（ST 策略）。企业可以通过自主研发新技术及新产品，面向新市场用一种令人意想不到的方式来打败竞争对手，给自己赢得有利的机会。采取 ST 策略时，可利用内部优势回避或减少外部威胁的影响。当企业的外部环境不利，自身情况也不利时，企业可采取"模仿创新＋颠覆式创新"策略（WT 策略），在从外部快速、低成本地获取技术的基础上，寻找细分市场。采取 WT 策略时，可在减少企业内部弱点的同时回避或减少外部威胁，如图 4-15 所示。

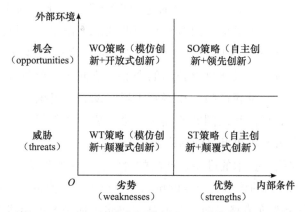

图 4-15　SWOT 矩阵分析模型及可选择创新战略示意

资料来源：根据"皮尔斯，鲁滨逊，等．战略管理：制定实施和控制 [M].12 版．王丹，等译．北京：中国人民大学出版社，2015."整理。

2. 基于企业生命周期的创新战略选择

企业生命周期理论认为，企业的成长发展过程可以划分为不同的阶段。路江涌教授在《图解创新管理经典》中提到，因产出和投入效率的不同，企业成长可分为创业期、成长期、成熟期与衰退期或变革期。当企业刚开始创业时，由于需要一段时间了解市场或顾客的需求并根据他们的需求研发产品或提供服务，因此在这个阶段增长较缓慢，这时企业的成长路线如同字母"S"底部缓慢增长的形状，这个时期被称为创业期；当企业经过创业期后，可以生产或提供出符合市场需求的产品或服务时，由于员工的技能提高，生产流程得到优化，积累了一定的市场资源等，所以企业的投入产出效率可以在一定时间内持续提高，企业的成长路线如同"S"中间向上发展的部分，该时期被称为成长期；当企业成长到一定阶段时，随着组织的成长，组织员工变得懈怠而导致组织活力衰退，生产流程或商业模式的运用接近极限，市场竞争加剧而导致每个企业的市场份额有限，技术进步速度放缓等因素使企业的增速放缓，企业的成长路线如同"S"顶部的形状，该时期被称为成熟期；更进一步地，当技术、产品、市场、组织这四个因素有一个或多个到达极限时，由于要素间的相互影响，以及这些要素对投入产出效率的影响决定了企业的增长也到达顶峰，该时期被称为企业的衰退期[一]。总的来说，影响企业投入产出效率的因素主要是技术、产品、市场、组织，而企业投入产出效率的不同则是划分企业不同发展阶段的依据。而企业不同的发展阶段又进一步决定了企业选择创新战略的不同。当企业进入衰退期时，会面临来自企业内部和外部的挑战，企业不能坐以待毙，可通过积极转型、勇于创新来突破极限。《创新：进攻者的优势》作为最早提出 S 形价值曲线的著作之一，里面有一个经典理论：创新是企业跨越多条 S 形曲线之间断层的唯一途径。多条 S 形曲线意味着企业在步入衰退期后，可以通过寻找新的企业价值创新 S 形曲线来积极转型，比如，以探索新技术、开发新产品、拓展新市场、发展新组织等方式来寻找新的价值增长点。而多条 S 形曲线之间并不连续，会形成一个断层。企业可通过技术创新、产品创新、市场创新和组织创新来跨越断层。

企业的成长路线由技术的进步、产品的价值、市场的价值、组织的价值决定，同时技术的进步、产品的价值、市场的价值以及组织的价值也遵循 S 形曲线变化的规律。图 4-16 是企业价值路线图。企业技术进步整体呈 S 形曲线变化，在创业阶段，即早期的技术创新阶段，技术进步的速度较慢，性能也没有迅速提高；而在成

[一] 路江涌.图解创新管理经典[M].北京：机械工业出版社，2018.

长阶段，企业技术进步的速度明显加快；在成熟阶段，技术进步的速度放缓；在技术发展后期，达到技术极限，技术性能不再提高。产品价值之所以呈现S形，是因为用来生产产品的机器的使用价值是有极限的，当机器可生产的产量达到极限时，会出现机器自身的问题及因机器过多而导致的极限问题，所以在机器使用价值增加，即产量增加时，产品价值会快速增加，在增加到一定程度后，产品价值增速放缓，直至开始降低。市场方面包括市场发展趋势和竞争状况。当企业在创业阶段时，市场竞争较弱，有较大的发展空间和较多的机遇，若企业在该阶段抓住市场机遇，则市场价值可快速增长。当越来越多的企业开始在同一个细分市场中竞争时，市场逐渐饱和，市场价值会出现和产品价值同方向的变化。组织价值同理，组织由管理者和下属组成，在创业阶段时，管理者和下属都满怀激情与希望，干劲十足。随着企业规模扩大，不断获得一些成就，管理者和下属相比前期会放松精力，有所懈怠，进而导致组织活力下降或者出现"大企业病"的现象，使组织价值增长放缓甚至下降。

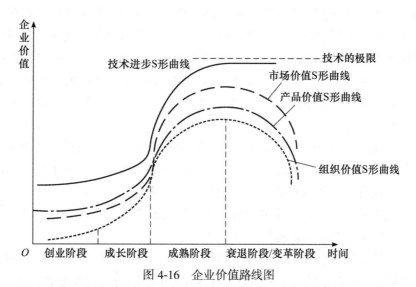

图 4-16　企业价值路线图

资料来源：①路江涌.图解创新管理经典[M].北京：机械工业出版社，2018.②福斯特.创新：进攻者的优势[M].北京：中信出版社，2008.③爱迪思.企业生命周期[M].北京：中国社会科学出版社，1998.④克里斯坦森.创新者的窘境[M].胡建桥，译.北京：中信出版社，2014.

在了解了划分企业不同成长阶段的依据后，我们明白只有通过创新，才能跨越断层，实现基业长青。我们已讲解了企业的模仿创新战略、跟随创新战略及领先创新战略这三种创新战略的定义、典型例子以及优缺点，现在来分析企业处于不同生命周期时应该如何选择不同的创新战略。

企业处于生命周期不同阶段时，其自身的资金、设备、技术等条件不同，应在考虑这些条件的基础上，参考SWOT矩阵分析的结果，选择不同的创新战略，如图4-17所示。一般情况下，当企业处于创业初期阶段，即发展的萌芽阶段时，由于企业的资金技术缺乏、市场的熟知度不足，因此，此时率先开发新技术并投放新产品到市场上所需要的研发费用和市场开拓费用较高，且开发新产品极易失败，所以企业采取领先创新战略的风险较高。在该阶段，企业应采取以模仿创新战略为主、跟随创新战略为辅的战略模式。而有些公司在其创业初期就会采取颠覆式创新策略，瞄准被大企业忽视的客户并为其量身打造产品、服务与解决方案，把新产品、新技术卖给一个新兴市场，从而获得竞争优势。当企业发展到一定阶段时，有了资金和技术积累，可以在市场上推出领先技术和产品时，应对其进行及时的改进以增加市场份额，即企业在成长阶段可采取跟随创新战略，也可采取开放式创新战略、连续性创新战略，与其他企业合作开发产品和技术。企业在成熟阶段可采取领先创新战略、自主创新战略、连续性创新战略，赶在所有竞争者之前，率先采用新技术并将新产品投放市场，以获取先发优势，获得较大的市场份额和高额利润。然而，由于企业的增长是有限的，当企业的发展进入衰退阶段，增长到极限时，只有通过颠覆式创新战略或突破式创新战略，企业才可跨越多条S形曲线之间的断层，谋求突破与颠覆。1997年，克莱顿·克里斯坦森（Clayton Christensen）在《创新者的窘境》一书中，首次提出了"颠覆性技术"（disruptive technologies）一词，并将颠覆式创新分为低端颠覆和新市场颠覆两种[1]。颠覆式创新是指企业通过针对低端消费者或全新的市场，生产或提供比市场上现有产品更为便宜且方便的替代品，来不断扩大市场份额，成功挑战传统产品及在位大企业的地位的一种方式。通过颠覆式创新，企业可成功跨过衰退期，进入转型期并获取新的经济增长点。

在明确基于企业生命周期的创新战略选择后，我们可以进一步了解不同生命周期的企业创新战略落地的方法或策略。世界领先的战略与创新专家维杰伊·戈文达拉扬（Vijay Govindarajan）在《战略创新者的十大法则》中揭示了三个思想，其有助于大企业通过战略创新方法避免被新企业及小企业颠覆。三个思想分别为学习、借用及遗忘（维杰伊·戈文达拉扬，2008）[2]。首先，当企业处于创业阶段时，可

---

[1] Christensen, Clayton M. The innovator's dilemma: When new technologies cause great firms to fail [M]. 3rd ed. Boston: Harvard Business Review Press，2016.

[2] 戈文达拉扬. 战略创新者的十大法则[M]. 北京：商务印书馆，2008.

通过不断学习来增加组织的创新基因,由于战略创新面临着很大的不确定性,因此,战略创新的落地需要通过物质、制度以及精神三方面的创新文化建设来进行,要培育组织的创新基因,具体方式有:激发内部员工的积极性并从外部引进具有创新意识与创新能力的人才,建设有利于创新的组织结构并规范管理行为,以打破阻碍创新的因素,并在企业内部鼓励创新。其次,借用也是有助于企业战略创新落地的有效方法。在企业的成长阶段,组织在某些领域已经积累了一定的优势,通过借用组织积累的优势可以发展新业务,例如,在新旧业务之间建立合适的联系、营造有利于借用的良好氛围等。最后,在企业的成熟阶段,由于企业具有大量成功的经验,此时如果企业固守在自己的舒适圈中,遵循过去的成功经验,而不去开启新业务、开发新市场或引入新员工等,那么企业的创新则很难成功。因此,企业要想创新战略成功落地,必须忘掉妨碍企业进行创新的组织记忆。组织记忆包含组织过去的一些成功经验等。当然,学习、借用、遗忘三个思想并不对立,企业在进行创新战略落地时,在不同成长阶段可以选择以一个方法为主,将其他方法有机结合,通过自我更新实现内生增长。

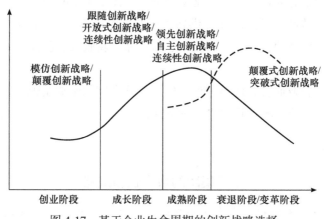

图 4-17　基于企业生命周期的创新战略选择

3. 数智时代的企业创新战略选择

我们已提到的三种创新战略类型均属于传统的创新战略管理范畴。当前,我们正处于蓬勃发展的数智时代,以大数据和人工智能等为代表的新一代信息技术革命对人们的生活方式以及企业的生产方式均产生了重要影响。数字经济是在数智时代实现资源的快速优化配置与再生、实现经济高质量发展的重要经济形态。因此,企业想要在激烈的竞争中保持独特的领先优势,势必需要拥抱数智时代大环境,积极投身于数字经济，对传统的创新战略管理进行变革，将数字创新战略纳入企业创新战略中。

数智时代的企业创新更加注重数据资源的获得和利用，以及大数据和人工智能如何赋能企业创新的各个层面。大数据对企业创新战略的选择具有重要影响，主要包括数据驱动、平台战略和创新生态等方面①。企业创新管理领域近十年的研究热点已经由组织二元性、商业模式创新等转向开放式创新战略、平台创新战略、生态创新战略、数字创新战略等，且重点关注人工智能、大数据、云计算、物联网等数字化技术的兴起对现有企业创新管理理论以及企业创新战略实践的影响②。企业创新战略管理正加速从封闭式、半开放式创新向开放式创新转变。当前我国已在数字经济领域取得了较大的成就，出现了华为、小米、阿里巴巴、腾讯等世界级优质创新型企业。在数智时代，互联网与制造业深度融合、数字产业创新生态系统、数据赋能企业创新发展已成为企业创新管理理论与实践的重要方向③。

数字创新战略是新时代企业创新战略的重要内容。数字创新一般被认为是通过数字化技术赋能企业创新全流程，是多种创新主体基于不断增长的数字基础设施重构产品和服务，并产生新产品或提供新服务的组织过程④。数字技术与产业的深度融合将使数字创新推动新产业、新技术、新产品、新服务、新模式的出现，为企业持续创造价值。

那么，对于企业而言，应该如何制定并实施数字创新战略呢？数字创新战略对企业发展又有怎样的影响？我们将通过下面这个案例来一探究竟。

◀ 创新聚焦 ▶

上汽集团的数字创新战略

随着新兴技术不断融入汽车工业领域，消费者的需求正呈现出强烈的个性化趋势，在这一背景下，借助数字化手段高效地满足市场需求，并实现降本增效的

---

① 丁雪辰，柳卸林. 大数据时代企业创新管理变革的分析框架[J]. 科研管理，2018，39（12）：1-9.
② 吴晓波，付亚男. 创新管理国际研究热点及其演化：基于可视化分析[J]. 外国经济与管理，2019，41（12）：186-199.
③ 庄芹芹，于潇宇. 创新管理研究：引进、本土化及再创新[J]. 改革，2019（12）：44-55.
④ 余江，孟庆时，张越，等. 数字创新：创新研究新视角的探索及启示[J]. 科学学研究，2017，35（07）：1103-1111.

目的，成为车企保持高速增长的共同选择。

上海汽车集团股份有限公司（以下简称"上汽集团"）作为我国汽车行业巨头之一，早在2015年就将数字化转型作为企业创新发展的重要战略之一。当时，上汽集团首次提出"汽车新四化"战略，即电动化、共享化、国际化、智能网联化，其中智能网联化、共享化则完全属于数字化转型的范畴。随后，上汽集团又提出了"1+4"数字化战略，"1"代表产品数字化，即智能网联汽车，"4"则代表业务体系的数字化转型，即数字营销、智能制造、数字化研发和智慧园区。为了体现数字化转型升级的坚定性，上汽集团还于2017年设立了一个新职位，即"首席数字官（CDO）"。这让上汽集团成为中国第一个设立这一职位的车企。首席数字官的职责很明确，就是通过加强对企业内部、外部供应商与客户之间的关系互动和数据流动，推动企业传统组织方式、运营模式与数字化技术的融合。

在产品数字化方面，上汽集团打造了以荣威RX5 MAX为代表的智能化产品。2016年7月，上汽集团与阿里巴巴合作开发的"互联网汽车"荣威RX5自开始上市后就热销。2019年8月，又推出了荣威RX5 MAX，并搭载了不少解决消费者"痛点"的技术，如智能座舱。它不是解决开车更简单的问题，而是在车上能够更有趣，所以从内饰设计到上层应用，都要开发专属适用于行车体验的应用，让用车过程感觉更好，因此，荣威RX5 MAX也成为上汽集团的爆款智能化产品。

在数字化营销方面，上汽集团希望以用户体验为导向。具体操作包括三个层次。第一，通过数字化手段来规范整个业务链运营的过程，将体验流程与标准在经销商体系内有效执行，并进一步实现数据化的量化运营。第二，用数字化工具服务用户，让用户的体验更好。如今，用户试驾预约、邀约都是通过线上工具进行的，预定以后，沟通过程中的所有信息可以直接传递到系统中，大大提升了以前实体店用纸笔填写预约单的效率。第三，多元化触达客户。以前主机厂接触客户更多地通过经销商，但现在可以通过多元化渠道，即官网、App、小程序等。

在智能制造方面，上汽集团建立了以上汽宁德生产基地为代表的智能工厂。该智能工厂以几十套系统的精细化构建为基础，依靠工业互联网平台将底层数据进行完全融合和贯通，并且基于工业互联网的工业数据舱和工业数据大脑，将数据进行融合，建立工业数据仓库。在智能制造的过程中，运行了几十项AI应用，包括智能设备诊断、智能质量管控、智能工厂运营优化，以及智能供应链的过程管控等。

在数字化研发方面，上汽集团构建了基于软件定义硬件的数字化研发体系。数字化研发是最具核心意义且难度最高的部分。2019年，上汽集团开始建设由技术中心主导的研发数字化平台，将从知识管理平台、虚拟仿真管理平台、零部件智能设计系统、实验综合管理系统、样车试制管理系统等十多个方面推进实施。

在智慧园区方面，上汽集团搭建了基于云架构的实现传感器和现场传感器的数据交互的智慧园区运营管理平台。平台与包括安防监控、消防预警、智能停车、环境监测、智能充电桩在内的二十多个IoT系统进行数据交换，连接了园区各硬件系统之间的业务及数据孤岛，建立了硬件设备、软件应用、用户之间的强链接关系，实现了应用数据的动态采集，小颗粒、精细化的业务数据全面沉淀，为园区数据挖掘提供了有力的数据支撑。

关于数字化转型战略的实施落地，上汽集团不断寻求与世界领先企业合作，不仅继续加深了与SAP等"老朋友"的合作，还与华为等科技公司以及阿里巴巴等互联网企业跨界探索，为自身的数字化转型提供了动力。事实上，这也正是上汽集团正积极谋划的愿景：通过产业链上下游企业之间的彼此赋能和相互支撑，加速汽车产品与出行服务数字化的更新迭代，共同分享汽车行业数字化转型所创造的价值。

资料来源：哈佛商业评论中文版官方网站.在数字化的引领下，上汽乘用车正走出一条独特的品牌之路 [EB/OL]. （2020-01-09）[2020-06-02].https://www.hbrchina.org/2020-01-09/76-58.html.

思考：

1. 上汽集团设立新职位"首席数字官"的初衷是什么？该职位的职责是什么？

2. 上汽集团是在哪几个方面进行数字化转型的？其数字创新战略的实施对企业有什么积极影响？

在数字化时代，上汽集团跟上了时代的变革，早早地制定并坚定地实施数字创新战略，帮助其保持高速增长，赢得竞争先机。这启示我们，企业在制定创新战略时，需紧跟时代的步伐。在当今数字经济时代，企业需要抓住数字化发展机遇，制定并实施数字创新战略。

4.4 思想路线的绘制

企业思想路线的绘制如图4-18所示。首先，在对企业高层领导调查的基础上确定企业的创新理念，即创新愿景、创新使命和创新价值观；其次，围绕企业的创新理念，在对企业中高层领导以及各职能层面进行调查的基础上确定企业的创新目标；再次，培育企业的创新文化；最后，在分析企业外部环境和内部环境的基础上，结合企业的创新目标制定企业的创新战略。

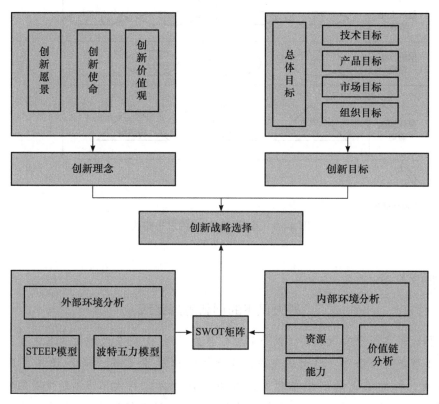

图 4-18　企业思想路线的绘制

完成以上流程后，可获得思想路线所包含的各要素，并在此基础上绘制企业的思想路线。如图 4-19 所示，思想路线的绘制包括企业的创新理念、创新目标、创新文化和创新战略四部分内容：在创新理念中，要明确企业的创新愿景、使命和价值观；在创新目标中，要明确企业创新的总体目标，以及在技术、产品、市场和组织方面的职能目标；在创新文化中，要明确企业应培育的创新文化；在创新战略中，要明确企业在不同生命周期应选择的创新战略。

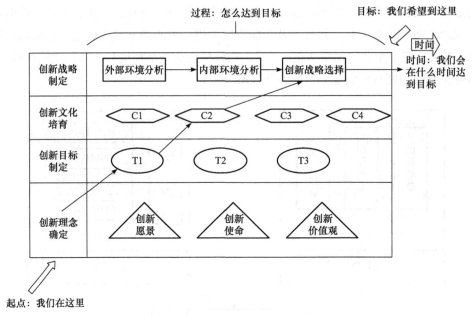

图 4-19　基于时间演变的思想路线

◆ 创新探索 ◆

科大讯飞的创新思想路线

　　科大讯飞股份有限公司（以下简称"科大讯飞"）是亚太地区知名的智能语音和人工智能上市企业。科大讯飞的长期持续快速健康发展，离不开其背后的思想路线。科大讯飞的创新思想路线如表 4-14 所示。科大讯飞创新发展的使命为"让机器能听会说，能理解会思考；用人工智能建设美好世界"。科大讯飞的创新愿景根据近期、中期、长期分为三个部分。其中，近期为"语音产业领导者和人工智能产业先行者，实现百亿收入、千亿市值"；中期为"中国人工智能产业领导者和产业生态构建者，联结十亿用户，实现千亿收入"；长期为"全球人工智能产业领导者，用人工智能建设美好世界的伟大企业"。科大讯飞的创新价值观为"421克拉钻石"，由企业价值主张、组织成功特质和员工的职业标准三个部分组成。其中，企业价值主张为"成就客户"，一切围绕着为客户创造价值来进行。组织成功特质为"创新"和"坚守"。科大讯飞坚持顶天立地的创新方向和路径，坚韧不拔地坚守着企业长期发展理想。员工的职业标准为"团队协作、简单真诚、专业敬业、担当奋进"。在绘制创新思想路线时，科大讯飞与时俱进，根据外部环境的需求，结合自身内部优势，制定相应的战略。在万物互联新时代，智能物联网让人机交互愈发频繁，而科大讯飞的内部优势有算法优势、算力优势、数据积累优势等。在此背景下，科大讯飞于2016年成立了消费者事业群，发布了讯飞输入法、讯飞翻译机、讯飞智能录音笔、讯飞智能办公本、讯飞学习机、阿尔法蛋系列、AI虚拟主播等面向终端消费者的技术产品。2017年，科大讯飞正式提出了"平台+赛道"的人工智能战略。科大讯飞的人工智能战略于2019年已正式进入2.0时代，即从战略扩张期进入规模深耕期，更加强调可实际落地的应用案例，且案例可得到规模化推广。

表 4-14 科大讯飞的创新思想路线

创新使命	让机器能听会说，能理解会思考；用人工智能建设美好世界
创新愿景	近期：语音产业领导者和人工智能产业先行者，实现百亿收入、千亿市值
	中期：中国人工智能产业领导者和产业生态构建者，联结十亿用户，实现千亿收入
	长期：全球人工智能产业领导者，用人工智能建设美好世界的伟大企业
创新价值观	企业价值主张：成就客户
	组织成功特质：创新、坚守
	员工的职业标准：团队协作、简单真诚、专业敬业、担当奋进
创新战略	"平台+赛道"的人工智能战略

在科大讯飞创新发展使命的指引下，科大讯飞长期从事语音及语言、自然语言理解、机器学习推理及自主学习等核心技术研究，并保持了国际前沿技术水平。2019年，公司推出了全球首个人工智能多语种虚拟主播；机器口译技术测试全球首次达到专业资格合格标准；在国际机器阅读理解权威评测SQuAD 2.0挑战赛上再次刷新纪录，并在EM（精准匹配率）和F1（模糊匹配率）两项指标上全面超越人类平均水平；科大讯飞新一代语音翻译关键技术及系统获得了世界人工智能大会最高荣誉Super AI Leader（卓越人工智能引领者）应用奖。围绕着"用人工智能建设美好世界"的创新使命，科大讯飞将人工智能应用到教育、医疗、司法、汽车、营销等多样场景中，致力于用自己的创新产品提高各行业的工作效率。科大讯飞通过智慧教育，使因材施教的难度大大降低；通过"AI+城市"，让城市实现和谐可持续发展；通过"AI+工业"，让工业企业实现智能化升级。在创新价值观的引领下，科大讯飞不断坚持源头技术创新，多次在机器翻译、自然语言理解、图像识别、图像理解、知识图谱、知识发现、机器推理等各项国际测评中取得佳绩，两次荣获"国家科技进步奖"及中国信息产业自主创新荣誉"信息产业重大技术发

明奖"。在创新愿景的指引下，科大讯飞在智能语音和人工智能领域深耕二十余载，获得了首批国家新一代人工智能开放创新平台、首个认知智能国家重点实验室、国家高新技术产业化示范工程等诸多荣誉。在"平台+赛道"创新的人工智能战略的引领下，在"平台"上，科大讯飞通过技术赋能、市场赋能和投资赋能，给全行业提供 AI 技术，助力一批开发者团队发展壮大，营造了和谐共赢的开发者生态。截至 2020 年半年度报告期末，科大讯飞开放平台，已对外开放 318 项 AI 功能及方案，连接超 200 万生态合作伙伴。"赛道"包括教育、医疗、政法、城市等行业赛道及家庭、汽车、玩具、翻译等消费产品赛道。在"赛道"上，科大讯飞在特定行业领域内解决社会刚需的、形成科大讯飞持续盈利的根据地。"平台+赛道"相辅相成，"平台"是抢占"赛道"战略的先机，能帮助科大讯飞不断提升品牌和技术；"赛道"可以把数据反馈给"平台"，并提供资金支持。在明确的思想路线的指引下，科大讯飞近年来实现快速高质量发展。其年报显示，科大讯飞在 2019 年实现营业收入 100.79 亿元，归集母公司净利润 8.19 亿元，同比增长 51.12%，公司业绩实现高速增长。科大讯飞人工智能开放平台（讯飞开放平台）的业务收入为 11.54 亿元，与 2018 年同期相比增长 68.71%，"平台+赛道"的人工智能战略应用成效显著。

资料来源：①科大讯飞官网.[2020-07-27]. https://www.iflytek.com/index.html.②庞丽静.科大讯飞：以战略聚焦为抓手 让效益起飞[EB/OL].(2019-08-26)[2020-10-12]. https://stock.stockstar.com/JC2019082600000016.html.③科大讯飞股份有限公司 2019 年年度报告[R/OL].[2020-10-21].https://pdf.dfcfw.com/pdf/H2_A-N202004211378358224_1.pdf.④科大讯飞股份有限公司 2020 年半年度报告[R/OL].[2020-10-22].https://pdf.dfcfw.com/pdf/H2_AN202008211400244990_1.pdf.

思考：
1. 科大讯飞的创新愿景、使命、价值观和战略分别是什么？
2. 科大讯飞的创新思想路线应如何指引其高质量发展？

◆ 本章小结 ◆

1. 思想路线是企业基于内外部环境分析而凝练的关于未来创新发展的理念系统、工作任务与总体战略，是企业创新的指导思想。创新的思想路线构成包括企业创新的愿景、使命、价值观、目标和战略五大要素。

2. 从技术竞争的角度来看，企业创新战略可分为以下三种：领先创新战略、跟随创新战略和模仿创新战略。在选择创新战略时，我们可能会使用一种或多种战略，并且针对企业所处的不同生命周期（创业期、成长期、成熟期、衰退期或转型期）采取不同的创新战略，从而使企业的总体创新战略更具前瞻性、目标性和可操作性。

3. 在数智时代，企业要想在激烈的竞争中保持独特的领先优势，必须积极投身于数字经济，明确其数字创新战略。数字创新战略是新时代企业创新战略的重要内容。数字创新一般被认为是通过数字化技术赋能企业创新全流程，是多种创新主体基于不断增长的数字基础设施重构产品和服务，并产生新产品或提供新服务的组织过程。

4. 创新战略的确定包括外部环境分析、内部环境分析、SWOT 分析与创新战略选择等步骤。

◀ 思考与练习 ▶

1. 企业创新战略的类别及影响因素有哪些？

2. 企业应如何对传统的创新战略管理进行变革，将数字创新战略纳入企业创新战略中？

3. 企业如何绘制自己的创新思想路线？请说说绘制的步骤和框架。

第 5 章

技术路线

技术研发管理

本章概览

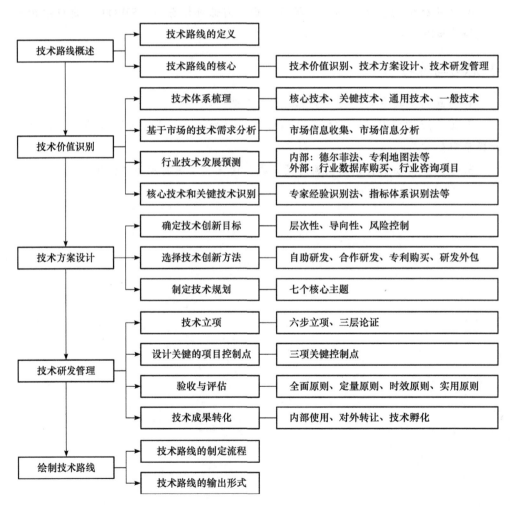

创新导入

华为的技术领先之路

华为技术有限公司（以下简称"华为"）是全球领先的信息与通信解决方案供应商。其产品与解决方案已经应用于全球 170 多个国家和地区，服务超过全球 1/3 的人口，成为业内公认的最具创新性和发展潜力的公司。从模仿者到技术领先者，华为的成功在于开创了卓有成效的自主技术创新和发展之路。图 5-1 是华为的技术能力进化历程。

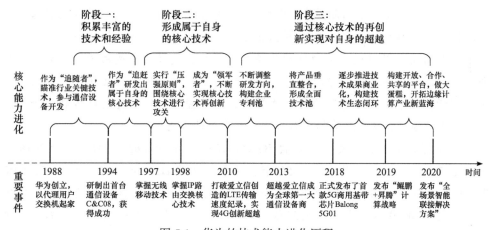

图 5-1 华为的技术能力进化历程

1988 年，华为创立之初，将自身定位为"追随者"，从模仿低端企业级交换机（PBX）开始，瞄准行业关键技术，进行科研攻关。1993 年，华为推出了电信级别的万门程控数字交换机，1994 年开始提供长途电话交换设备，并向较高级别的电信局提供设备，逐渐在国内通信领域站稳脚步。

1994 年，华为高层调整战略，实施"压强原则"，紧紧围绕核心技术的进步，投入全部力量，形成自己的核心技术，在开放合作的基础上不断强化自己在核心领域的领先能力。同年，华为研制出首台通信设备 C&C08，并在之后的北京通信展览会上，凭借此设备将国内同类厂商远远抛在身后，在此后的 1997 年和 1998 年，华为又分别掌握了无线移动技术和 IP 路由交换核心技术，成为国内通信行业的"领军者"。

在 1994～2011 年，华为将研发方向转向 LTE（准 4G）、云计算等前沿技术，此阶段共获发明专利授权 14 529 项，形成了企业专利池，共获国家科技进步二等奖 8 项。2010 年拥有全球 GSM 核心专利的 5%、WCDMA 的 11%、LTE 的 10%。2010 年 3 月，在美国拉斯维加斯举行的 CTIA 无线展会上，华为打破了爱立信在 2010 年 2 月创造的 LTE 传输速度纪录，将基于 LTE-Advanced 技术的移动宽带速度提升到 1.2Gbps，实现在 4G 通信领域的创新超越。与此同时，华为从基于 GSM 技术的移动通信设备到光网络产品，再到 IP 路由器产品，逐渐形成了从核心网络通信到固网交换机、IP 路由器和无线移动接入设备，再到手机终端垂直整合的产品系列；从 IC 技术、光技术，到电路交换通信技术、IP 技术和无线技术的全面技术池。

2013 年，华为超越爱立信成为全球第一大通信设备商。从"市场追赶"到"行业领先"，再到"创新超越"，华为的成长伴随着中国无线通信的蓬勃兴起以及互联网的发展壮大，除了能够紧紧抓住市场需求，培养自己的核心能力外，对于技术创新的持之以恒成为华为创新超越和引领行业发展的不竭动力。此外，华为还非常关注行业的发展趋势，每年将不低于销售收入 10% 的资金用于产品研发和技术创新，其中，10% 专门用作技术预研，以把握行业技术发展趋势和市场发展方向，在把握市场发展趋势的同时引领技术发展的方向。

2018 年，华为正式发布了首款 5G 商用基带芯片 Balong 5G01，并于 2019 年发布了 5G 智能手机商用芯片和 5G 智能手机。搭载 Balong 5000 的华为 5G CPE Pro 可支持 4G 和 5G 双模，在 5G 网络下可以实现 3 秒下载 1GB 的高清视频的操作，即使是 8K 视频，也可以做到秒开不卡顿，从而为小型 CPE 设立了新的网速标准。华为 5G CPE Pro 不仅可以用于家庭，还可以用于中小企业，为其提供高质量的宽带接入。

2019 年，华为发布了"鲲鹏 + 昇腾"计算战略，构建开放的生态体系。华为重点抓住 AI 技术变革，持续打造全栈全场景 AI 解决方案，发布了 AI 处理器昇腾 910，推出了全球最快 AI 训练集群 Atlas 900、华为云昇腾集群服务，以及 MindSpore AI 计算框架等，从而完成全栈全场景 AI 解决方案的构建。与此同时，华为将在过去 30 年中积累的 ICT 技术优势延伸到智能汽车产业，成为面向智能网联汽车的增量部件核心供应商，围绕着智能驾驶、智能座舱、智能电动、智能网联和智能车云五个主要方面，与 18 家主流车企和集成商在自动驾驶等领域开展深入合作。

2020 年，华为面向家庭和企业场景，发布了"全场景智能联接解决方案"，引领家庭宽带进入体验时代，加速千行百业的数字化转型。面向家庭场景，华为推出了智能分布式接入解决方案，对家庭终端、局端和网管都进行了全面升级，实现千兆全屋 WiFi 覆盖、高品质的业务体验和质差用户精准识别，助力运营商从人口红利走向体验红利；面向企业场景，华为推出了三大解决方案，包括智能园区网络，智能品质专线以及智能云网解决方案，能让超宽带网络更高效、更环保，助力企业的数字化转型。

作为 5G 领域的开创者，华为早在 2009 年就开展了 5G 研发，是行业目前唯一能提供端到端 5G 全系统的厂商。目前华为投入 5G 研发的专家工程师有 5 700 多位，其中逾 500 位 5G 专家，并在全球范围内建立了 11 个 5G 研创中心。

对于华为等技术型企业来说，制定合理的技术路线，培育核心技术是提升企业核心竞争力的关键。华为的成功经验对于我国企业从国际分工的低端向高端转移，增强自主创新能力，提高企业核心竞争力等具有借鉴意义。

资料来源：①李占强，李广. 开放式 R&D、R&D 网络与 R&D 能力的互动演进：跨案例的纵向比较研究 [J]. 科学与科学技术管理，2013，06:31-43. ②董洁林，李晶. 企业技术创新模式的形成及演化：基于华为、思科和朗讯模式的跨案例研究 [J]. 科学与科学技术管理，2013，03:3-12. ③司辉. 华为的研发与创新 [M]. 深圳：海天出版社，2012. ④中国通信企业协会. 2018～2019 中国信息通信业发展分析报告 [M]. 北京：人民邮电出版社，2019.

思考：
1. 华为何以能够成功赶超竞争对手？
2. 华为在不同时期的核心技术和关键技术分别是什么？它们是如何培育的？
3. 列举出与华为发展轨迹类似的其他企业的案例，并分析其与华为发展的异同。

在华为的案例分析中，我们可以清晰地理解核心技术对企业的重要性。企业的技术研发管理是对企业的技术开发全生命周期的管理过程，即回答企业应如何进行技术研发工作的问题，而建立技术路线图则可以更加清晰地阐述技术研发管理的具体工作。

5.1 什么是创新的技术路线

企业技术路线是企业对技术创新领域的全局性、系统性把握的基本保障，也是产品路线得以实施的重要支撑。作为企业技术创新领域内的全局性、系统性的谋划，创新的技术路线需要在有效整合企业实现技术创新的所有要素的前提下，在短期内能够帮助企业提高技术竞争力；从长远看，需要为企业创造更广泛的市场需求，从而引领整个行业的技术变革。

5.1.1 技术路线的定义

所谓技术，是指人类解决社会和自然实际问题的一种手段，是人类利用、控制与改造自然、社会、思维的方式方法的集合。在当今社会，技术是企业核心竞争力的关键所在，特别是对创新型企业而言。技术是企业的安身立命之本，如何以技术研发为依托，开发出新的产品，开拓出新的市场，是企业所要考虑的重要课题。

技术创新可以是新技术的开发，也可以是原有技术的改善，还可以是几种未改变的原有技术的重新组合。不论是哪种技术创新，都是企业增强市场竞争力的重要途径，也是企业增加利润的有效方式。技术创新可以分为产品技术创新和工艺技术创新。这两个方面的创新都能够增强产品的竞争力，从而提升企业的竞争力。产品技术创新就是以提升产品使用性能、理化性能等为目的而进行的技术创新，包括开发出新的技术，以及将已有的技术进行应用创新。市场每时每刻都发生着变化，消费者的偏好也可能发生转移，因此企业要进行产品技术创新，以满足消费者不断出现的需求。产品技术创新既可以使企业表现出新的吸引力，也可以为消费者带来满足感。工艺技术创新则是对生产过程中的要素配置、流程管理等的创新。现代企业在生产过程中广泛地使用了机器设备。企业要根据行业的发展进行设备的创新来改善产品的质量，减少原材料的消耗，提升劳动效率，同时要根据新设备的要求进行工艺技术创新，改善原材料等生产要素的加工方法，改进操作技术和生产方法，以使得现有的设备得到更充分的应用，现有的材料得到更合理的加工。例如，中国南玻集团践行绿色创新的发展理念，大力倡导绿色生产方式，不断对生产设备和生产工艺进行改进，增强企业的绿色创新能力。通过在生产过程中采用资源利用率高、污染排放量少的设备和工艺，以及经济合理的废弃物综合利用技术和污染物处理技术，中国南玻集团实现了绿色生产。以中国南玻集团子公司咸宁浮法为例，咸宁浮法是湖北省玻璃行业的第一家建设烟气脱硝设施的企业，咸宁浮法通过采用国内最先进的 SCR 脱硝和电除尘技术，年减少氮氧排放物量约 2 300 吨，真正实现了企业绿色生产最大化。工艺技术创新既可以为产品质量的形成提供可靠的保证，也能带来劳动生产率的提高，降低产品的生产成本。新的产品技术往往要求企业采用新的机器设备及工艺方法，而新的机器设备及工艺方法的运用又为产品的创新提供了更优越的物质条件。因此，产品技术创新受制于工艺技术创新，同时也影响着工艺技术创新的效果发挥。

技术路线是企业基于技术识别与筛选、技术预测而制定的关于未来核心技术、关键技术、一般技术和通用技术的研发计划和行动方案⊖。作为企业技术创新领域内的全局性、系统性的谋划，技术路线囊括了企业实现技术创新的各种要素及各要素关系的动态演化。技术路线的本质是技术研发管理的工具，即在企业重新系统地梳理技术研发管理的基础上，通过市场需求分析和行业技术预测，结合企业成长阶段与内外部环境变化绘制而成的技术路线蓝图。绘制技术路线的核心在于识别出有核心价值的技术、制定出有效的技术创新方案、做好技术研发项目全过程管理。通过技术路线的制定，企业可能产生新的甚至改变行业格局的产品创意灵感。因此，企业不仅能通过制定并成功实施技术路线来提升技术竞争力，还有可能通过技术和产品研发来创造出前所未有的市场需求，引领整个行业的技术大变革。图5-2是企业技术路线的构成。

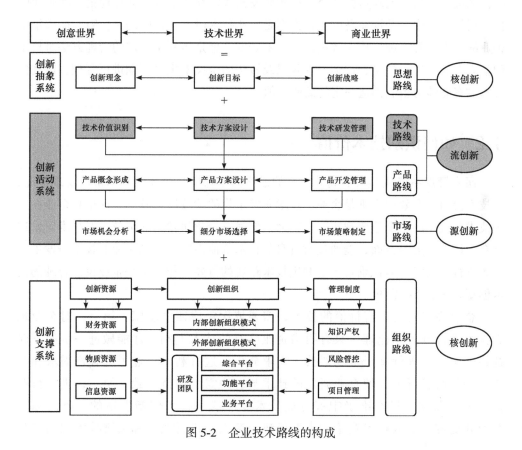

图 5-2　企业技术路线的构成

⊖ 张振刚，陈志明.创新管理：企业创新路线图 [M].北京：机械工业出版社，2013.

5.1.2 技术路线的核心

技术路线的核心是帮助企业利用技术预测、技术识别与筛选而制定的关于未来核心技术、关键技术、一般技术和通用技术的研发计划和行动方案[⊖]。因此，在制定技术路线的工作顺序上，可以将技术路线划分为具有先后顺序的三个核心模块，即技术价值识别、技术方案设计以及技术研发管理。

具体而言，技术价值识别在于找到对于企业创新发展有价值的技术，是技术路线制定的前提。在技术价值识别的过程中，企业通过技术梳理、市场需求分析和行业技术预测三个方面的工作，对企业自身的核心和关键技术进行系统性分析、行业匹配等，最终评估出企业的核心和关键技术的综合价值。技术方案设计是将企业有限的资源集中到有价值的技术上，制定出切实可行的方案。在技术方案设计的环节中，从最初的技术创新目标选择到技术研发模式匹配环节都应详尽地记录在企业的技术规划方案中。设计完备的技术方案是企业技术研发工作的制度保障，能够推动企业的技术研发管理工作有效进行。技术研发管理是指利用一定的管理方法对技术创新方案的立项、控制、评估、验收以及转化的全技术生命周期进行管理，以确保技术方案能够为企业创造一定的商业价值。

5.2 如何识别技术价值

研发管理系统或模块的高效与否的最终衡量指标是企业的技术价值实现情况，而技术价值的有效识别则是企业的技术研发工作的绩效评估基础。这也是企业在应用技术路线时的一个重要契机：一方面，能通过量化研发工作绩效，对技术研发进行有效评估；另一方面，能通过对自身的技术价值识别，推动企业的技术研发工作高效进行。技术价值识别是企业制定技术路线的首要工作，也是企业设计合理的技术创新方案的重要前提。

企业要找到真正有价值的技术，需要依次完成四个步骤。第一，对企业现有技术进行分类和梳理。只有明确企业已有的技术类别，才能做进一步的方向选择。第二，进行基于市场的技术需求分析。这有利于企业了解客户需求和竞争对手的研发行为，使企业研发的技术与客户需求保持一致。第三，进行行业技术发展预测。只有准确把握行业技术发展这一技术创新发展的"风向标"，企业才更容易获取技术竞争的先发优势。第四，进行核心和关键技术识别。只

⊖ 张振刚，陈志明.创新管理：企业创新路线图 [M].北京：机械工业出版社，2013.

有准确判断各项技术对企业发展的重要性，并从中筛选出核心价值最高的技术，才有利于企业将有限的创新资源发挥出最大的价值。图 5-3 是技术价值识别流程。

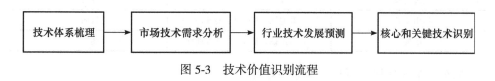

图 5-3　技术价值识别流程

5.2.1　技术体系梳理

为了能够对企业的技术价值进行有效识别，企业需要对自身的技术进行系统性梳理，即科学地进行技术分类与梳理。企业根据常见的技术分类方式可将技术分为核心技术、关键技术、通用技术与一般技术四种。这四种技术类别在企业技术体系中具体体现为四个层次，并呈现出"金字塔"式结构，如图 5-4 所示。

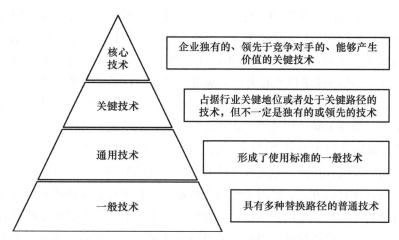

图 5-4　企业技术体系中的"金字塔"结构

资料来源：周辉. 产品研发管理 [M]. 北京：电子工业出版社，2012.

对于技术进行分类的目的在于明确各类技术的重要性以及对于企业竞争力的影响，将企业现有的技术体系直观地呈现出来，以便在现有技术的基础上寻找企业发展所需的有价值的技术。技术类别及其特征如表 5-1 所示。

表 5-1 技术类别及其特征

类别	特性	竞争力
核心技术	专业性、独有性	强
关键技术	专业性	较强
通用技术	普遍性、基础性、专业性	较弱
一般技术	普遍性、基础性、非专业性	弱

那么，企业如何进行技术体系梳理呢？

一是要制定描述技术体系的基础框架，保证对技术体系的描述达到"完整且无冗余"，完整意味着不缺失对企业来说必要的技术。完整地识别企业技术体系是完整地描述技术的基础。对技术体系描述的完整性能让企业发现自身的不足，针对未描述的技术，要做描述计划并加以实施，针对未掌握的技术，要制定技术发展规划以补足能力缺失。无冗余则意味着技术之间的关系被明确地识别并描述，不会对某项技术做重复描述。只有对技术体系做结构化的分解，才能做到无冗余。无冗余还是明确组织及人员技术责任的基础。如果对技术的分解和描述是混乱的，那么这往往会成为组织及人员技术责任混乱的重要原因。

二是根据不同的技术类型进行有针对性的梳理。核心技术是指企业独有的、在较长时期内积累的一类较为先进复杂、具有较大商业价值、对企业技术创新起到关键作用的技术。区别于其他三类技术，核心技术是企业实现技术创新的关键，如表 5-1 所示。[①] 核心技术投入较大，影响范围广，一旦形成并成功投入使用，将大大促进企业技术创新能力的提高，并为企业带来巨大的经济效益。其作用远远大于关键技术、一般技术和通用技术。在核心技术的识别上，一方面，可以通过企业内部的技术专家团队定期召开会议的方式，对企业目前已经研发或正在研发的技术进行专业评估以及经验预测，以此作为核心技术识别的依据；另一方面，可以通过与科研机构联合研究的方式，针对企业所在行业以及企业目前主流技术发展方向，通过学术研究的方式科学地识别与论证企业核心技术。关键技术是指企业所属行业共有的、在较长时间内积累的一类可以支撑行业技术发展、影响企业在行业中的技术地位的技术。作为行业技术发展的"共性技术"，关键技术介于基础性技术（一般技术和通用技术）与核心技术之间，担任着"承下启上"的角色，同时也是区分不同行业领域的技术标志。一般而言，企业所掌握的关键技术可以通过企业所处的行业领域来判断，并且内部的技术专家团队已经能够很好地把握企业的关键技术掌握

[①] 周辉. 产品研发管理 [M]. 北京：电子工业出版社，2012.

程度，因此在关键技术的梳理上，可通过组织专家在企业技术研发阶段性成果验收时进行技术梳理，并予以评级。通用技术和一般技术是指企业在日常经营、技术运作过程中普遍应用、对大部分组织成员具有广泛影响的基础性技术。其中，通用技术是指在某一个或几个专业领域的企业中普遍被采用的、形成了使用标准的一般技术。一般技术是指在各个专业领域的企业中普遍存在的、与企业从事的主营业务关系不紧密的一类基础性技术。虽然一般技术和通用技术的竞争力并不强，但都是企业技术发展的基础。通用技术和一般技术的梳理则需要相应的技术主管、技术助理来进行，在日常技术研发工作中，可将通用技术编撰成通用技术指南，将一般技术汇总成一般技术词典。

通过技术梳理，企业就会对自身的技术价值有所定位。随着企业生命周期（创业期、成长期、成熟期、衰退期）的不同，企业的技术体系也会有所变化。一般来说，创业期的企业规模相对较小，资金实力非常有限，抵抗风险的能力也较差，存活下去是这个阶段企业首先要解决的问题。这个阶段的企业往往只具有一般技术和通用技术，企业的技术价值只能满足经营活动的需要。对于一些科技型企业来说，技术就是其打入市场的武器。科技型企业具有较强的技术创新能力和市场竞争能力，在创业期也会拥有核心技术。进入成长期后，企业的生存问题已经解决了，但新技术的创新受制于领先企业，因此企业会培育核心技术，提升自身的竞争力。成熟期的企业具有先进的技术设备、高素质的研发人员以及较强的资金实力，并且已经占有一定的市场份额。在技术方面，企业会加强自主创新能力，孵化核心技术，成为行业的领跑者。衰退期的企业虽然具有技术创新能力，但其技术水平已经脱离市场的发展趋势，竞争优势已经消失，不再具有核心技术，可能会保有关键技术。

5.2.2 基于市场的技术需求分析

华为总裁任正非曾经说过："如果死抱着一定要做世界上最先进的产品的理想，我们早就饿死了，成为凡·高的向日葵。企业的技术发展应以商业为导向，技术人员要做工程商人。"只有卖出去的技术才有价值，商业导向需要有效地进行市场技术需求分析，并且是在系统梳理企业的技术类型的前提下进行的市场技术需求分析。

因此，企业在进行技术研发的过程中，不仅要对接市场进行需求分析，还应对接产品进行产品改进、产品开发。只有技术适配了市场、满足市场需求，并且匹配了企业的产品开发工作，能够为市场提供相应的产品，技术研发的生态闭环才能有效实现。企业可以通过两个阶段的市场技术需求分析，即信息收集和信分析[一]，对市场所需要的技术供给进行有效预测。

1. 市场信息收集

市场信息收集是指企业通过市场调研、文献研究、客户访谈等形式来获取客户需求信息、竞争对手的研发信息和企业内部现有产品技术情况的一种方法。很多企业的技术研发人员在研发过程中，往往会凭主观偏好理解市场需求，结果研发了市场不接纳的技术。因此，企业在开展技术研发之前需要做好信息收集准备，充分了解市场需求。

一般而言，企业可以通过以下五种方式来获取市场的技术需求信息。

一是通过进行市场调研来了解市场上技术发展的新趋势和新需求。市场调研的内容包括了解与企业研发有关的政策、技术环境及发展趋势，国外竞争对手的实力和发展动态，技术或产品的替代性等。

二是通过著名企业最新商品展会、企业技术高峰论坛、技术培训会等途径了解市场最前沿技术，并通过专利检索来获得相关专利的申请情况。

三是通过政府政策文件收集技术政策的发展动态。

四是通过与客户交流，了解到客户对产品或服务方面的新要求，尤其要注重客户对产品或服务功能上不满意的部分。

五是收集过去一年以来企业产品出现的质量问题，以及了解员工对企业技术提升的建议，如设备的改造、技术的改进等方面的建议。

通过上述方法获取市场需求信息后，应当将信息进行梳理与归类，将其存放在企业数据库中的需求信息目录下，并且在后期的工作中持续更新，形成企业的内部资料数据。当企业需要对同类技术进行研发、应用时，可以调用相应的数据，在市场需求信息的指导下有序地开展技术研发工作。

2. 市场信息分析

市场信息分析是指企业在收集信息的基础上，对收集的信息进行整理、鉴别、评价、分析等，形成新的、有价值的信息的过程。在信息收集阶段，企业要了解宏观市场、技术趋势、用户需求、内部技术人员等信息；在信息分析阶段，企业则要对收集到的信息进行分析、解释、排序和细化，总结出企业需要研发的相关技术，并探讨技术实现的可能性。在进行市场信息分析时，市场部和研发人员最好一起进行，以保证分析的结果尽可能全面、准确。分析的内容包括以下几个方面。

[一] 胡红卫.研发困局：研发管理变革之路[M].北京：电子工业出版社，2012.

一是产品线分析。通过市场调研获取的信息，分析产品线上需要实现哪些新的功能，而实现这些功能需要哪些新的技术，新的技术又有哪些技术规格。除此之外，还要分析竞争对手的情况，先分析竞争产品的技术特点、实现的功能、技术参数、解决了客户哪些需求；再分析竞争产品的技术专利情况、技术发展趋势；最后对比本企业在这些技术上的优劣势，提出能被本企业产品利用的新技术。

二是专利分析。通过对前沿技术的了解以及专利的检索情况，分析同类产品的专利申请情况，每个专利有什么创新点，解决了什么问题，这些专利未来发展趋势如何，哪些专利可以为企业所使用，如果想借鉴这些专利技术，应当注意哪些关键点（即规避专利保护的注意事项，以及风险评估）。

三是政策法规标准趋势及影响分析。根据收集到的技术政策相关文件，分析新出台的政策、法律、法规、标准对现有技术的影响，以寻求能满足这些新规的新技术。

四是用户需求分析。根据与客户交流所获得的信息，分析客户使用产品时的"痛点"，以寻求新的技术来解决这些"痛点"，不断满足客户的期望和需求。

五是产品质量问题分析。通过收集一年以来企业产品出现的质量问题，分析这些问题产生的原因，并对这些问题进行重要程度排序，提出改进建议和目标，提出新技术或新的工艺要求。

通过市场信息分析，企业能够明确现阶段技术发展中存在哪些问题，客户及市场新的需求是什么，以及未来技术会朝什么方向发展，这有利于企业充分了解内外部技术发展的情况，从而为技术的研发奠定基础。

5.2.3 行业技术发展预测

技术体系梳理和技术需求分析的目的都是为了能够使企业的技术发展趋势与行业的技术发展方向相统一，使企业在行业中的技术同步、技术领先等方面获取优势，这就意味着需要服务于行业技术发展预测，为行业技术发展预测提供基础数据支持。行业技术发展预测是企业对行业技术发展趋势或未来状态的推测和判断。一个完整的技术发展预测，要包含定性要素、定量要素、定时要素和定概率要素四个。定性要素是对一项技术、产品或工艺进行性质方面的概念性描述。它是其他要素的基础和出发点。定量要素是用确定的衡量效率和性能的单位来度量技术活动水平，如将硬盘成本降低到原来的1/5。定时要素是对技术预测在时间上进行限定。定概率要素是对机会或可能性的描述，多用数量表述，如笔记本在未来5年内的成本降低1/2的概率为70%。当技术这四个要素都得到满足时，技术预测就得以具体化。技术发展具有复杂多变性，应综合考虑这四个要素。具体的技术预测方法非常多，本书主要选择极具代表性的方法进行介绍，包括替代曲线法、德尔菲法、前兆预测法、趋势外推法、包络曲线法、专利地图法和知识图谱方法。

1. 替代曲线法

替代曲线法主要用于预测技术的突破性变革。一般来说，技术替代是一个逐渐完成的过程，因此会出现新旧技术共存交替的阶段。如图 5-5 所示，新旧技术的替代过程是新技术应用逐渐增加，而旧技术应用逐渐减少的过程。只有当新技术的市场占有率达到一定的比例之后，它对旧技术的取代速度才会变快，而在此之前，取代的过程是相对缓慢的，因此企业有足够的时间做出正确的反应。对预测人员和规划人员来说，预测新技术 S 形曲线替代旧技术 S 形曲线的程度及时间是非常有意义的。

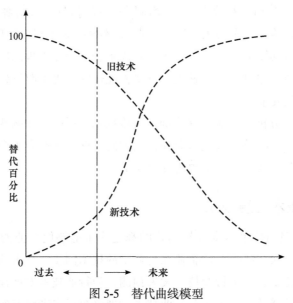

图 5-5　替代曲线模型

资料来源：陈劲，王方瑞．技术创新管理方法 [M]．北京：清华大学出版社，2006．

替代曲线模型由费希尔（Fisher）和普赖（Pry）于 1971 年提出。虽然这一模型有很多变形版本，但是使用最为广泛的仍是原始模型。该模型假设：①如果一项新技术替代旧技术的过程已经开始，那么替代将一直进行到全部完成；②替代速度正比于旧技术尚未替代的部分。使用该模型进行预测的前提是技术必须满足上述两个模型假设。替代曲线模型的数学表示如下：

$$f = \frac{1}{2}[1 + \tan a(t - t_0)] \text{ 或 } \frac{f}{1-f} = \exp 2a(t - t_0)$$

式中　f——被替代的百分数；

　　　a——$\frac{1}{2}$×最初几年每年替代增长的百分数；

　　　t_0——f的值等于$\frac{1}{2}$的时刻。

其中 a 和 t_0 的值可以从已有的数据资料中计算获得。

替代曲线法能够很好地解释实际中新旧技术的交替情况，如塑料代替皮革、合成橡胶代替天然橡胶等。替代曲线法经常能与定量类推法有效地结合起来。例如，费希尔和普赖在他们的一项研究中指出，在日本，洗涤剂代替肥皂的过程与在美国的过程相同，只是延迟了 9 年。因此，企业应该充分发挥替代曲线法的前瞻性作用，将人力、物力投入到行业中有利可图但尚且空白的技术领域。

◀· 创新聚焦 ·▶

利用替代曲线法来解释洗涤剂取代肥皂的过程

"二战"后，喷射水流式家用洗衣机的出现极大地改善了日本家庭的洗涤环境。这不仅是简单地替代手洗，还使得与洗衣机相容的、以石油系表面活性剂为主要成分的洗涤剂得以快速发展。在此之前的数十年，肥皂一直是日用清洁护理产品的主角。但是，随着提取技术的进步，由油脂基高级醇系表面活性剂（烷基硫酸盐 AS）制造的洗涤剂在日常生活中逐渐登上了舞台。

1951 年，日本的石油基烷基苯磺酸盐（ABS）技术逐步成熟，并开始全面投入到新一代洗涤剂的生产之中。随着 ABS 供应量的增加，以及大众对洗涤剂的认同，ABS 洗涤剂的产量剧增。㊀ 这种洗涤剂在冷水中具有良好的溶解性和耐硬水性，恰好迎合了日本大多数消费者的需求，解决了一直以来困扰他们的难题。同时，这种洗涤剂与其他日用清洁产品有很好的协同性，不易损伤衣物，还有很理想的洗后白度。因此，日本清洁护理产品生产企业开始敏锐地察觉到这一技术变化，改变研发方向，以创新日用洗涤剂成分及生产方式为主要着力点，迎合行业技术发展的趋势。

图 5-6 展示了日本洗涤剂替代肥皂的过程。从 1960 年开始，洗涤剂的产量已

㊀ 铃木哲. 日本衣用清洁护理产品的回顾及展望[J]. 中国洗涤用品工业，2011:49-52.

经有赶超肥皂的趋势；到了 20 世纪 70～80 年代，洗涤剂的产量已经远远超过肥皂，肥皂的产量也开始急剧下跌。这种现象表明，清洁护理产品生产企业已经很清楚地认识到，新技术正在取代旧技术，并且带来了前所未有的机遇。面对这一态势，企业若墨守成规则显然已经不合时宜。因此，众多企业纷纷迎合行业技术发展趋势，以新技术替代旧技术，占领市场先机。

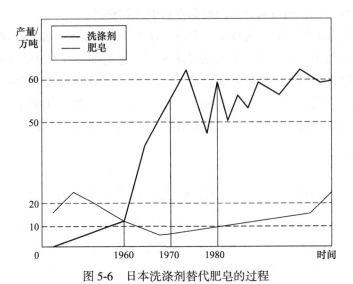

图 5-6　日本洗涤剂替代肥皂的过程

资料来源：根据中国洗涤用品行业信息网相关资料整理，http://www.ccia-cleaning.org/。

2. 德尔菲法

德尔菲法又称专家调查法或专家函调法，最早于 20 世纪 60 年代由兰德公司提出。德尔菲法可以运用于技术预测，即通过技术领域内的几位专家反复讨论，判断出有关行业技术发展趋势的问题：一是确定对今后技术发展有影响的新因素；二是对通过某种途径获得的某种技术进行性能预测、时间预测以及概率预测；三是审查某一特定事件在给定条件下发生的可行性。

德尔菲法的流程如图 5-7 所示。首先，通过采取函询调查的方式，向涉及预测技术领域的专家分别提出问题，征询其预测意见。其次，将各位专家的意见整理、归纳和整合，设计新的咨询表，反馈给各位专家。再次，征求专家的匿名意见，将回函加以整理、归纳、综合和反馈，形成新的咨询表。最后，经过这样多次循环往复的过程，达成趋于一致的预测结论，即预测结果。

使用德尔菲法进行技术预测有几处需要注意的地方。

（1）选择既定技术领域内的专家，且专家人数一般为 10～50 人。专家的选择是该方法成败的关键。

（2）合理设计咨询表。咨询表的设计需要注意以下几点：①针对要求设置问题；②问题不存在二义性；③对于咨询的问题需要充分说明其前提条件；④控制问题的数量，过多的问题会使专家失去兴趣。

（3）确保专家进行匿名交流，加强对专家意见的整理、综合与反馈。

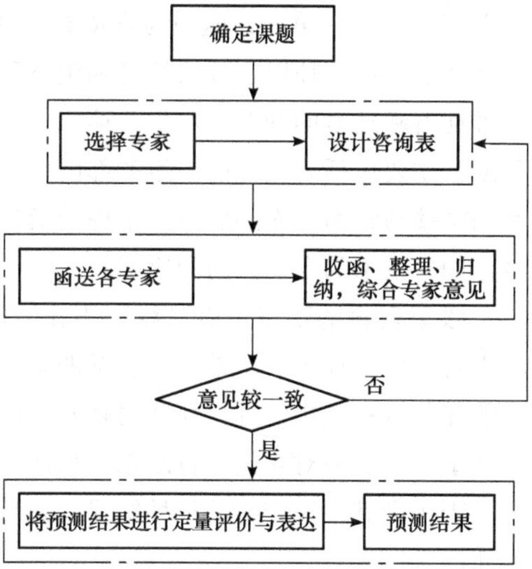

图 5-7　德尔菲法的流程

资料来源：田军，张朋柱，王刊良，等.基于德尔菲法的专家意见集成模型研究 [J]. 系统工程理论与实践，2004（1）:57-62.

3. 前兆预测法

前兆预测法亦称领前指标法，是指企业通过研究技术前趋现象来预测未来行业技术发展的一种有效方法。基于事物之间的因果关系是前兆预测法的理论基础之一，因此前兆预测法与因果法有着相似之处。技术突破虽难以预测，但是纵观历史上的重大技术突破就不难发现，它们都有前兆。例如，青霉素诞生之前已有杜契斯发表的运用霉菌提炼物治病的论文以及佛莱明（Fleming）观察到霉菌的抗菌效应。因此，前兆预测法是预测突破性技术的有效方法。前兆预测法的内容主要包括以下四个方面：收集资料、筛选、评价和设置"门槛"（界限值）。其流程如图 5-8 所示。

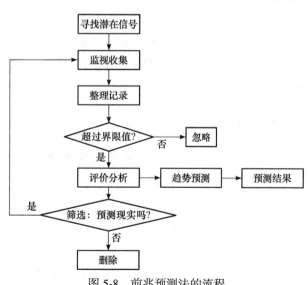

图 5-8　前兆预测法的流程

潜在的技术信号一般来自组织及其活动的内部和外部。基于此，收集工作包括以下三个要点：第一，监视与环境有关的各个方面的变革信号，主要是技术环境、经济环境、社会环境、政治环境和生态环境等方面。外部环境条件和现象往往激发并推动着新技术的开发与产生。第二，与企业内各有关部门进行密切的配合并获得帮助，主要包括研发部门、生产部门、营销部门以及战略规划部门等。第三，充分利用文摘与索引方面的服务，掌握前沿技术的动态信息，以获取技术变革的潜在信号，如某技术的发展方向和速度。

收集资料的工作重点是跟踪工作。跟踪不能仅局限在收集与整理方面，还应当进行评价和检查。跟踪工作包括四个方面的任务：首先，在环境中搜索技术变革的前兆信号；其次，选择那些对技术发展方向、速度和使用效果起作用的参数、政策及事件，以便对它们进行跟踪；再次，若有信号是真实的，并且存在着延续的趋势，则预测其可能产生的种种结果；最后，及时整理上述活动中的数据，以供决策者使用。

当识别出一个潜在信号后，预测人员应进行数据的筛选、分析与界限值设置工作。第一，弄清事实和搜集整理有关这一信号的确凿数据，对潜在信号做好跟踪记录。第二，弄清楚那些影响各方案进程的因素，以便进行跟踪，可以针对观察事项设置一些界限值，当超出界限值时，跟踪人员要进一步加以分析。第三，弄清不同方案的主要区别，通过评价、分析和比较，逐步删除不可实现的方案，使得预测方向逐渐集中。

前兆预测法并不复杂，且使用价值非常高。企业通过监视各环境动态对技术变革的影响，经过筛选、分析，对未来技术的发展做出推测，有助于提高企业的技术预测能力，激发其对变革技术的探索，并指导企业将战略资源聚焦于有意义的技术和问题上。

◀■ 创新聚焦 ■▶

晶体管技术进化的征兆

世界上第一个晶体管于1947年诞生于贝尔实验室，但是，与晶体管相关的技术在此之前已经有了一个非常漫长的演化过程。早在18世纪，赫兹、法拉第等人的重大发现，就已经告诉了世人一个事实，即电可以通过一定的载体为人类所用。随之而来的是1885年，以马可尼为代表的无线电通信技术的发展，利用整流的电晶体，成功地解决了"将无线电波和带信息的信号分开"这一难题。但是，上述技术只有在强电磁波中才能生效。在此之后,科学家们纷纷看到这一技术应用的"潜质",不断设法解决技术实现上的问题。

经过英国物理学家弗莱明和美国发明家利兰费尔特对载体的改进,固体放大器诞生了,并成功运用到电视机、电话之中。①1926年,利兰费尔特申请固体放大器的专利。1930年,该申请获得批准。1936年,海尔杯授予固体放大器的专利。固体放大器相关技术从此被重视,并被尝试运用于其他技术的研发中。

可是,固体放大器的能耗大、热量损失过多、占用空间大、生产成本高,以及不耐用等诸多缺陷,直接限制了这种技术的推广与应用。于是,贝尔实验室的科学家在此基础上,尝试改良制造载体的材料。终于,在1947年12月16日,第一个可以取代固体放大器的装置,即晶体管在贝尔实验室中诞生了。紧接着,结型晶体管和场效应晶体管分别于1951年和1952年诞生。晶体管技术日趋成熟,嗅觉灵敏的企业开始察觉到其中潜在的商机。1953年,第一个运用晶体管技术的产品进入市场,即助听器。在此之后,晶体管技术引领了一场又一场的产品技术革新风暴。助听器进入市场一年之后,第一台晶体管收音机进入市场,全面开启了晶体管商业化的新纪元。

1965年,摩尔定律诞生了。戈登·摩尔(Gordon Moore)预测,未来一个芯片上的晶体管数量大约每年翻一倍(10年后周期被修正为"每两年")。这一极具指引性的征兆预测对日后晶体管技术的发展起了很大的引导作用。经过日后数十年的长足发展,晶体管技术已经渗透至各个高新技术领域,其中英特尔的应用较为突出。英特尔将晶体管技术完美地融入16位8088处理器的研发当中,并由此获得《财富》杂志"七十大商业奇迹之一"的殊荣。②

资料来源:①不详,1947年11月17日~12月23日:第一个电晶体的发明[J].萧如珀,杨信男,译.本月物理史.2007:1089-1090.②英特尔官方网站.公司概述:改变世界的激情创新[EB/OL]. [2012-12-25]. http://www.intel.cn/content/www/cn/zh/company-overview/company-overview.html.

4. 趋势外推法

趋势外推法是依据过去和现在的发展趋势来推断未来的一类方法的总称。该方法的基础是假定过去历史的发展过程还将继续下去并引向未来。技术的S形曲线是趋势外推法的主要依据。近代科学技术S形曲线的形态变化是与资源分配密切相关的。S形曲线揭示了技术进步的一般形态,但在一簇S形曲线中,增长斜率大小要受到该技术的研究与发展投资的影响。图 5-9 为不同投资状况下的增长曲线示意图。图 5-9 中，ON_1N_2 为中等速度增长曲线；OL 为低速增长曲线；OH_1H_2 为高速增长曲线。在投资较少的情况下，技术进步将沿着 OL 的方向发展。在正常投资情况下，技术沿 ON_1 的途径发展；若在邻近 N1 的时刻，发现市场或社会对该项技术有特殊紧迫的需求，那么便可以追加科研投资。这样会变更 S 形曲线的形态，使之从 N_1 向 H_1 方向发展，而不是按原定的中等速度向 N_2 方向发展。显然 S 形曲线的最大斜率是由其资源分配所决定的。

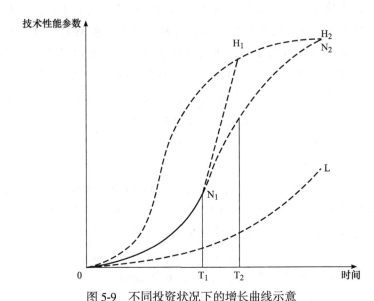

图 5-9　不同投资状况下的增长曲线示意

资料来源：许庆瑞. 研究、发展与技术创新管理 [M]. 2 版. 北京：高等教育出版社，2010.

趋势外推法用到的趋势种类有很多，包括 S 形曲线、包络线、技术进步函数、相关分析等。但是，由于趋势外推法存在机械性、主观性等缺陷，因此预测人员在运用趋势外推法对未来的技术性能参数做出预测后，必须仔细地分析最终形成其局限性的影响因素并予以改进，以提高预测结果的质量。为此，预测人员必须对影响预测结果的各个环境因素（技术因素、经济因素、社会因素、政治因素与生态因素）逐个进行考虑。

（1）在技术因素方面，要从科学和技术的角度审核预测结果的可行性，检查预测结果是否违背科学规律，是否逼近或超越科学的界限，是否超越技术的极限，是否超出材料的特性和运行规律等。

（2）在经济因素方面，要分析所预测技术在研发、生产、运行方面的可行性，从资金支持方面来考察所分析技术的开发和生产的可能性,以及价格的合理性。

(3)在社会因素方面,应动态地分析所预测技术的发展是否会受到社会环境变化的影响;它是否会因其他技术的出现,而变得没有价值或是价值很小。从客户的角度来看,应分析客户对预测技术的反应程度,它是否会为客户所接纳。例如,微软推出的 vista 操作系统,由于其严重的兼容性问题,被大多数使用软件的客户抛弃。

(4)在政治因素方面,首先应分析当时政治局势、决策机构对新技术的态度,到底是鼓励、支持该项新技术的发展,还是阻止或要求其改变方向;其次要分析该项技术研发是否受制于当时的国际与国内局势,或受其影响有多大;最后要分析新技术的研发、生产与推广是如何受法律法规和政治局势影响的。

(5)在生态因素方面,要分析新技术所使用的材料对生态环境的影响,它是否破坏了生态环境,如水污染、噪声污染、空气污染、固体废弃物污染等。

◀• 创新聚焦 •▶

"哈药现象"解析——S形曲线在行业预测中的应用

20世纪90年代末,哈药集团有限公司(以下简称"哈药集团")成为中国商业界龙头老大的同时,也成为颇具争议、传言已经日薄西山的企业。因为在此之前,秦池、厦新、长虹等大型企业在销售业绩达到顶峰之际,突然迅猛下滑,最终黯然退出历史舞台。学界将哈药集团这种可能暗藏危机的兴盛称为"哈药现象",并且利用S形曲线对"哈药现象"进行了解析。

哈药集团的销售收入中,大部分来源于其医药产品的销售所得。医药产品与其他产品一样,具有一定的生命周期,会在经历投入期和成长期之后到达饱和期,最终进入衰退期,如图5-10所示。因此,哈药集团销售额的暴涨有可能是阶段性的,因为其核心产品很可能正在渐渐进入衰退期。作为管理者,必须有一定的前瞻性和足够的风险意识。

另外,针对一种畅销的医

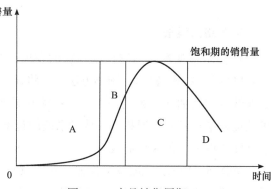

图 5-10 产品销售周期

A—投入期;B—成长期;C—饱和期;D—衰退期

药产品,增加销售费用可以增加其销售量。但是,增加销售费用的边际效用不是一成不变的,在一定条件下会不断下降并且趋于 0,如图 5-11 所示。由于消费者对医药产品的需求是有限的,当销售量趋近市场容量的时候,增加销售费用不但不能为企业带来利润,还会造成资源的严重浪费。

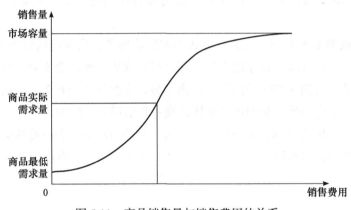

图 5-11　产品销售量与销售费用的关系

通过 S 形曲线在企业产品营销决策中的应用,我们可以看到,"哈药现象"并不只局限于哈药集团本身,而是普遍存在于众多大型企业之中。现今的产品畅销、销售额暴涨并不意味着产品在未来依然能保持既有的销售业绩。企业管理者应该对产品所处阶段和发展趋势有较为清晰的认识,做好应对突发状况的准备。

资料来源:李红梅.S 形曲线在市场营销决策中的应用:兼谈对哈药现象的思考[J].北京统计,2000(12):27-28.

5. 包络曲线法

从长期来观察和预测技术系统的发展,应同时预测技术的渐变(单元技术发展)和突变(技术替代)。预测方法是:将每一单元技术综合起来,作各单元技术 S 形曲线的包络曲线,得到一条技术系统发展趋势曲线,将该包络曲线延伸和外推,可预测未来技术的发展趋势。技术系统的包络曲线实例分析表明,多数技术系统的包络曲线也是一条 S 形曲线。

如图 5-12 所示,运载工具如火车、汽车、活塞式飞机、喷气式飞机、化学燃料喷气式飞机等的运行速度在不断提高,作这些曲线的包络曲线,可得到一条运载工具的长期趋势曲线,如图 5-12 中的虚线。它可以帮助我们推测未来可能出现的核燃料喷气式飞机的运行速度。

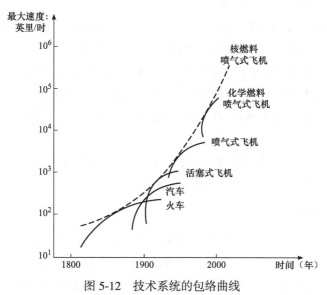

图 5-12　技术系统的包络曲线

资料来源：吴贵生，王毅. 技术创新管理 [M]. 北京：清华大学出版社，2009.

6. 专利地图法

专利地图法是一种在收集与专利相关的资料信息的基础上，通过运用可视化的方法对收集到的信息加以处理、剖析并整理成各种可以解析的图表的方法。专利地图法能够以图表的形式直观地反映出搜集到的大量专利资料中的信息，使数量多、内容复杂的专利资料以更加明晰的方式呈现，从而为企业的技术预测提供支持。

根据不同的制定目标，专利地图可以分为专利管理地图、专利技术地图与专利权利地图，分别涉及经济、技术、法律三个领域。其中，专利技术地图的使用最为广泛。通过专利技术地图，企业可以轻易地了解哪种技术是主流；哪些技术将影响行业的变革；技术未开发处在哪里；哪个企业掌握了这些技术；等等。以下是专利技术地图的技术识别功能及实现方法。

（1）制定历年专利申请动向图：通过统计某段时间内某项技术或相关的技术专利申请的数量，推断该项技术在各时期的企业研发投入情况，识别该项技术的重要性程度。

（2）专利的自我引证次数：通过分析主要竞争对手或者标杆企业在某项技术或某几项技术的自我引证次数，推断相应公司对这项技术或这几项技术的重视程度及研发模式选择。自我引证次数越多，说明该项专利的价值越大，也说明企业注重自我研发，与外界的技术互动有限。

（3）被其他企业引证的总引证次数分析和印证率分析：统计并分析某项技术被其他企业引证的次数，可以推断该项技术在行业中的地位。一般情况下，某项专利被引证得越多，证明该专利的价值越大。它可能是该技术领域内的关键技术。

（4）重要企业的专利排行榜分析：通过分析本领域内竞争对手或标杆企业的专利排行情况，可以看出在本领域内技术上的竞争态势，进而判断出本领域内的关键技术。

（5）重要企业历年专利件数分析：通过判断不同阶段的不同企业的专利件数，可以判断技术研发趋势，进而判断每个企业的核心技术。○

7. 知识图谱方法

知识图谱也称为知识域可视化、引文分析可视化等，指通过将应用数学、图形学、信息可视化技术、信息科学等学科理论和方法与科学计量学的引文分析、共现分析等方法相结合，并利用可视化的图谱形象且直观地展示学科的核心结构、发展历史、前沿领域以及整体知识结构，以达到多学科融合目的的现代理论。它把复杂的知识领域通过数据挖掘、信息处理、知识计量和图形绘制等显示出来，揭示知识领域的动态发展规律，为学科研究提供切实的、有价值的参考。知识图谱方法是可视化分析方法中的一种，蕴涵了一系列方法，是科学计量学方法、内容分析法、社会网络分析法、可视化分析方法与现代信息技术高度结合、综合应用的结果。它常用于揭示科学发展趋势和识别科学前沿领域。例如，如果想了解冠状病毒领域的研究网络，可以先在专利数据库中获取某一时期内冠状病毒相关的专利数量，然后进行专利主题分析与文本聚类分析，最后以可视化的形式展现冠状病毒领域的专利知识图谱，就可以清晰地看出某一时期内冠状病毒领域的研究网络，如图 5-13 所示。从图 5-13 中可以看出，检测处于网络的中心位置，其中介中心性最大，是网络中最重要的节点，表明在病毒作用之时，前期诊断与防控是最重要的。从图 5-13 中还可以看出，围绕着检测，形成了以红外、蛋白、流感、核酸、药物治疗、序列、抑制等研究热点为中心的结构主体。它们之间具有紧密的关联性，且这些相关研究多从检测对象、检测手段以及如药物治疗、抑制剂、基因序列研究等治疗与预防手段来开展。

○ 刘平，吴新银，戚昌文. 专利地图在企业研发管理上的应用 [J]. 研究与发展管理，2005（2）：48-52.

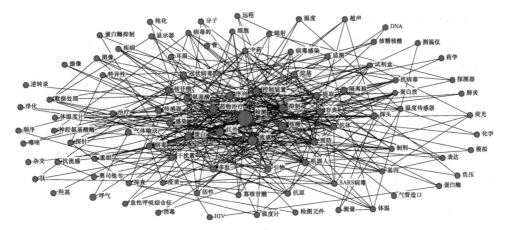

图 5-13　冠状病毒防治技术专利的共词网络知识图谱
资料来源：中国专利信息中心开发的新型冠状病毒感染肺炎防疫专利信息共享平台，Innography 专利文献数据库（检索时间范围：1966 年 1 月 1 日～2020 年 4 月 25 日）。

5.2.4　核心技术和关键技术识别

核心和关键技术识别是在预测行业技术发展的基础上（5.2.3 节），结合企业自身的技术梳理工作（5.2.1 节），将企业的技术分类结果与行业整体发展情况进行匹配的科学过程。具体的核心和关键技术识别的有效性，一方面依赖于企业自身技术的梳理工作，另一方面依赖于企业对行业的技术发展预测的精准程度。

无论是对市场的技术需求进行分析，还是对市场的技术发展进行预测，其最终目的都是通过跟踪行业的科技环境变化以及技术发展趋势为企业的核心和关键技术识别提供实际支撑。企业应该根据预测的结果，结合自身现实条件，识别出企业的关键技术和核心技术。技术识别是指企业通过运用科学的方法将众多技术分门别类，识别出核心技术、关键技术、通用技术和一般技术的一种方法。具体来看，核心技术和关键技术可以通过下列方法进行识别。

1. 专家经验识别法

专家经验识别法主要是指由相应技术领域内的专家利用丰富的经验和专业能力对专利技术进行逐一阅读，进而判断该技术领域内的核心技术和关键技术的一种方法。这种方法通常适用于专利数量较少的领域，对于有海量专利的技术领域则无法实施，并且容易受到专家个人主观经验的影响。

2. 指标频次统计法

指标频次统计法是指直接统计专利指标的频次或数值，进而梳理出核心技术、关键技术的一种方法。主要统计的专利指标有专利被引频次、同族专利数量、专利权利要求数量等。专利被引频次可以有效地反映专利的质量，一项专利被引用的次数越多，说明该专利对后续专利的影响越大，该专利的质量越高。同族专利数量在一定程度上反映了技术的重要性，同族专利数量越多，专利价值越高[⊖]。专利法律制度对专利的保护是基于专利权利要求内容的，专利权利要求数量越多，专利技术价值和市场价值越高[⊖]。

3. 指标体系识别法

指标体系识别法是指由研究者设立评价指标体系，确定指标权重，计算出每项专利的综合得分，进而分析出关键技术和核心技术的一种方法。一般可以通过技术性和经济性两个维度来量化分析核心技术和关键技术。技术性是指技术具有高质量的创新性，包含重大的科学发现，对整个技术体系的发展具有突出贡献。经济性是指技术具有巨大的经济价值，可以显著提高产品质量，促进产品的更新换代，有效地推动企业效益的提升，促进产业经济的发展。例如，杨大飞等（2021）构建出如下的企业核心技术、关键技术评价指标体系，如表 5-2 所示，并对基于 OLED 平板显示的产业 1997～2016 年的世界专利数据进行实证研究，识别得到 11 项核心专利，且这些专利集中在材料制备、元件制造、驱动电路设计三个产业链的上游领域。

表 5-2 企业核心技术、关键技术评价指标体系

一级指标	二级指标	三级指标	含义
核心技术和关键技术评价指标体系	技术性	专利被引频次	专利被引频次越多，表明专利技术的创新性越强
		同族专利数量	同族专利数量越多，表明专利价值越高
		科学关联性	专利引用科学类论文的数量越多，表明专利技术的创新性越强
	经济性	技术覆盖范围	技术覆盖范围越大，表明专利的经济价值越高
		专利权利要求数量	专利权利要求数量越多，表明技术保护范围越大，专利的经济价值越高

资料来源：杨大飞，杨武，田雪姣，等. 基于专利数据的核心技术识别模型构建及实证研究[J]. 情报杂志，2021，40（02）：47-54.

⊖ Schettino, Francesco, Sterlacchini, et al. Inventive productivity and patent quality: Evidence from Italian inventors[J]. Journal of Policy Modeling, 2013, 35(6): 1043-1056.

⊖ Miyazawa T, Osada H. Change of claim structures of market leaders' Japanese published unexamined patent applications according to the degree of technology maturity[J]. World Patent Information, 2011, 33(2): 180-187.

4. 专利网络分析法

专利网络分析法借助专利的相互引用关系构建专利网络，并利用网络结构特征值（如中心度、结构洞）来识别核心技术和关键技术。最常用的专利网络分析法是专利共被引分析，其以不同专利共同被其他专利引用的次数作为基础，利用因子分析、聚类分析和多维尺度分析等统计分析方法，将专利按照相似性进行分类，利用数据可视化技术进行直观显示⊖。如图 5-14 所示，在人工智能研究领域中，研究团簇中最大的是深度学习及应用，这说明深度学习及应用是人工智能领域的研究前沿。

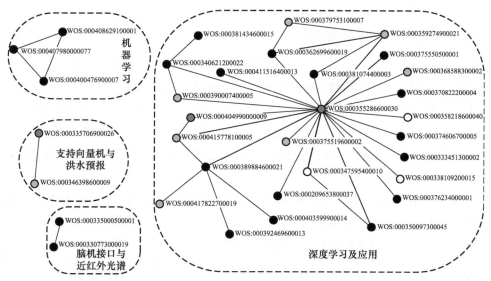

图 5-14 基于共引分析的 2014～2019 年的人工智能领域研究前沿

资料来源：高楠，赵蕴华，彭鼎原. 基于引用关系与词汇分析法的研究前沿识别研究：以人工智能领域为例 [J]. 情报杂志，2020，39（04）：44-50+13.

在专利分析的基础上，可以通过研讨会的形式进行现场分析，针对企业的具体技术路线中的核心技术、关键技术进行总结，选取符合企业整体发展战略的短期核心技术、关键技术数量，长期核心技术、关键技术的培育方向，经讨论直到达成一致后，确定企业的短期核心、关键技术以及长期的核心、关键技术的培育方向，准确判断各项技术对企业发展的重要程度，并从中筛选出核心价值最高的技术，将有限的企业技术资源应用到刀刃上，以创造更高的价值。

⊖ 刘云，周友富，安菁. 基于专利共引的电动汽车核心技术领域分析 [J]. 情报学报，2013，32（3）：328-336.

5.3 如何由创意到技术创新方案

识别出有价值的技术后,企业面临的问题是如何通过设计合理的技术创新方案将有限的创新资源聚焦于核心技术和关键技术,从而将企业的创意转化成技术创新方案并付诸实践,以提高企业的核心竞争力。技术创新方案是企业为解决技术问题、提升技术创新能力而制定的具有针对性、系统性、可操作性的方法和相关对策。技术创新方案的设计包括技术创新目标的确定、技术创新方法的选择及技术规划的制定。

5.3.1 确定技术创新目标

企业技术创新目标是指企业为了实现技术突破或保持技术竞争优势,在企业技术研发上所制定的并要达到的阶段性目标。企业技术创新目标反映了一个企业通过技术经济活动所要达到的经济预期。它决定了企业研发资源投入的方向和力度,也保证了多个技术项目在资源分配方面的情况。因此,企业技术创新目标的制定对于企业的重要性不言而喻。如何制定合理的技术创新目标,也成为企业提升技术创新水平的关键因素之一。

确定企业技术创新目标的基本原则有以下三个。一是技术创新目标要具备层次性。企业的技术创新目标是一个涉及技术、人员、资金等资源的复杂系统,而这些资源影响着企业技术创新目标的实现。因此,在制定技术创新目标时,应适配企业当前的技术、人员、资金等各方面资源,并且按从低水平到高水平的技术目标发展。二是技术创新目标应明确导向性。企业的技术创新目标有三种导向,分别是技术导向、市场导向和效益导向。企业在制定技术创新目标时,应根据技术需求来源,明确具体的技术创新细分导向。例如,针对效益导向的技术创新目标,应在短期内为企业创造价值,即实现技术投入产出的经济利益最大化。三是控制技术创新过程的不确定性。由于企业技术创新方向的确定过程非常复杂、技术研发结果难以预测,这使得企业技术创新的结果与目标有所出入,因此,技术创新目标的设置应加入风险不确定性控制机制,针对不同层次、不同细分导向制定出不同的不确定性控制标准和控制节点,并且依据标准严格进行监督管理,从而有效地实现技术创新目标。

以下是对于企业制定技术创新目标的一些建议。

第一,企业应该制定不同阶段的不同导向的技术创新目标。技术生命周期理论指出,任何一项技术都会经历萌芽期、成长期、成熟期及衰退期四个阶段,企业要根据技术发展所处的时期以及企业自身的需求与研发能力等来设立适宜的技术创新目标。如果技术处于萌芽期，表明它是一种新兴技术，而且应用前景不清晰，需要强大的物质基础支撑才可以发展，而实力强大、研发资金雄厚的企业通常会选择在此阶段进行技术创新。此时的技术创新目标应以创新为导向，以获得技术领先优势，同时要评估技术创新风险，控制研发和创新活动的成本。当技术处于成长期时，市场不确定性消除，研发风险降低，市场竞争也增强，此时的技术创新目标应以功能为导向，进一步对技术进行优化升级，通过功能的开发来提升功能效应，以满足市场对于新技术的需要。当技术处于成熟期时，技术发展已比较完善，可以满足生产活动的需要，此时技术的特性和规律已经完全被掌握，竞争的焦点转向成本、价格方面。此阶段企业的技术创新目标应以价格为导向，通过新设备的使用、生产要素的优化配置来降低成本，提高竞争力。当技术处于衰退期时，由于技术本身的限制，其性能的发展已无法满足日益增长的需要，因此，此阶段企业的技术创新目标要以变革为导向，一方面要积极研发出新的技术，以满足快速变化的市场需要；另一方面要做好新旧交替工作，避免造成经济损失。

第二，企业的技术创新目标应该实现技术导向、市场导向、效益导向的有机统一。技术导向强调企业在创新实践中的关键因素是企业独特技术竞争力的持续增强、企业技术发展方向和路线的一致等。市场导向强调企业要依据市场需求超前开展研发工作，旨在通过市场需求目标的实现来获得丰厚的报酬。效益导向强调企业要通过技术研发、市场需求等途径创造有价值的订单和新的利润。然而，单一的技术导向会使企业过分注重技术路线的方向，而不能根据市场实际调整技术路线。单一的市场导向或效益导向可能使企业过分地注重获得丰厚的报酬而忽视了核心技术和关键技术的培育。因此，企业需要认识到技术、市场、效益三个导向是有机"连接"的，缺一不可。

第三，企业制定的技术创新目标应该包括颠覆性技术的研发。在国内大小企业共同竞争的舞台上，小企业要想突破重围，迅速提升行业地位，大企业要想长期巩固并提高自己的竞争优势地位，都要善于把握颠覆性的技术。作为新的市场进入者，小企业可以在激烈竞争的条件下，通过挖掘潜在的颠覆性技术迅速提升绩效，成功地占据市场的一席之地；而大企业则需要克服机构冗余的劣势，成立新的部门来专门研究和使用颠覆性技术，同时不断更新自身的原有技术，从而巩固自己的市场地位。

第四，不要为了技术创新而创新。企业在制定技术创新目标的过程中，不要一味地追求技术的先进，也不要一味地追求技术是否能够实现全面发展，而应该着眼于技术的未来发展趋势、市场需求情况以及企业的实际研发能力，做到稳中求进。例如，美国摩托罗拉公司的"铱星计划"就是"伟大创新的悲惨结局"，"铱星计划"是一个盲目追求技术创新而遭到失败的典型案例。摩托罗拉公司投资了 57 亿美元用于建造 66 颗低轨道卫星组成的铱星系统，旨在使人们在全国各地都能打通手机。摩托罗拉公司只是一味地追求全新的技术创新目标的实现，却忽视了大多数的全球消费群体根本不需要到偏远的地区通信，也难以承担昂贵的价格。最终，该公司在 2000 年 3 月宣告破产。

第五，根据企业技术创新的性质来制定企业的技术创新目标。按照创新程度的不同，技术创新可分为渐进性技术创新和突破性技术创新两大类。渐进性技术创新强调技术学习积累的过程，即企业在原有技术的基础上不断进行改进，将原有目标进行调整，而突破性技术创新则强调企业技术的较大突破，更需要企业较好地把握未来技术发展情况。因此，渐进性技术创新的目标应该尽可能定量、具体、现实，而突破性技术创新的目标则可以相对定性和宽泛。

5.3.2 选择技术创新方法

在企业找到有价值的技术和确定技术创新目标后，企业需要明确采用何种技术创新方法进行技术创新。目前企业常用的技术创新方法有自主研发、合作研发、专利购买和研发外包。

1. 自主研发

自主研发是企业为了拥有技术开发和使用的完全控制权，以及防止核心技术外泄而承担了包括概念构想、产品设计、技术研发等所有研发工作在内的一种研发模式。自主研发是一种耗时较长、耗资较高的研发模式。虽然企业要承担技术研发的所有成本和风险，但是企业可以因此保持技术的开发和使用的完全控制权，并且可以利用杠杆效应充分挖掘自己的潜力。因此，自主研发模式成了资金雄厚、时间充裕的企业的首要研发模式之选。

具体而言，企业自主研发的好处在于：①研发成果能够在最大限度上集中于企业内部，从而避免研发成果被竞争者利用，对自己构成威胁；②企业技术人员能够更加熟悉自主研发的技术的适用情况，有利于技术成果的转化；③能够提高企业技术人员的技术学习能力和技术开发能力；④企业自主研发的核心技术越多，企业就越具有核心竞争力。而自主研发的不利之处体现在：①研发的投资成本大、周期长，技术面临的不确定性较大；②技术研发的沉没成本较高，失败的风险较大；

③自主研发对企业的技术人才素质、能力有更高的要求，企业可能要因为研发某项核心技术而配备相应的技术人员。

2. 合作研发

随着全球竞争的加剧和技术进步的日新月异，合作研发模式成为企业技术创新的典型途径之一。企业家们意识到，无论一个企业规模多大、实力多雄厚，都不可能具备相关领域所有的技术资源和技术研发能力。这时，与外界建立技术联盟等合作方式成了企业迅速获取技术资源及提高技术能力的主要渠道。合作研发是指两个或两个以上的独立经济行为主体为了整合技术和知识资源、共担技术开发成本和风险而组成的伙伴关系。合作研发的主要动因有：①分担研发成本，降低研发风险；②缩短技术创新周期，发挥合作企业的技术专长，实现技术互补；③发挥研发的规模效应和优势；④促进企业内部创新和变革。

企业间的合作研发和产学研合作研发是常见的合作研发类型。根据知识要素共享的情况来划分，企业间的合作研发可以分为横向合作和纵向合作两种。前者是指企业与产品相同或相近的企业进行合作。后者是指企业与产业链的上下游主体开展的合作研发。而产学研合作研发是指企业与高等院校、科研院所、行业组织等机构合作，实现多方资源整合和优势互补，从而促进科技成果转化。例如，英特尔旗下自动驾驶子公司Mobileye与亚马逊云计算服务公司AWS正在进行无人驾驶合作研发。Mobileye车辆的传感器、图像和视频源储存了海量数据，AWS的优势在于广泛而深入的服务组合（包括计算、存储、数据库、分析、机器学习和边缘计算），二者结合之后能够加速创新进程，为汽车制造商提供最先进的自动驾驶应用。这种合作研发的模式就是横向合作，Mobileye可以提供数据，AWS则提供云计算能力，双方优势互补，加速了开发进程。

3. 专利购买

专利购买是指企业为了缩短研发时间、拥有领先技术而从其他组织那里购买技术的一种模式。专利购买模式实际上是一种看不见、摸不着的技术交易。如何让卖家欢心、买家放心，恰当地解决及减少技术购买过程中出现的知识产权纠纷问题，正逐渐成为技术交易双方面临的共同难题。相对而言，买家在购买专利技术时承担着更大的资金和技术风险，因此买家需要重点注意购买过程中的一些细节性问题。

首先，考虑专利权的保护范围，即考虑专利权法律效力所涉及的发明创造的主要范围。一般情况下，发明专利或使用新型专利权的保护范围以文件中权利要求的内容为准，而说明书及附图则可以用于解释权利需要。其次，考虑专利本身的有效性、稳定性及实施许可类型等内容。知识产权一般存在有效期，相应地，专利权证书的有效性也在规定的时间范围内。因此，在签订专利购买合同的同时，企业需要开展专利权稳定性评估，确保技术在企业所需要使用的时间范围内是可使用的。最后，企业需要根据自身实际情况合理地选用技术合同的类型，如独占专利许可合同、排他性许可合同、非独占专利许可合同、专利权或专利申请权转让合同、专利产品的生产及供货合同等。企业在专利购买的过程中，需要在密切贴合市场需求的基础上，紧紧围绕企业的技术需求，选择适当的技术合同类型。

4. 研发外包

研发外包也称委托研发，是指企业为了集中精力培育核心技术能力而将部分或全部需要投入大量资源的技术研发工作外包给在相应领域更专业、更优秀的企业的一种研发模式。研发外包的主要动因与合作研发类似，主要区别在于企业对自身研发能力的把握。当企业认为自己不具备研发能力或研发能力不如外界专业机构时，以及当一些技术的研发过程比较复杂，光靠企业自身难以实现时，企业往往采取研发外包模式。例如，吉利公司在刚开始进行汽车生产时，人力等资源都很欠缺，不具备自主研发能力，于是采用了研发外包的方式，将汽车的外观设计委托给意大利汽车项目公司，将发动机的设计委托给日本丰田汽车公司等。研发外包使吉利公司在发展初期降低了研发成本，提高了研发效率。

一般情况下，核心技术主要采取自主研发模式，关键技术则主要采取以企业合作、产学研合作为主的合作研发模式，而通用技术和一般技术则主要采取研发外包或专利购买的研发模式。值得注意的是，研发外包模式更适用于非核心技术，即企业的一般技术和通用技术，因为研发外包模式虽然可以帮助企业节省很大的成本，但是企业也会因此对外部研发主体产生较大的依赖性，容易失去对核心技术的控制力。

另外，企业也要根据企业生命周期的不同阶段以及企业自身的研发能力、发展需求的不同来选择符合自身需要的技术创新路径。创业期的企业资金有限，风险承担能力较弱，最好采用合作研发的形式来分担研发成本，降低研发风险，缩短技术创新周期，更快地实现创新技术的商业化；也可以采用专利购买的形式，快速地获得行业先进技术并降低研发风险。对于刚刚步入成长期的中小企业来说，虽然已经具备了一定的研发能力，但企业的组织结构和管理体系仍不完善，因此，此阶段仍应以产学研合作的技术创新方式为主，通过与高校和科研机构的合作，借助合作方的优势，能够减少企业在成长期中发展的盲目性。在进入成熟期后，企业应通过自主研发来获得竞争优势，成为市场的领跑者，这样才能顺利实现"蜕变"，进入更高层次的发展阶段。企业在进入衰退期后，要综合评估自身的资金水平、抵抗风险的能力以及研发人员的技术水平，以便考虑进行自主研发或是研发外包，并由此迈入新的增长阶段。

5.3.3 制定技术规划

明确了技术创新目标，选择了适合企业的技术创新方法之后，需要对技术方案进行全方位规划，并制定详细的技术规划，以作为技术研发项目管理的科学依据。恰当的技术规划有助于企业整合各部门的技术资源，以及做出正确的决策及行动。技术规划是一套系统的规划程序，可以协助企业在各项技术项目中选定适宜的技术及相应的研发模式，从而做出正确的研发与投资行动。技术规划的优点在于，能通过整体性的规划程序处理不同技术项目之间的资源分配与运作程序问题，以及有效地消除企业决策与研发计划、投资计划之间的落差问题。

技术规划的重点在于根据市场需求与企业技术发展现状建立一个整体技术架构，以有效地整合各部门的资源。因此，技术规划在实施过程中应该重点把握以下三个原则。一是将技术规划落实到各部门中。技术规划并不只是研发部门的任务，而是一项跨部门的交叉性工作，因而需要各部门参与，并由高层主管直接负责。二是技术规划要致力于共识的达成。技术规划须通过磋商协调的方式，推动各部门达成共识。三是技术规划要详细回答技术领域、技术排序、创新目标、研发模式、研发时间、研发主体及研发风险等七个核心主题的关键性问题，具体如表 5-3 所示。

表 5-3 技术规划的七个核心主题及关键性问题

编号	核心主题	关键性问题
1	界定技术领域以支持或满足企业技术发展的需要	引导企业未来发展的核心技术是什么？促进企业发展的关键技术、一般技术和通用技术包括哪些？是如何确定的？
2	认定要研发的技术计划并排序	各项技术重要性的排序结果如何？是如何确定的？不同时间段的技术排序情况如何？
3	技术创新目标的制定	企业短期、中期、长期的技术创新目标是什么？技术是要实现渐进式创新，还是突破性创新？
4	企业各项技术的研发模式的选择	企业要独自研发这项技术，还是采用合作研发、技术购买或技术外包的形式？
5	技术项目时间管理	各项技术所需要的研发时间有多长？什么时候开始研发比较合适？
6	各项技术的研发主体。	需不需要成立专门的技术研发小组？应该与哪个单位共同研发技术？向谁购买技术？外包给哪个单位进行研发
7	核心技术的技术研发风险分析	该项技术活动无法达成其技术性目标的可能性有多大？被成功研发后投到市场上的失败可能性有多大？

资料来源：余序江．技术管理与技术预测 [M]．北京：清华大学出版社，2008．

通过对现有技术体系的梳理以及市场技术需求的分析，企业能够认识到现有技术与市场需求的差异；通过行业技术发展预测以及核心技术和关键技术识别，企业会确定核心技术、关键技术的培育方向，准确地判断各项技术对企业发展的重要程度，并从中筛选出价值最高的技术，将有限的企业技术资源应用到"刀刃"上；通过生命周期理论，企业会确定不同阶段的技术创新目标并选择合适的技术创新方法。接下来企业还要进行技术项目时间管理、明确技术研发主体以及分析技术研发风险，以使技术规划尽可能详细，从而提高技术规划的可行性。

技术项目时间管理是指为确保项目按时按质按量完成而制定的时间规划，主要内容包括项目的研发时间估计、进度计划、项目进度监控等内容。首先，在考察企业内部研发人员的能力方面，企业可以根据技术研发的人才需求，邀请外部专家或有经验的技术人员进行分析，评估技术项目的研发实践情况。其次，对于技术项目研发的开始和结束时间，需要反复进行确认。企业可利用一些新型的时间管理技术工具，科学地制订技术项目的进度计划，如关键路线法、进度压缩法、情景分析法等。最后，定时监督技术项目的执行状况，及时发现和纠正偏差及错误。在项目进度控制过程中，企业应该考虑项目进度变化的因素、项目变更对其他部分的影响以及相应的解决措施[⊖]。

明确技术研发主体是指明确承担各项技术研发的主体对象，它可能是企业的某个部门或研发小组，也可能是外部组织。在制定技术规划时，需要明确各项技术的研发主体，例如，关键技术 1 由企业与 A 单位合作研发，一般技术 2 与通用技术 3 外包给 B 单位，而核心技术 4 则由企业自主研发。在进行技术研发主体管理时，需要有选择性地运用技术研发主体，并且依据企业的实际情况进行合理分工。一些大型企业旨在通过新技术研发新产品，一般会通过建立中央研发院来组织研发，然后在各事业部进行转化、生产、销售。另外，也有一些企业更注重现有技术的转化应用，要求核心技术开发工作与市场需求紧密相连，因而会将研发活动分配至各事业部。

技术研发风险分析是指技术研发活动无法按计划实现预期目标的可能性大小。对于核心技术的研发，一般需要企业投入大量的人力、物力、财力，这会对企业技术战略乃至经营产生较大影响，因而企业开展核心技术研发之前需分析和评估其可能带来的风险，并根据企业的技术发展水平、阶段以及战略方向，有选择性地进行指标权重确定，对企业的技术研发风险进行综合量化评估。表 5-4 是在哈佛大学和麻省理工学院"技术性风险管理"联合项目中提出的一个技术风险量化模型。企业

⊖ 徐天天. 汽车研发项目中的多项目时间管理 [D]. 北京：北京邮电大学，2009.

在技术研发过程中应定期开展"技术审议",由技术负责人和管理人员参加,对技术研发风险进行评估,对风险进行量化,进而得到一个技术研发的成功概率。企业应根据成功概率以及承担风险的能力来进行技术研发规划的调整。例如,当成功概率小于0.5,而企业刚刚起步,承担风险的能力较弱,企业管理者又是风险规避者时,企业就应当暂停新技术的研发,将损失降到最低。

表 5-4 技术风险量化模型

技术风险要素			
技术性风险（P1）	是否具备形成技术所需的能力和配套技术（P2）	能否符合规格（P3）	（每一要素的）成功概率
本企业现有技术的增量扩展	具备技术能力和先进技术开发能力,存在配套技术	现有规格和性能要求的小幅扩展	0.9
本企业外部现有技术的增量扩展	技术先进程度	规格和性能的大幅扩展	0.7
新技术的可行性经过验证	技术复杂程度与难度	新性能和新规格	0.5
新技术的可行性未经验证	技术手段的水平	部分规格未知或不可知	0.3
新创意未付诸实施	既不具备技术能力和先进技术开发能力,也不具备配套技术	规格未知	0.1

资料来源：布兰斯科姆，奥尔斯瓦尔德.科技创新中的技术风险[M].郑月泉,译.上海：上海科学技术出版社,2017.

5.4 技术研发项目管理

明确了技术创新目标,并配备了合适的研发模式,以及制定了详细的技术规划文件之后,企业则需要通过技术研发项目管理来推动技术项目研发工作有序进行,并在相应的节点上进行针对有效性、科学性的管理与考核。

一般企业的新技术开发项目出于三个方面的考虑：一是为了维持和扩大现有的经营业务,不断通过技术研发推动产品改进,以保持产品的核心竞争力;二是基于新技术的布局,拓展新的商业机会,使企业能够获得新的市场机会,并占据新市场的较大份额;三是进行探索性的技术研究,开发和掌握具备行业发展潜力的技术知识,为企业的可持续发展进行技术积累⊖。

高效率的技术研发团队能够使企业在上述三个方面的技术布局中快速切换：在企业需要扩大规模时推动产品改进,在企业需要可持续技术积累时进行新技术的探

⊖ 陈劲,宋宝华.首席创新官手册：如何成为卓越的创新领导者[M].北京：机械工业出版社,2017.

索研究。但企业要实现高效率的技术研发工作，离不开技术研发项目管理制度的制定。技术研发项目管理包括技术项目立项、关键控制点控制、项目验收与评估以及技术成果转化四个方面。

5.4.1 哪些技术项目应该被立项

技术的筛选能帮助企业进行技术重要性排序，而研发模式的选择则给出了企业培育各项技术的具体方法。那么，企业制定出的技术规划是否可行？企业高管是否认同识别出的核心技术以及相应的技术目标和研发模式？企业如何控制技术研发中的相关风险？这些问题涉及技术立项的内容。

技术立项也称研究开发立项，是指企业为了在最大限度上把控研发风险，邀请科技管理部门、专家、企业分管领导等人员对技术规划进行层层审核，最后确定研发项目清单的过程。技术立项虽然在一定程度上延迟了技术项目确立的时间和进度，但是它从根本上提前控制了企业技术研发活动的风险。在技术项目正式立项时，应在流程上进行"六步立项"，并且在理论上展开"三层论证"，以确保技术项目满足企业的技术可行性以及理论的科学性要求。

1. 六步立项

一般而言，在定义项目目标之后，企业技术立项还包含以下六个步骤，具体如图 5-15 所示。

第一，由研发人员及项目相关技术人员制定技术规划。该规划的主要内容可以参考 5.3.3 节。该技术规划要经过课题组负责人审查，并提交给企业的科技管理部门或相关上级部门。

第二，初审。科技管理部门或相关上级部门对该技术规划的内容和格式进行初步评审，将关键性的意见反馈给提交该规划的研发人员及该项目其他相关负责人。

第三，专家评审。在技术规划通过初审之后，科技管理部门将该技术规划提交给企业内部或外部的专家委员会进行评审。专家委员会主要由企业技术高管、技术主任和外

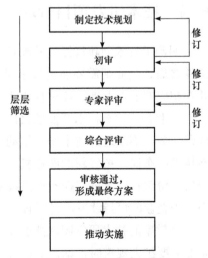

图 5-15　研发立项步骤

资料来源：宋永杰．科研项目全过程管理的思考[J]．中国科技论坛，2008，（7）:16-20．

部技术专家构成。其主要职责是评价企业的技术方案、研发模式、技术人员配备等内容的合理性。

第四，综合评审。企业评审会主要由企业分管领导、科技管理部门、财务部门、技术部门、战略规划部门的核心骨干构成，主要负责企业的综合评审工作，包括分析技术项目的发展目标、技术发展前景、与企业战略相关性、市场贡献、技术风险、预算合理性等内容。

第五，审核通过。经过初审、专家评审以及综合评审之后，若技术规划的研究目标、研究方案、最终成果、技术风险等方面均通过评估，则可对技术规划进行立项。若有企业外部技术人员参与，还要签订项目协议书，明确各方的责任以及项目进程安排等，以保障后续的研发工作顺利开展。

第六，推动实施。企业应制定相关立项决策制度和程序，以确保课题立项按程序顺利开展。之后，企业要下达技术研发项目，对核心技术和关键技术的难点进行技术预研，并监督研发项目按时按质按量开展。

经过以上六个步骤，企业可以层层筛选技术项目，在最大限度上防范和控制风险。值得注意的是，技术项目的具体审核次数及流程开展应该视企业的具体情况而定，而且要根据企业的实际情况选择合适的审核部门或小组。对于有条件的企业，应该成立专家委员会和综合评审委员会，分别负责对可行性方案的技术评审和综合评价；对于没有条件成立专家委员会和综合评审委员会的企业，也要成立由技术人员、相关部门负责人、外部专家组成的临时评审小组。

2. 三层论证

"三层论证"包括提出单位初步论证、承担单位详细方案论证以及专家团队全面论证，如图 5-16 所示。在技术研发项目通过立项流程后，还需要依据技术研发项目的重要性组织项目论证工作。例如，在对大型研发项目开展论证时，参与的各单位应明确职责。经过提出单位初步论证、承担单位详细论证、专家团队全面论证后，项目承担单位要进一步完善技术开发方案，及时解决技术、工艺等潜在问题。

第一，提出单位初步论证。由

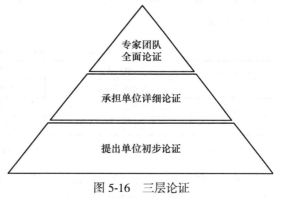

图 5-16　三层论证

企业研发管理部门组建跨职能部门的技术论证专项组，该专项组作为项目提出单位，通过前期的市场调研、市场信息收集和市场需求评估，对收集到的信息进行充分整合，进行初步论证。论证的主要内容包括该技术是否符合市场需求，企业是否已开发过类似的技术，以及是否具备实现技术研发的资源配置。

第二，承担单位详细论证。经过提出单位初步论证后，应将技术研发方案移交给技术研发执行单位，即该研发工作承担单位。该单位负责将技术研发方案进一步完善、细化成技术开发方案。之后，在项目承担单位的主导下，生产部门、市场部门、财务部门等相关单位共同参与，对该技术开发方案进行详细论证。论证主要集中在项目的经济性、便利性，以及技术、工艺的可行性等各个方面。经过详细论证，各单位针对细节问题提出建设性意见，并协助项目承担单位进行修改，最终形成较为完善的技术开发方案。

第三，专家团队全面论证。专家团队由企业内外部专家组成，其中内部专家由企业技术开发部门、生产部门、市场部门等多个部门组成，外部专家由供应商、经销商、行业协会、高等院校、研究院所等组成。专家团队对技术开发方案进行全方位的项目技术方案论证，针对可能出现的问题提前给出解决方案。经充分论证后，项目承担单位需对技术开发方案做进一步的完善。

5.4.2 设计关键的项目控制点

在技术立项之后，项目管理人员还要设计关键的项目控制点，以全面把控技术研发的进程，提高研发效率，降低研发风险。关键的项目控制点原理是项目质量把控中的一条重要的原则，是指为了进行有效的控制，需要特别注意根据各种关键计划的实际工作成效，将关键意义的因素作为主要的控制来源。设计关键的项目控制点的目的是建立公司级、项目级及任务级的三个层级的项目进程监控体系，如表 5-5 所示。

表 5-5 三级项目进程监控体系

监控层级	监控人	监控节点	交付件提交人	交付件
公司级	公司决策评审团队	决策评审点	项目经理	决策评审报告
项目级	项目经理及项目核心团队	里程碑节点	项目工程师	里程碑报告
任务级	项目工程师	截止日期	项目负责人	项目任务表

资料来源：成海清. 产品创新管理：方法与案例 [M]. 北京：电子工业出版社，2011.

对于监控人而言，随时关注技术计划执行的每一个细节是相当浪费时间和精力的，因此设计好项目的关键控制点显得尤为重要。对于关键控制点的选择，一般应统筹考虑以下几个方面⊖：首先，选择的关键控制点应能及时反映并发现问题，也就是说，通过关键控制点应能在严重损害发生前就显示出差异现象；其次，关键控制点应能全面反映并发现问题；再次，选择关键控制点应是会影响整个工作运行过程的重要操作与事项；最后，选择关键控制点时应注意平衡，也就是选择反映组织绩效水平的时间与空间分布均匀的控制点。具体的流程可以用"三项关键控制点"来概括。

"三项关键控制点"是指在技术开发过程中，将立项评审、技术方案评估、技术成果确认作为技术研发的关键控制点，通过严格的评审监督控制流程来保证技术的先进性、提升技术的实用性⊜。在技术研发过程中，通过设置"三项关键控制点"，能够全面把关技术研发进程。以下是技术开发的"三项关键控制点"。

第一，立项评审。立项评审是由技术研发中心或研发管理部主导，产品部门、销售部门等相关部门协作，共同针对立项报告进行评审。立项报告由产品开发部门根据市场调研、专利分析等资料完成，包含理论分析、实际数据对比、可行性分析等内容。立项评审的内容包括产品开发与技术研究项目是否具有重要价值，是否满足市场需求，是否符合企业整体技术战略，成本是否合理等。

第二，技术方案评估。技术方案评估是由技术研发中心或研发管理部主导，产品部门、销售部门等相关部门协作，共同针对相应的技术方案进行评估。例如，格力电器通常采用会议形式和 PDM（产品数据管理）平台进行技术方案全面评估，主要评估内容包括技术方案是否可行，技术是否满足产品要求，标准是否达到企业要求等。

第三，技术成果确认。技术成果确认是由商务部、研发管理部或出口技术部主导，工艺部、质控部、工业设计中心以及生产工厂等相关部门协作，共同对技术成果进行评审。技术成果确认的内容是通过开展小批次生产，对小批量样机的各项指标是否符合相关国家标准和企业标准等进行全方位评审，及时发现并解决产品问题，同时通过对前期试制、测试问题的整改情况进行验证，对产品批量生产予以综合评估。

5.4.3 如何进行项目验收与评估

技术立项和关键点控制更多的是从技术可行性的角度对技术方案进行筛选，而

⊖ 柯清芳. 管理学基础 [M]. 北京：清华大学出版社，2011.
⊜ 张振刚. 格力模式 [M]. 北京：机械工业出版社，2019.

实际上，技术项目开发和应用都需要消耗大量的资金和时间，且存在较大的风险。在项目验收与评估时，企业必须考虑自身的能力和技术成果类型以及市场的需求。为了客观、公正地进行项目验收与评估，应遵循以下几个基本原则[一]。

1. 全面原则

由于事物之间普遍联系且可以相互转化，所以技术及其作用效果往往涉及领域广泛、影响深远。因此，在评价过程中，企业应全面考虑技术在各方面、各层次、各时段甚至各种条件下的影响，既要看到它的正效应、近期效应、直接效应，也要看到它的负效应、远期效应、衍生效应，并客观真实地综合计算出技术价值。

2. 定量原则

技术评价作为对技术及其作用效果的综合性价值认识活动，仅有定性认识是不够的，还必须使这种认识进一步深化，即进行定量分析。技术的"内评价"较为成熟，已进入定量认识阶段，而技术的综合性评价尚处于定性认识阶段，有待于进一步量化。

3. 时效原则

由于技术及其作用效果的可变性、价值观念的主观性，以及主体认识的相对性等因素的影响，在确定时刻所得出的技术评价结果总是相对的，具有一定的时效性。因此，不存在一劳永逸的评价活动，企业应根据变化的评价条件，适时进行技术的再评价，及时反映技术的真实价值。

4. 实用原则

技术评价的目的在于指导技术实践活动，因此在一定条件下所进行的技术评价活动应迅速、准确地反映当时的技术价值。这就要求在进行技术评价时，既要兼顾全面原则，又要适当地舍弃影响不大的技术次级效应，简化评价过程，迅速得出评价结果。

企业应依据上述基本原则，制定出符合自身实际的项目验收评估流程。虽然在技术项目评估上目前尚无统一的标准程序，但是在宏观上可以分为以下几个流程。

（1）落实技术基础情况：包括该项技术的主要技术参数、各种实施方法、现在或将来的应用和发展、开发所需投资（直接的和间接的），以及可替代的技术等。

（2）分析技术影响：不仅包括现在或将来对经济和社会（生活、环境、教育、

[一] 谢旭辉，郑自群. 技术转移：就这么干 [M]. 北京：电子工业出版社，2017.

就业和政治等）的各种影响，还包括对社会中的个人、组织和集团的影响。其中，既有对各种决策机构的影响，也有对将来使用者及公众的影响；既可以是直接的和间接影响，也可以是潜在的影响。

（3）影响效应：将影响分成有利的或不利的，通过分析找出不利的影响，确定影响的大小，以及影响之间的相互关系，并估计它们的相对重要性，以便采取对策加以消除或减轻。

（4）对比技术改进策略：比较各种策略，讨论其利弊，选择可能的规划和行动方案。

（5）完成分析，进行综合评价，确定评语：对项目的完成情况、技术落实情况、产生的影响以及未来的发展方向等进行评价，给出明确的评语以及验收意见，即通过验收、暂缓验收或不通过验收。若通过验收，则可出具结题通知，明确宣告项目的结束；若不通过验收，则要分析原因并追究责任；若暂缓验收，则要明确暂缓的原因以及下次验收的时间。

制定出相应的技术项目验收与评估流程后，企业应采用科学、量化的方法对技术项目进行综合评估，可同时结合多种评估方法进行项目验收与评估工作。以下为几种常用的技术评估方法。

1. 经济计量评价法

经济计量评价法是基于投入 – 产出模型或生产函数模型对科技活动效率或效益进行评估的一种方法。其主要包括成本效益法（利用成本、效益、净现值、收益率等指标来衡量）、生产功能法（利用资本、劳动力、研究经费支出来测度科研活动对产品附加价值的边际贡献）、投入产出法（经济系统投入 – 产出的相互依存关系）。

由于其产出指标主要采取生产要素和经济效益指标，所以该方法一般仅适用于开发类研究活动或科技产业化的评价，不适用于基础研究和应用研究。针对宏观层面的基础研究和应用研究的绩效评估，有时可以采用投入产出统计指标来测度科研活动的投入产出效率，如单位投入产出的论文数、引文数、专利数、获奖数等，或者产出单位的论文数、引文数、专利数、获奖数所需的投入成本。

2. 定标比超法

定标比超法是经济活动领域中应用最广、影响最大的竞争情报方法之一，最早由美国施乐公司与日本公司竞争时使用。最早将定标比超法用于科学技术活动评价的是美国科学院科学、工程与公共政策委员会（COSEPUP）。1997年和1998年美国科学院分别发表了两份研究报告，即《美国数学研究国际定标比超》和《美国材料科学与工程研究的国际定标比超》。定标比超法一般多应用于学科领域的国际比较及科研机构的诊断和战略性评价。

3. 综合指标体系评价法

综合指标体系评价法也称综合评价法,其结合了定性评价与定量评价的特点。其关键是如何构建科学、合理的评价指标体系,如何对评价结果做合理的分析,如何正确且有效地利用评价结果。对于不同类型、不同层面、不同阶段的技术评价,评价的方法和程序各不相同,几乎可以认定没有一种方法是在技术评价的全过程中都可以通用的,它们分别适用于评价过程的一定范围。综合指标体系评价法在基于技术转移的技术评价过程中应用较为广泛。

5.4.4 技术成果如何进行转化

无论是对企业的技术项目立项、控制等的技术可行性分析,还是对技术项目成果的验收与评估,最终的重要考核指标都应是企业的技术成果转化效果。好的技术成果转化能够为企业带来客观的收益,而差的技术成果转化则会降低企业的商业化运作活力,在一定程度上对企业产生负面影响。

企业在技术创新过程中会产生大量的技术创新成果,如专利、著作权、技术标准、专有知识和技巧以及通用技术模块等。一般情况下,企业主要的技术成果转化方式为以下三种[一]:

1. 内部使用

企业内部将技术成果应用于现有的产品和服务等相关业务中,这也是大部分企业通常的做法。一方面,与产品开发需求相关的技术研发应该从立项阶段开始就与产品的规划紧密配合,与市场、销售等建立充分的联系。在满足产品开发需求的同时,充分考虑市场需求、用户需求,使最终技术成果能够与产品、市场充分匹配。另一方面,关于探索性的技术研发项目,在理论论证阶段应充分结合企业现有的技术、产品、市场等各方面的能力特点,并且对产品的概念模型、目标客户群体的用户画像等方面进行充分验证,同时有序地推动商业机会和商业模式的设计。

2. 对外转让

企业利用行业市场将技术成果通过多种方式进行转让,如出售、授权等方式,

[一] 陈劲,宋宝华.首席创新官手册:如何成为卓越的创新领导者[M].北京:机械工业出版社,2017.

通过外部实现商业化并获益。诸如微软、英特尔、高通、宝洁、通用电气、朗讯等公司充分利用了技术交易机制，通过技术转让与许可获得可观回报，可以称得上是技术合作与营销的最大受益者⊖。在技术转让方面，为确保企业技术成果转让效益最大化，应建立相应的扩散机制，包括积极获取、鉴别和管理各种技术成果，如专利、技术标准、技术规范、技术文档等，同时，应在企业内部进行规范化、保密性知识管理和共享工作。针对企业内部具有市场前景的技术成果，应优先推动该技术在企业内部的跨领域的应用创新，如创造新的产品和商业机会，通过内部创新业务为企业开拓新的市场等。并且，企业应在积极经营技术成果的同时，以不影响自身发展为原则，通过对外授权、转移、内外部技术孵化等方式，为企业创造更大的经济收益。

3. 技术孵化

企业可以基于自身的技术和知识成果开拓新的业务和创建新的公司，比如目前流行的企业内部创业项目或技术孵化器都属于技术孵化的具体方式。同时，新创立的公司可以通过不同情境下的技术应用场景的变化，利用同一技术创造出不同的价值，而不受原来的公司背景、公司业务等多方面的影响。

显然这三种技术成果转化方式在运作模式和流程、遵循的原则、创造价值的途径等方面均存在很大的差异性，需要搭配不同的专业团队才能有效运作。在推动技术创新成果的市场化应用过程中，应建立科技创新成果的市场转化高效机制和流程，推动技术优势及时转化为产品优势和市场优势，这样才能为企业获取更多的市场利润⊖。

对企业来说，技术成果转化模式的选择并没有统一的范式，企业在选择技术成果转化模式时要充分考虑每种模式的特点以及企业自身的情况，从而挑选出最合适的技术成果转化方式，实现企业自身利益的最大化。若企业的高级技术人才以及高级管理人才较多，研发能力强，资金雄厚，具有较强的市场分析能力和经营管理能力，同时技术创新的市场开发前景良好，那么可以选择内部使用的技术成果转化方式，通过推动技术创新来实现商业化。如果企业在拥有某项专利技术或创新成果后缺乏大量的资金继续进行技术商业化的进程，那么企业可以考虑将技术进行对外转让，通过外部实现商业化而获益。另外，若企业研发出一种行业领先的技术，且该项技术并不影响企业的核心竞争力，那么企业也可以通过授权实现对外转让，从而

⊖ 金焕民. 营销视角下的中美贸易战 [J]. 销售与市场（管理版），2019（07）：30-40.
⊖ 陈劲，宋宝华. 首席创新官手册：如何成为卓越的创新领导者 [M]. 北京：机械工业出版社，2017.

创造更大的经济收益，但同时要注意知识产权的保护，避免成果被恶意窃取。技术孵化模式通常对企业的要求较高，企业要能够持续地进行技术创新。如果企业的产品技术先进，能批量生产，有市场潜力，且企业的领导人进取心强，有志于规模发展，能够不断开发出新的产品，则可以进行技术孵化。

5.5 如何绘制创新的技术路线

图 5-17 给出了技术路线的制定流程。首先，企业需要对自身现有技术体系进行梳理，明确企业技术构成，然后通过基于市场的技术需求分析、行业技术发展预测、关键技术和核心技术识别三个步骤找到真正有价值的技术。其次，企业应设计合理的技术创新方案，具体包括技术创新目标、技术创新方法和技术规划。接着，在技术规划的基础上进行技术方案筛选并进行技术立项与技术预研，以期在最大限度上把握技术研发风险，提前克服核心技术研发难点。最后，企业应根据实际情况制定出不同形式的技术路线，并梳理技术路线的主要脉络。

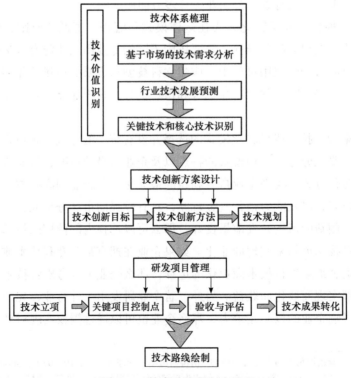

图 5-17　技术路线的制定流程

经过以上技术需求分析、技术预测、技术识别和筛选之后，企业找到了真正有价值且值得研发的技术，并且通过设计合理的技术创新目标、技术创新方法、研发时间和主体，制定了初步的技术规划。最后，通过技术立项与技术预研，企业确定最终的研发方案以及拟突破的重点技术瓶颈。在整个过程中，技术路线是一个动态的、有机的、各部分相互联系的系统。它对企业技术研发"怎么做"的问题进行了全面的回答。

随着企业的不断发展，企业在不同的阶段会有不同的技术价值，选择不同的技术创新方案，而技术研发项目管理贯穿于整个企业发展过程中。在企业成立初期，企业通常只具有通用技术和一般技术，科技型企业可能会具有核心技术。在近期，企业技术创新目标以创新为导向，采用了合作研发或专利购买的创新方法。随着企业不断发展壮大，研发实力不断增强，企业开始培育出核心技术。在中期，企业技术创新目标以功能为导向，选择合作研发的创新方法。当企业发展成为行业领跑者时，企业具有关键技术。在远期，企业技术创新目标以价格为导向，技术创新方法以自主研发为主。图 5-18 是不同时期的企业技术路线演化图。

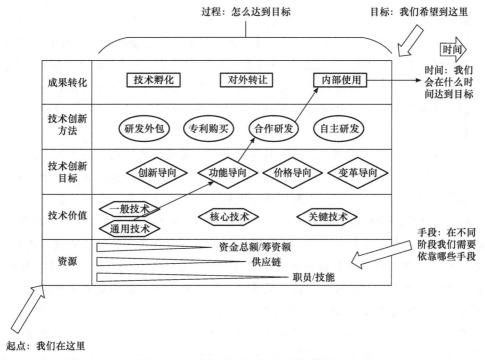

图 5-18　不同时期的企业技术路线演化

◆ 创新探索 ◆

达安基因技术路线的绘制

中山大学达安基因股份有限公司（以下简称"达安基因"）创立于1994年，是一家以基因诊断技术为主，集临床分子检验试剂和配套医学检验分析仪器的研发、生产、销售以及医学检验服务于一体的生物医药高科技上市公司。达安基因拥有核酸诊断技术平台、测序诊断技术平台、免疫学诊断技术平台、细胞学诊断技术平台、生化诊断技术平台和其他新兴诊断技术平台，形成了六大研发平台并行发展的技术及产品研发体系，拥有国际上首个荧光定量聚合酶链式反应（**FQ-PCR**）诊断试剂核心技术，是国内分子诊断试剂行业的龙头企业。达安基因的发展在于自主创新，更在于走出了一条符合自身特色、迎合行业技术发展趋势的技术创新之路。

1. 提取具有核心竞争力的技术

在制定技术路线之前，达安基因对既有市场信息进行了收集和分析，对市场需求和顾客群进行了全面的探查。作为国内分子诊断的龙头企业，达安基因的主要发展机遇表现在市场需求和顾客偏好两个方面：一是国家出台相关政策将健康作为公共医疗的重点之一，随着对疾病诊断试剂需求的日益提升和新发疫病的增加，分子诊断相关行业将快速发展；二是顾客对高通量、即时化、集成化的分子诊断技术产生偏好。同时，随着经济的发展、医疗水平的提高、医疗保障体系的完善以及国民保健意识尤其是健康体检意识的增强，分子诊断市场将呈现持续快速增长的态势。

与罗氏等国际巨头相比，达安基因是以"追随领先者"的姿态进入国际市场的。在执行"追随领先者"战略的过程中，达安基因注重加强对国内外行业市场的信息、知识和技术扫描，不断搜寻与识别罗氏、雅培等全球体外诊断技术领先者的先进技术，并加大对行业领先技术引进的资源投入，进一步强化公司的获取、消化、转换与应用能力。此外，达安基因运用专利分析等方法对行业技术进行预测，准确地把握分子诊断行业的技术发展趋势，认识到提高基因诊断的特异性、敏感性和准确性，为临床医学提供更准确的数据和信息，是当前基因诊断技术发展的主流。特别是DNA测序、基因芯片、新一代测序技术成为目前各国基因诊断技术攻克的焦点，但是，这些技术的发展依然面临着成本昂贵、全通量数据管理障碍等问题。大规模测序相关技术以及相关大数据管理是未来基因测序技术竞争优势的重要体现。

2. 设计科学合理的技术创新目标

基于对市场需求和核心技术的提取，达安基因制定了技术创新目标，以2015年、2020年和2025年为时间点，包含近期、中期及远期目标，如图5-19所示。

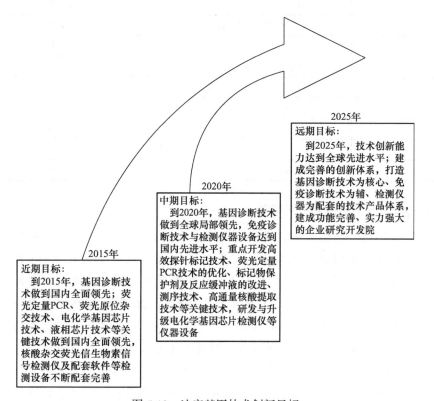

图 5-19　达安基因技术创新目标

3. 确定未来技术创新发展方案

根据目标的设定及战略构思，达安基因将关键技术进行排序，并确定了每种技术的获取方式。在荧光定量PCR核心技术领域，充分利用企业优势进行自主研发，在现有的核酸和蛋白质分子诊断技术平台的基础上，对PCR试剂、FISH试剂、RDB芯片诊断试剂、时间分辨诊断试剂进行深度研发，取得具有自主知识产权的技术成果。针对分子诊断靶标、部分诊断试剂原料的研究，采取与高校和科研院所进行合作研发的方式，以提升分子诊断技术水平。对于一些新的技术平台，如电化学基因芯片技术平台和管式化学放光技术平台，采用技术并购的方式尽快抢占市场的制高点。表5-6是达安基因确立的关键技术排序及每种技术的获取方式。

表 5-6　达安基因确立的关键技术排序及每种技术的获取方式

排序	关键技术	获取方式
1	实时荧光定量PCR	自主研发
2	DNA测序技术	合作研发
3	荧光原位杂交技术（FISH）	自主研发
4	基因芯片技术	合作研发
5	DNA杂交探针技术	自主研发
6	基于PCR的质谱分析技术	合作研发
7	QF-PCR技术	自主研发
8	印迹技术	自主研发
9	新一代高通量测序技术	技术购买
10	SNP技术	自主研发

4. 进行技术创新研发项目管理

在明确了技术创新目标，并配备了合适的技术创新方案后，达安基因根据技术需求以及研发项目的优先级别，确立了14项顶级研发需求项目、8项高级研发需求项目和16项中级研发需求项目，并将项目研发分为两个时期进行，即2013～2017年重点进行顶级研发需求项目的研发，2018～2025年开展高级研发需求项目和中级研发需求项目的研发。为了保证项目的顺利进行，达安基因与全球科研院所开展国际化的产学研合作，利用其技术人才优势和研发优势，依托国内市场、拓展国际市场，建立了PCR相关技术平台、测序相关技术平台、基因芯片相关技术平台、杂交相关技术平台等高新技术检测平台，形成了综合性、多样化的基因诊断技术体系。与此同时，达安基因建立、整合和优化了相关传染病病原学检测方法与技术成果库，包括病原体分离及核酸、抗体、抗原检测，完善对传染病多病原的组合检测技术，建立了技术评价体系和标准体系并形成了统一的标本采集、运输、保存、检测方法、监测方法和信息数据录入的标准化操作程序，构建了症候群标本的病原学组合检测技术系统。

基于对市场需求的分析，对全球体外诊断技术领先者的先进技术的识别，以及运用专利分析等方法对行业技术的预测，达安基因准确地把握住分子诊断行业技术发展趋势，在此基础上制定了近期、中期、远期发展目标，并根据企业优势与技术特点确定了每种技术的获取方式以及研发项目的优先级别和技术规划。达安基因最终绘制了企业的技术创新路线图，如图5-20所示。

图 5-20　达安基因的技术创新路线图

资料来源：达安基因创新路线图制定实施项目综合报告。

思考：

1. 达安基因是如何设计技术创新目标的？
2. 达安基因运用了什么方法对行业技术发展进行预测？

❖ 本章小结 ❖

1. 企业技术路线是企业对技术创新领域的全局性、系统性把握的基本保障，也是产品路线得以实施的重要支撑。不论是从短期看还是从长期看，企业创新的技术路线对企业提升竞争力有着重要的意义。

2. 技术路线是企业基于技术识别与筛选、技术预测而制定的关于未来核心技术、关键技术、一般技术和通用技术的研发计划和行动方案。企业可以将技术路线划分为具有先后顺序的三个核心模块，即技术价值识别、技术方案设计以及技术研发管理。

3. 首先是技术价值识别。技术价值识别包含技术体系梳理、基于市场的技术需求分析、行业技术发展预测、核心技术和关键技术识别四个步骤。其次是技术方案设计。技术方案设计包括确定技术创新目标、选择合适的技术创新方法、制定技术规划三个步骤。最后是技术研发管理。技术研发管理则涵盖了技术立项、设计关键项目控制点以及项目验收与评估等项目流程。经过以上技术需求分析、技术预测、技术识别和筛选之后,企业找到了真正有价值的技术,并且通过设计合理的技术创新目标、技术创新方法、研发时间和主体,制定了初步的技术规划。最后,通过技术立项与技术预研,企业确定最终的研发方案以及拟突破的重点技术瓶颈。

4. 技术路线是一个动态的、有机的、各部分相互联系的系统。

◆ 思考与练习 ◆

1. 技术路线的定义是什么?包含哪些内容?
2. 如何预测行业发展并识别与行业发展相符的高价值技术?
3. 如何将创意延伸至具体的可实施的方案上?
4. 如何绘制企业的技术创新路线图?

第 6 章

产品路线
产品开发管理

本章概览

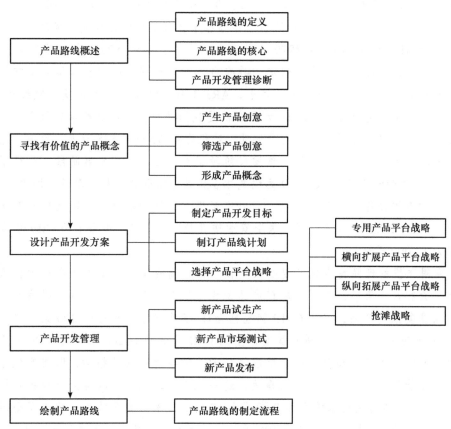

创新导入

中国商飞的商用飞机产品开发

中国商用飞机有限责任公司（Commercial Aircraft Corporation of China Ltd, COMAC，以下简称"中国商飞"）是实施国家大型飞机重大专项中大型客机项目的主体，也是统筹干线飞机和支线飞机发展、实现我国民用飞机产业化的主要载体。中国商飞成立于2008年5月11日，总部设在上海，目前共有一个总部，以及总装制造中心、设计研发中心、基础能力中心、北京研究中心、客户服务中心和试飞中心六大中心。

中国商飞逐步形成了从支线飞机、中短程窄体客机到中远程宽体客机的产品谱系，包括ARJ21、C919和CR929三种型号的客机。其中ARJ21新支线飞机是我国首次按照国际民航规章自行研制、具有自主知识产权的中短程新型涡扇支线客机，航程为2 225～3 700千米。目前，ARJ21新支线飞机已正式投入航线运营，市场运营及销售情况良好。C919大型客机是我国按照国际民航规章自行研制、具有自主知识产权的大型喷气式民用飞机，航程为4 075～5 555千米。目前，它已经完成立项论证、可行性论证、预发展阶段工作，转入工程发展阶段，获得累计28家客户的815架订单。CR929远程宽体客机是中俄联合研制的双通道民用飞机，以中国和俄罗斯等市场为切入点，同时广泛满足全球国际间、区域间航空客运市场的需求。CR929远程宽体客机采用双通道客舱布局，基本型命名为CR929-600，航程为12 000千米。

商用飞机的产品特点包括复杂大规模产品、高安全质量要求和高精尖技术综合性三大特征。第一，复杂大规模产品是指飞机是由数百万个零件与机载系统组成的高度复杂的产品，其中C919就包括全球15个国家和地区的200家一级供应商，由16家中外合资企业进行配套，全国有22个省市的200家企业的20万人参与项目研制。第二，高安全质量要求是指10^{-9}的事故率设计指标，即飞行亿万小时才有可能发生一次机毁人亡的事故，这一概率远远低于人的自然意外死亡概率10^{-6}。第三，高精尖技术综合性是指国内47所高校参与型号攻关，攻克了全时全权限电传飞控系统控制率设计等108项关键技术和核心技术，形成了5类4级617项专业技术、6 744项标准规范和1 125项专利（截止时间为2019年年底）。因此，商用飞机开发过程中将遇到研发周期长、研发成本高、产品高度复杂等各种问题，如图6-1所示，需要解决复杂性并实现高效。

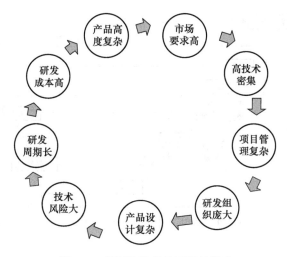

图 6-1　商用飞机产品开发的特点

商用飞机的产品开发因其复杂性而决定了自上而下设计的层次化，如图 6-2 所示。其最终产品的形成必然经过一个系统化的、自上而下的正向设计过程和自下而上的各级实验室的集成验证过程。

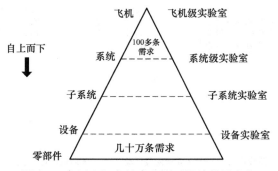

图 6-2　商用飞机产品自上而下设计的层次化

中国商飞在商用飞机的产品开发过程中采用了需求管理和门径管理两大工具。一方面，中国商飞建立了需求双 V 工程，即验证与确认研制过程，如图 6-3 所示，更好地实现了市场导向和需求前因，通过层层分解、验证与确认，确保市场需求能够落实到复杂产品中。另一方面，中国商飞采用门径管理系统，如图 6-4 所示，对于长周期、高投入和高风险的产品设计过程实施分阶段门径管理，控制项目状态，最终使得商用飞机产品开发顺利进行。

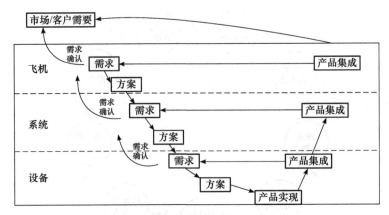

图 6-3　商用飞机开发的需求双 V 工程

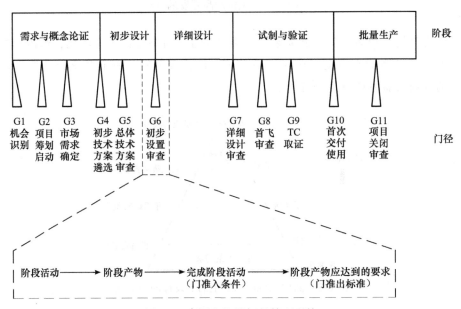

图 6-4　商用飞机的门径管理系统

资料来源：中国商飞. 公司介绍 [EB/OL]. （2020-10-20）[2021-03-20]. http://www.comac.cc/.

思考：

1. 中国商飞在商用飞机产品开发过程中经历了哪些挑战？
2. 中国商飞在商用飞机产品开发实践中使用了哪些工具？

通过对中国商飞的案例分析，我们能够初步了解产品开发管理过程。企业的产品开发管理就是对企业新产品的开发过程的清晰描述，主要回答"企业如何开发新产品"的问题，可以用创新路线图中的"产品路线"加以阐述。那么，什么是创新的产品路线？

6.1 什么是创新的产品路线

6.1.1 产品路线的定义

产品路线是指企业基于对产品概念的寻找，对其未来生产经营产品的预测、系统设计以及开发管理，最终将产品创意转化为上市产品的蓝图。它主要回答了企业"如何开发新产品"的问题。开发出市场认可的产品、获得商业上的成功是企业创新的终极目标。因此，产品路线是推进企业创新的不竭动力，是实现企业创新的重要载体，凝结了企业在产品创新或新产品开发管理方面的整体思路。在当前科学技术发展日新月异、产品生命周期大大缩短的数字经济时代，企业产品创新面临更加严峻的挑战，必须及时优化和调整企业产品路线，永葆企业生命活力[1]。

产品路线的本质是产品开发管理的工具，即在企业进行产品开发管理的基础上，结合企业的成长阶段与内外部环境变化绘制而成的产品路线蓝图。绘制产品路线的核心在于先形成产品概念、设计产品开发方案以及进行新产品开发管理，并将这些流程深刻地融入企业成长的各个阶段，最终形成基于时间维度的产品开发管理与产品品类进化的指南。

产品作为产品路线的主心骨，是企业实现客户价值的关键载体，是客户与企业之间建立关系的重要纽带和桥梁。如图6-5所示，企业通过创新开发和交付产品，客户利用企业所提供的产品来满足自身的需求，由于需求得到满足，因此客户会向企业支付一定的报酬，企业如果能持续性地获得客户的报酬，则能持续地发展。

那么，如何定义产品呢？本书认为：产品是指能够提供给市场，被人们使用和消费，并能满足人们某种需求的任何东西，包括有形的物品、无形的服务、组织、观念或它们的组合。有些产品是有形的物品，如飞机零部件供应商提供的产

---

[1] 张振刚，撒云添. 基于系统论的企业创新路线图研究：以广东某企业为例[J]. 科技进步与对策，2013，30（15）：83-87.

品主要是有形的产品；有些企业主要提供无形的服务，如管理咨询机构；还有一些企业提供的产品是有形产品和无形服务的组合，如小米公司的小米手机。客户购买的小米手机本身是有形的产品，客户购买的小米公司提供的软件服务是无形的服务。一些客户之所以购买小米手机，很大程度上是看重了小米公司提供的丰富多彩的服务，如小爱智能助手、音乐下载和大量的应用服务。就功能而言，小米手机可以打电话、发短信、听音乐、看电子书、拍照、看视频等。客户能从手机本身的使用及各种服务中得到利益和价值，这正是其付给小米公司及其合作服务商报酬的理由。

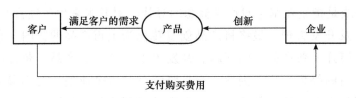

图 6-5　客户、产品和企业之间的关系

在明确什么是产品之后，我们还需要了解什么是产品创新。产品创新是企业产品路线的本质要求。产品创新是指企业通过开发新产品或者对现有产品加以改进，以满足客户和企业相关利益者的需求，实现企业预期的创新绩效目标。因此，企业产品创新的真谛就是了解客户的需求是什么，然后为他们提供什么。产品创新强调的是开发出满足客户需求、超出客户期望的差异化的新产品。

产品创新对任何企业而言不是想不想的问题，而是如何去做的问题。因为企业存在的目的就是为客户创造价值，而这个过程就要求进行产品创新，并且是持续性的创新。要创新必然面临着改变，那么，从理论上说，对产品的任何地方进行改变，都可以将其界定为新产品，如图 6-6 所示。约翰和斯内尔森（Johne，Snelson，1988）列举了产品"新"的不同例子：

（1）改变产品的性能（例如，一种新改进的洗涤剂）；

（2）改变产品的使用建议（例如，在洗衣机里增加洗衣球的使用）；

（3）改变产品的售后服务（例如，汽车的服务频率）；

（4）改变产品的促销形象（例如，绿色标志、重新包装的方式）；

（5）改变产品的获得途径（例如，深褐色自动投币售货机的使用）。

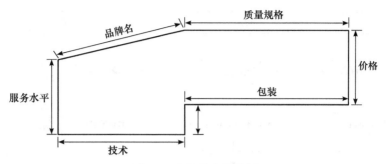

图 6-6　产品的多维特征

资料来源：特罗特.创新管理与新产品研发 [M].焦豪，陈劲，译.北京：机械工业出版社，2019.

6.1.2　产品路线的核心

在明确创新的产品路线的概念之后，我们需要进一步了解产品路线的核心。从图 6-7 中可以看出，产品路线是企业的思想路线、市场路线、技术路线和组织路线价值体现的物质载体，是企业创新路线图的重要组成部分。从构成成分来看，企业创新的产品路线包括产品概念形成、产品方案设计以及产品开发管理三个方面。

具体而言，产品概念形成包括产品创意的产生、产品创新筛选以及新产品概念的形成三个部分。其主要内容涉及创意的来源、如何从信息化的环境中根据企业的实际情况筛选出有价值的创意，结合企业内外部知识将创意转化为知识化的新产品概念。产品方案设计包括制定产品开发目标、制订产品线计划和选择产品平台战略三个部分。一般来说，企业产品平台与产品线在一段时间内是稳定不变的。因此，产品路线的设计更多的是针对最终产品的。在这种集成开发模式下，产品路线与市场路线、技术路线相匹配，即促使产品需求与客户需求、技术能力相对应。产品开发管理包括新产品的试生产、新产品的市场测试和新产品发布三个部分。其中，新产品的试生产是批量生产的基础性检测，可以保证生产线的完整性和产品批量生产的稳定性；新产品的市场测试是基于市场、生产效率与成本因素，测试产品是否符合消费者的需求，能否达到预期的市场份额、利润等方面的目标；新产品发布是为了向市场参与者传达产品的相关信息，引起潜在消费者对新产品的关注和兴趣，从而促进新产品的成功上市。

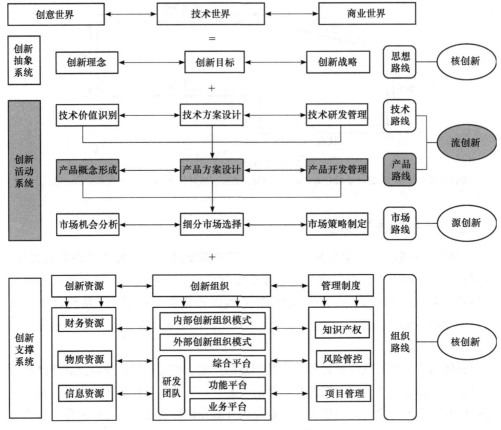

图 6-7 企业产品路线的构成

我们提出的产品路线的三大核心组成部分包括产品概念形成、产品方案设计以及产品开发管理。其理论来源是罗伯特·G. 库伯（Robert G. Cooper）的门径管理产品开发流程以及 PRTM 公司提出的集成产品开发体系（IPD）。如图 6-8 所示，库伯将基本的产品创新流程分为新产品探索、新产品开发、新产品商业化与生命周期三个阶段，且细分为需求挖掘、概念形成、新产品立项、新产品开发、产品测试、新产品上市和新产品生命周期管理七大环节。本书借鉴其思想，并结合实际做了相关调整，将其产品概念从需求挖掘到概念形成增加为创意产生、创意筛选和产品概念形成三个环节，并突出了立项环节，重点介绍了如何设计产品开发方案，并将其细分为制定产品开发目标、制订产品线计划和选择产品平台战略三个具体环节，进一步地，我们将从开发、测试到上市的整个新产品开发与商业化阶段融合成新产品开发管理这一节。

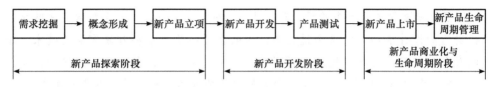

图 6-8 产品创新基本流程

资料来源：库伯.新产品开发流程管理：以市场为驱动 [M].5 版.刘立，师津锦，于兆鹏，译.北京：电子工业出版社，2019.

下面我们将通过一个案例学习库伯提出的产品开发管理流程的经典思想，即门径管理，并了解门径管理流程以及各个阶段的具体任务，这有助于我们学习本章提出的产品路线的各个组成部分。

◂▪ 创新聚焦 ▪▸

门径管理：从想法到市场投放

20 世纪 80 年代，门径管理系统（Stage-Gate System，SGS）由库伯创立，而 1998 年 Griffin 的一项研究成果显示，门径管理系统作为一种系统的产品创新模式，已经被近 60% 的从事产品开发的美国公司采用。该系统成为公认的、推动新产品快速进入市场的重要工具。

所谓门径管理，是指一种系统的、规范的新产品开发流程，为企业提供一个具体的行动计划，目的是以缩短开发时间的方式成功地将产品投入市场，如图 6-9 所示。本书中的产品路线聚焦在门径管理流程的第一、第二阶段，即集中于构思产生、筛选以及开发项目立项环节。

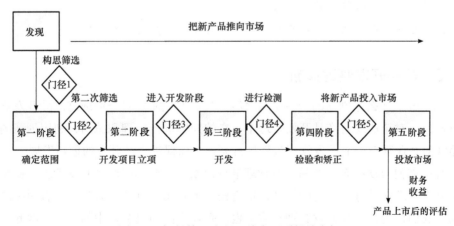

图 6-9 门径管理流程：从发现到投放市场

门径管理流程包括 5 个阶段、5 个门径，在每个阶段，由一个跨部门团队承担平行进行的设计活动。在这个过程中，团队在每一阶段都要收集重要的技术、市场以及财务信息，对项目进度进行评估，以决定项目是继续、终止、保持，还是从头再来，如图 6-10 所示。由于一个开发项目的成本是随着阶段的增多而递增的，因此，将开发过程分解成阶段可以把开发投资解析成一系列递增的投资约束，当不确定性减少时再增加费用。

	门径1	门径2	门径3	门径4	门径5	
想法	构思筛选：想法是否值得去做 范围 阶段1 • 事前市场评估 • 事前技术评估 • 事前财务和商业评估 • 阶段2的行动计划	构思筛选：想法是否值得实施调查 建立商业案例 阶段2 • 用户需求研究 • 竞争分析 • 评价定义的提案 • 技术可行性评估 • 运作评估 • 产品定义 • 财务分析	构思筛选：商业案例是否合理 开发 阶段3 • 技术开发工作 • 快速建立模型 • 最初的客户反馈 • 模型开发 • 内部产品测试 • 运作过程开发 • 投放市场和运作计划	构思筛选：项目是否应该做外部测试 测试和修正 阶段4 • 扩展的内部测试 • 客户试验 • 产品设备的获取 • 产品试验 • 市场销售试验 • 完成投放和运作计划 • 布置投放和生命周期计划	构思筛选：产品是否为商业化做好准备 投放市场 阶段5 • 市场投放 • 全面生产 • 开始销售 • 检测结果 • 投放市场和生命周期计划	事后评估 对于计划我们是怎么做的 我们学到了什么

图 6-10 门径管理各阶段的具体内容

资料来源：库伯. 新产品开发流程管理：以市场为驱动 [M]. 5 版. 刘立，师津锦，于兆鹏，译. 北京：电子工业出版社，2019.

思考：

1. 门径管理流程包含哪几个部分？
2. 门径管理系统的主要功能是什么？各阶段的具体内容有哪些？

6.1.3　产品开发管理诊断

在了解了什么是创新的产品路线之后，我们首先需要对企业现有产品开发管理进行诊断，对企业现有产品开发管理中存在的问题进行梳理和总结，利用创新的产品路线对企业现有产品开发管理过程进行完善，以促进产品开发的创新发展。

那么如何对现有企业产品开发管理进行诊断呢？要实施产品开发管理，就要对产品开发管理活动进行系统的梳理，把责任分解到每个具体的人身上，有明确的交付物。我们认为，产品开发管理本质上也是企业产品项目管理中的一种。因此，我们运用了项目管理中的工作分解结构工具来进行产品开发管理的诊断。这个分解工作在项目管理知识体系里称为 WBS（work brackdown structure），是指把项目可交付成果和项目工作分解成较小的、更易于管理的组成部分。WBS 作为一个展现项目全貌，表示各项工作及其相互联系的规划和设计工具，有如下几个基本要求：①某项任务应该在 WBS 中的一个地方且只应该在 WBS 中的一个地方出现；② WBS 中的某项任务的内容是其下所有 WBS 项的总和；③一个 WBS 项目只能由一个人负责，即使许多人参与这个工作，也只能由一个人负责，其他人只是参与者，且应受负责人约束；④ WBS 必须与实际工作中的执行情况一致；⑤应让项目团队参与创建 WBS，以确保 WBS 的一致性；⑥每个 WBS 项都必须文档化，以确保参与者准确地理解已包括或未包括的工作范围；⑦ WBS 的工作一般定义不超过 40 个小时，层次不超过 10 层。在实施产品开发管理之前，需要了解企业自身的特点，将产品开发管理与自身的组织架构和流程制度相结合。因此，我们需要对企业进行诊断，具体的诊断步骤有三步⊖。

1. 分解新产品开发管理活动

它的实施步骤如下：①各职能部门业务代表把本部门支持产品开发的工作列举出来，附上相应的模板、审批流程，并把这些资料提交给产品开发小组的执行组长。②执行组长将各部门提交的工作按时间顺序串联或并联起来，形成初步的 WBS 文档。执行组长可以和业务代表一起整理，但他必须是直接的负责人。③执行组长查找出近两年新开发的产品，按实际开发情况与初步的 WBS 进行对比，确认哪些活动要增加，哪些活动可裁减。这个工作也是由执行组长负责，各业务代表协助。④执行组长召集组内成员开 WBS 评审会议，讨论具体的 WBS 内容，包括明确哪些活动是可以裁减的。⑤基于企业目前实际的产品开发管理活动的操作内容进行优化。企业可以请咨询公司帮助优化，也可以使用头脑风暴等方法自己优化。⑥执行组长将优化后的 WBS 提交给副组长会签，组长批准。如有异议，执行组长应根据组长的意见，召开决策会议进行表决。

2. 确定组织架构与审批权限

有了产品开发管理活动目录及其负责人之后，应把这些人按专业进行分类，并划分职能部门。具体操作步骤如下：①执行组长把 WBS 中的每个工作包的负责人列举出来，并将他们按专业和工作性质分类；②执行组长按种类划分职能部门，如把做设

⊖ 秦海林. 资深项目经理这样做新产品开发管理 [M]. 北京：中华工商联合出版社，2017.

计的划分到开发部,把做采购的划分到采购部等;③检查并分析各职能部门的工作,除产品开发工作外,还要看其他工作配置的人员数量是否合理,过大的部门有没有必要划分成两个部门,过小的部门要不要合并;④组织架构确认好后,开始确定各职能部门的权限。比如,哪些工作谁说了算,哪些工作需要谁审核、会签、批准等。谁负责寻找供应商,谁来确定,谁来议价,谁来批准,超过多少金额要组织审核或举行招标活动等。该文件由执行组长找各职能部门的业务代表了解情况后起草,然后组织召开变革小组成员会议决策通过,组长、副组长、职能部门经理都要参加。

3. 确定流程和相应的模块

确定了活动和组织后,下一步就是把它们串联或并联起来,形成流程,同时,明确流程中产生了哪些文档,并给这些文档制定标准的模板。具体实施步骤如下:①执行组长制定流程图。横坐标是产品开发时间,纵坐标是活动的负责人,同时要有输入、输出,以及评审点的设置、产生的文档名称等。②召集各职能部门的业务代表开会,讨论流程的合理性。内容应包括各活动的衔接问题、并行活动的合理性、文档输出的必要性等。③根据流程中产生的文档要求,执行组长与业务代表一起制作文档的标准模板。模板中的审批要符合前面确立的权限要求。④执行组长收集整理完模板后,召集相关人员进行评审。评审通过之后,文档要由副组长会签、组长批准。

在进行产品开发管理的诊断过程中,我们不仅可以将产品开发管理活动进行系统的梳理,运用项目管理工具把责任分解到每个具体的人身上,还可以认真审视和反思产品开发失败的原因。我们从创新失败中所学到的东西要远远多于从创新成功中所学到的东西。反思产品开发失败的原因往往是取得卓越创新绩效的前提。那么,企业在产品开发管理过程中出现产品创新失败的根本原因有哪些呢?一个重要的原因就是"产品不够好"。导致"产品不够好"的根本原因有以下几个,如表6-1所示。企业可以基于这些问题及原因进行分析,通过对照找到企业需要重点解决的创新问题及解决这些创新问题的主要方法。

表 6-1 分析导致企业产品创新失败的根本原因

主要问题	根本原因	(在相应框内打钩)
产品性能不能满足客户需求	未能有效地了解客户需求	
	客户需求未能有效地转化为产品定义	
	技术不能实现客户需求	
	开发过程的管理有效性低	
	其他原因	

(续)

主要问题	根本原因	（在相应框内打钩）
产品质量有问题	技术不过关	
	开发过程的管理有效性低	
	其他原因	
客户不能接受产品价格	产品成本太高	
	产品定价策略有误	
	其他原因	
产品缺乏竞争特色	产品本身没有特色	
	产品本身虽有特色，但很容易被模仿和超越	
	其他原因	
产品上市时机不对	产品上市太早	
	产品上市太晚	
	其他原因	

资料来源：成海清.首席产品官[M].北京：企业管理出版社，2019.

企业通过对产品开发管理过程的诊断和分析，可以找出企业现有产品开发管理中存在的问题，并利用创新的产品路线实现新产品的开发管理。企业创新的产品路线可分成三个部分：产品概念形成、产品方案设计、产品开发管理。下面我们详细介绍每一个部分的内容。

6.2 如何找到有价值的产品概念

产品路线的核心之一就是如何找到有价值的产品概念。虽然现实的商业环境中存在着诸多不确定因素，并不可能存在"标准化"的产品概念产生的流程，但是，产品概念的内容及其所处的商业环境总是存在一定的共通性。一般而言，产品概念产生的流程由三个阶段组成，即产品创意产生、产品创意筛选、产品概念形成，如图6-11所示。在产品创意产生的阶段，要充分考虑企业所处竞争环境中的诸多因素，其中最为关键的两个因素是技术机会与市场机会。

6.2.1 产品创意如何产生

产品创意产生是新产品开发的第一个阶段，是新产品开发的源头。一个有价值的创意，不但要求足够"新"，而且要有成熟的技术保障其能以产品的形式呈现在消费者面前。与此同时，还要求消费者能从心理上接受新产品的介入，在市场中产生对这种新产品的需求。因此，该项工作不能仅仅局限于企业自身的生产环境，而必须将其置于一个开放的、不断变化的环境中，并充分考虑从自身到整个行业中所存在的技术机会和市场机会。我们已经在第 5 章中了解到该如何识别和把握技术机会，与市场机会有关的内容将在第 7 章中做详细的介绍。本节将重点介绍产品创意的来源。

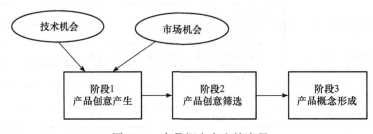

图 6-11 产品概念产生的流程

创意指的是市场中存在的，通过一定程序可被商业化的潜在机会[⊖]。市场是一个时刻变化的、动态的系统，各种因素相互作用，创意便是各种因素相互作用的产物之一。创意的产生虽然需要依照一定的逻辑顺序，但是事实上并不存在所谓的"唯一的"或者"最优的"流程。一般而言，创意主要是基于市场和技术两方面来考虑的。创意可通过增加市场新颖性和增加技术新颖性两个方面来实现，主要有以下几种分类，如图 6-12 所示。

产品开发者在捕捉新产品创意时，需要重点关注三个方面的内容：一是把握技术路线所反映的，企业自身、行业内部、行业之间各类关键技术和核心技术的发展状况；二是把握市场路线所反映的，对客户、竞争者及市场环境的分析结果；三是运用头脑风暴法、领先用户法、创新模板法、启发式思维技巧等方法搜集创意源，集合尽可能多的创意。一般情况下，创意的来源主要有以下几类。

1. 企业自身现有的产品

许多创意产生于企业现有的产品中。如果能通过改进现有产品的不足，或者重新设计现有的产品销售模式，则有可能获得新的创意，而且这比通过其他来源

⊖ Robert A. Baron. Opportunity Recognition as Pattern Recognition：How Entrepreneurs "Connect the Dots" to Identify New Business Opportunities [J]. Academy of Management Perspectives，2006：104-117.

获取的成本更低。利用现有的产品开发新产品，可以利用既有的、充分的市场信息，以及成熟的市场环境，规避诸多不确定因素。例如，世界知名的食品生产商玛氏（Mars）是立足于现有的产品开发新产品的典范。始创于1911年的玛氏（Mars）旗下有多种品牌的巧克力，从20世纪30年代开始，玛氏通过细分顾客群体，不断在原有的产品线上添加新的品种，实现市场的全面覆盖。时至今日，玛氏已经拥有10个价值超过10亿美元的品牌，成为世界上最大的食品生产企业之一[①]。

产品目标	无技术变化	改进技术	新技术 获得全新的科学知识和生产技能
无市场变化	维持现状	重新规划 在目前的产品方案中实现成本、质量和可获得性的最佳平衡	代替 通过没有采用过的技术寻求现有产品新的、更好的构造方案
强化的市场 更深入地探索公司现有产品的市场	重新进行销售规划 增加公司现有消费者的购买量	改进产品 改进现有产品，为消费者提供更多的效用和商品功能	产品线延伸 通过新技术拓宽目前供给现有消费者的产品线
新市场 增加公司服务的消费者的类型	新使用 发现能够使用公司现有产品的新的消费群体	市场扩展 通过改进目前的产品来获得新的消费群体	多样化 通过开发新的技术知识来增加消费群体类型

（增加技术新颖性 →）
（增加市场新颖性 ↓）

图 6-12　创意的实现方式

资料来源：特罗特.创新管理与新产品开发[M].陈劲，译.北京：清华大学出版社，2015.

2. 竞争对手的产品

创意的另一个重要来源是基于竞争对手的产品的分析结果。竞争对手的产品为何能有效地满足顾客的需求？从哪些方面解决了顾客生活中遇到的问题？产品的哪些属性使其在顾客心目中显得独一无二？产品的哪些方面引起顾客的抱怨最多？围绕这几个问题分析竞争对手的产品，将让企业明白顾客到底需要什么，以及现有

[①] MARS. History timeline[EB/OL].（2013-02-01）[2020-06-15]. http://www.mars.com/global/about-mars/history.aspx.

产品的缺陷主要表现在哪些方面。从竞争对手的产品出发，推测其在产品开发、设计以及生产过程中所需要的技术，将有助于做到"知己知彼"，获取大量有用的信息。例如，2011年，亚马逊推出了平板计算机Kindle Fire（金读之光），但是很快就被其他企业跟随并模仿了。就在Kindle Fire发布的半年后，具有相近功能的谷歌Nexus 7面世了，而苹果紧随其后，再次融入新技术。2012年下半年，iPad mini正式投放市场，并迅速赶超前者，成为这一领域的后起之秀[○]。

3. 技术

新技术的研发、引进、转移有助于解决在之前的产品开发中未能解决的难题，促使新产品更好地依照顾客的意愿呈现出来，拥有更强大的功能，或者以更低的成本大规模生产。美国学者保罗·特罗特（Paul Trott）认为，"创意最明显的来源是企业自身的研发部门，企业应该大力资助这些部门进行技术研究和新产品创意开发"。新技术的出现、既有技术的新组合或者新应用都可能满足甚至创造新的需求，从而形成新的产品创意。索尼与爱立信的合作正是基于这一点。日本的索尼与瑞典的爱立信通过建立手机合资企业，将各自擅长的消费品专业知识和移动电话网络技术相结合。通过生产既能迎合广大顾客的需求，又具备先进的移动电话网络技术的新产品，索尼－爱立信成功跻身同行业前列，一度以12%的市场份额位列世界第三。

4. 未利用的专利

未利用的专利指的是已经被投入，并被研发出来，但尚未被用于产品开发的专利。创新型企业虽然注重专利的研发，但是由于自身条件的限制或者市场环境的约束，并不是所有专利都能被成功地运用于产品开发之中。而随着时间的推移，市场竞争环境发生变化，昔日没有被重视的专利技术则有可能适应顾客提出的新需求，成为新产品开发的重要支撑。企业可利用专利地图法，在各个专业领域中寻找、研究以及识别具有潜在价值的专利，通过对既有专利的新应用、新组合实现新产品的研发。

5. 顾客

顾客是产品的使用者，开发新产品正是为了满足顾客个性化的需求，而顾客不断变化的需求和对旧产品的抱怨也可能成为新产品创意的来源。埃里克·冯·希普

○ Digitaltrends. iPad mini vs Kindle Fire vs Nexus 7 : In-depth comparison [EB/OL]. （2013-01-24）[2020-06-15]. http://www.digitaltrends.com/mobile/ipad-mini-vs-kindle-fire-vs-nexus-7-spec-showdown/.

尔（Eric von Hippel，1988）提出，在医疗设备生产和销售领域，新产品的创意主要来自顾客。而在覆盖面极广的快速消费品行业，顾客对产品所做出的反应同样是新创意的重要来源。例如，宝洁（P&G）一向十分重视顾客对产品的看法，为了研究、分析顾客对其产品的使用状况，经常组织产品开发者拜访顾客。而顾客对产品的建议或者抱怨所反映的信息，都成了新创意形成的依据，能够及时、有效地促进产品的更新换代。尤其是在当今的数智时代，利用大数据、人工智能等数字技术能够快速收集并分析顾客的在线浏览和评论等信息，通过数据挖掘等方式获取新的产品创意。例如，海尔十分重视互联网虚拟品牌社区的产品创意来源，尤其是运用新技术挖掘客户参与的海量创意并赋能新产品开发，对其产品创新绩效有显著的积极作用⊖。

6. 场景创新

场景创新是数智时代产品开发创意的重要来源之一。其实质是人、货、场的数字化融合，如今的人、货、场已经难以分割，譬如拼多多的"人"就是"场"，"货"就是"人"。在人工智能和大数据驱动下，零售企业的商业逻辑由传统的"货－人－场"向"人－货－场"转变，通过商业模式场景化实现人与货的精准匹配，进而催生出新零售模式；通过用户数字画像，分析情感需求和待办事项，实现用户场景化；通过产品、设计和场景，实现产品场景化⊜。

对于顾客而言，产品的价值主张具有重要意义，它是对客户真正所需的产品功能的描述。不同层面的价值主张通过不同的产品功能体现出来，如图6-13所示。第一层是核心价值，它指的是产品为满足顾客需求所提供的基本功能，如手表是用来计时的，鞋是用来保护脚的。第二层是有形价值，包括产品所展示的外部特征，如品牌、包装、样式、质量和性能等，它们都是实际产品的重要组成部分，是顾客需求的不同满足形式。第三层是增加价值，包括与产品间接相关或有意添加的服务与利益，如免费发货、分期付款、质量保证等。这些服务与利益可以消除顾客不愿或不敢购买这些产品的疑虑⊜。许多产品已不再依靠基本功能进行竞争。例如，30年前购买手表的人可能会关心它是否准时，而如今，就算是廉价的手表也能准确地报出时间。时至今日，手表市场竞争的重心已经转向与报时无关的性能、设计、款式、品牌等方面。

⊖ 唐小飞, 张克一, 苏浩玄. 互联网虚拟品牌社区产品创新绩效研究 [J]. 科研管理, 2019, 40（06）: 215-224.

⊜ 江积海, 阮文强. 新零售企业商业模式场景化创新能创造价值倍增吗 [J]. 科学学研究, 2020, 38（02）: 346-356.

⊜ 郝旭光. 整体产品概念的新视角 [J]. 管理世界, 2001（03）: 210-212.

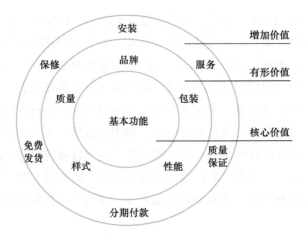

图 6-13 产品价值主张的三个层面

因此，企业的产品开发者在满足顾客基本需求的同时，通过美观的包装、新颖的款式、快速的送货模式、人性化的售后服务等吸引更多的顾客。产品创意的具体内容也随着顾客需求的多样化和产品开发者观念的改变而增添了新的内容，从顾客那里获取的有价值的产品创意不但要求具备迎合市场需求的核心价值，还需将着重点延伸至产品的有形价值和增加价值，从而实现产品的全方位创新。

6.2.2 怎样筛选产品创意

在分析产品创意的产生之后，如何在众多的创意里用最低的成本，高效地筛选出高质量的创意，对企业新产品开发而言具有重要意义。创意筛选过程本质上是一个由信息、知识交融产生的创意，从混沌无序状态到经过分析与整合达到清晰有序状态的非线性过程。创意筛选工作主要分为三个阶段：区分梦想与现实、顾客筛选、技术测评㊀。

1. 区分梦想与现实

这是对创意的初步筛选。从浩如烟海的创意中区分出哪些可能成为企业未来的新增长点，哪些仅仅是幻想，是筛选过程中首要的步骤。初步筛选的目的在于判断创意与企业的战略目标是否一致。要将一个创意变成现实，必须满足的首要条件是，该创意商业化的目的必须与企业的战略目标一致。这对于知名的大型跨国企业来说显得尤为重要。例如，耐克作为世界知名的体育用品品牌，选择进军

㊀ 特罗特. 创新管理与新产品开发 [M]. 4 版. 吴东，严琳，译. 北京：中国市场出版社，2012.

运动服装业显然是十分明智的,事实上也取得了巨大的成功。而宝洁虽然专注于个人护理产品的开发,但是如果推广"汰渍洗面奶",则可能会让消费者在使用时有一种不自然的感觉。更进一步说,壳牌作为世界知名的能源化工品牌,如果推出口感独特、富含矿物质的矿泉水产品,则明显与其原始品牌的价值主张不符。即使该产品极具创意,而且在技术上是可行的,也终究难以让消费者从心理上获得认同,甚至会让饮用者感觉味道中带有汽油味。因此,将创意与企业的战略目标进行对比,进行一个粗略、快捷的筛选是很有必要的。其最大的优点在于:可以在短期内以较低的成本完成,并且能有效地减少那些不切实际的创意对产品开发工作产生干扰。

2. 顾客筛选

将有可能成为现实的创意集合起来之后,产品开发者的下一步工作是进行顾客筛选。顾客筛选是指以文字或者图片的形式,将有商业价值的一个或几个创意展现在顾客面前,通过顾客的反应从中筛选出最有可能成功的创意。顾客筛选的目的主要是:①从众多备选的创意中筛选出具有商业价值的一个或几个;②对被选中的创意进行市场前景分析,同时分析其中可能存在的机遇和风险;③寻找对这些创意比较感兴趣的顾客群体;④针对这些创意,寻找后续工作中尚需完善的内容,以及可以延伸的市场空间。顾客筛选之所以至关重要,是因为这个程序有助于缩小范围,使企业进一步聚焦具有商业价值的创意,降低由于对创意本身的模糊认识,以及对市场信息了解不充分而导致产品开发工作失败的可能性。

顾客筛选一般采用定性的方法,向顾客提出的问题主要涉及以下内容:创意是否能被理解以及是否可信;对创意的第一印象如何,有什么联想;对创意所转化的产品的使用方法是否有初步了解;关于新产品的使用场合,以及该产品主要的使用群体有哪些认识。而在现实中,参与测试的顾客对上述问题做出的回答一般包括以下信息,即"肯定会购买""很可能会购买""需要再三考虑是否购买""很可能不购买""一定不购买"。例如,农夫山泉专门让广大顾客参与产品创意的筛选,测试农夫果园将什么样的口味结合最佳。经过测试,农夫果园形成了三种风格各异的水果组合,分别是"橙+胡萝卜+苹果""芒果+番石榴+菠萝""番茄+草莓+山楂"这三种口味。农夫果园通过让顾客参与产品测试,了解产品是否符合顾客的消费需求以及达到何种程度。经过顾客筛选后,农夫果园的产品突出30%的果汁含量,相比于100%的果汁含量口感更清爽,相比于10%的果汁含量口味更浓郁,因此该产品一经上市,就成为农夫山泉最为成功的饮料产品之一。

3. 技术测评

完成顾客筛选之后，下一步工作就是技术测评。技术测评区别于前面两种筛选，主要针对创意转化为产品的过程中所需采用的技术进行可行性分析，以判断是否存在技术上的瓶颈。技术测评的主要目的是：①将该创意转化为产品，需要哪些技术作为支撑；②是否能利用现有的技术，或者需要新的发明；③为了确保新产品在技术上的可行性，需要支付多大的成本；④企业是否具备独立开发新产品的能力，如果不能，是选择放弃还是寻求合作伙伴；⑤在技术可行的情况下，新产品是否真的能被生产出来，是否存在触犯法律法规或违反伦理道德的风险。技术测评是继顾客筛选之后的重要环节，直接关系到创意能否在现实条件中转化为新产品。技术测评工作的承担者主要来自三类组织：企业内部的技术研发部门、临时组织的专家小组以及独立的顾问团队（包括专业的技术咨询公司、高校实验室、研究所等）。技术测评工作可以由一个组织独立完成，也可以由几个组织合作完成。如果说"区分梦想与现实""顾客筛选"是产品概念形成的"软件"，那么，技术测评则是重要的"硬件"组成部分。例如，对于汽车新型安全系统开发而言，产品研发者的目标在于改良安全带挽具。在技术测评阶段，产品研发者必须尝试使用不同的材料制作安全带挽具，同时作对比测试，寻找创意的最佳实现途径。而在测试的过程中，为了安全起见，一般会使用假人以及采用模拟碰撞技术，这也需要一定的技术作为支撑。总而言之，技术测评是将创意进一步"实体化"的重要步骤。

完成创意的产生与识别工作之后，产品研发者就应该通过上述三个阶段对创意进行筛选，经过这三个环节之后，产品概念的基本雏形就形成了。但是，由于创意的来源多种多样，因此，创意评估与筛选要时刻根据商业环境的变化而改变策略，在此过程中，企业如何落实上述三个环节呢？这就需要选择下面两种常见的方法对产品创意进行评估，主要包括专家小组法和属性列举法。

（1）专家小组法是产品研发者采用的一种有效的方法。该方法是指将专家分成多个小组，采用专家会议的形式对创意的价值进行评估，如图6-14所示。通过专家之间反复多次的相互沟通、相互启发，可以有效地修正之前做出的判断、预测，最终选择具有价值的创意。专家小组法的优点在于可以有效地实现相关领域专业人员的意见交互，并及时弥补个人看法上的不足。与此同时，在信息快速交互的过程中，容易产生"思维共振"，并在短时间内提供较为有效的决策依据。运用专家小组法时，只有注意以下几点，才能使其充分发挥作用。第一，专家小组的规模以10～15人为宜。第二，会议时间持续20～60分钟较为合适。第三，专家必须对相关领域有较深入的研究，无论职称与级别高低，在会议过程中应平等相待。第四，如果与会者相互认识，则尽量选择职称或级别相同的人员，以免产生不必要的压力。第五，专家意见的收集与整理工作必须及时、高效。如果设有征询调查表，则应确保问题不具有异议。

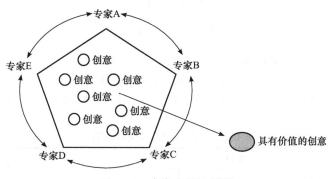

图 6-14　专家小组法原理

资料来源：黄静，杨宇帆.新产品营销 [M].北京：高等教育出版社，2012.

（2）属性列举法是由美国内布拉斯加大学的克劳福德（Robert Crawford）教授于 1954 年提出的，是一种有效的思维创新方法。该方法指的是使用者在观察事物或分析问题的过程中，通过列举、整理其固有的属性，总结出新的构思，如图 6-15 所示。属性列举法的优点在于能促使研究者对事物或问题有较为全面的认识，从而有针对性地进行研究分析以及有的放矢地制定方案。该方法将事物或问题看作一个系统，并将其划分为若干个子系统，通过把各个子系统的属性列举出来并加以区分，来认识其中的规律。就新产品开发而言，具体实施步骤如下。首先，通过属性列举将事物或问题的属性划分为三类：名词属性、动词属性及形容词属性；其次，从上述三个角度进行分析、联想，考虑每种属性是否有改善的可能；最后，整理上一阶段提出的建设性意见，提出新产品的构思。运用属性列举法时，需要注意以下两点。第一，当列举的属性数量达到一定程度时，应将其进行归类，具体做法为：将内容重复或相似的归为一类，将相互矛盾的归为一类。第二，在时间较长、工作量较大的情况下，应阶段性地对结果进行整理，考虑是否存在遗漏的属性。

下面我们再介绍一种简便、实用的新产品创意决策评审方法，企业可根据实际情况进行适当优化后选择采用。该方法主要通过回答三个基本问题对新产品创意进行决策评审，如表 6-2 所示。

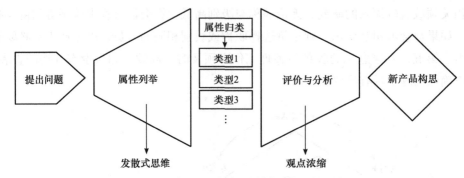

图 6-15 属性列举法原理

资料来源：姚凤云，苑成存.创造学理论与实践[M].北京：清华大学出版社，2008.

表 6-2　新产品创意决策评审方法

决策评审准则	评分（0～10分）
（1）该项目真实可靠吗？ ①该项目有市场需求吗？ ②该项目在技术上可行吗？ ③该项目的人力资源够吗？	
（2）该项目值得做吗？ ①该项目可能为企业带来多大的销售额和利润？ ②该项目的预计成本有多高？ ③该项目失败的风险有多大？	
（3）我们能赢吗？ ①我们在这方面有竞争优势吗？ ②我们有做该项目所需要的资源和能力吗？如果没有，我们能够从外部获取吗？ ③该项目的竞争有多激烈？竞争对手会防御吗？它们防得住吗？	

企业可结合对这三个方面内容的更为具体的思考，以 0～10 分为每个新产品创意打分。例如，如果有一个项目评审得分低于 6 分，则该项目直接被淘汰；如果不考虑三个方面的权重，该项目的合计得分低于 18 分，则该项目也将被淘汰。以上是对新产品创意筛选的比较宽松的评分方式，在概念评审和立项评审时将更为严格。

6.2.3　如何形成产品概念

产品创意产生和筛选阶段的主要任务是激发尽可能多的新产品创意，而且应该尽可能多地激发突破性的新产品创意。在产品概念形成与开发阶段，我们将对在前面两个阶段中通过筛选和评审的新产品创意进行完善，以便为新产品立项提供具有高投资回报潜力的新产品创意。这就是我们要讲的如何形成产品概念。

在此之前，我们先学习两种获取客户需求和产品概念的思维方法。罗杰·马丁

（Roger Martin）教授提出的设计思维方法作为贯穿于产品路线始终的一种重要的方法策略，应用于企业产品开发设计的方方面面。这是一种能够沿着知识漏斗移动的思维模式。掌握了这种思维模式的企业，会不断对经营体系和产品体系进行创造性设计。近些年来，随着用户需求的快速变化，企业如何能够挖掘用户的真实需求，将有价值的产品创意转化为产品概念呢？这是产品路线最重要的一个环节，设计思维方法恰好为我们提供了一套可行的解决方案。这里主要介绍常用的两个方法："五个为什么"询问法和移情法。通过这两种方法，可以帮助企业发现用户的真实需求，找到新颖的产品创意，并将其作为有价值的产品概念。

"五个为什么"询问法最早是由丰田公司提出的，又称丰田五问法，其首创是丰田公司的丰田佐吉。实际上就是直接问用户，挖掘用户的真实需求，确认用户头脑中的产品概念。与一般的问法不同，设计思维倡导的问法是连续追问。虽然叫"五个为什么"，但也不限于只问五次，而是刨根问底。通过多次追问，从现象出发，依次找到导致现象的表面原因、中间原因和根本原因，如图6-16所示。由于这个方法能够帮助产品开发人员迅速找到问题的答案，所以它被广泛应用在各种用户需求挖掘场景中，是寻找有价值的产品概念的重要方法之一。

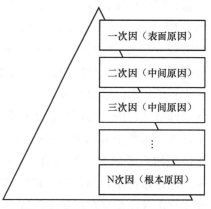

图6-16 "五个为什么"询问法

举个例子⊖，一家英国的老牌制鞋厂因为手工生产成本过高而濒临破产。一天，鞋厂来了一位想修复女式高筒靴的男顾客。一般的店家可能只是将靴子修好就完了。但这家鞋厂的老板十分好奇，问了这位男顾客五个问题。第一，为什么一个男顾客要修复女式高筒靴？男顾客的答案并不是帮他的太太或女友，而是为自己修鞋。第二，为什么这位男顾客会穿女鞋呢？男顾客的答案是他有异装癖，喜欢穿女鞋。第三，为什么靴子会坏呢？男顾客的答案是由于他身材高大，而为女性设计的高筒靴的鞋跟太细，因而承受不了他的体重。第四，为什么不能用耐用的大号女鞋代替呢？男顾客的答案是他认为耐用的大号女鞋不够华丽、性感。第五，为什么市场上没有既美观、性感，又适用于体重大的客户的女靴呢？男顾客的答案是因为一般的鞋厂如果只针对女性客户，则不需要将鞋跟加固；如果只针对传统的男性客

⊖ 哈佛商业评论. 帮你省时间！替你划重点！教你学管理！[M]. 杭州：浙江出版集团数字传媒有限公司，2017.

户，则不需要将靴子设计得如此华丽。这家鞋厂的老板意识到这可能是一个蓝海商机，因为在市场上没有满足这一需求的产品，而随着社会的多元化发展，这位男顾客的需求代表着一个新利基市场的产生。

移情法[一]，又称同理心法，是将设计思维运用于用户需求挖掘和产品概念发现的常用方法，也是通过同理心来体会用户的真实需求，设身处地地感受用户痛点产生的原因并为用户提供帮助和解决方案的重要方法。产品开发人员要站在具体用户的角度，认真观察、记录和体会以下六个方面的内容，如图 6-17 所示。首先是用户看到了什么和用户听到了什么，这两个方面关注的是用户如何接受信息；其次是用户感受到了什么和用户想到了什么，这两个方面关注的是用户如何处理信息；最后是用户说了什么和用户做

图 6-17　移情法的六个方面的内容

了什么，这两个方面关注的是用户如何对信息做出反馈。运用同理心分析用户时，可以把用户看到的、听到的、感受到的、想到的、说的和做的内容完整地记录下来，始终站在用户的角度，理解产品与用户的关系，产品最终是服务于用户的，因此用户需求挖掘与产品概念发现和用户自身息息相关。

比如，Keep 运动瘦身 App 的创始人王宁就是通过其自身的瘦身经历和需求开发了 App，在产品开发中一直坚持利用这种移情的方法来满足用户在健身方面的各种需求，使得 Keep 在不到 300 天的时间内拥有了 1 000 万的用户。

设计思维的两个基本方法总结起来就是，设计思维强调与真实用户的互动。无论是"五个为什么"询问法，还是移情法，目的都是通过和用户互动，理解用户的需求，从而挖掘出有价值的产品概念雏形。

当我们学会了两种思维方法之后，新产品概念形成一般要经过建立新产品概念开发团队和对新产品概念进行评审两个方面。

一方面，在产品概念开发过程中，需要组建跨职能部门的新产品概念开发团队，包括产品经理、技术人员（开发人员、工程师、科学家或技师）和营销代表。我们可以将跨职能部门的会议称为"产品概念审查会议"。一般而言，一个新的产

[一]　奥斯特瓦德，皮尼厄．商业模式新生代 [M]．王帅，等译．北京：机械工业出版社，2012．

品概念的最终形成通常需要一个或两个会议（可能每个会议要进行一两个小时）进行评估。会议应控制在小团队内，以便快速评估。当形成完整的团队时，会议室可能存在太多的意见，评估速度会明显降低。由于想法库存通常有很多备份，所以这些核心的小会议旨在缓解压力，借助小型、灵活的团队来快速评估对业务感知的重要性。表 6-3 详细说明了小型跨职能团队中的各个角色及其责任。

表 6-3 在产品概念开发阶段的跨职能团队成员及其责任

角色	责任
产品负责人	（1）领导机会评估会议； （2）提供市场和业务环境； （3）管理产品概念库； （4）帮助指导优先级
市场负责人	（1）提供行业和竞争对手的信息； （2）利用细分市场和客户需求信息； （3）保持营销组合模型平衡（定价、定位）； （4）确定是否可以以及如何将机会传递到市场
研发负责人	（1）提供技术知识和支撑； （2）帮助确定项目是否具有技术可行性； （3）对工作规模进行粗略的"人力投入量"估计； （4）讨论负责度、资源需求和实践

资料来源：海恩斯.产品经理装备书（原书第 2 版）[M].余锋，等译.北京：机械工业出版社，2017.

另一方面，需要通过新产品概念开发团队对前面筛选的新产品概念进行评审。企业将花费较长的时间周期、投入较多的资源对新产品概念进行客户需求研究、技术可行性分析等。因此，新产品概念评审应该比之前的创意评审更为严格，以确保真正有前景的创意进入立项分析阶段。概念评审一般由产品负责人来负责，团队成员主要由市场、研发以及财务等职能部门的负责人组成。我们将介绍一个基于最佳实践的新产品概念筛选方法，如表 6-4 所示，企业可以根据每个项目的吸引力分数，对多个项目按得分高低进行排序，以确定进入新产品立项和产品开发设计阶段的优先顺序。

表 6-4 产品概念评审准则

评审准则	评分
（1）战略： ①与公司战略的一致性 ②项目的战略重要性	
（2）产品的竞争优势： ①对用户而言具有独特的产品效用 ②与竞争对手的产品相比具有差异化特点 ③更好地满足用户需求 ④性价比更高	

(续)

评审准则	评分
（3）市场吸引力： ①市场的规模 ②市场的成长性 ③竞争地位	
（4）能否利用公司的核心竞争力： ①营销和分销核心竞争力的利用 ②技术核心竞争力的利用 ③制造、运营核心竞争力的利用	
（5）技术可行性： ①技术差距的大小 ②技术的复杂性 ③技术的不确定性	
（6）回报与风险： ①回报的大小，即预测成功上市后的利润大小 ②预测投入的大小 ③回报周期，即预测实现盈亏平衡的周期 ④收入、成本和利润估计的可信度	

每一款成功的新产品，都是从成功的产品概念中诞生的。一般来讲，有价值的产品概念能同时实现三个方面的目标：一是最大限度地满足消费者的需求；二是尽可能地缩短开发周期；三是控制好开发成本。而在现实中，这三个目标是相互矛盾的，企业只能尽可能地寻求其间的平衡。

6.3 如何设计产品开发方案

在寻找到有价值的产品概念之后，需要进一步学习如何将一个产品概念具象化，如何设计产品开发方案。其具体可分为制定产品开发目标、制订产品线计划、选择产品平台战略三个方面。

6.3.1 制定产品开发目标

设计产品开发方案的第一步就是制定产品开发目标。产品开发目标的制定应遵循 SMART 原则。该原则是由管理学大师彼得·德鲁克在目标管理研究中提出的，最早出现于他的著作《管理的实践》一书中。

制定产品开发目标应遵循 SMART 原则，具体为：①目标要具体（specific），不能过于笼统；②目标要可衡量（measurable），保证各项指标数量化或行为化，且验证指标可靠性的数据或信息是可以获得的；③目标要可实现（attainable），各项指标在现有条件下是可以实现的，避免制定过高或过低的目标；④目标要相关（relevant），制定的目标要与现有的工作或研究相关；⑤目标要具有明确的时间限定（time-based），在既定的时限内完成目标。

产品开发的目标主要包括"多、快、好、省、准"五个方面。具体而言，"多"目标是指通过开发以顾客需求为导向的产品，提供优质产品服务等方式提高产品的市场占有率，提高产品的收益率；"快"目标是指在产品开发过程中要提高产品开发效率，缩短产品开发时间等；"好"目标是指开发的新产品需要保证产品质量，提高客户的满意度，同时减少产品后期出现的问题；"省"目标是指在产品开发过程中应规范产品开发流程，减少不必要的产品开发费用，提高产品开发能力，在保证产品质量的同时追求更低的产品开发成本；"准"目标是指所开发的产品需要精准地满足细分市场的客户需求，从而提高产品的命中率[⊖]。

产品开发的目标主要包括企业未来 3～5 年的收入、利润、现金流和市场地位等微观的、具体的目标。具体而言，企业要组织产品管理团队成员设立企业未来 3～5 年的产品开发经营目标，如表 6-5 所示。产品开发经营目标的设定需要尽可能客观，需要有假设依据，不能简单地随意填写。当数据假设条件发生变化时，相应的数据也要进行调整。

表 6-5 企业产品开发经营目标

年份	新产品数量（个）	产品开发速度（天）	营业收入（亿元）	净利润（亿元）	现金流（亿元）	市场份额（%）	竞争地位（第 X 名）
JN+1							
JN+2							
JN+3							
JN+4							
JN+5							

注：JN 指今年，实际填表时可以用实际年份替代。

通过制定产品开发目标，企业可以明确需要开发或改进哪些产品类型，如何区分自己与竞争对手的产品，如何将新技术引入以及如何确定一系列新产品的研发顺序。有效的产品开发目标来自严格的产品计划，而产品计划是综合了多方面的信息之后制订的，反映的是产品开发者对市场、技术以及竞争态势所带来的机遇的深刻

⊖ 任彭枞. 产品开发管理：方法、流程、工具 [M]. 北京：中华工商联合出版社，2018.

理解，对企业的经营发展具有重要意义。

6.3.2 制订产品线计划

产品开发目标的制定更多的是针对某个或某类具体产品形成的具有可操作性的经营目标，在此基础上，企业更需要有产品线思维。企业应根据自己的资源、核心技能及市场成熟度来形成产品的组合策略，对现有产品或即将开发的新产品进行分类，制订产品线计划，采取不同的对策来管理各产品线，这与企业的可持续发展息息相关。

产品线（或产品序列）是指密切相关的一组产品，这组产品可能功能相似，或者在同一价格范围内，或者由相同的销售途径销售给同一顾客群。产品线的作用在于引导企业准确地捕捉实施产品开发方案的时机，如企业何时更新技术或增添新产品系列。

产品线计划是一个分时间段的、有条件的计划。该计划为一个产品线确定具体的产品开发顺序。制订产品线计划的主要目的是排列同一产品线中不同产品的开发顺序和上市时间。企业通过对产品线本身及组织内外部环境进行分析，基于合理的目标细分市场来选择合理的产品线并加以整合，最终确定合理的产品线长度、广度、深度等，从而获取目标市场，提高市场占有率。

产品线计划与企业的经营目标密切相关，尤其是与企业的营业收入与净利润相关。产品线计划主要包括各条产品线的开拓新市场和开发新产品的内生增长模式，此外还包括并购其他公司产品线的外生增长模式，如图 6-18 所示。企业应该立足于自主研发的内生增长模式，通过多条产品线的有效经营来实现企业的增长目标。

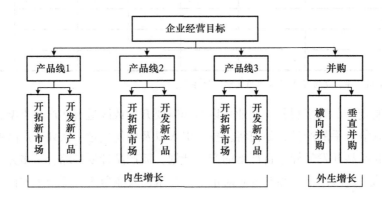

图 6-18　产品线规划

企业在制订产品线计划时，一般而言，要满足以下四个原则：

（1）产品线涵盖所有主要的目标细分市场，在一个产品线内，不同的产品要对应不同的细分市场，否则就没必要分出多个产品；

（2）每个产品要足够"聚焦"，以避免产品繁多和市场混乱，不要试图为所有人开发所有产品；

（3）产品线开发计划是有时间阶段的，同一产品线中的不同产品应该依次推出；

（4）相似的产品线要协同推出，比如，在推出高端产品的同时也可推出中低端产品。

产品线计划要采取"上市一代、开发一代、规划一代"的策略，从而保证企业的可持续发展。图6-19是一个产品线规划模板。从图6-19中可以看出，某企业共规划了A、B、C三条产品线。该企业的每条产品线均按开发和上市的先后顺序将产品分为现有的产品、开发中的产品和规划中的产品三类：

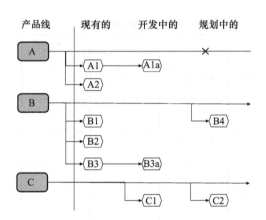

图6-19　产品线规划模板

资料来源：成海清. 产品创新管理方法与案例 [M]. 北京：电子工业出版社，2011.

（1）现有的（products in the market，PIM）表示这些产品已经上市销售；

（2）开发中的（products in development，PID）表示这些产品已经进入开发阶段；

（3）规划中的（product innovation charters，PIC）表示这些产品正在规划中，尚未进入开发阶段。

通过图6-19，我们也可以直观地看出以下产品线规划信息：

（1）当前有两条产品线（A、B），总共有5类产品已上市；

（2）有两类即将上市的产品（A1a 和 B3a）正处于开发阶段；

（3）A 产品线标记"×"，表示该产品线在不久的将来要退市；

（4）企业规划了一条新产品线 C，该产品线的第一类产品正在开发，第二类产品正在规划之中。

通过图 6-19，我们还可以看出该企业在产品线规划方面的战略意图：

（1）该企业将一些资源投入到现有产品的升级方面（A1a 和 B3a）；

（2）该企业做出了终止一条产品线（A）的决策；

（3）该企业计划新增一条全新的产品线（C）。

产品线系列产品的开发顺序安排，一般从中等复杂程度的产品开始。首先开发出一个基础型产品（basic product），然后通过该基础型产品延伸开发出面向低端市场和高端市场的系列产品。如果这样做，则第一个产品的开发成本可能比较高，但是随着系列产品的开发和上市，整个产品系列的单位产品成本会大大减少。图 6-20 描述了产品线系列产品的开发路线图。

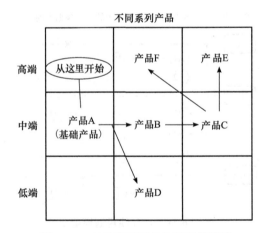

图 6-20　产品线系列产品的开发路线

在图 6-20 中，该企业首先开发中等复杂程度的产品 A，作为基础型产品，然后开发比较低端的产品 D，同时开发中等复杂程度的产品 B，然后继续开发中等复杂程度的产品 C。在中等复杂程度的产品开发比较完善的基础上，面向高端市场开发产品 F 和产品 E。

企业产品线开发也是有生命周期的。一般而言，企业产品线会随着时间的变化，在数量、成熟度方面不断变化。我们按照产品线的规模和成长状态可以将其分成四个阶段：初创期、成长期、成熟期和衰退期，如表 6-6 所示。企业产品线发展在每个阶段都有明显的特征。因此，企业需要根据产品线所在阶段的特征，结合市场发展状况和行业特征采取不同计划，通过对产品线的归纳与总结，有针对性地提出计划方案。

表 6-6　企业产品线发展阶段的特征及相应的计划策略

发展阶段	特征	计划策略
初创期	1. 产品种类稀少，没有形成产品线； 2. 销售量低； 3. 不能产生利润或者利润较低； 4. 消费群主要是爱好新奇者； 5. 竞争能力比较弱	1. 以基础型产品为主； 2. 重点在扩张市场：通过广告、大量促销、产品试用等方式扩大市场份额； 3. 采用成本加成价格策略
成长期	1. 产品种类逐渐增多，逐步优化企业的产品结构，开始形成简单的产品线； 2. 增长率较高，销售量显著增加； 3. 能够产生一定的利润，促进企业继续向前发展； 4. 逐渐发展自己的消费细分市场； 5. 竞争能力逐渐增强	1. 增加产品种类，优化产品结构，进行产品线设置，形成聚焦、突破、布局三种产品线梯队； 2. 渗透市场，通过扩大生产规模、提高生产能力、增加产品功能、改进产品用途、拓宽销售渠道、开发新市场、降低产品成本、集中资源优势等单一策略或组合策略来开展； 3. 战略核心体现在两个方面：利用现有产品开辟新市场实现渗透，向现有市场提供新产品实现渗透
成熟期	1. 产品种类丰富，具有稳定的产品结构和产品线梯队； 2. 销售量缓慢增加，逐渐达到顶峰； 3. 利润达到最大； 4. 具有稳定的消费人群； 5. 竞争地位较高，品牌知名度较大	1. 保持产品差异化，形成多样化的产品和品牌，保持产品线梯队稳定发展； 2. 保持市场占有量，努力延长成熟期的时间，提高客户对品牌的忠诚度； 3. 采用具有竞争性的价格策略
衰退期	1. 优秀的产品替代品大量出现； 2. 销售量逐渐降低； 3. 利润减少，甚至为负； 4. 竞争能力减弱，知名度降低	1. 剔除常年处于弱势的产品线／产品项目，寻求新的发展项目； 2. 在原有项目上减少支出； 3. 采用削价策略； 4. 重新细分市场

资料来源：张甲华. 产品战略规划 [M]. 北京：清华大学出版社，2014.

◀■ 创新聚焦 ■▶

白云电器的全产业链产品线布局

广州白云电器设备股份有限公司（以下简称"白云电器"）是广州市土生土长的民营企业，1979 年以打铁起步，与我国改革开放同步发展，秉承"打铁还需自身硬"的企业精神，历经三代人、五个阶段的转型升级，探索出一条传统装备制造业充分利用"云、大、物、智、移"技术，转型为"产品＋服务"的电力能源综合解决方案供应商的成功之路，已在上海证券交易所主板上市。白云电器是国内同行业中从电力输电、变电、配电到电力治理产业链最丰富的企业之一。其产品广泛应用于国家电网、南方电网、五大发电集团、中广核电集团、29个城市的轨道交通配电与控制设施及其他各种国家重大项目和大型工业企业，有力地保障了国内外重大工程电力安全。

白云电器从最初生产电工钳等铁器产品开始，经过40多年的发展，经历了手工锻造铁器、机械加工五金件、装配三箱类产品、专业制造配电设备、高端装备制造以及"高端装备+服务"六个阶段，逐步成为如今涵盖电力设备全产业链布局的电力能源综合解决方案供应商。图6-21是白云电器产品线发展历程。

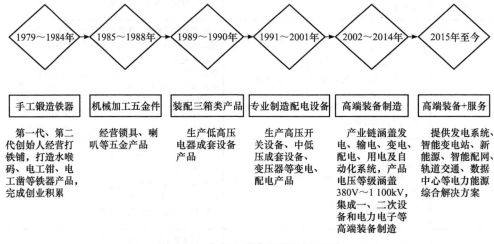

图6-21　白云电器产品线发展历程

白云电器每一步的产品布局都是与时代发展相呼应，与社会需求相吻合的。进入20世纪90年代，部分电力设备领域的国有企业逐步退出，此时的白云电器只生产附加值和技术含量较低的电力装配三箱类产品。它抓住这一机遇，开始收购遇到经营困境的国有电气设备企业，开始布局专业制造配电设备。2002年，国企改革进一步深化，电力设备领域部分国企进一步退出，白云电器不仅收购了国有企业，还成立了合资企业，实施事业部制改革，整合全国销售市场网络和产业链布局，开始从广州走向全国，一跃发展成为涵盖发电、输电、变电、配电、用电及自动化系统的电力装备领域全产业链的高端装备制造企业。2012年，时任国务院总理温家宝考察白云电器时曾留下"没有改革开放，就没有白云电器，也没有白云电器的今天"的话语。这句话很好地总结了白云电器紧随改革开放浪潮，一步步发展壮大，完成了电力装备领域的全产业链产品线布局的成果。

自2015年起，白云电器对标国际一流电气设备供应商西门子，立志成为"中国的西门子,世界的白云电器"。面对行业发展的新趋势,公司通过"需求+技术""产业+资本"的双轮驱动战略,正加快从产品驱动向数据驱动、从装备制造向智造服务转型,围绕着电力资产建设、电力资产管理服务、电力能源管理服务、节能服务、电力能源供给服务,为客户提供涵盖咨询、金融、设计、采购、施工、安装、调试、运维、培训等的总包服务,致力于成为世界领先的电力能源综合解决方案供应商。

如今,白云电器形成了三大业务板块。一次设备包括高压开关设备(GIS)、中低压成套设备、变压器、电力电容器、玻璃绝缘子、电力电缆、高低压开关、真空开关管等,涉及50多个大类1000多个品种的各类电容产品,电压等级涵盖从220kV高压到400V低压,从发、输、变、配到用户,从成套设备到核心元件。二次设备及电力电子以电能质量管理及节能为核心,包括继电保护、仪器仪表、SCV、SVG、APF、变频器、电源装置、直流融冰装置等产品。解决方案以控制系统为核心,集成一、二次设备及电力电子,主要包括发电系统解决方案、新能源解决方案、智能变电站解决方案、智能配网解决方案、轨道交通综合解决方案、数据中心解决方案、智慧水务解决方案、工业园区综合能源管理解决方案、典型终端解决方案等。图6-22是白云电器的业务发展阶段。

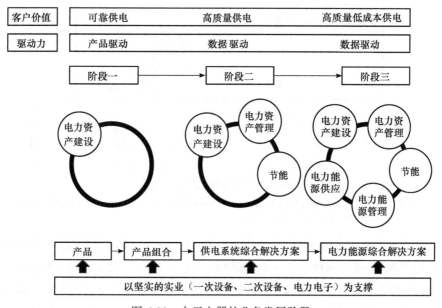

图6-22 白云电器的业务发展阶段

资料来源:①白云电器.关于白云[EB/OL].[2020-11-20]. http://www.bydq.com/about/index.aspx.
②白云电器.白云电器2019年年度报告[R/OL].[2020-11-20]. http://file.finance.sina.com.cn/211.154.219.97:9494/MRGG/CNSESH_STOCK/2020/2020-4/2020-04-28/6159614.PDF.

思考：
1. 白云电器是如何一步步地进行电气设备领域全产业链布局的？
2. 白云电器向电力能源综合解决方案供应商转型给了制造业企业什么启示？

6.3.3 选择产品平台战略

产品平台是在过去的 20 年中，世界各大公司产品开发历程里最为重要的主题。产品平台被成功地运用于许多公司，并产生了一批影响深远的产品，如索尼的可携带式磁带播放机和惠普的喷墨打印机。产品平台是一系列产品的、若干个核心技术的集合。它定义了这些系列产品（产品族）的成本结构、能力及差异。图 6-23 展示了单一产品系列如何通过连续产品平台实现扩展的过程，其中包括新产品开发以及后续产品的产生。

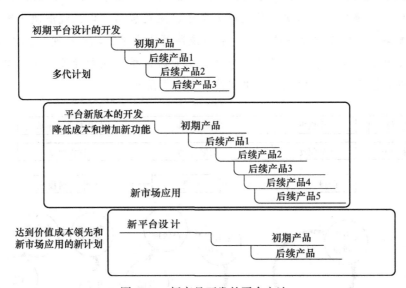

图 6-23 新产品开发的平台方法

资料来源：Meyer M H，Lehnerd A P.The Power of Product Platform：Building Value and Cost Leadership[M]. New York：The Free Press，1997.

构建产品平台是企业创新发展的必由之路。当企业发展到一定程度时，为了满足更多客户的需求，企业必须建立共享的产品平台，在这个平台上集成产品开发技术，并且加入反映客户需求的个性化内容，从而达到快速、有效地迎合市场需求的目的。迈耶（Meyer）和厄特巴克（Utterback）采用汽车行业作为产品平台就是一个典型的例子[⊖]。

⊖ Muffatto M，Roveda M. Developing product platforms [J]. Technovation，2000，20（11）：617-630.

在这个例子中，有几个独立的模型具有相同的基本原理，如悬挂系统和传动系统。正如他们所说："一个坚固的平台是成功的产品家族的核心，而这个成功的产品家族是一系列密切相关的产品的基础。"全新的产品平台意味着企业在生产或制造技术上要进行革命性的改变，这时企业需承担更大的风险。

产品平台的基本理念是，让消费者看见的所有零部件具有差异化的特征，同时各产品模型共享零部件和生产工艺（Wheelwright，Clark，1992）⊖。穆法托和罗维多（Muffatto，Rovedo，2000）⊖认为，使用产品平台可获得的收益有：①降低生产成本；②模型之间共享零部件；③减少研发的导入时间；④降低系统的复杂性；⑤更好地实现跨项目学习；⑥提高更新产品的能力。

产品平台是产品战略的核心环节，其构建的目的在于为一个产品线的开发创造一系列核心技术要素。产品平台决定了产品成本结构、开发能力及后续产品的竞争力，所以它的强大与否关系到产品线乃至整个企业的成败。例如，丰田汽车所有的产品都是以四个不断革新的产品平台为基础发展起来的。这四个强大的产品平台已经足以使它成为世界上最知名的汽车公司之一。

产品平台战略定义了一个产品平台应包含哪些核心技术要素，以及开发和扩展它们的模式。产品平台战略的性质会因行业性质和产品用途的不同而有所差异。常用的几种产品平台战略有：专用产品平台战略、横向扩展产品平台战略、纵向拓展产品平台战略和抢滩战略。

1. 专用产品平台战略

专用产品平台战略的特点是每一个细分市场都有自己专用的产品平台，各细分市场的产品之间很少共享子系统和制造工艺，如图 6-24 所示。对采用这种战略的企业而言，每个产品开发小组和每个制造车间都只为单独的市场单元服务，能确保产品的属性充分地反映市场动态，有效地满足客户需求。这种战略也存在着一定的劣势，由于产品线之间不存在生产能力的共享，所以企业进行业务活动的成本会增加，制造资本的投入也会比采用其他产品平台战略大。因此，专用产品平台战略并不适合大规模定制企业。

2. 横向扩展产品平台战略

横向扩展产品平台战略是指让同一档次、不同市场区段的产品实现制造工艺和

⊖ Steven C, Wheelwright, et al. Competing through development capability in a manufacturing-based organization [J]. Business Horizons, 1992.
⊖ Muffatto M, Roveda M. Developing product platforms [J]. Technovation, 2000, 20（11）: 617-630.

产品平台关键子系统的共享,如图 6-25 所示。它可以使产品平台在一个给定价格和收益的多个市场区段中扩展以及共享资源。横向扩展产品平台战略可以给企业带来巨大的收益。企业可以从一个局部进行延伸,开发出迎合整个区段消费者需求的产品,而这个过程并不需要重新发明部件或者增添新的技术,就可以有效地降低产品线延伸的成本。

图 6-24 专用产品平台战略

图 6-25 横向扩展产品平台战略

最关键的是,如果某一子系统可以满足消费者的某一类特殊需求,而竞争对手却做不到这一点,那么该子系统的产品将会给企业带来巨大的效益以及独有的市场地位。例如,虽然吉列公司的 Sensor-Excel 剃刀在男性和女性市场上使用相同的材料,但在外形、颜色和把手的形状设计上则不同。其中,热烈的大红色在男性眼中代表着权力、欲望、激情,为多数年轻的成功男士所喜爱。这一类消费者往往在事业上已有一定成就,拥有稳定且理想的收入,对日用品也有着更高的要求,即产品不但要在功能上满足最基本的需求,还必须具备在使用过程中令人产生愉悦感的特点。在先进的刀片工艺支持下,吉列公司采用满足大部分男性消费者感观需求的外观设计,研发出功能和外观兼优的一系列产品,并凭借此类产品赢得了一批高端的忠实客户。

3. 纵向拓展产品平台战略

纵向拓展产品平台战略是指同市场区段不同档次的产品共享产品平台的关键子系统和制造工艺，通常通过增加或减少功能来获得不同价格或性能的产品，如图 6-26 所示。纵向拓展可以由高到低拓展，也可以由低到高拓展。纵向拓展产品平台战略的优势在于不同层次的市场可以共享技术，能够以较低的成本实现新产品开发。但是这个战略也有一定的风险，若通用平台或者通用平台的子系统存在缺陷，则可能导致企业的产品线更新失败。

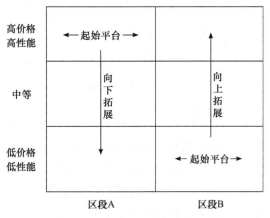

图 6-26 纵向拓展产品平台战略

例如，苏宁电器利用旗下的"乐购仕生活广场"成功地在百货行业占据了一席之地，而乐购仕采用的主要是纵向拓展产品平台战略。虽然在家电行业，苏宁主要采用以区域覆盖、价格战为主导的粗放竞争模式，但乐购仕作为百货商场，并没有延续这一传统。乐购仕在出售众多中低端商品的同时，添加了占总数约 30% 的进口百货类商品，而且大多数为高端品牌，在种类、功能、理念上全面与世界接轨。这一举措使乐购仕区别于绝大多数的百货商场，在产品线的结构上实现中低端和高端兼备，获得了独有的竞争力。"让世界的，进入你的世界"的乐购仕主题生活方式很形象地反映了这一点。

4. 抢滩战略

除了上述三种战略以外，还有一种发散式的抢滩战略，即把产品平台的横向扩展和纵向拓展结合起来，如图 6-27 所示。抢滩战略是大规模定制企业可以考虑采用的产品平台战略。这种战略不仅能在横向上实现产品开发的优化，而且可以在纵向上降低产品开发的成本，并为新产品的研发提供空间。当然，企业需要拥有一个低成本且有效的原始平台作为实施该战略的基础。

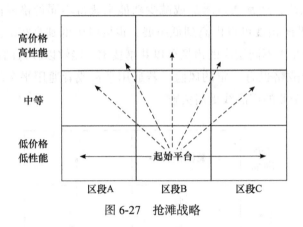

图 6-27 抢滩战略

例如，国美、永乐合并之后，门店数量急剧增加，部分区域出现了门店重合的现象，以至于产品之间相互挤压。2006 年，管理层决定采用横向扩展和纵向拓展相结合的产品平台战略。在通过技术共享、互补，将低端产品引向高端的同时，将集团的新产品从家电引向办公电器甚至保健、美容等领域，形成"不同产品进不同门店"的格局。此举成功地解决了大企业兼并之后，产品种类重合、产品线相互挤压的问题，使得各类产品在研发、销售模式上形成错位，获得了充足的发展空间。

6.4 产品开发管理

在明晰产品开发方案的设计之后，我们紧接着需要了解新产品是如何实现开发管理的。其具体包括新产品试生产、新产品市场测试和新产品发布。

6.4.1 新产品试生产

产品的创新并不局限于知识形态方面的新产品概念的创造，更重要的是对形成的产品概念进行二次开发，将知识形态的生产力转化为商品化、产业化的现实生产力。由于新产品概念还没有与人和社会的需要发生实际联系，即新产品还没有实际地满足人和社会的需要，所以只能说它具有一种潜在的使用价值，即只具有满足人和社会的需要的能力[1]。新产品试生产通过检验产品技术、质量等方面是否符合既定标准，产品线、工艺设备是否设置完善以及检测产品在市场中是否具有实际的使用价值，来优化新产品的开发，以便新产品顺利投放市场、批量生产。

新产品试生产前还需要进行产品的使用测试，主要包括两个阶段，即阿尔法测试（Alpha test）阶段和贝塔测试（Beta test）阶段。

阿尔法测试主要是生产前的产品测试，用以发现和消除明显的设计缺陷或不足，通常在实验室环境中进行，或者在开发企业的常规运营环境中进行，有时在受控的环境中由领先用户进行。比如，企业可以在实验室环境中测试一台机器连续运转无故障时间，以评价机器的特性并且分析机器的质量、性能和可靠性，而不必在顾客环境中进行该测试。具体的操作一般为企业内部的产品负责人与相关者对产品的使用体验和流程进行梳理测试，提前发现逻辑错误并进行修改，同时也会有专业的测试人员对产品进行黑盒、白盒、压力测试，以此来确定当前产品的质量和性能问题。

贝塔测试主要是生产前产品的广泛测试，目的是在销往各个市场前，在各种现实情境中测试产品的所有功能，以发现系统缺陷，相比受控的内部测试而言，这些缺陷在实际使用环境中更容易被发现。贝塔测试是在阿尔法测试的基础上进行的。比如，可以邀请一些顾客对一款软件进行为期 1～2 个月的测试。顾客可能会发现软件的很多缺陷和问题。产品开发团队在收集顾客使用测试反馈信息的基础上，对产品进行修改和完善，这样可以避免在产品上市后再出现类似问题。顾客常常能发现产品开发团队的很多"视而不见"的问题。具体的操作一般为邀请顾客进行试用的一项测试，企业在通常情况下不会对顾客进行培训，且开发者、与产品相关的人员均不在场，由记录员记录顾客遇到的问题，但尽可能地不去影响顾客的操作，从而尽可能多地暴露问题。在此阶段产品还是可以接受需求和改变的。

企业通常在经过阿尔法测试和贝塔测试两个阶段的产品使用测试后才进入产品的试生产阶段。试生产是从研发设计到量产交付的快车道，是生产加工型企业加速产品市场化、提高自身产品市场竞争力的需要，也是中国市场经济由粗放型经济向自主精细化生产转变的需要[2]。试生产是在样品试制的基础上，严格按照完整的产品生产工艺流程，使用产品生产所需的全部生产设备，以检验产品的生产线建设以及生产设备的制造等方面是否完善，从而确保产品完整生产的过程。试生产的目的

---

[1] 诸鸿，陈智勇. 新产品开发 [M]. 北京：中国人民大学出版社，2014.
[2] 邓晓明. HW 公司模块产品试制质量提升途径研究 [M]. 武汉：华中科技大学出版社，2014.

主要包括：①对生产设备和产品的批量生产进行完整生产线的验证与检测；②对生产车间生产出来的产品进行全面的质量测试，以确保在批量生产的状态下，产品的性能等方面能够达到预期水平，并验证产品在批量制造中的稳定性。

试生产的主要内容包括以下几点。①制订试生产计划，内容涉及所需的生产设备、场地、人员、物料，以及生产时间、批次和数量等信息，应避免与批量生产之间发生资源冲突。②制造生产设备，包括工艺装备和测试装备。工艺装备是指按照既定的工艺规程进行新产品制造所需的各种模具、夹具、刀具、量具、辅助工具和定位器具的总称。测试装备是指不能外购的自动化的，用于测试并验证产品功能的设备总称。③优化生产线建设。生产线根据其生产特性不同可分为加工生产线和装配生产线。在产品制造过程中，将工件的各加工工序合理地安排在若干台设备上，被加工工件按其工艺流程顺序通过加工设备，完成工件的全部加工任务，这样的生产作业线称为加工生产线。装配生产线是指根据产品的装配工艺路线布置装配设备，使产品按照一定的装配顺序经过每个装配工序的生产作业线。对不同的产品线进行优化，一方面使生产的每一件产品都满足产品规格需求，即产品制造的质量需要满足要求，以确保批量生产的产品一致性；另一方面，还必须进一步考虑制造效率和制造成本，在制造质量与制造效率、制造成本方面实现合理平衡⊖。

6.4.2 新产品市场测试

新产品市场测试一般用于新产品投放市场或者老产品开辟新市场、启用新分销渠道时，以及选择较小范围的市场推出产品时。新产品市场测试是指为了使产品设计顺应市场与产业化的需求，降低转化风险，提高转化效率而进行的试营销、试使用的过程⊖。新产品市场测试环节始于科技成果、样品形态，终于商品化、产业化形态，其目的在于加速实现技术成果商品化。

新产品市场测试需要考虑三方面的因素。①技术上是否成熟。这里所说的技术是基于整体层面来考虑的，具体包括：技术的先进性，技术美学、人机工学的创新性，作业生产的高效性，生产产品的高品质性，工业化生产过程中企业内、外部环境的适应性，工艺方案、装备设置的合理性，工艺要素及零部件建设的标准性等，以考察整体技术的成熟度。②经济上是否合理。经济合理性可以采用定性和定量相结合的方法来衡量，一方面分析产品在市场上的定位、顾客识别新产品的可能以及

⊖ 李仪. 研发能力持续成长路线图：向华为学习研发管理，助推企业持续发展 [M]. 北京：电子工业出版社，2013.

⊖ 鲍林，黄朗喜. 科技成果转化的中试环节建设 [J]. 研究与发展管理，2002，14（4）：30-34.

产品的试销渠道；另一方面收集测试过程中有关市场占有率、投资利润率、净现率、内部利润率及资金周转率等各种经济指标的数据，并对其进行分析与评价。③市场上是否可行。市场可行性主要考虑两个方面的影响，一方面是顾客，变化大的产品会吸引新顾客，但对于习惯于原有产品的顾客来讲可能无法接受，相反，具有较小变化的产品能够维系忠诚顾客，但对于新顾客的吸引力较小。多数企业采用的方法是让顾客试用新产品后，对新产品发表评论或看法，充分表达自身的感受，如潘婷在推出乳液修复润发精华素时，通过美优网为许多爱美的网友提供了免费试用装，而申请免费试用的网友必须向其提供试用这款润发精华素的感受[一]。另一方面是社会，产品的生产和使用要在法律法规的合理范围内，以满足社会的需要，带动经济社会的发展。

根据以上三方面因素，企业在新产品市场测试前需要做出以下几项决策。①新产品市场测试执行标准。企业需要在新产品市场测试前设定新产品市场测试各个阶段实施结果的测评标准，可能的决策主要包括持续实施、停止执行、修正产品、推向全国等。②试营销地点。地点的选择通常基于人口的代表性，企业在该地区赢得分销的能力，该地区是否具有好的调研环境以及在该地区能否找到好的调研公司。例如，对于消费类产品而言，大多数产品的营销地点选择在 2～3 个城市进行。③评估方法。衡量新产品市场测试成效的标准是企业规划的市场测试能否使在试销地区的投入与正式投产和在全国市场上的投入与正式投产成比例。试销的目标是让分销商和消费者所付的价格等尽可能具有代表性。但通常情况下，在试销中的投入都要比在全国市场上的投入大一些。④试销时间长短。试销时间越长，得到的信息就越多，同时会提高成本，并且给竞争者足够的时间进行反击。对于不同类型的产品设置不同的试销时间，使其都能够包含几个购买周期，就能够获得消费者的使用和重复使用的具体情况，并由此判断产品的潜力。

新产品市场测试的具体操作方法主要有虚拟销售、受控销售和全面销售三种。①虚拟销售，即询问潜在的买主是否有意愿购买，并从模拟的货架上取下产品。这类方法行为清晰，易于确认，并且对于买主来说没有任何风险。②受控销售，买方必须购买产品，销售可能是正式的，也可能是非正式的，但它是在受控的环境下进行的。这时产品的销售仍然不正规，一些重要的工作如分销问题，虽然已经设计，但还没有正式启用。③全面销售，虽然是由企业决定将产品完全投放到市场上，但是首先要在有限的市场基础上这样做，看看一切是否正常，除非有异常情况，否则

[一] 黄静. 新产品管理 [M]. 武汉：华中科技大学出版社，2009.

产品将在整个市场中一起上市。传统的营销测试就是这种方法。每种方法适用的工业品或消费品等产品类别是不同的，新产品市场测试方法的具体适用产品类别如表 6-7 所示。

表 6-7　新产品市场测试方法的具体适用产品类别

	适用产品类别				
	工业品		消费品		
	物品	服务	包装品	耐用品	服务
虚拟销售					
推测销售	√	√		√	√
模拟销售			√	√	√
受控销售					
非正式推销	√	√		√	√
直销		√			
微营销			√	√	√
全面销售					
试销	√	√	√	√	√
首次展示					
通过地理区域	√	√	√	√	√
通过贸易渠道	√		√	√	

资料来源：格里芬，塞莫尔梅尔. PDMA 新产品开发工具手册 [M]. 赵道致，译. 北京：电子工业出版社，2020.

6.4.3　新产品发布

新产品发布是指经由产品发布策略与计划的制订，按照计划完成产品发布所需的各项准备活动和交付件，向公司内部和外界正式公布产品包及 GA（general available）日期，是新产品发布的一系列活动和交付件的总称[⊖]。GA 日期是用户能够经正式渠道购买新产品的第一天，也是产品开发项目组正式结束项目工作的日期。新产品发布的目的是向市场参与者传达新产品的相关信息，如产品性能、价格等，这些信息通常是有益于企业的正面信息。

新产品发布是一个典型的市场活动，由新产品开发项目组（product development team，PDT）参与，新产品开发项目组的市场代表为主导。新产品发布同时涉及设

⊖　李仪. 研发能力持续成长路线图：向华为学习研发管理，助推企业持续发展 [M]. 北京：电子工业出版社，2013.

计、制造、销售、售后服务等多个业务领域，必须在产品开发过程中进行精心策划和准备。新产品发布的工作目标主要包括两个方面：一是要通过新产品的宣传推广获得期望的市场效应；二是要做好新产品发布的内部准备工作，包括制造、销售、提供售后服务等。

新产品发布的主要工作流程大致可划分为新产品发布开工会、制定新产品发布策略、制订新产品发布计划、执行发布计划、发布准备就绪检查、拟制发布信或发布公告、新产品发布后的评审七个部分[⊖]。

（1）新产品发布开工会：讨论新产品发布工作组人员，确定与发布相关的工作计划，明确发布工作策略、方式，启动发布相关工作。

（2）制定新产品发布策略：根据预定的销售目标和销售模式，针对产品目标市场和用户群的描述和分析，明确产品定位以及新产品的卖点，对新产品的发布方式进行初步选择。必要时，应按不同的市场区域分别制定新产品发布策略。

（3）制订新产品发布计划。新产品发布计划的主要内容包括：①根据市场形势和竞争态势对新产品发布工作的难点、机遇、措施等进行概略分析；②发布活动计划，包括发布期间及以后一段时间内的所有发布活动；③发布交付件计划，包括对外部客户和公司内部的交付件，例如，针对外部客户的各种宣传软文、针对内部销售员工的产品配置说明书等。

（4）执行发布计划：开发项目组的市场代表组织单周或双周例会，对新产品发布计划的执行情况进行检查，通报发布工作进展情况、存在的问题及处理方案。

（5）发布准备就绪检查：①检查产品准备工作的完成程度，如产品各方面的技术（产品成熟度、质量、可靠性等）；②检查营销资料准备的完成程度，如关于产品的市场宣传策略、宣传媒体计划（行业杂志、相关网站等）均有针对宣传资料的策划（如演示稿、展板、彩页、海报、专刊等）；③检查订单履行方面的准备完成程度，如产品能否在各地合适地配置和订购，有没有合适的培训来支持订货问题等准备工作；④检查总体销售的准备完成程度，如新产品定价和报价系统是否已经准备好，销售渠道是否已经进行渠道备货，编制新产品销售文档并培训销售人员等工作是否已经完成，新产品发布后能否立即满足客户现场购买的需求，销售人员是否了解产品的特性、功能、好处，是否建立备件库或编制新产品客服文档并培训售后服务人员等；⑤检查技术支持的准备完成程度，如技术文档是否可以满足批量要

⊖ 任彭枞. 产品开发管理：方法、流程、工具 [M]. 北京：中华工商联合出版社，2018.

求，技术支持的工作人员是否经过安装支持和故障排除的培训，是否明确了要打补丁及其优先级。

（6）拟制发布信或发布公告。产品发布信是一个清晰、简洁的文档，用于为即将发布的新产品做出企业官方的、正式的描述。本部分主要是确定新产品宣传、发布的一个正规和统一的方法及形式，通常有两个版本，一个是对内版本，包括比较敏感的内容，如竞争信息、技术信息等；另一个是对外版本，包括发布概述、产品定位和特点、产品概述、定价信息、GA 日期、文档和服务信息等。发布公告通常提交给企业产品投资决策和评审机构审核，通过后发布。

（7）新产品发布后的评审。新产品发布后的评审可能会进行 1～2 次。第一次发布后的评审一般在新产品发布后的 1～3 个月内进行，主要目的是评估营销战略的有效性和发布计划执行的情况，以判断项目实现预期的发布目标的可能性。第二次发布后的评审一般在新产品发布后的半年到一年的时间内进行，最好是在项目实现盈亏平衡时进行，因为这时才能比较有效地检验新产品发布的成败。新产品发布后的评审内容包括 5 项：①评审项目的投入和产出，它为评价产品开发团队的绩效提供了依据；②提交完整的项目文档，实现有效的项目知识管理，做到项目资料有据可查；③总结项目的经验和教训，改进新产品开发流程和项目管理方法，实现企业的持续学习和发展；④拟订产品生命周期管理计划，实现项目的顺利交接；⑤正式宣布解散产品开发团队，释放创新资源。

6.5 如何绘制创新的产品路线

产品路线是指企业基于市场战略规划，对产品的未来发展进行定位和部署，在顾客需求及价值改变的情形下，对企业的产品类别、性能特征、驱动因素演变情况以及发展趋势的一种全局把握。产品路线为企业进行产品创新提供了参考依据，可作为企业进行产品开发的决策工具。产品路线通过产品概念寻找、产品开发方案设计、新产品开发管理步骤，形成了全过程的产品创新。企业将产品路线与市场发展趋势紧密结合，可以把握顾客偏好的变动情况，回答"企业创新做什么"的问题。开发出市场认可的产品、获得商业上的成功是企业创新的终极目标。

产品路线的制定流程图如图 6-28 所示。首先，企业应对产品创意进行来源分析和关键创意筛选，然后基于技术机会、市场机会帮助企业找到有价值的产品概念。其次，以筛选出来的产品概念为依据，设计合理的产品开发方案。产品开发方案包括以下几个部分，即产品开发目标、产品线计划以及产品平台战略。再次，对知识化的产品概念进行新产品开发管理,检验产品在技术、质量、功能和市场等方面的效果,实施新产品试生产、新产品市场测试及新产品发布,实现新产品的商品化和产业化。最后,根据企业实际情况的差异制定出不同形式的产品路线。

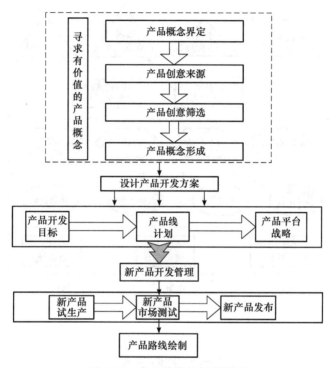

图 6-28 产品路线的制定流程

基于本章的分析内容,我们绘制了企业产品路线图,如图 6-29 所示。企业的产品路线不仅要考虑产品开发管理过程中横向的流程管理,还要关注纵向时间维度的产品成长过程,根据企业的成长历程,我们可以将其分为近期、中期和远期三个时间段,通过产品路线的起点,按照时间进程分阶段地达到目标,并使产品概念来源、产品形态、产品线、产品平台和品类成熟生命周期等核心构成要素随着企业的成长而演化。

首先,寻找有价值的产品概念是企业产品开发管理的重要一步。在企业近期阶段,产品概念更多来源于挖掘客户真实需求,企业以需求为导向进行产品开发;而成长到中期的企业则需要根据已有技术进行改进,并进一步扩大市场销售额,提高市场占有率;在远期阶段的企业由于发展较为成熟,因此,其产品概念来源于开发新技术、开拓新市场的过程,并可获取竞争优势。

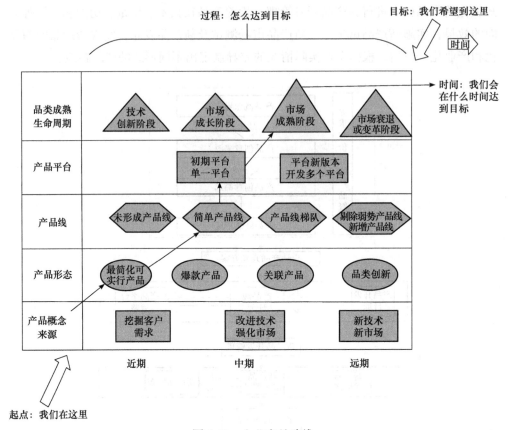

图 6-29　企业产品路线

其次，在产品概念形成以后，我们需要确立产品形态，企业所处各个阶段的产品形态突出的重点是不一样的。在近期阶段的企业更聚焦于最简化可实行产品（minimum viable product，MVP），即产品开发团队通过提供最简化可行产品获取用户反馈，并在这个最简化可行产品上持续快速迭代。MVP 对于创业团队来说是很重要的，它可以快速验证团队的目标，快速试错。而对于发展到中期阶段的企业，由于需要扩大市场份额，因此，只有追求爆款产品，才能在短时间内快速增加销售额并占领市场。当企业发展到远期阶段时，爆款产品难以持续发展的情况使得企业必须追求多品类关联新产品开发，充分挖掘用户需求，并且通过品类创新来获得可持续发展。

再次，在新产品开发流程的产品线计划环节，企业产品线也是随着企业的成长而进一步丰富的。在近期阶段的多数企业难以形成产品线，通常会对零星产品进行开发；而到了中期阶段，逐渐形成简单的产品线，乃至产品线梯队；直到企业成长到远期阶段，则需要不断剔除销售量较小、利润较低的产品线，并增加新的产品线。在制订产品线计划的同时，企业也会追求产品平台开发战略。多数企业在近期阶段仅仅形成了初期平台、单一平台，随着企业的成长，产品开发平台不断迭代发展，逐渐形成新的产品平台以及多个产品平台。

最后，我们需要借鉴摩尔提出的品类成熟生命周期模型来绘制产品路线。品类成熟生命周期分为技术创新阶段、市场成长阶段、市场成熟阶段和市场衰退或变革阶段。品类成熟生命周期的第一个阶段是技术创新阶段，这主要是一个技术从出现到被市场接纳的过程。简单来说，一项技术从出现到被市场完全接受，有一个发展过程。创新的技术往往都是从一个特定的小众需求开始切入的，在满足小众需求的过程中不断完善，找到技术和市场的匹配点。第二个阶段是市场成长阶段，即在创新技术实现产品化之后，新的产品和服务会进入一个快速增长的阶段。第三个阶段是市场成熟阶段，即经历了高速增长时期的产品和服务的增长势头逐渐放缓，竞争开始加剧。第四个阶段是市场衰退或变革阶段，即经历了低速增长时期的产品和服务开始出现负增长。所以，对于每个企业来说，企业绘制的产品路线图是一个在不同成长阶段的产品开发管理核心构成要素随着时间演化的成长蓝图。

◀ 创新探索 ▶

小米的产品路线

小米公司于 2010 年成立，至今已超过 10 年。截至 2019 年，公司年度收入达到 2 058 亿元人民币，成长速度令世界瞩目。2018 年 3 月 23 日，科技部公布 2017 年独角兽名单，小米以 460 亿美元估值位列第三。小米在创业初期提出的独特而可行的客户价值主张对创业者和新创企业而言均是关键挑战。小米的"快速迭代、随做随发"的产品开发方式来源于软件"敏捷开发"模式。这种方法的基本假设是任何产品在推出时不会是完美的，所以要迅速让产品接触到用户，从而找到其真实的需求。

小米采取社区众包与线下平台相结合的方式进行新产品开发。小米的产品开发流程如图 6-30 所示。具体来讲，小米通过互联网平台所搭建的论坛、微信、微博、QQ 粉丝群、贴吧及社交软件米聊等虚拟形式，与用户进行沟通，实现信息的动态交互。小米设立了某产品的专门社区众包（一种分布式的解决方案和生产模式，是指企业利用互联网将工作分配出去，发现创意或解决技术问题），用户可将自己的创新成果发布在该平台上,然后由其他有更好方案的用户加以改进,以促使其进一步完善。小米还设立了专门的线下平台,通过在论坛、微博等众多关注小米的粉丝中的发帖量、有效意见、互动频率、在线时间等来识别和挖掘领先用户,邀请领先用户直接参与企业某产品的开发。用户的潜在需求和创意是企业的重要创新来源。在经过小米公司培训和技术引导及支持后,用户可以直接参与到小米手机的方案设计中,这样有助于用户明确地表达自己的需求,把他们的想法和要求转化为设计方案。

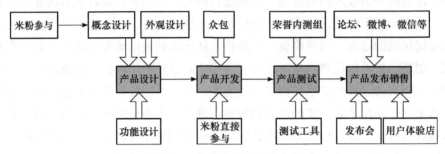

图 6-30　小米的产品开发流程

小米充分发挥领先用户在产品开发过程中的作用。领先用户对手机产品开发、改进与销售有很大帮助。小米根据领先用户的技术能力设立相应的岗位,并确立职位说明书,如采纳某用户提出的外观意见之后,让其负责外观方面的相关工作。对于涉及产品专利设计的问题,小米通过与用户签订相关知识产权协议来解决,并在协议中标明关键技术的来源,以确定技术来源的归属。例如,在产品外观设计上,对于 2016 年新发布的小米手机 5,小米就针对用户需求开发了一种紫粉色,以获得更多女性用户的青睐;选用陶瓷新材质及双曲面的设计,使用户手握手机时的舒服度更佳。在产品开发方案设计环节,小米邀请有专业技能的用户担任产品开发者,MIUI 团队会接受用户的意见和反馈,对每个递交的改进点进行初级判断,最后将有效的意见和反馈列入系统改进的排列序表中。小米还将一些非核心功能外包给粉丝来开发。小米也鼓励粉丝在 MIUI 系统中开发增值软件,而粉丝们也帮小米做了大量的研发工作,比如,翻译了 25 种语言的版本,为小米适配了 143 款机型等。

小米采用"米粉参与→动力产生→产品形成"的"倒逼模式"推进产品创新。小米把做软件的思维也用在做硬件上。在每一代小米硬件产品正式发售之前,小米都会推出工程测试机,让荣誉内测组的资深发烧友试用。拿到工程机的用户必须按照小米的要求进行测试并写出报告。在新品上市前,会举行 1 元公测,只要用户递交申请,就有机会支付 1 元来获得测试产品。但用户必须在规定时间内,在论坛的相应板块递交新品使用体验或测试报告。将所有问题汇总后，工程师会在下一批产品量产前改进。在新产品发布方面，小米主要通过社区论坛、产品发布会和用户体验店等渠道进行新产品的宣传和发布。小米在新产品上市后，既把客户当作"产品经理"，也将其当作"体验评测员"，设计了多种平台和工具，采用多渠道收集和分析用户的反馈信息。小米既基于大数据进行分析，又看重用户的网上"吐槽"，并根据用户的最大痛点去判断哪些方面要修正和提高。同时，小米完整地建立了一套依靠用户反馈来开发和改进产品的机制，包括建立"7×24小时"的员工与用户互动的线上互联网平台，"1小时快修敢赔"线下服务团，建立激励机制以鼓励员工与用户交流、激发用户参与开发的热情，从海量的用户反馈中筛选有用的信息，紧盯重点反馈、及时解决问题。据小米估计，软件中约80%的问题是用户找到的。综合来看，小米采用"米粉参与→动力产生→产品形成"的"倒逼模式"推进产品创新：围绕"为发烧而生"的经营理念，利用用户的快速反馈信息数据为产品性能赋能。

在产品方面，小米手机是小米公司的核心终端产品系列。2019年，小米智能手机的销量达1.246亿部，收入达1 221亿元，占小米2019年营业收入总额的59.32%。每一款小米手机都见证了小米公司的成长。下面我们来回顾一下小米手机产品的十年发展历程。2010年4月6日，小米公司正式成立，2011年8月16日，小米手机问世，中国首款双核1.5GZ手机——小米手机1代是小米公司推出的第一款手机，它给小米手机未来的发展奠定了坚实的基础。正是因为小米手机1代的大卖，成功地让小米手机在激烈的市场竞争中一举拿下了"国产神机"的称号。以后几乎每隔一年小米都会发布小米旗舰机系列，如2012年的小米2、2013年的小米3，直至2020年2月发布小米10。

在产品线方面，小米手机经过十年发展，形成了小米、红米、Note、Mix、Max等覆盖不同用户群体和价位的丰富产品线序列。在2011年最早发布小米1时，仅有小米旗舰机一个产品线，直到2013年7月，小米发布红米手机，作为小米手机的中低端机型，以较低的价格吸引了较多的新的用户群，在2015年4月，小米又发布了Note系列产品，为小米手机产品线再添新的一员，此时小米手机的产品矩阵初步形成。随着技术的不断进步，2016年10月，小米发布了全面屏概念手机Mix系列。紧接着在2017年5月，小米发布Max系列手机，主打大屏、大电量。从小米数字系列旗舰机到红米、Note、Mix和Max等系列产品逐渐加入小米手机大家庭，整个小米手机产品生态矩阵已经形成，不同的产品线定位于不同的目标用户人群，为小米的快速发展奠定了坚实的基础。如图6-31所示，我们根据小米手机的十年发展历程，绘制了小米手机的产品路线时间演化图。我们可以清晰地看到，小米一步步地从仅有 MIUI 手机操作系统到涵盖各个用户群体的产品形态,从仅有小米 1 手机到形成各系列丰富的产品线,从仅有手机平台到建立手机平台、智能硬件平台以及 IoT 平台等多平台的生态链版图。这十年见证了小米手机从无到有,从中国走向世界。我们可以期待小米手机下一个十年的发展。

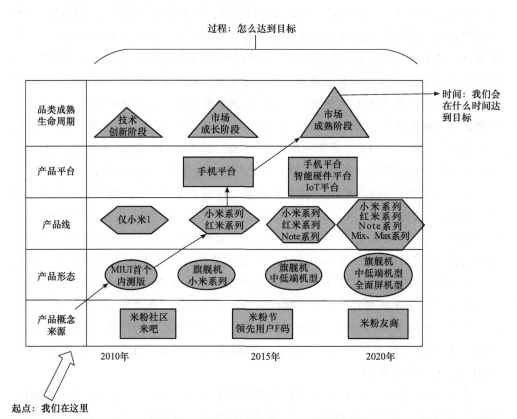

图 6-31　小米手机的产品路线时间演化

资料来源:①董洁林,陈娟.无缝开放式创新:基于小米案例探讨互联网生态中的产品创新模式[J].科研管理,2014,35(12):76-84。②杨桂菊,陈思睿,王彤.本土制造企业低端颠覆的理论与案例研究[J].科研管理,2020,41(03):164-173。

思考:

1. 小米公司的产品开发包括哪些部分?
2. "米粉"在小米手机产品开发过程中扮演着什么角色?

◆ 本章小结 ◆

1.企业创新的产品路线包括产品概念形成、产品方案设计以及产品开发管理三个方面。

2. 企业产品创意的来源主要有以下几类：企业自身现有的产品、竞争对手的产品、技术（新技术的出现、既有技术的新组合或者新应用）、未利用的专利、顾客及场景创新。

3. 产品创意的筛选工作主要分为三个阶段：区分梦想与现实、顾客筛选、技术测评。企业在进行创意评估与筛选时，通常使用专家小组法和属性列举法。

4. 产品概念形成可通过"五个为什么"询问法和移情法，一般要经过建立新产品概念开发团队和对新产品概念进行评审两个方面。

5. 产品线计划要采取"上市一代、开发一代、规划一代"的策略，从而保证企业的可持续发展。

6. 常用的几种产品平台战略有：专用产品平台战略、横向扩展产品平台战略、纵向拓展产品平台战略和抢滩战略。

7. 产品开发管理具体包括新产品试生产、新产品市场测试和新产品发布。

◀ 思考与练习 ▶

1. 在产品开发管理过程中，企业产品创新失败的主要原因有哪些？
2. 企业是如何进行产品创意筛选工作的？
3. 企业产品线发展不同阶段的特征及相应的计划策略是什么？
4. 企业常用的产品平台战略有哪些？请简单介绍每种产品平台战略的适用情况。
5. 如何绘制创新的产品路线图？请说明产品路线的制定流程。

第 7 章

市场路线
市场营销管理

本章概览

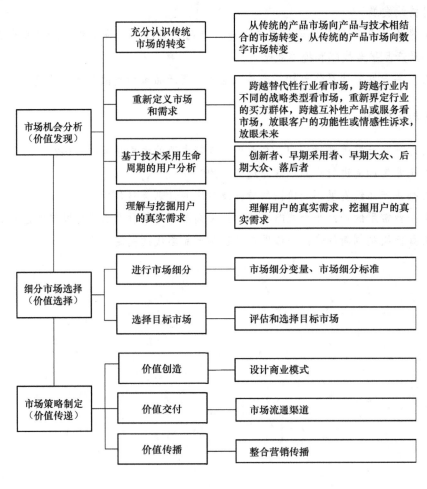

创新导入

格力电器以市场创新打造发展新优势

珠海格力电器股份有限公司（简称"格力电器"）目前为多元化、科技型的国际化家电企业，产业覆盖家用消费品和工业装备两大领域，产品远销160多个国家和地区。2019年7月，格力电器凭借瞩目的营收成绩和创新能力强势位列"世界500强"榜单第414位，并且在上榜的129家中国企业中，以净资产收益率（ROE）居首位。同时在"2019年最受赞赏的中国公司榜单"中，格力电器再次上榜，位居全国第三，蝉联家电行业第一。

科技创新是企业发展的重要动力，营销创新则是企业立足市场、棋行天下的锐利武器。坚持创新的市场路线奠定了格力在行业内的领导地位。

1. 不断发现新的市场机会

20世纪90年代，变频空调出现，格力电器提前发现了市场机会，从1993年开始立项研究变频空调技术，从交流变频到直流变频技术，从120°方波直流变频到正弦波直流变频，再到目前国际领先的1赫兹变频关键技术。对变频空调技术的一贯重视和持续研究，让格力电器厚积薄发，格力电器的变频空调以节能、令人更加舒适的优势，抢占了大量的市场份额。

进入21世纪，空调产业发生了翻天覆地的变化，朝着健康、节能、轻便、智能的方向发展。美观大方、高效节能、低噪声、洁净空气、远程智能控制等多项优点，让中央空调成为流行趋势。格力电器又一次预判了市场的发展，加大了中央空调技术的研发力度，2011年12月，格力电器自主研发的高效直流变频离心式冷水机组，凭借技术领先优势成为全球首台双级高效永磁同步变频离心式冷水机组，这是我国中央空调领域中最有价值的重大技术突破。

如今，空调的数字化转型升级、智能化、低能耗已成为家用空调的核心竞争力。家电行业的智能化风潮在进入2017年后愈演愈烈，无论是传统的"黑电""白电"，还是近年来发展迅猛的"厨电"，均不同程度地加入数字化、智能化元素，空调也不例外。格力电器紧跟时代发展，在空调产品中更多地嵌入具有互联网功能的模块，如GPRS模块等，实现WiFi联网控制等智能化功能，赢得了消费者的喜爱，提升了影响力。

2. 进行市场的细分与选择

格力电器近几年来除了针对人群进行市场细分外，还在场景等维度上进行市场的细分与选择。

在人群细分领域，格力电器目前比较受瞩目的是"玫瑰"系列空调、儿童空调和"青享"系列空调，它们分别针对新婚人士、儿童和年轻白领群体开发，在功能展示和外观设计上都更精细化，迎合目标群体的诉求。如格力儿童空调针对儿童学习和睡眠两个方面的需求，配置了 AI 语音功能和儿童安心睡眠科技，前者利用其内置的分龄教育语音资源，让孩子在互动中学习，为孩子打造一个集听、说、学于一体的专属语音系统；后者则搭载了格力"衡温"科技，能够让室内的每个角落温度均衡，同时实现 0.1℃ 的精准温控，让孩子在最适合自己温度的环境中熟睡，从而降低睡眠时着凉感冒的可能性。

在场景打造上，格力电器目前基本完成了家居场景的全覆盖，针对不同的家居空间，推出不同功能、不同样式的空调，以满足消费者的个性化需求。目前，格力电器在客厅、卧室、衣帽间、浴室、厨房等处都推出了专属的空调。例如，格力舒睿多效型家庭空调集清爽模式、自动除湿、外出模式、干衣模式、换风模式于一体，采用两套换热系统，针对不同房间对空气温度、湿度及洁净度的不同要求，分别送风，提升场景化家居生活的舒适感。

3. 不断创新市场营销策略

（1）建立"先款后货"制度，保障市场资金回笼。20 世纪 90 年代初，董明珠率领团队创新营销模式，弃用行业内"先货后款"的代销制，创造性地提出"先款后货"的交易制度，以保障企业自身拥有充足的现金流，进而实现良性发展。所谓的"先款后货"，是指在制造商与经销商的交易中，经销商需先依据购货的数量、品类、进价等确认货款数额并交付制造商，制造商再据此及时供货，以降低交易冲突与风险。该交易制度一方面有效地避免了经销商拖欠货款的可能性，极大地缓解了格力电器的资金运转压力；另一方面也极大地调动了经销商的主观能动性和销售积极性，促使经销商迅速将产品卖出，从而确保资金的流动性，提高销售收益。

（2）首创"淡季返利"政策，提高营销渠道活力。1994 年，格力电器创造性地提出"淡季返利"政策，即经销商在淡季付款提货，格力依据货款支付给经销商一定比例的利息的福利政策。不同于一般意义上的销售返利，这一政策充分考虑了空调季节性销售的特点，通过返利的形式鼓励经销商在销售淡季付款提货，有效地平衡了格力与经销商在销售淡旺季的供求差异。一方面，淡季返利保证了经销商在销售年度内的任何月份均能获得利润，这极大地调动了经销商的主观能动性，引导经销商在淡旺季合理分配销售工作。另一方面，在"淡季返利"政策的激励下，越来越多的经销商主动在销售淡季付款提货，也帮助格力减轻了淡季的库存压力，提高了资金周转率和利用率，增强了营销渠道的整体活力。此外，格力电器还出台了"年终返利"政策，在保障自身基本利润的基础上，拿出一定比例的利润作为对经销商的返利，以支持经销商的正常运作。

（3）设立区域性销售公司，增强经销商的经营动力。1997年，格力电器首创了以资产为纽带、以品牌为旗帜的区域性销售公司。以资产为纽带，是指区域性销售公司是由某区域内有实力的经销商共同出资建立的股份制销售公司，格力电器吸纳区域性销售公司入股，使得区域性销售公司与格力电器共同发展。同时，格力电器的第二大股东河北京海担保投资有限公司由格力电器主要的区域性销售公司出资成立，通过受让格力电器股份建立厂商之间的战略伙伴关系，能促进格力电器与经销商共同持续健康发展，组成"利益共同体"，促使区域内的经销商都能够为了共同的目标而奋斗。以品牌为旗帜，则意味着格力电器授予区域性销售公司销售格力电器产品的权利，并基于产品输出实现品牌输出。格力电器设立区域性销售公司的行业创举，帮助格力电器实现了强化渠道控制、整合销售网络、平衡市场发展、加强服务管理的目标。这种渠道管理模式也因此被誉为"21世纪全新的营销模式"。

（4）鼓励员工开微店，实施全员营销。2013年，在格力电器干部会议上，董明珠强调格力电器要创造新的消费市场以支撑未来的发展，将全员营销上升为一种企业文化与素养，鼓励员工为企业的发展贡献一份力量。其中，开微店是践行"全员营销"精神的常见方式之一。截至2019年年底，格力电器的员工已经有9万人开通了微店。这种微商销售方式增强了销售人员的积极性，不仅比较新潮，还较为方便，即使是在家中同样可以向消费者推广产品。这种销售形式给企业带来了可观的经济利益。

（5）联合线上直播销售，打造新零售模式。2020年，为了满足更多消费者的需求，彰显"中国造"的科技创新力量，董明珠与专业的带货主播合作，通过抖音、快手、京东等直播间，携手线下万余家门店，多次体验并探索线上直播形式，坚持线上线下融合，打造格力新零售模式。目前，格力电器借助直播带货形式占领了更多的市场份额，促使销售额不断刷新上限，走在了企业家直播带货的前列。相信在未来，线上渠道将成为格力电器发展的一条重要赛道。

资料来源：①格力电器官网．②张振刚．格力模式[M]．北京：机械工业出版社，2018．③董明珠自媒体．新模式、新阵容、新产品、新玩法！明天10点，董明珠直播间约定你[EB/OL]．(2020-06-01)[2020-06-06]．https://mp.weixin.qq.com/s/RZIWNdCau_tALlkotbyhww．

思考：

1. 在本案例中，格力电器的市场创新路线对于中小企业而言有何启示？
2. 综合未来营销的发展趋势，预测格力电器未来的市场营销路线的演进。

通过分析上述案例，我们可以发现格力电器能取得今天的成就，与其独特、源源不断的市场营销举措息息相关。市场营销在企业发展中起到至关重要的作用。市场是企业奋斗的战场，只有不断进行市场营销的变革，才能在稳定已有市场板块的基础上吸引足够的流量，占据更大的市场份额，才能保证不被残酷的市场淘汰，得以生存和发展。企业市场营销管理，就是要在不断变化的市场环境中推陈出新，回答"企业该如何将产品或服务商业化"的问题，这可以用创新路线图中的"市场路线"来解释。因此，我们首先需要了解什么是创新的市场路线。

7.1 什么是创新的市场路线

7.1.1 市场路线的定义

市场路线是企业基于市场需求与组织能力而制定的一系列与市场相关的行动方案，是连接企业与市场的重要桥梁，凝结了企业进行市场创新的实践智慧。

市场路线的价值在于对不同的问题情境给出了不同的解决方案，是创新路线图的重要引擎，是驱动企业获取利润、赢得市场甚至成为市场领导者的重要助力。它是未来企业不断调整营销观念和战略决策，树立正确的市场营销理念的重要指导。同时它还可以帮助企业创造竞争优势，为企业未来成长提供一整套竞争策略。

市场路线的本质是市场营销管理的工具，即在企业重新系统地梳理市场营销管理的基础上，结合企业成长阶段与内外部环境变化绘制而成的市场路线蓝图。该蓝图提供了一种切实可行的方法来确保企业市场计划的正确选择、优先排序以及进行可视化的描绘和总结。绘制市场路线的核心在于发现市场机会、进行市场选择、制定市场策略。市场机会分析是企业通过分析市场上存在哪些尚未满足或尚未完全满足的新需求，找到可以提供服务的潜在对象的前提。市场选择是明确企业服务对象的过程，是企业制定市场策略的关键。市场策略主要探讨企业如何设计自己的商业模式并实现创新以及如何选择销售渠道和推广产品等营销策略。图 7-1 是企业市场路线的构成。

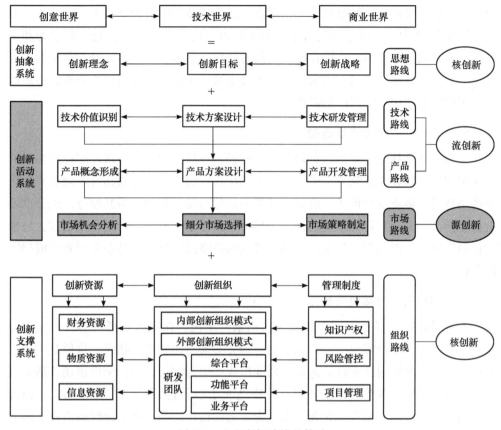

图 7-1 企业市场路线的构成

7.1.2 市场路线的核心

在明确了创新的市场路线的概念之后,需要对其核心进行一定的了解,本书认为,市场路线的核心主要包括市场机会分析、细分市场选择和市场策略制定。市场机会分析是结合组织自身能力,对相关领域的市场情况进行重新认识的过程,是企业一切市场活动的起点;细分市场选择是明确企业服务对象的过程,是企业创造创新价值的前提;市场策略制定是产品或服务的价值创造、交付与传播的过程,是企业创新价值实现的最终手段。

1. 价值发现:市场机会分析

价值发现,即分析市场上存在哪些尚未满足或尚未完全满足的显性或隐性的需求,以便企业能根据自己的实际情况,找到内外结合的最佳点,发现新的市场机会。市场机会分析是一切市场活动的起点。在快速多变的市场环境中,市场决策的制定既是一门艺术,也是一门科学。为了给市场决策提供背景信息、洞察力和灵感,企业必须认识到传统市场在时代转换与新兴技术不断涌现的情况下在不断进行转变,需要重新定义市场与需求,并基于技术采用生命周期进行用户分析,最后通过分析结果真正地理解用户的需求。

2. 价值选择:细分市场选择

细分市场选择是企业创造创新价值的前提。虽然企业往往难以在广泛或多样的市场中与所有顾客建立联系,但是它们可以将这样的市场划分为具有不同需要和需求的消费者群体或细分市场,进而选择某一细分市场并有效地为其服务。细分市场选择包括市场细分和目标市场选择两个环节,回答了"为哪一个细分市场带去怎样的价值"这一关键问题,是企业市场路线图的战略制定过程,是企业创新价值创造的前提。

3. 价值传递:市场策略制定

市场策略制定是企业实现创新价值的最终手段。在完成市场机会分析及细分市场选择之后,企业需要一整套完整的行动方案来与顾客建立联系,这便是市场策略。市场策略制定包括企业如何设计商业模式并进行创新、如何铺设市场流通渠道以及选择传播渠道等策略,主要回答的是"如何进行价值创造、价值交付、价值传播"的问题。市场策略作为企业与消费者沟通的桥梁,是企业创新价值得以实现并传递的最终手段。

7.1.3 市场营销的诊断

上述探讨市场路线的内容,试图回答的是企业如何通过市场驱动创新,赢得市场空间,实现创新价值的问题。在明确了什么是创新的市场路线之后,我们还要对企业现有的市场营销管理模式进行诊断,通过判断企业当下的市场举措是否恰当,来决定是否进行市场创新活动。

市场营销的诊断是营销管理工作中很重要的一项内容。市场营销的诊断是对营销活动中出现的各种偏差和错误进行详细分析,以寻求出现这些偏差或错误的原因并采取改进措施的一种手段。企业可以按照以下几个步骤实现对市场营销的诊断。

1. 预备诊断阶段:查找问题

在这个阶段,应合理安排 2~3 天的时间建立一个诊断小组来了解企业的各种情况。诊断小组可以包含企业决策层、各级营销主管、一二级批发商或零售商、终端销售员、研发部门与各品类产品部门等相关人员,人数控制在 10 人左右,以免因主观影响而导致诊断出现偏差。在这个阶段,企业应迅速了解战略环境和相关组合等方面的问题,理出真实的纲和目,借用 SWOT 分析法,对相关受访人员提出以下四个问题来进行诊断,看清企业进行营销的环境,厘清自己的营销思路。这四个问题是:您觉得企业市场营销的优势有哪些?您觉得企业市场营销的劣势有哪些?您觉得企业市场营销的机会在哪里?您觉得企业市场营销的问题在哪里?

2. 正式诊断阶段:深度访谈

通过预备诊断阶段的工作和企业的 SWOT 分析法,企业的大致情况或者说一些表面的问题基本上都已浮出水面。但是,这些问题是如何造成的?它们的根源又在哪里呢?正式诊断阶段是整个营销诊断中最为重要的环节,这不仅因为它工作面宽、工作量大,还因为这个过程实际上是在努力地寻找和挖掘最本质的东西,诊断者必须具有敏锐的思维和善于发现问题的眼光,随时发现和抓住一些关键问题,进行深度访谈。问题的内容主要从发现市场机会、选择目标市场、制定市场策略以及其他维度展开,如表 7-1 所示。

表 7-1　深度访谈的维度及具体内容

维度	具体内容
发现市场机会	●企业是否有寻找新市场、新需求的系统体系?如果有的话进展如何? ●企业是否有对新区域市场进行开发的规划?如果有的话进展如何? ●企业是否有新品上市规划?如果有的话进展如何?
选择目标市场	●企业是否有对目标市场进行全面研究?如果有的话进展如何? ●企业是否有对目标市场进行选择的完整规划?如果有的话进展如何?
制定市场策略	●企业是否有关于商业模式、盈利模式、运营模式的规划与设计?如果有的话进展如何? ●企业是否有创新渠道模式规划与变革?如果有的话进展如何? ●企业是否有终端(包括专卖体系终端)营业能力提升规划及操作指导?如果有的话进展如何? ●企业是否有营销组合策略实施规划、全国或区域市场攻坚战术实施规划?如果有的话进展如何?
其他	●企业是否有整体公关策略?如果有的话进展如何? ●企业是否有整合传播规划与年度计划?如果有的话进展如何? ●企业是否有营销组织建设及人力资源规划?如果有的话进展如何? ●企业是否有营销系统执行体系的完善与提升计划?如果有的话进展如何? ●企业是否有顾问式的营销教育培训?如果有的话进展如何?

资料来源:熊亚柱.管理咨询师的第一本书:百万年薪千万身价[M].北京:中华工商联合出版社,2018.

3. 诊断总结阶段：分析审视

如果企业在进行正式诊断时发现自己与龙头企业或竞争对手相比有多种问题，比如发现自身缺乏相应的体系建设，或某项内容与龙头企业或竞争对手相比进展较慢，那么企业可能需要重新审视自己的市场管理模式，制定新的市场路线。企业在进行营销诊断时并未发现问题并不代表自身的市场管理模式没有问题，也有可能是对市场环境的了解不够深入，制订计划时出现了偏差，测量手段及方法有问题及受到其他人工因素的影响等，所以企业应将所有因素纳入其中，及时对自身的市场管理模式进行调整与优化，查漏补缺。

7.2 如何发现市场机会

在了解了企业市场营销的诊断方法之后，我们还需要知道如何详细地绘制企业创新的市场路线。绘制企业创新的市场路线的第一步就是进行市场机会分析。市场机会分析的目标是发现市场中的价值需求，我们要了解随着时代的变迁，传统市场在逐渐转变，在这个过程中我们需要重新定义市场与需求，采用生命周期来进行用户分析，同时对用户的真实需求进行深度理解与挖掘，并发现潜在的市场机会。

7.2.1 充分认识传统市场的转变

在当今创新元素不断汇集、数字经济蓬勃发展的时代背景下，传统市场的转变是无法抑制的趋势，目前主要呈现两种倾向：一种是从传统的产品市场向产品与技术相结合的市场转变；另一种是从传统的产品市场向数字市场转变。

1. 从传统的产品市场向产品与技术相结合的市场转变

相较于波特的"行业分析"及其只专注于买方和供应商的竞争性议价关系，越来越普遍的聚合或离散状态让企业与外部环境之间的协作性质对战略层次的企业营销管理来说越来越重要[⊖]。

聚合是指通过竞争对手或供应商的关系，将两种或两种以上先前没有关系的产品市场或行业全面或部分整合在一起的过程。这意味着一些企业通过系统的产品创新和随后的生产、销售聚合产品，将其所在产品市场或行业的产品功能与其他产品市场或行业的产品功能整合在一起。这种"基于生产者"的聚合催生了新形式的

⊖ 切萨布鲁夫, 范哈费贝克, 韦斯特. 开放式创新[M]. 扈喜林, 译. 上海：复旦大学出版社, 2016.

"用户聚合"。离散指的是部分或完全地将一个产品市场或行业瓦解成为一个或多个专门的产品市场或子市场。这意味着一些企业会通过专门提供先前产品或系统的一部分功能来开辟市场。

（1）"聚合"背景下传统的产品市场向产品与技术结合市场的转变。是什么驱动一些产品市场离开产品生命周期或创新生命周期轨道，走向聚合呢？我们认为，当人们对多个产品市场或行业范围内的产品和技术整合形成范围经济或协同经济的预期高于个别产品市场之内的规模经济或其他专业经济时，就会触发聚合轨道。范围经济指的是来自联合开发、生产销售等阶段的成本优势，而协同经济指的是企业从聚合中获得的增加值。

但是，要想实现聚合，仅仅通过自身技术将产品互联是不够的。聚合的实现，还需要校准有关每个聚合产品市场、产品功能和核心技术的深度知识。因为参与聚合的大多数企业只具备一个产品市场（也就是它们自己的产品市场）的深度知识，所以，它们必须从"另一个渠道"获得核心知识。这时，并购交易、技术和创意交易市场效率的改善加快了技术与产品市场的融合。并购和技术许可购买是广泛使用的，可获得互补性知识、实现聚合战略的工具。

所以，我们可以发现，企业要想成功地实现从单一产品市场的创新者到以聚合为导向的捆绑产品创新者这一身份的转变，就必须通过公司收购和技术收购，积极培养具体产品的核心能力，积极从事系统性创新，利用商业资产打造品牌，进行大规模营销和产品分销，从而完成从传统的产品市场向产品与技术结合的市场的转变。

（2）"离散"背景下传统的产品市场向产品与技术结合市场的转变。那么，怎样才能解释与聚合相反的动态？我们认为，当人们对专精化经济，包括规模经济、零部件子市场内的技术差异化或离散市场的预期超过范围经济或协同经济时，就会触发离散轨道。催生离散的可能是两个在某种程度上相关的流程，即范围经济或协同经济的弱化、专门化经济的改善。前者发生的前提是，反映两个相关用户功能的两个组件之间的界面趋向于标准化模块，并且该界面能够为其他公司所用。这种情况可能属于一种非自愿的、"自然"的标准化与简易化流程，为复制最初属于专利的标准提供了越来越多的机会。一旦接口实现了标准化和向外开放，尤其是当离散的组件或产品具有实现高增长、规模经济、重大进步等机遇的时候，就可以更好地促进专门化经济。大型平台的提供者可能会开放这些界面标准的使用权，以促进平台创新。这就为那些专精创新者创建了一个在核心技术上不能完全开放，而在与平台领导者的合作上完全开放的模式。

所以，当企业的产品组件、技术界面越来越标准化，且更适合进行模块化、实施分布式创新时，往往会触发离散流程。同时相较于选择企业收购和技术许可权购买，企业更多地会转向伙伴式合作和通过外部引入来吸收技术，完成从传统的产品市场向产品与技术相结合的市场的转变。

2. 从传统的产品市场向数字市场转变

经济合作与发展组织（OECD）称：数字创新能使各国紧密联系起来，共创可持续发展的繁荣局面。数字技术近些年的相互融合，大大影响了全世界的营销活动。共享经济、即时经济、多渠道整合、内容营销、社会关系管理等新的概念层出不穷。传统的营销已经不再能充分地满足消费者的需求，开始逐步向数字营销转变。企业要思考如何与消费者积极互动、尊重消费者，让消费者更多地参与到营销价值的创造中，如表 7-2 所示。

表 7-2 从传统的产品市场向数字市场转变

传统的产品市场	数字市场
细分和选择	用户社区确认机制
品牌定位和差异化	品牌特质和品牌密码解读
售卖"4P"	商业化"4C"
客服环节	合作用户关怀

资料来源：科特勒. 营销革命 4.0：从传统到数字 [M]. 王赛，译. 北京：机械工业出版社，2018.

（1）从细分和选择到用户社区确认机制　在传统意义上，营销的起始点通常是市场细分，即根据用户的地理、人口、心理和行为特征，将市场划分为同质的群体。但是，细分和选择是不征求用户意见的，用户参与仅局限于市场调研时的信息输入，这种输入通常领先于市场细分和选择的进度。用户作为目标，常常受到无关信息的打扰和冒犯，许多人将品牌发送的单方向推送视为垃圾短信。

在数字经济中，用户同各个垂直社区的其他用户形成社会互联。今天，社区就是新的市场群体，而不同于其他群体的是，社区是用户在自我定义下形成的。用户的社区不受到垃圾信息和无关广告的影响，事实上，它能抵制企业强行闯入社区关系的行为。

（2）从品牌定位和差异化到品牌特质和品牌密码解读　在传统意义上，品牌是名字、标志和标语等一系列内容的组合，是品牌产品和服务相互区别的手段，也是企业品牌活动中产生的价值的载体。想要实现品牌的成功，就必须有清晰和持续的定位，以及支持定位的差异化标准。品牌定位是营销人员为赢得用户心意，做出的具有说服力的承诺。想要展示品牌的真实特性，赢得用户的信任，营销人员必须坚守这种承诺，用差异化的营销手段来巩固彼此的关系。

在数字经济中，用户可以衡量甚至审视企业所做出的品牌定位承诺。由于社交媒体兴起所产生的透明性，品牌无法再做出虚假且无法兑现的承诺。同时，随着新型技术的出现、产品周期的缩短和趋势的迅速变化，品牌只有具有动态性，才能在各种环境下适应自如。然而，其中不该变化的，是品牌的特性和密码。品牌特性是品牌存在的理由，只要品牌密码能岿然不动，其外部的特征就可以随意变化。

（3）从售卖"4P"到商业化"4C"　市场营销组合是计划提供给客户的内容和途径的经典工具。它有四个因素：产品、价格、渠道和促销，简称"4P"。产品通常基于客户需求和市场调查进行研发，企业控制着品牌决策中从概念到生产的大部分环节。企业结合成本、竞争和客户价值等方面的定价策略，为品牌定出一个合理的价格。而在客户价值的定价过程中，用户的付费购买意愿，是用户与定价环节的最大联系。

在数字经济中，"4P"元素的营销组合如今应该被重新定义为"4C"元素，即共同创造、通货、公共活动、对话。共同创造是一种新产品开发战略。通过在创意阶段使用户参与其中共同创造，企业能提高产品开发的成功率。数字经济时代的定价也从标准化逐渐迈入一种动态的状态。动态的定价是根据市场需求和能力设定的可以变化的价格，比如线上零售商就通过收集大量的数据实现大数据分析，为不同用户提供合适的价格。渠道的概念也发生了变化。在分享经济中，最重要的分销概念就是人对人分销。在互联的世界中，用户对于产品和服务的需求都是即时的，这只有通过用户个体间的高度连通才能实现，而这一点也正是公共活动的本质。促销的概念在最近几年也在不断变化。在今天，社交媒体的蓬勃发展使用户可以与他人交流这些信息。企业如果有了互联的"4C"营销组合，就更可能在数字经济中存活下去。在互联的世界里，用户的参与程度越高，企业的商业化就越成功。

（4）从客服环节到合作用户关怀　在购买前，用户被视作目标，而一旦他们决定购买，那么在传统的客服活动中他们就变成了"上帝"。而转向客户关怀的视角，企业对用户就一视同仁了，因为它们不是以服务为目的，而是通过倾听、回应和持续地跟进双方关注的内容，表现出对用户的真切关怀。

在传统的客服关系中，客服人员有责任根据严格的规章制度和标准的操作规程完成客服服务。这种情况常常让客服人员在面对有争议的事项时进退两难。在互联的世界里，合作是客户关怀的关键，当企业邀请用户使用自服务设施参与进程时，就会产生合作。

但是,值得注意的是,数字市场不一定要取代传统的产品市场。相反,两者应该在用户路径上相互补充,共同发挥作用。在企业和用户交互的早期,传统的产品市场在建立知名度和引发兴趣等方面有重要的作用。随着交互的加深,用户对企业关系需求的加深,数字市场的重要性也在增强。数字市场最重要的角色就是触发购买,赢得拥护,而传统的产品市场的关注点在于触发用户交互,所以在前期可多关注传统的产品市场,而在企业与用户交互加深之后则要更多地聚焦于数字市场。

7.2.2 重新定义市场和需求

在了解到传统的产品市场正随着时代的变化逐步变迁时,想要深层次地挖掘市场与需求,发现新的市场机会,可能需要重新构筑市场边界,以此打破现有的竞争局面,开创新市场。在这里介绍六种重新定义市场与需求的方法,如表 7-3 所示。

表 7-3 从传统竞争方式到重新定义市场与需求

项目	传统竞争方式	重新定义市场与需求
产业	专注于产业内的对手	跨越替代性产业看市场
战略集团	专注于战略集团内部的竞争地位	跨越行业内不同的战略类型看市场
买方群体	专注于更好地为买方群体服务	重新界定行业的买方群体
产品或服务范围	专注于在产业边界内将产品或服务的价值最大化	跨越互补性产品或服务看市场
功能-情感导向	专注于产业既定功能-情感导向下性价比的改善	放眼客户的功能性或情感性诉求
时间	专注于适应外部发生的潮流	放眼未来

资料来源:金,莫博涅.蓝海战略:超越产业竞争,开创全新市场[M].吉宓,译.北京:商务印书馆,2005.

1. 跨越替代性行业看市场

从广义上讲,一家企业并不仅仅与同一产业中的其他企业竞争,还面临着生产替代性产品或服务的其他行业企业的竞争。替代性产品不仅是指产品的替换品,如果产品或服务具有不同的形式,却提供同样的功能或者核心效用,那么它也属于替代性产品。举例来说,为了厘清个人财务状况,人们可以购买一套财务软件,可以聘请一位注册会计师,或者干脆自己用铅笔和白纸来完成。这里的财务软件、注册会计师、铅笔和白纸在很大程度上就是替代性产品。它们虽然具有不同的形式,但功能是一样的:为了帮助人们理财。

思考一下,你的企业所处行业的替代性行业是什么呢?为什么顾客会在它们之间做出取舍呢?通过考察这些影响顾客在不同行业之间进行选择的关键因素,消除或减少其中的不利因素,你就可以重新定义市场与需求,创造新的市场空间。

2. 跨越行业内不同的战略类型看市场

正如通过审视替代性行业可以开创新市场一样，通过考虑同一行业内的不同战略类型也可以实现这一目标。所谓的战略类型是指同一行业内采取类似战略的企业。在大多数行业中，可以根据战略上的差异将企业分为几个类型。

战略类型一般可以通过两个维度进行简单排序：价格和业绩。价格的变化会引起业绩的相应变化。大多数企业都专注于提高它们在同一战略类别中的竞争地位。比如，奔驰、宝马等汽车公司在豪华轿车领域你追我赶，而其他一些汽车公司则在经济型轿车领域展开厮杀。但是，很少有企业会关注其他战略类型的企业在做什么，因为从供给的观点来看，它们在那个领域没有竞争力。

从不同战略类型中开创新市场的关键在于突破这种狭隘的观点，去了解哪些是决定用户从一个业务类别转换到另一个业务类别的主要因素。通过思考企业所在行业的战略类型有哪些以及用户在高低端业务类型中进行转换的原因是什么，企业可以重新定义市场与需求，发现新的市场机会。

3. 重新界定行业的买方群体

在大多数行业中，参与竞争的企业对目标客户的定义都大同小异。但是，事实上存在着一个客户链，他们都直接或间接地参与了购买决策。产品或服务的购买者可能与最终使用者并不一致，在某些情况下，还有一些非常关键的影响者。尽管这三类人可能会重叠，但是通常他们都不是同一个人。当三类人不一致的时候，他们的价值观通常也不一样。例如，企业的采购人员肯定比产品的最终使用者更关心成本，而后者可能更关注产品是否好用。类似地，产品零售商希望生产商能够及时补充存货，并且提供更好的融资方式。而购买产品的消费者虽然会受到这些产品渠道的影响，但他们不会关心这些东西。

对目标客户群体的传统观念提出挑战就可以发现新市场。通过审视不同的购买者群体，企业可以产生一些新的思维，从而重新构造自身的价值曲线，找到那些以往被忽视的目标客户群体，以此重新定义市场与需求。

4. 跨越互补性产品或服务看市场

很少有产品或服务会单独使用。在很多情况下，它们的价值会受到别的产品或服务的影响。但是，在大多数行业中，企业生产的产品或提供的服务都局限于行业范围内。在互补产品或服务背后常常隐藏着巨大的价值，关键是要弄清楚消费者在选择产品或服务时需要的整体解决方案是什么。一个简单的方法就是考虑一下消费者在使用你的产品前、使用中和使用后会做些什么事情。例如，在航空业中，虽然旅客在飞行结束后才会需要地面交通，但是旅行中的这种服务肯定是必要的。

思考一下，你的企业产品或服务的使用背景，以及在产品或服务使用前、使用中、使用后，用户会面临哪些烦恼，通过发现互补性的产品或服务来消除这些烦恼，可以有效地重新定义市场与需求。

5. 放眼客户的功能性或情感性诉求

行业竞争不仅在产品或服务的范围上趋同，而且在两个基本的诉求上也很类似。一些行业主要通过价格和功能来竞争，关注的是给用户带来的效用，他们的诉求是功能性的；另一些行业主要以用户感觉为竞争手段，他们的诉求是情感性的。比如星巴克，它将纯粹的咖啡销售转变为一种带有情感的氛围，消费者可以在里面尽情地享受咖啡。对于注重关系培养的行业，如保险业、银行业和投资业等，则非常依赖于经纪人和客户之间的紧密关系。但是，大多数产品或服务的诉求并不一定是非此即彼的。相反，它是企业竞争方式产生的结果。企业的竞争方式会在无意中培育用户的预期，这种影响力具有不断加强的特点。随着时间的推移，功能导向型行业会变得越来越注重功能，而情感导向型行业会变得越来越注重情感。

思考一下，你的企业所在的行业是功能导向型还是情感导向型，通过探索现有形式之下添加其他导向的元素可以重新定义市场与需求。

6. 放眼未来

在所有的行业中，企业的经营都会受到外部趋势变化的影响。如果企业能够正确地预测这些趋势，则可能找到新的市场机会，重新定义市场。但是，该方法并不来源于预测趋势本身。相反，放眼未来是深入分析这一趋势会如何影响客户价值和企业的业务模式。通过放眼未来，即从关注市场现在的价值转为关注未来的价值，企业经营者可以主动调整，抢先找到新的市场。虽然这种方法可能比前面讨论的方法难一些，但是其思维方式还是类似的。在预测未来趋势的时候，有三个原则非常重要。这些趋势必须对企业的业务有决定性作用，必须不可逆，必须具有清晰的路线。在任何一个时间点上，我们都可以看到很多趋势，比如，技术的淘汰、新的生活方式的诞生、法律或社会环境的改变等，但是，通常只有一两个趋势会对某个特定的行业产生重大影响。

上述方法通过超越传统竞争范围的思维，来帮助企业找到打破常规的战略，重新构筑市场边界，重新定义市场与需求，以一种全新的方式重新构建市场模式。

7.2.3 基于技术采用生命周期的用户分析

在重新定义市场和需求之后，我们需要进一步对用户进行分析。摩尔站在市场的角度，根据潜在用户对风险的担心和需求的强烈程度，将用户分为创新者、早期采用者、早期大众、后期大众以及落后者五个类型，并提出了高科技产品的技术采用生命周期理论，如图 7-2 所示。

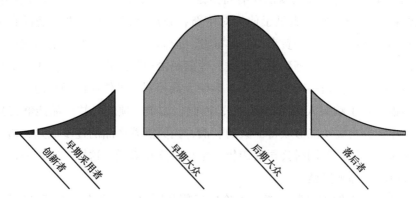

图 7-2 技术采用生命周期理论示意

资料来源：摩尔.跨越鸿沟：颠覆性产品营销圣经 [M].赵娅，译.北京：机械工业出版社，2008.

创新者会非常积极地追随各种新科技产品。有时，他们甚至会在正式的营销计划尚未出炉之前就已经下手购买新科技产品。这是因为科技是他们生活中的最大乐趣，而他们并不在意这些技术能够在他们的生活中提供什么样的功能。从本质上讲，他们会着迷于任何根本性的技术改进，并且仅为了探索新科技产品的性能就决定购买。在任何一个市场中，虽然创新者并不多见，但是企业必须争取在营销活动初期就得到他们的青睐，这一点是非常关键的，因为当新科技产品投放市场时，他们的认同能够为其他消费者带来信心。

与创新者不同的是，早期采用者并不是技术专家。他们只是善于想象、了解并欣赏新技术所具备的优势，并且能够将这些潜在的优势与自己关心的某个方面相联系的群体。只要发现某种新科技产品能够有效地满足他们的需要，早期采用者就会考虑做出购买决策。正是因为早期采用者在做出购买决策时并不会局限于公认的看法，而是更愿意遵循自己的直觉和想象，因此他们对于任何高科技市场的拓展都发挥着至关重要的作用。

早期大众与早期采用者在接受新技术的态度方面存在着一些相同之处，然而，他们的购买决策最终是由一种强烈的实用性想法而推动的。他们知道这些最新奇的发明中有很多最终都将不再流行，并且会成为过眼云烟，所以他们宁愿继续等待，并在自己购买之前，细心观察周围的人对新产品的评价。换句话说，在拿出大把金钱进行购买之前，他们希望得到一些公众给出的参考意见。由于这一群体中的消费者数量是非常多的，几乎占据整个技术采用生命周期的 1/3，所以赢得他们的认同，对于企业获得高额利润和飞速发展是非常重要的。

后期大众除具有早期大众的所有特点之外，还存在一个非常明显的不同之处：早期大众群体中的消费者满足于他们对待新科技产品以及最终决定是否购买的能力，而后期大众群体中的消费者却并非如此。他们只会等到某些既定标准形成之后才会考虑购买，并且即使等到那个时候，他们仍希望得到很多支持，所以他们更有可能从知名的大型公司中购买产品。与早期大众相同，对任何市场来说，后期大众这个群体也占据了购买人数总体的 1/3，因此，如果一项新科技产品能够得到他们的喜爱，那么公司确实能够获得巨大的利润，因为随着产品的逐步成熟，边际利润率将呈现递减规律，但同时公司的销售成本也将逐渐降低，这样一来，公司的研发成本在最后将全部被摊销。

最后我们要介绍的是落后者。无论出于哪些原因，是个人方面还是经济方面，这些消费者对新技术没有任何兴趣。只有当一项新科技产品已被深深地埋藏于各种其他产品之中时，落后者才会购买。

技术采用生命周期理论向我们揭示了一种市场开发的方式，也就是依次从图 7-2 中钟形曲线的左边到右边，首先关注创新者并形成专门的市场，然后是早期采用者以及他们的市场，接下来是早期大众、后期大众，最后则是落后者。在这个市场开发过程中，企业必须将每个阶段针对的消费者群体作为参考的基础，进一步开发下一个消费者群体所支配的市场。这样一来，创新者对产品的认可就成为一个非常重要的工具，能帮助企业继续开发出一个早期采用者的可靠市场。同样，早期采用者对产品的认可也成为开发早期大众市场的重要工具。这种关系会依次延续下去，直到曲线最右端的落后者，同时要保证这个过程平稳、顺利地进行，因为这样可以创造出一种从众效应，而这种效应能够使下一个消费者群体很自然地愿意购买产品。

从本质上说，这就是所谓的高科技营销模式，即在技术采用生命周期的各个阶段中平稳展开的一种营销方式。如果能够第一个到达那里，"抓住曲线的最左端"，并且在早期大众阶段成功地驾驭这条曲线，从而建立一种业界内的事实标准，那么企业就能够迅速聚敛到大量的财富，并获得成功。

7.2.4 理解与挖掘用户的真实需求

对用户进行分析后,我们会发现市场开拓者经常按照产品类型、产品价格进行市场细分,也有人按照用户规模或消费心态来进行市场细分,但往往在市场细分上付出了很大的努力之后,基于以上分类的创新策略和市场细分计划会惨遭失败。其原因就在于它们都是根据产品属性和用户属性进行分类的。我们只有真正理解用户需求,才能提高营销成功率。

1. 理解用户的真实需求

事实上,只有当市场推广理论建立在基于情境条件分类的基础上,并能够合理地反映因果关系时,管理者才能够知道到底哪些特性、功能和定位让用户决定购买一件产品。⊖

想要提高市场推广的可预测性,就需要了解在什么情况下、什么样的用户会购买或使用商品,尤其是用户(可能是企业,也可能是个人)需要定期完成哪些"任务"。当用户发现自己必须完成一些"任务"时,就会四处寻找"能用"的产品或服务来帮助他们完成工作。这是用户的生活体验。他们的思考程式始于"发现自己需要做一些事情",然后就开始"雇用"能够帮他们有效、便捷、便宜地完成这一任务的东西。用户任务的功能特点、情感因素以及社会特性等参数决定了用户的购买条件。换句话说,只有真正理解用户购买产品是要完成什么目标任务或进行什么活动,同时通过使用该产品或服务,可以帮助用户克服以前完成任务的过程中经常遇到的哪些障碍和限制条件,才能保证企业推出的产品创新设计是满足用户真实需求的。当企业将产品定位于用户所在的情境中,而不是定位于用户本身时,他们就能成功地降低产品推广过程中的不确定性。

2. 挖掘用户的真实需求

在知道用户购买的关键条件来自其购买情境时,我们就需要对此进行深入挖掘,以此找到新的用户需求,实现市场创新。在这里,我们通过传统的 $APPEALS 工具模型与新兴的大数据挖掘方法助力挖掘用户需求,具体的方法与步骤如下。

(1)$APPEALS 工具模型 $APPEALS 工具模型可以将用户的需求转换为产品和服务的属性。$APPEALS 涉及差异化分析和蓝海的价值创新(减少、增加、剔除、创新),通常在市场规划和产品规划的细分市场中使用,可以从多个维度,通过不同权重来分析需求。

⊖ 克里斯坦森,雷纳. 创新者的解答 [M]. 李瑜偲,林伟,郑欢,译. 北京:中信出版社,2013.

1) $APPEALS 工具的构成。$APPEALS 工具关注用户在购买竞争性产品时是如何做决定的。$APPEALS 的每个要素都考虑了市场细分中用户的观点。

$（价格）：用户为感到满意的产品所愿意支付的价格。

A（保证）：通常反映在可靠性、安全性和质量等方面，需要考虑用户在可预测的环境下如何评价整个产品的性能可靠性，包括保修、鉴定、冗余度和强度等。

P（包装）：描述了期望的设计质量、性能和外观等视觉特征。

P（功能性能）：描述了用户期望产品所具备的功能和特性。

E（易用性）：描述了产品的易用属性，要求考虑用户对产品在舒适度、学习、文档、支持、人机工程、显示、感觉的输入与输出等方面的意见。

A（可获得性）：描述了用户的购买过程是否容易、高效。

L（生命周期）：描述了所有者在使用产品的整个生命周期中的成本，如安装成本、抵换价值、处置成本等。

S（社会接受程度）：描述了影响购买决定的其他因素。这个要素要求考虑口头言论、第三方专家评价、顾问的报告和意见、形象、政府或行业的标准、法规、社会认可程度、法律事务、产品质量责任等对用户购买产品所起的作用。

将 $APPEALS 工具的要素具体化，可以获得以下分解指标，如表 7-4 所示。

表 7-4 $APPEALS 分解指标

要素	细分指标
$- 价格	购买价格、付款方式、服务费用、运输费用等
A- 保证	质量、安全性、可靠性等
P- 包装	外表、包装、界面等
P- 功能性能	主要功能、附加功能、增值功能等
E- 易用性	易维护、易使用、易操作等
A- 可获得性	购买体验、交货期、安装时间、样板客户、代理商、销售网点等
L- 生命周期	培训、升级、维护费用等
S- 社会接受程度	品牌、政策、资质等

2) $APPEALS 的分析步骤。作为一个操作性工具，$APPEALS 的分析步骤如下。㊀

第一步，通过设定每个 $APPEALS 要素的权重来反映对这个细分市场用户的相对重要性，比如，用调查问卷的方式将产品的每个要素的权重值设置为百分比的形式，如果对产品的功能比较重视，那么就应该把功能要素所占的百分比提升一些。

㊀ 周辉. 产品研发管理 [M]. 北京：电子工业出版社，2012.

需要注意的是，这 8 个要素分别包括下一级子要素，针对不同类型的产品，各要素是不同的。作为互联网产品，虽然 $（价格）要素往往可以忽略不计，但是需要增加社会接受程度方面的属性。

第二步，根据自己的产品和竞争对手的产品（竞品）满足 $APPEALS 每个要素的客户需求的程度，对它们进行打分。

第三步，根据调查后的数据画出相应的雷达图，对自己的产品和竞品进行差异化分析。

第四步，对比差异化，分析优势和劣势（根据权重所占比例的优先顺序发现差距和优劣势，自己的产品和竞品的差距，自己的产品与用户理想状态之间的差距），并根据自己的产品和竞品之间的差距和劣势，制定相应的决策方案和策略。

（2）大数据挖掘方法 在"互联网+"时代，对于大数据最基本的加载、激活、管理、推送的处理要求能够帮助企业更好地了解用户的需求。企业可以通过多渠道获得海量的数据，根据数据以及用户在不同时期的目标和需求，对用户的心理进行深度分析。对于这一过程的分析，实际上就已经实现了对用户需求的挖掘。通过这些分析，我们可以大致地了解用户的行为属性和人口的基本属性。如果进一步分析，实现数据的深度挖掘，可能还会获得用户的画像，我们可以在这个画像里面把基于用户的所有模块都呈现出来，如用户偏好、消费习惯等，且可以从用户使用的终端上进行分析⊖，建立各种模型，实现客户需求的更深入挖掘。其操作步骤如下⊖：

1）全面接入企业内外部消费者数据并进行深度融合，线上可对接淘宝、天猫、京东等多个电商平台数据，以及微博、微信等社交媒体数据；线下可对接门店经营数据，以及其他离线或企业零散数据源，获得消费者 360 度全景画像。

2）借助消费者画像，积累用户运营经验、建立标签体系，同时针对建立的标签体系确立专业评估模型和指标体系。

3）通过上述系列内容和活动运营中沉淀的数据资产，建立用户价值模型、活跃度模型、流失模型、评估模型等，更精准地进行客户分层分群。

以上方法可以让企业不断洞察消费者的真实需求，了解消费者自身的购买条件，最需要什么样的产品，最想得到什么样的产品信息以及最希望感受到什么样的购物服务体验，能处处体现客户关怀，形成竞争对手无法轻易模仿的差异性核心竞

⊖ 武志学. 大数据导论：思维、技术与应用 [M]. 北京：人民邮电出版社，2019.
⊖ 数说故事官网. 数说故事：中国领先的一站式大数据及 AI 智能商业应用提供商 [EB/OL]. （2020-07-21）[2020-07-21]. https://www.datastory.com.cn/solution/user.

争力，造就企业的核心价值。

基于上述用户需求挖掘思想，下面介绍中国移动利用大数据挖掘用户需求的具体做法。

◀• 创新聚焦 •▶

数据赋能用户需求挖掘

中国移动的大数据系统可以在第一时间自动捕捉市场变化，再以最快捷的方式推送给指定负责人，使他在最短时间内获知市场行情与用户需求。

比如，一个用户使用最新款的诺基亚手机，每月准时缴费、平均一年致电客服三次，使用 WEP 和彩信业务。如果按照传统的数据分析，那么这可能是一位用户满意度非常高、流失概率非常低的用户。事实上，当搜集了包括微博、社交网络等新型来源的用户数据，并对这位用户进行用户画像与精准洞察，建立了针对这位用户的相应价值模型之后，就会发现这位用户的真实情况可能是这样的：该用户在国外购买的这款手机，其中的部分功能在国内无法使用，在某个固定地点手机信号经常断，彩信无法使用，他的使用体验极差，很有可能流失。

这就是中国移动大数据分析的一个应用场景，通过全面获取业务信息，颠覆了常规分析思路下得出的结论。这种分析方式打破了传统数据源的边界，注重社交媒体等线上新型数据来源，通过各种渠道获取尽可能多的市场信息，并从这些数据中挖掘更多的价值，对用户的真实需求进行深入的探索。

所以对运营商来说，大数据的出现为技术进步和社会发展指明了全新的方向，谁掌握了这一方向，谁就可能获得成功。在数据处理分析上，需要转型的不仅是技巧和法律问题，还有思维方式，即从商业化的角度思考大数据营销。

资料来源：根据中国移动官网整理。

思考：

1. 在本案例中，中国移动运用大数据进行用户需求挖掘的方式给中小企业带来什么启示？

2. 综合新兴技术与未来营销的发展趋势，探索数据挖掘用户需求的新场景。

7.3 如何进行市场选择

在弄清楚企业如何发现市场机会的做法之后,我们紧接着需要知道如何进行市场选择。细分市场选择的过程是价值选择的过程,具体包括以下两个方面的内容:一是进行市场细分,即运用科学的方法对企业所面临的市场进行细分;二是选择目标市场,即基于市场细分与组织能力选择符合标准的细分市场。本节内容不仅阐述了市场细分与目标市场选择等战略的具体做法,还基于当前的市场环境,提出了一些新方法与新手段,以帮助企业不断实现创新。

7.3.1 进行市场细分

在产品营销中,企业不可能通过将所有产品卖给市场上所有的顾客而取得商业上的成功。在某种程度上,每个顾客都是独一无二的,大规模的营销(即对所有的顾客都采用相同的营销方式)往往得不到理想的效果,但对每个顾客分别制订营销方案也是不现实的。因此,将具有相同特征的顾客划分为同一细分市场就显得很有必要。

市场细分是指根据消费者的不同特征,把整体市场划分为不同的消费者群的市场分割过程。每个细分市场都是由需要与欲望相同的消费者群组成的。在市场细分的前提下,企业确立自身的目标市场,并制定针对目标市场的最佳营销策略,以获得最佳效益。

1. 市场细分变量

市场细分的有效性是检验市场细分好坏的重要标准,而这种有效性的强弱程度依赖于市场细分变量的选择。市场细分变量是指那些反映需求内在差异,同时能作为市场细分依据的可变因素。市场细分变量是市场细分的基础要素,依据不同变量可细分出不同的顾客群。

基于不同的分析视角,我们需考虑的市场细分变量也有所不同。在传统的市场营销活动中,基于消费者的角度,需考虑的市场细分变量如表 7-5 所示。对于市场细分变量的重新思考与详尽分析是挖掘创新机会的第一步。

表 7-5 基于消费者角度的市场细分变量

市场细分变量		典型的细分条目
1. 地理因素	地区 城市规模 人口密度分布 气候	中国东北、华北、西部地区 1 万人以下、1 万~10 万、10 万~50 万、50 万~100 万、100 万以上 都市、郊区、乡村 热带、亚热带、温带

(续)

市场细分变量		典型的细分条目
2. 人口统计因素	年龄	10 岁以下、10～18 岁、18～30 岁
	性别	男、女
	家庭规模	1～2 人、3～5 人、5 人以上
	家庭生命周期	青年单身、青年已婚无子女、青年已婚有子女
	收入	1 000 元以下、1 001～3 000 元、3 001～7 000 元、7 001 元以上
	职业	专业技术人员、经理、学生、无职业者
	教育	小学以下、中学、大学、研究生、研究生以上
	宗教	佛教、伊斯兰教、基督教、无宗教信仰
	种族	汉族、少数民族
	国籍	中国、美国、英国等
3. 心理因素	社会阶层	上层、中层、下层
	生活方式	变化型、参与型、自由型、稳定型
	个性	冲动型、进攻型、交际型、自负型
	时机	一般时机、特殊时机
	追求的利益	便利、经济、易于购买
4. 行为因素	使用率	不使用、少量使用、中量使用、经常使用
	使用者的情况	未曾使用者、曾使用者、潜在使用者、首次使用者
	对产品的态度	热情、肯定、不关心、否定

资料来源：科特勒，莱恩. 营销管理（亚洲版·第 6 版）[M]. 王永贵，译. 北京：中国人民大学出版社，2020.

2. 传统的市场细分方法

（1）单一因素细分法：根据影响消费者需求倾向的某一个重要因素进行市场细分。它适用于市场对某一产品需求的差异性主要是由某个因素所导致的情况。例如，对于服装企业，按年龄细分市场，可分为童装、少年装、青年装、中年装、中老年装、老年装；按气候细分市场，可分为春装、夏装、秋装、冬装。

（2）综合因素细分法：根据影响消费者需求倾向的两种或两种以上的因素进行市场细分。它适用于市场对某一产品需求的差异性是由多个因素所导致的情况。例如，对于服装市场，可根据用户的收入水平、用户的年龄及产品的样式三个因素来细分市场。

（3）系列因素细分法：企业依据影响消费者需求倾向的多种因素对某一产品市场由大到小、由粗到细地按一定顺序逐步进行细分。它适用于影响市场需求的因素较多，企业需要通过逐层逐级的辨析来寻找适宜目标市场的情况。这种方法可使目标市场更加明确且具体，有利于企业更好地制定相应的市场营销策略。例如，对于皮鞋市场，可按地理位置、性别、年龄、收入、购买动机等因素来细分市场，如图 7-3 所示。

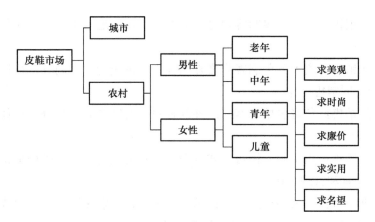

图 7-3 系列因素细分法示意

传统的市场细分方法主要是通过对客户的基本属性特征进行简单统计来细分的，包括年龄、性别、家庭、职业、教育状况等基本信息。由于该方法不具备定量分析的功能，统计细分得出的结果往往带有较强的主观性，因此不能反映出真正的客户价值。

3. 数据赋能市场细分

经过多年的研究和探索，细分市场的划分方法也在不断创新，营销学者发现由于不同的客户对企业的价值不同，因此，可以针对不同价值的客户群建立不同的数据模型，从而实现细分市场的划分。这里主要以 B2B 企业为例，具体步骤如下⊖。

（1）确定销售资源　当企业规模还很小的时候，老板加上少数几个销售人员就能够服务好几十个客户。当企业不断扩大规模，开始需要发掘新客户的时候，就需要招募素质要求相对不高的电话销售人员。当企业在多个城市开设分公司的时候，就需要招募地区销售人员。随着产品线变长，当一个销售人员不再具备所有产品的销售技能时，就需要招募产品销售人员。当产品线长到覆盖多个行业的时候，就需要招募行业销售人员……这是企业在扩张过程中销售资源的拓展和分类过程。一个足够大的企业销售资源包括以下几类。

1）大客户销售：专门负责名单制的大客户，包括现有的客户和潜在的客户。

2）策反销售：负责名单制竞争对手的核心客户的策反销售。

⊖ 于勇毅. 大数据营销：如何利用数据精准定位客户及重构商业模式 [M]. 北京：电子工业出版社，2017.

3）地域销售：负责名单制客户之外的客户，按照地域来划分，往往分布于各地的分公司中。

4）行业销售：负责名单制客户之外的客户，按照行业来划分，往往兼备行业合作伙伴的协同销售工作。

5）产品销售：负责名单制客户之外的客户，按照产品来划分，往往兼备产品代理商管理工作。

6）渠道销售：当企业的销售方式以渠道模式为主时，会安排渠道销售人员负责代理商的销售和管理工作。

7）咨询销售：在某些行业，咨询销售人员由行业资深咨询顾问组成，他们在向客户提供咨询服务的同时，也担负着销售职能。

在以上列举的销售类型中，除了大客户销售和策反销售专门负责名单制客户外，其他销售类型的职能会有重叠，区别只是销售的切入口（产品、地域、咨询等）不同，目标客户都是名单制客户之外的中小型客户。在实际销售过程中，企业会根据商机的特征配置最优化的销售力量。

（2）进行数据清理　在明确销售资源后，以及在进行客户细分之前，应先对客户数据进行系统的清理。虽然"谁是大客户"看上去是一个简单的问题，但哪怕是一个小小的收入口径问题，也会对客户细分造成很大的偏差。

1）代理商的识别。代理商本身是不使用产品的，只是通过"低买高卖"获取利润，真正的产品使用者（客户）另有其人。在企业的客户关系管理系统中，我们往往会通过标识来判别在企业渠道部门登记的认证代理商名单，但是在实际操作中往往存在着这种场景：虽然有些客户数据没有被标识代理商，但实际上扮演了代理商的角色。例如，要成为企业认证的代理商，需要有一定的资金并承诺相应的销量，某些代理商不愿意与企业签订正式的代理商协议，而是按照一单一议的价格和客户的身份从企业处采购，如果采购量大，其拿到的价格不一定高于作为代理商拿到的渠道价。企业的数据营销人员面对这些客户名称往往没有能力进行识别，因此需要把名单提交给销售团队进行核实，把代理商剔除客户细分。

2）收入口径的核实。B2B的销售收款模式比B2C"一手交钱，一手交货"的方式复杂得多，有预付款（可能一次性提前交很多年的费用）、后付款（先使用产品，后支付费用）、应付实付款（合同收入和实际支付的费用），甚至更复杂的财务模式（如约定几年的折旧费用，企业提供资金平台进行借贷，等等）。在"收入"这个简单维度的背后藏着不同的财务模式，数据营销人员需要利用业务知识统一建立一套标准才能进行操作。

3）客户去重。企业的管理层也许能随口说出自己的大客户是谁，却很难说出这些大客户具体贡献的金额。企业的销售体系越复杂，这个场景出现的可能性越大。究其原因是大客户能贡献的收入很多，企业内部不同的销售部门都希望从里面分一杯羹，虽然这些大客户属于名单制客户，从理论上讲地域销售、行业销售等部门是不被允许接触这些大客户的，但是在实际操作中，大客户自身复杂的采购模式及各地的分支机构，都给企业各个销售团队留存了操作空间。仅以中国银行这个客户为例，在一家企业内部可能存在"中国银行""中国银行股份有限公司""中国银行北京分行""中国银行采购中心""Bank of China"等各种写法，就算客户关系管理（CRM）系统中设定了完善的客户去重规则，也无法正确地判断这些客户是不是同一个。

客户去重是基于30%的程序识别和70%的人力识别来完成的，是客户细分操作中最耗费资源的前期数据操作。

4）客户树搭建。集团型的客户有着复杂的采购模式（集中采购和分开采购），特别是在银行、政府、医疗、教育等领域，为了统一管理和防止腐败等，同一集团不同产品的采购会由不同集团层面完成。例如，在IT（信息技术）产品采购中，可能大数据、云计算这种大型方案的采购权在集团总部，服务器存储这类企业级产品的采购权在大区经理层级，计算机、打印机等小产品的采购权在省级公司层级。如果单从收入数据来看，集团型客户的收入都集中在上层结构，大量中下层的机构在CRM系统中没有任何收入，但在实际营销过程中，这些中下层的机构也许是需求发起方，在采购过程中起到重要的作用，需要重点覆盖。出于以上原因，企业需要在客户数据中标示"上级公司"和"总公司"来搭建集团型客户的总体结构，目的是从收入数据的角度看清楚客户的集中采购和分开采购现象，在客户细分的时候把一些看上去名字很大（如××银行××省分行），但没有实际采购权的客户数据剔除细分名单，另外可以融入一些看似不重要，但有实际采购能力的机构，从而了解集团型客户贡献的真实整体收入。需要强调的是，客户树搭建是除客户去重之外的一个需要耗费大量资源做数据清理的项目，需要利用大量人力查询外部资料后再在CRM系统中进行人工操作。

（3）进行客户细分　在做完以上数据清理工作，有了数据基础后，就可以开始进行客户细分了。不过在讨论客户细分的方法论之前，我们需要搞清楚客户细分和客户筛选的区别。客户细分是一个严肃的客户分类，一旦确定方法论和客户名单，就会作为企业策略的核心被沿用很长时间；而客户筛选只是针对少数几次营销活动进行客户分类的，是基于营销活动的内容筛选目标客户群，是短暂而多变的。

客户细分的逻辑对现有客户（已经购买产品，在 CRM 系统中留下了历史收入数据）和潜在客户（尚未购买产品，但通过各种渠道已经获取了客户数据）的方式有所不同。

1）现有客户。以历史收入数量为主要衡量指标，可以将现有客户大致分为三类：名单制客户（在一定时间内，一般是 1 年，贡献 80% 以上收入的客户）、存量客户（剩余购买金额较小的客户）和流失客户（在一定时间之外有过购买记录，但最近没有购买的客户）。

2）潜在客户。潜在客户以客户的购买潜力为主要衡量指标，购买潜力来自多个维度的综合评估结果，包括细分行业、名单制（每年政府公布的××强名单）、企业规模（员工人数、纳税额等）、其余标签（如上市企业、已拿到风投的创业企业、互联网金融牌照企业等）。细分结果大致分为两种：名单制客户（虽然未购买过产品，但有强大的购买力，需要销售人员专门负责）和潜能客户（无法判断购买力或购买力弱的客户）。

在这里需要说明的是，其他类型的企业在进行客户细分时也可遵循上述思路，只不过需要根据自身的实际情况对里面的内容与相应标准进行适当的调整，选择适合自己的方式。

7.3.2 选择目标市场

企业进行市场细分之后，可以根据自身情况，按照一定标准从子市场中选取有一定规模和发展前景，并且符合企业的目标和能力的细分市场作为目标市场。

1. 选择目标市场的依据

依据一定的细分变量将整个市场划分为具有不同特征的子市场之后，企业需要在这些具有不同特征的细分市场中选择产品的目标市场。对于不同细分市场的评估结果，是企业进行目标市场选择的依据，这里主要考虑以下几个因素。

（1）细分市场的规模和成长性　企业要收集和分析这些细分市场的现有销售量、成长率和预期盈利率等资料，从而保证新市场具有一定的盈利性和成长空间。

（2）细分市场的结构吸引力　企业需要考虑细分市场长期吸引力的主要结构因

素。细分市场可能具备理想的规模和发展特征，然而从盈利的观点来看，它未必有吸引力。波特认为有五种力量决定着整个市场或其中任何一个细分市场的长期的内在吸引力。这五种力量是：同行业竞争者、潜在的新加入的竞争者、替代产品、购买者和供应商。表 7-6 是细分市场的结构吸引力。

表 7-6　细分市场的结构吸引力

细分市场的结构维度	特　点	是否具有吸引力
已有竞争激烈	某个细分市场已经有了众多的、强大的或者竞争意识强烈的竞争者	否
新竞争者强大	某个细分市场可能吸引会增加新的生产能力和大量资源并争夺市场份额的新竞争者	否
替代产品竞争激烈	某个细分市场存在着替代产品或者有潜在的替代产品，同时这些替代产品在行业中的技术有所发展，或者竞争日趋激烈	否
购买者讨价还价的能力强	某个细分市场中的购买者的讨价还价能力很强或正在加强	否
供应商讨价还价的能力强	某个细分市场中的供应商集中或有组织，或者替代产品少，或者供应的产品是重要的投入要素，或者转换成本高，或者供应商可以实行联合	否

资料来源：郭富才. 新产品开发管理，就用 IPD：升级版 [M]. 北京：中国青年出版社，2019.

（3）企业的目标和资源以及所处的生命周期　企业对细分市场的选择应结合企业的目标和资源。即使一个细分市场有合适的规模和成长率，在结构上也具有吸引力，但与企业的长期目标不符，那么该细分市场也不应加以考虑。同时，在选择目标市场时，企业还必须考虑自己是否拥有在该细分市场上获胜的技巧和资源。因为企业要真正赢得细分市场，就需要有在技巧和资源的运用上能压倒竞争对手的优势。企业应该进入那些比竞争对手更具有优势并且可以为顾客创造更大价值的细分市场。同时，企业所处的生命周期不同，也决定着企业是否能集中自身优势针对目标市场，使产品更好地满足目标顾客的需求。

（4）产品与技术生命周期　任何产品、技术都有生命周期，企业在对不同产品与技术所处的不同生命周期进行评估后，可以根据每个生命周期的特点选择不同的细分市场，从而获得最大的市场机会，即选择目标市场。一般来说，在投入期，产品或技术还不为人知，如何市场化也不得而知；在成长期，产品或技术开始被有远见的人群或企业察觉，逐步走入市场；在成熟期，产品或技术已经为大众所接受，大多数企业也掌握了相关技术；在衰退期，产品或技术不再流行，渐渐退出市场。

2. 传统的目标市场策略选择

根据各细分市场的独特性和上述标准,有三种传统的目标市场策略可供选择。

(1) 无差异性目标市场策略　该策略是把整个市场作为一个大目标开展营销,强调消费者的共同需要,忽视其差异性。采用这一策略的企业一般都实力强大,采用大规模生产方式,有广泛而可靠的分销渠道,以及统一的广告宣传方式和内容。运用这种策略可以节约生产、储存、运输、广告宣传费用,从而降低成本,但是这种策略的局限性较大,一般只能对少数产品使用。

(2) 差异性目标市场策略　该策略通常是把整体市场划分为若干个细分市场,并将其作为目标市场,针对不同目标市场的特点,分别制订出不同的营销计划,按计划生产目标市场所需要的商品,以满足不同消费者的需要,增强产品和营销策略的多样性,提高市场占有率,增强企业的竞争能力,分散经营风险,但采用这种策略会增加生产成本和经营费用。

(3) 集中性目标市场策略　该策略是选择一个或几个细分化的专门市场作为营销目标,集中企业的优势力量,对某细分市场采取攻势营销策略,以取得市场上的优势地位。一般实力有限的中小企业以及初次进入新市场的大企业多采用集中性目标市场策略。采用这种策略可以节约成本,获得较高的投资收益率,帮助企业提高知名度,从而迅速占领市场,但是企业在运用该策略时需要谨慎行事,因为市场较小,一旦需求发生变化或强大的竞争对手进入市场,则企业可能会陷入困境。

表 7-7 列出了在不同因素影响下,企业可以选择的目标市场选择策略。

表 7-7　目标市场选择策略

影响目标市场选择策略的因素	二级指标	目标市场选择策略
市场特点	市场同质性高 市场异质性高	无差异性目标市场策略 差异性或集中性目标市场策略
竞争对手目标市场选择策略	竞争对手选择无差异性目标市场策略 竞争对手选择差异性目标市场策略且竞争力强	差异性或集中性目标市场策略 对等或更深层次的差异性或集中性目标市场策略
企业资源	企业资源有限 企业资源雄厚	集中性目标市场策略 无差异性或差异性目标市场策略
企业生命周期	企业萌芽期 企业成长期 企业成熟期 企业衰退期	集中性目标市场策略 集中性或差异性目标市场策略 无差异性或差异性目标市场策略 集中性目标市场策略

(续)

影响目标市场选择策略的因素	二级指标	目标市场选择策略
产品生命周期	产品投入期 产品成长期 产品成熟期 产品衰退期	无差异性目标市场策略 差异性或集中性目标市场策略 差异性或集中性目标市场策略 集中性目标市场策略
产品特点	同质或相似产品 异质产品	无差异性目标市场策略 差异性或集中性目标市场策略
技术生命周期	技术投入期 技术成长期 技术成熟期 技术衰退期	集中性目标市场策略 差异性或集中性目标市场策略 无差异性或差异性目标市场策略 集中性目标市场策略

资料来源：黎东. 市场营销 [M]. 北京：航空工业出版社，2007.

3. 挑战传统思维的目标市场选择

如果目前企业内部的供给和需求不匹配，面临利润率降低、成本上升、销售额停滞或下降，或者需要拼抢市场份额等状况，那么可以换一种角度，通过挑战传统思维进行目标市场选择。企业往往有两种传统思维：一是只注意现有客户；二是进行更加精细的客户细分。企业增加市场份额的典型方式，就是努力维持和扩大现有客户群。而这就经常引发对客户偏好的进一步细分，以便提供量身定做的产品。一般而言，竞争越激烈，产品的专业化越明显。而在此过程中，目标市场将会变得十分狭小。

根据金和莫博涅在《蓝海战略》中提出的思想观点[⊖]，要想最大限度地扩大"蓝海"，企业就必须反其道而行之。企业应关注潜在客户，而不应只着眼于现有客户；应致力于大多数客户的共同需求，而不是注重客户需求的差异化。这样才能让企业超越现有需求，获得之前未曾有过的庞大的客户群。企业要超越现有需求，就要先考虑非客户，然后考虑客户；先考虑共同点，再考虑差异化；先考虑整合，然后考虑进一步细分。

虽然大量的非客户的存在提供了许多"蓝海"机会，但没有几家企业能敏锐地认识到它们的非客户是谁？如何才能进行开发？要想把巨大的潜在需求转化为实际的需求，让新客户蜂拥而至，就需要深化对大量非客户的认知。

按照距离现有市场的远近程度，将可以转化成客户的非客户分为三个层次，如图7-4所示。

⊖ 金，莫博涅. 蓝海战略：超越产业竞争，开创全新市场 [M]. 吉宓，译. 北京：商务印书馆，2005.

第一层次距离现有市场最近，位于市场的边缘。这个层次的客户是出于需要的目的而最小限度地购买本行业产品的，其内心并不情愿；如果有选择的话，那么他们会转向购买其他产品。然而，如果能提供新的价值，则他们不仅会留在这个市场，而且其购买的频率也会成倍增加，并释放出巨大的潜在需求。第二层次是拒绝使用你所在行业产品的那些人。虽然他们也曾将你的产品作为一种备选方案，但最终没有选择。第三层次距离你的市场最为遥远，他们从来就没有想过要使用你的产品。通过关注这些非客户群体和现有客户的关键共同点，企业就能知道如何将他们带入新市场中。

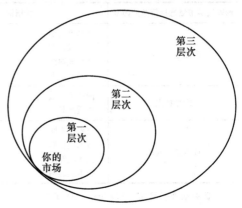

图7-4　非客户的三个层次

资料来源：金，莫博涅.蓝海战略：超越产业竞争，开创全新市场[M].吉宓，译.北京：商务印书馆，2005.

那么，让我们分别看看这三个层次的非客户，想一想如何能够吸引他们，扩大你的"蓝海"。

第一层次的非客户，就是对于那些凑合着使用当前市场的产品，但"骑驴找驴"的那些人而言，一旦有更好的选择，他们就会马上改变主意。从这种意义上讲，他们处在市场的边缘。当这种类型的非客户数量增加时，市场就会变得不景气，企业发展也会出现问题。然而，封闭在这一层次的非客户群中的，是大量有待释放的未开发的需求。第一层次的非客户重新选择产品的根本原因是什么呢？就是他们的共同需求。企业着眼于共同点，而非不同之处，就会慢慢了解到如何汇聚消费者，使其释放出大量的潜在的未满足需求。

第二层次的非客户属于拒绝型的非客户，他们或是觉得无法接受该产品，或是因为价格太贵而负担不起。他们的需求有时是通过其他方式得到满足的，有时则完全被忽视了。然而，在这样的客户群体中，仍存在着极大的需求有待开发。第二层次的非客户拒绝使用你所在行业的产品和服务的关键原因是什么呢？寻找他们反应中的共同点吧。着眼于共同点，而非不同之处，就可以知道如何释放出他们大量未获满足的潜在需求。

第三层次的非客户和行业的现有客户差别最大。这些客户未经开发，且行业中的企业没有把这些客户当作目标客户群或是潜在客户群。这些客户的需求以及与之相联系的商机，一般被认为是属于其他市场的。如果有企业知道它们为此而失去了大量客户的话，那么它们准会后悔。譬如有这样一个观点：洁牙是由牙医提供的专门服务。直到最近，口腔护理消费品企业才意识到，这也是它们的市场。当它们开始关心这一市场的时候，它们发现不仅存在着广阔的市场空间，而且它们有能力提供安全、高品质、低价的洁牙服务方案。

我们应当在什么时候，关注哪一层次的非客户？对此并没有一个简易、速成的方法。因为在不同行业、不同时期，各层次非客户的"蓝海"规模都会发生变化，所以需要着重寻找的是在当时能够带来最大收益的客户层次。同时还需调查三个层次的非客户之间有无相互重叠的共同点，这样就能够尽可能将潜在的需求释放出来。既然如此，我们就不应该把目光仅局限在一个层次的非客户上，而应通盘考虑，努力争取收益的最大化。我们建议：为了尽可能扩大"蓝海"领域，在制定未来发展战略时，应当跨越现有需求，放眼非客户群体，整合市场机会。

7.4 如何制定市场策略

通过市场机会分析，企业对市场已经有了深入的了解，通过市场选择，企业对自身想要为市场提供的价值也有了明确的判断。基于这样的价值选择，通过企业产品路线图，企业便可以提供市场所需要的产品或服务。但企业的市场活动远未结束，企业的产品或服务如何进行整合与设计才能创造最大的价值，所创造的价值如何交付给客户，又如何向客户进行传播，进而实现不断创新？本节主要从商业模式设计、市场流通渠道选择与营销传播渠道选择三个方面进行阐述。

7.4.1 如何设计商业模式

商业模式是一种包含了一系列要素及其关系的概念性工具，用以阐明某个特定实体的商业逻辑。它描述了企业所能为客户提供的价值以及企业的内部结构、合作伙伴网络和关系资本（relationship capital）等用以实现（创造、推销和交付）这一价值并产生可持续盈利收入的要素。

1. 商业模式的九大要素

关于商业模式的构成要素，奥斯特瓦德（Osterwalder）和皮尼厄（Pigneur）在其著作《商业模式新生代》中提出了商业画布理论，将商业模式的构成划分成九大要素，如表7-8所示。

表 7-8　商业模式的九大要素

要素	特点
客户细分	描述一家企业想要获得的和期望服务的不同的目标人群和机构。为了更好地满足客户，企业应按客户的要求、行为及特征的不同，把客户分为不同的群组。一个商业模式可以服务一个或多个客户群体
价值主张	为某一客户群体提供能为其创造价值的产品和服务。价值主张能解决客户的问题或满足其需求。每一个价值主张是一个产品或服务的组合。这一组合迎合了某一客户群体的要求
渠道通路	在销售及向客户传递价值主张的过程中，企业与客户之间的接触点就是渠道通路。我们可以将其理解为触点或路径。企业正是通过这些触点或路径创造价值意识、诱发评估、促成购买以及完成交付的
客户关系	客户关系描述了一家企业针对某一个客户群体所建立的客户关系的类型。企业需要明确对每一个客户群体欲建立何种关系类型。从依靠人员维护的客户关系，到自动化设备与客户间的交互，都属于客户关系的范畴。客户关系可能由以下动机驱动：开发新客户、留着老客户、增加销售量
收入来源	企业从每一个客户群体中获得的现金收益。客户为享受企业的价值主张而付费，企业因此获得资本。一个商业模式可能包括一次性支付收入和持续收入两种收益来源
核心资源	保证一个商业模式顺利运行所需的最重要的资产。每一个商业模式都需要一些核心资源。这些资源使企业得以创造并提供价值主张，赢得市场，保持与某个客户群体的客户关系并获得收益
关键业务	一个组织为了使自身的商业模式得以运转而必须做到的重要的事情。它们是企业为创造和提供价值主张、获得市场、维系客户关系以及获得收益所必需的活动。关键业务包括生产、解决方案、平台或网络等
重要合作	重要合作是保证一个商业模式顺利运行所需的供应商和合作伙伴网络。重要合作在许多商业模式中起着基石的作用。企业可以通过建立联盟来优化自身的商业模式、降低风险或者获得资源
成本结构	运作一个商业模式所发生的全部费用，例如，为获得核心资源、完成关键业务或配合关键合作伙伴而产生的费用等

资料来源：奥斯特瓦德，皮尼厄.商业模式新生代[M].黄涛，郁婧，译.北京：机械工业出版社，2016.

2. 商业模式画布

商业模式对每个组织都非常重要。如何描述一个组织的商业模式？如何对商业模式进行有效的表达？商业模式画布就是解决上述问题的一个有效的工具。所谓"画布"就是在一张普通的纸上打印出一个被划分为九个长方形区域的表格。我们可以将"画布"理解为描述九个逻辑相关的元素之间关系的图示，而这九个元素正是大多数企业的基本要素。画布中的长方形区域所代表的元素称为模块。这些模块代表着企业有效运转所需的人员、场地、物资、无形资产以及经营活动。将这九个模块看成一个紧密结合的整体，可以帮助管理者更好地理解组织目标，揭示组织内部的未被察觉的相互依存关系。将九个模块相结合，就完成了对一个商业模式的描述，即一家企业为客户创造、传递价值，并且因此获得回报的完整逻辑路径。图 7-5 就是一个商业模式画布结构。

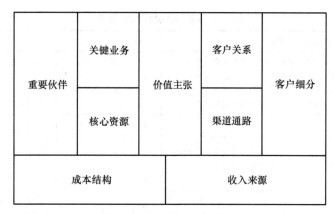

图 7-5 商业模式画布结构

资料来源：奥斯特瓦德，皮尼厄.商业模式新生代[M].黄涛，郁婧，译.北京：机械工业出版社，2016.

在具体使用商业模式画布时，需要注意以下几个事项。

（1）画布面积要大：打印一张 A1 纸大小的（大约 60 厘米 ×90 厘米）或更大的画布，避免选择人们在日常工作中使用的标准尺寸的纸张（A4 纸或信纸）。画布面积大可以拓展思维，让相互配合变得更加容易。

（2）合作：在描绘和分析商业模式时，邀请同事或客户、供应商、潜在客户或第三方专家一起参加。把具有不同视角的人聚集在一起（不同的年龄、职业、部门等），可以产生更好的结果。

（3）使用便利贴：在便利贴上写明要点，不要直接写在画布上。便利贴便于修改、删除或移动到新的位置上。每张便利贴上只写一个明确的要点，不要使用多个句子。

（4）使用图画：如果可以，运用简单的图画并配合文字来帮助理解。

（5）避免"孤立"的要点：所有的便利贴都应该与其他模块中的元素有关，避免使用"孤立"的要点。

3. 商业模式式样

商业模式画布的九大商业模式模块在商业模式构造的相似布局或相似行为形成的模式称为商业模式式样。这些式样可以被应用到企业的商业模式设计中，可分为非绑定式商业模式式样、长尾式商业模式式样、多边平台式商业模式式样、免费式商业模式式样与开放式商业模式式样五种类型，如表 7-9 所示。

表 7-9　商业模式式样的类型

式样类型	传统方式（之前）	挑战	解决方案（之后）	原理
非绑定式商业模式式样	一种包含基础设施管理、产品创新和客户关系的整合型商业模式	成本太高，多种相互冲突的企业文化被整合到一个实体中，带来了不利的权衡取舍	将业务拆成三种相互独立但相互联系的模型来处理：基础设施管理、客户创新、客户关系	IT（信息技术）和管理工具的发展允许企业以更低的成本拆分并在不同的商业模式中协作，进而消除不利的权衡取舍
长尾式商业模式式样	价值主张仅针对大多数有利可图的客户	针对低价值的客户细分群体提供特定的价值主张的成本太高	针对之前大量的低价值的利基客户细分群体提供新的或有附加值的价值主张，所产生的累积收入同样有利可图	IT 和运营管理的发展，允许企业以低成本针对数量庞大的新客户发布量身定制的价值主张
多边平台式商业模式式样	一种价值主张只针对一个客户细分群体	企业无法获得潜在的客户，这些客户感兴趣的是接触企业现有客户群	增加"接触"企业现有客户细分群体的价值主张	在两个或多个客户群体之间搭建中介运营平台，这些客户细分群体可以给最初的模型增加收入来源
免费式商业模式式样	高价值、高成本的价值主张仅提供给付费客户	高价格阻碍了客户	针对不同的客户细分群体提供几个含有不同收入来源的价值主张，其中一个是免费的（或极低成本的）	付费客户群体为免费客户细分群体提供补贴，以便最大限度地吸引客户
开放式商业模式式样	研发资源和关键业务都被集中在企业内部；创意只能在内部产生；成果也只能在内部使用	研发成本过高或者生产率很低	通过利用外部合作群体来增加内部研发资源和提高业务效率。内部研发成果被转化为价值主张，提供给感兴趣的客户细分群体	利用外部资源获取的研发成果的成本会更低，并且可以缩短上市时间。未被利用的创新成果在出售给外部后可能带来更多的潜在收入

资料来源：奥斯特瓦德，皮尼厄.商业模式新生代[M].黄涛，郁婧，译.北京：机械工业出版社，2016.

针对上述不同商业模式式样的特点与原理，结合企业生命周期相关理论可以发现，处于不同生命周期的企业有多种商业模式式样选择方式，如表 7-10 所示。

表 7-10　处于不同生命周期的企业的商业模式式样选择方式

企业的生命周期	商业模式式样选择方式
萌芽期	非绑定式商业模式式样、多边平台式商业模式式样、免费式商业模式式样
成长期	非绑定式商业模式式样、多边平台式商业模式式样、免费式商业模式式样、开放式商业模式式样
成熟期	非绑定式商业模式式样、长尾式商业模式式样、免费式商业模式式样
衰退期	非绑定式商业模式式样、开放式商业模式式样

但要强调的是，上述选择只是提供一个参考，并不是绝对的，商业模式式样的选择是一个极其复杂且动态的过程，企业需要根据自身特点以及外界环境的变化，不断进行变革与创新，这样才能保证基业长青。

4. 商业模式设计

企业的商业模式设计并不是一蹴而就的，因为企业外部的政治、经济、技术与社会环境随着时代的发展在不断发生着变化，企业还要不断地对设计出来的商业模式进行评估与优化，这样才能保证其历久弥新。由此可知，商业模式研究的是企业怎样通过与其他企业、顾客、渠道等相关利益者之间的业务结构设计以及盈利结构设计来获得竞争优势。因此，商业模式设计要解决的本质问题就是如何进行价值交换。以下是商业模式设计的实操三部曲[一]。

（1）明确价值主张　商业模式是与企业战略系统一脉相承的。成功的商业模式能使企业的客户价值主张得到延伸，甚至得到强化。明确价值主张是指明确产品和客户之间的价值关系，明确产品为客户创造的价值所在。想要构建成功的商业模式，需要解决的第一个问题是找准客户价值的发力点。任何商业模式的成功一定是客户价值的成功。对于企业而言，战略的起点是客户的需求，而需求则是由客户的痛点所引发的。如何预测、把握客户痛点的变化趋势，是企业管理者在数字化时代所面临的一个战略性问题。波特认为，企业只有建立起一种可长期保持的差异化模式，才能战胜竞争对手。而这种差异化模式，来源于独特的客户价值主张，以及与之相匹配的战略系统。当我们设计商业模式的时候，一定要坚守企业的客户价值主张，确保整个商业模式的设计是能够强化企业的客户价值主张的。

企业的客户价值主张应回答以下几个问题：
- 企业是做什么的？
- 企业的客户是谁？
- 客户的核心痛点是什么？
- 企业提供的核心价值是什么？

（2）重构业务结构　所谓业务结构，就是说清楚和所有利益相关者的关键活动和交易结构是怎么安排的，目的是绑定利益相关者一起完成客户价值创造，也就是说将相关的人集合起来把事情做成。企业在明确了独特的客户价值主张后，需要具备实现这种价值主张的能力，谋求实现这种价值主张的资源。在这个过程中，企业需要在内部联合员工，在产业链上联合上游供应商、下游渠道商，并需要跨界寻找一些拥有不同资源和能力的合作伙伴，共同协作，完成价值增值。而这些上游供应商、下游渠道商，以及客户、员工、跨界的合作伙伴就是利益相关

[一] 鲍舟波. 未来已来：数字化时代的商业模式创新[M]. 北京：中信出版社，2018.

者。业务结构设计就是利益相关者之间的交易活动和利益分配规则。比如，尚品宅配就是基于对渠道商、供应商的新型业务结构设计，从一个以装修公司为客户的软件公司，成功转型为一个向终端客户提供基于个性化需求的全方位家具定制的家具品牌公司。

（3）优化赢利模式　商业模式设计需要解决的第三个问题就是如何优化赢利模式。关于企业利润，有一个最简单的公式：利润＝收入－成本。赢利模式研究的其实就是这个公式，具体来说就是企业的收入和支出的结构。赢利模式必须要有明确的盈利点，要能将竞争优势变现。比如，一家普通的餐饮店的成本有房租、人工、原料等，而收入来源就是客人来用餐的费用。如果这家餐饮店开始做加盟，则其收入来源就多了一项——加盟费。如今这种单一的赢利模式已经受到了严重的冲击，且这种冲击是随着互联网的发展而产生的。互联网是打着免费的旗帜真正走进千家万户的，新闻、博客、搜索、通信工具、邮箱、游戏、软件、应用……所有的一切都是免费的。其实，这些免费的旗帜背后隐藏着各种复杂的赢利模式，有靠增值服务赚钱的，有靠第三方赚钱的，有靠广告赚钱的，甚至有靠游戏中的虚拟道具赚钱的……腾讯也好，阿里巴巴也好，无不是靠"免费"赢得天下，最后赚得盆满钵满。

7.4.2　如何选择合适的市场流通渠道

商业模式的设计可以保证企业所生产的产品或提供的服务创造最大的市场价值，但产品或服务如何传递给客户呢？企业必须在客户有需要时，在合适的时间、合适的地点，为客户提供适当数量的产品。渠道策略则是完成这一目标的重要内容。我们首先探讨渠道的结构与类型，其次分析批发商的类型与功能，以及批发商对产品物流的决策活动，最后关注零售过程和零售商。

1. 分销渠道

分销渠道或称营销渠道，是指使产品由生产者流向客户的个人和组织的组合。分销渠道的一个重要功能就是把渠道内所有成员连接起来，形成一个供应链，作为一个整体系统来创造竞争优势。根据客户购买产品的时间、频率、偏好、购买能力等，分为三种不同的分销方式：密集型分销、选择型分销和排他型分销，企业可根据自身产品的特点合理选择。

（1）密集型分销：是指所有用于销售产品的渠道都会被使用。这一分销类型主要适用于便利型的产品，如报纸、口香糖、软饮料等。它们具有较高的替代性，不需要特别的服务。对消费者来说，其重点关注的是在最近的地方用最短的时间可以获得产品，因此，这些产品的可获得性比零售商的性质更为重要。

（2）选择型分销：是指企业仅在一个地区选择几个渠道销售产品。这一分销类型适合于精选品，这些产品比便利型产品的价格要高。消费者愿意花更多的时间货比三家，综合考虑价格、设计款式及其他因素后再做出购买决策。如果消费者在购买产品时还需要渠道成员提供相应的服务，那么选择型分销便是理想的选择。许多企业通过选择型分销来实现对销售过程的控制。

（3）排他型分销：是指在相对广阔的范围之内只有一家专卖店。这一分销类型适用于使用频率低、消费周期长且必须为消费者提供服务或信息的产品，或价格昂贵、质量高的产品，如兰博基尼的跑车。通过这一分销形式销售的产品一般市场空间有限，当然企业能够掌握绝对的控制权，密切监控分销商与零售商。此外，对于一些刚上市的产品也可使用这一分销形式。

2. 批发与物流

批发是指为了转销、制造其他产品或为了企业运营而购买产品或服务的交易活动。批发商是指使批发交易更加便利和迅速的个人或组织。物流是指将产品从生产者转移到消费者及其他最终使用者的过程，包括订货、存货管理、材料处理、仓库管理和运输等过程。有效的物流系统对于有效的营销战略而言是必不可少的。它可以降低成本，提高顾客满意度，因为对顾客而言，快捷、可靠与价格一样重要。根据批发商是独立实体还是隶属于生产商，或者其是否拥有对产品的所有权，可以将其分为以下三类，企业可以根据自身的特点选择批发商，以出售自己的产品。

（1）商业批发商　商业批发商是独立实体，拥有对产品的所有权，承担着由此产生的风险，为其他批发商、机构或零售商转售产品。对生产厂商而言，当直接向顾客出售产品不经济时，可以选择商业批发商。它们能为企业在扩大市场份额、管理存货、处理订单及收集市场信息方面提供相应的支持与帮助，甚至帮助零售商设计包装及发展品牌。

（2）代理商　代理商不拥有对产品的所有权，只是通过谈判加速销售过程，从中收取提供服务的佣金。虽然他们的职能比商业批发商少，但由于他们通常是某一领域的专家，能提供比较有价值的销售见解，因此，能使生产厂商在资源约束的条件下，不断增加销售额。

（3）生产厂商自设的销售分支机构　销售分支机构隶属于生产厂商的中间机

构,其活动与商业批发商的经营活动类似。通常生产厂商自设销售分支机构是为了获得比商业批发商更高的效率,或是当已有的中间商不能顺利完成专业化的批发服务时,则考虑自建这样的机构。

3. 传统零售

零售包括购买者购买用于个人、家庭或储备的所有交易。其购买者是最终的消费者。零售商则是为了把产品销售给最终消费者的组织。对普通消费者而言,其购买行为大多受社会和心理因素的影响,其购物理由有很多(如寻找所需商品、打发时间或是了解有哪些新产品)。因此,对零售商而言,不仅要将店铺摆满,还要创造良好的购物环境、制定提高客流量的营销战略。这主要涉及零售战略的问题,包括店面选址与零售定位两个方面的内容。

(1)店面选址　店面选址决定了到零售店的消费者的地理范围,因此在战略制定中这是最不具有弹性的问题。在对可选地址进行评价时,主要考虑以下一些因素:目标市场、销售品类、便利性、周边消费者的消费习惯及特点、竞争者的位置等。

(2)零售定位　零售定位的目的是为特定的细分市场服务,各个零售店的定位方式有所不同。例如,有的零售店定位于高质量、高价格和令人满意的服务;有的零售店定位于普通质量产品的销售商。这需要根据所售商品的属性进行选择。

那么企业如何对这些渠道进行选择呢?主要分为以下几个步骤⊖:

(1)分析行业所有的流通渠道　通过分析行业中现有的流通渠道,企业可以清楚地看到可供选择的行业产品销售渠道类型。

(2)寻找成熟的销售渠道　企业需要尽可能地了解和分析所在行业中的主要企业采取的是怎样的销售渠道模式。在选择销售渠道模式时,企业可以进行销售渠道模式创新,但最好是在模仿行业中最适合自己的成功渠道模式的基础上进行适度创新,否则企业将承担过大的风险。

(3)考量因素　一般来说,进行渠道模式创新时,应该对市场、产品以及企业自身进行考量,判断企业宜于采取较长的销售渠道(批发销售或区域分销),还是较短的销售渠道(终端零售、直接销售或品牌专卖)。表 7-11 是渠道模式创新选择的考量因素。

⊖ 影响力商学院. 渠道为王:销售渠道建设三部曲[M]. 北京:电子工业出版社,2019.

表 7-11　渠道模式创新选择的考量因素

考量因素	具体因素	选择渠道
市场	市场容量小 / 大 市场竞争不太激烈 / 激烈 市场集中 / 不集中 价格高 / 低 所需技术不复杂 / 复杂 需要后续服务 / 不需要后续服务	终端零售、直接销售或品牌专卖 / 批发销售或分销 批发销售或分销 / 终端零售、直接销售或品牌专卖 终端零售、直接销售或品牌专卖 / 批发销售或分销 批发销售或分销 / 终端零售、直接销售或品牌专卖 终端零售、直接销售或品牌专卖 / 批发销售或分销 批发销售或分销 / 终端零售、直接销售或品牌专卖
产品	体积小 / 大 不易保存 / 易保存 款式陈旧 / 新 定制化产品 / 标准品 产品没有季节性 / 有季节性	终端零售、直接销售或品牌专卖 / 批发销售或分销 批发销售或分销 / 终端零售、直接销售或品牌专卖 批发销售或分销 / 终端零售、直接销售或品牌专卖 终端零售、直接销售或品牌专卖 / 批发销售或分销 批发销售或分销 / 终端零售、直接销售或品牌专卖
企业自身	资金雄厚 / 不够雄厚 未建立品牌 / 形象佳，有自己的品牌 规模大 / 小	终端零售、直接销售或品牌专卖 / 批发销售或分销 批发销售或分销 / 终端零售、直接销售或品牌专卖 终端零售、直接销售或品牌专卖 / 批发销售或分销

资料来源：影响力商学院. 渠道为王：销售渠道建设三部曲 [M]. 北京：电子工业出版社，2019.

4. 新零售

企业可以对现有的线下渠道进行创新，也可以采用新的市场渠道模式，如新零售。所谓新零售，是指企业以互联网为依托，通过运用大数据、人工智能等技术手段，对商品的生产、流通与销售过程进行升级改造，并对线上服务、线下体验以及现代物流进行深度融合。简单来说，新零售就是以大数据为驱动，连接人、货和场，并对其进行重构的有效方式。场景要素的嵌入使新零售的人和货在特定场景中的匹配更为精准，将功能、体验和情感传递给消费者，使货物具有产品功能价值以外的附加价值[一]。

自此概念被提出以来，已经有包括阿里巴巴、腾讯、百度、京东、小米、网易等在内的众多企业开始了新零售的探索之路。其中比较出名并且从一开始就完全按照新零售模式操作的有阿里巴巴的"盒马"、腾讯、京东系的"超级物种"、小米公司的"小米之家"、网易公司的"网易严选"等[二]。

那么在什么情况下，传统企业可以打造新零售模式，实现渠道创新呢？就市场渠道而言，企业如果能努力实现"三通"，即商品通、服务通和会员通，或者已经具备实现"三通"的条件，则可以在这个风起云涌的新零售时代占据一

[一] 王福，庞蕊，高化，等. 场景如何重构新零售商业模式适配性：伊利集团案例研究 [J/OL]. 南开管理评论，1-19[2021-05-14]. http://kns.cnki.net/kcms/detail/12. 1288. f. 20210331. 1423. 002. html.

[二] 董永春. 新零售：线上 + 线下 + 物流 [M]. 北京：清华大学出版社，2018.

席之地[1]。

（1）商品通　商品通是交易过程中最基础的环节，具体包括线上线下库存打通、线上下单即可线下取货和线下可购线上商品。零售企业实现商品通，可以增加产品的销量，减少产品的浪费，实现"零库存"。如优衣库、盒马等企业或平台，它们无不实现了全方位的商品通。因此，想要转型的零售企业可以争取实现商品通来促进企业转型升级。

（2）服务通　如果说商品通是最基础的环节，那么服务通就是关系到订单能否成交的关键环节。其主要包括智能物流送货服务，如京东的无人机配送服务；咨询服务，可以及时在线上为消费者答疑解惑，在一定程度上促进消费者下单，使消费者获得良好的购物体验，为企业赢得好口碑。对于商家而言，一些进店的人最终没有购买，或者一些消费者一时兴起下了订单，但是收到货后很快反悔并退货或不再购买，其中的原因可能并不在于产品本身，而在于产品背后的一系列服务。

（3）会员通　会员是企业的重要客户资源和消费群体，是企业的忠实顾客。对于线上店铺来说，它所面对的流量更多、更广，可以轻松吸引到大量的会员，这是线下门店所不能比拟的。然而，线上会员也具有难以管理、流动性大、忠诚度不高等缺点。而线下门店因为其可以面对面地为会员提供服务，使会员获得优质的购物体验，所以它的会员数量虽不多，但忠诚度往往较高。会员通就是将线上线下的会员体系打通，实现线上线下会员资格、会员权益通用，使两者相互融合，实现优势互补，进一步增加会员数量，管理会员并提高其忠诚度。

在这里，我们通过列举京东的新零售模式来进一步了解以人为本、无限接近消费者内心，同时又使得企业内部与企业之间流通损耗无限趋近于"零"的新零售形态到底是如何形成的。

◀ 创新聚焦 ▶

京东的新零售模式

在新零售的布局上，京东在拓展自身事业部业务的基础上与业内龙头企业开展深度战略合作。对于超市、实体专卖店等业态，与行业内的领先企业实现优势互补，通过 3C 事业部进行渠道下沉；在便利店领域，通过新通路事业部打造智能便利店管理系统，改造百万便利店，同时探索无人超市的应用；在物流和生鲜餐饮领域，成立生鲜事业部，并形成六大物流网络支撑线上线下零售系统运转的模式。

---

[1] 张箭林. 新零售：模式＋运营全攻略 [M]. 北京：人民邮电出版社，2019.

在超市、实体专卖店等业态上，京东通过加强与沃尔玛和永辉超市的战略合作，在客群、品类上实现优势互补，在品牌、宣传营销上进行深度合作，强化了在O2O领域的业务布局，并借助沃尔玛的海外资源实现全球化战略。目前，京东已联合永辉超市、沃尔玛推出了"京东到家"App，开展O2O业务，同时将永辉超市作为"京选空间"的入口，借助永辉超市的线下资源和客流量为彼此导流，通过从沃尔玛处并入的1号店弥补其在华东地区的市场短板。在实体店领域，京东拥有覆盖全品类产品的体验店"京选空间"，它隶属3C事业部的创新型智能生态门店——京东之家和京东专卖店。同时京东在三四线城市还有"京东帮"实体店，为客户提供配送、维修等服务。

在便利店领域，到2022年，京东将在全国建设一百万家京东便利店，其中一半在农村，采取加盟模式，进货方式分为100%从京东进货和部分从京东进货两种。京东新通路事业部宣布即将推出一套打通"品牌商-终端门店-消费者"的京东便利店智慧管理系统，包括智慧门店管理系统、行者动销平台和慧眼大数据系统，升级百万智慧门店，以技术引领未来零售业的发展。

在生鲜餐饮领域，京东的布局主要以自有平台为主，并推出提供三公里范围内生鲜、超市产品、鲜花等各类生活服务项目的"京东到家"App，与永辉超市、天天果园以及海内外多个优质农产品企业和产地合作，打造农产品供应链体系。腾讯也连续三轮投资每日优鲜，通过强大的前置仓战略及精准的SKU布局线下生鲜市场。在线下领域，京东已入股社区"肉菜店"钱大妈，实体生鲜体验店7-Fresh也已对外营业。此外，京东和腾讯入股的永辉超市推出了创新业态超级物种。

在物流领域，京东新零售线上线下一体化智能零售系统得以有效运转，这主要归功于京东物流自身强大的物流仓配体系与自营商品电商仓。截至2019年，京东已拥有中小件、大件、冷链、B2B、跨境和众包（达达）六大物流网络，在全国范围内拥有256个大型仓库，6 906个配送站和自提点，以及7个大型智能化物流中心"亚洲一号"。

资料来源：①智慧零售与餐饮.新零售深度报告：洞悉国内外巨头新零售布局[R/OL]．（2018-01-12）[2020-06-06]. http://www.retail-it.cn/html/meida/ceshierji/2018/0112/1107.html. ②根据京东官网资料整理。

思考：

1. 京东是如何打造自己的新零售模式的？

2. 与京东同类型的企业是怎么布局新零售业态的呢？他们与京东又有什么不同之处？

7.4.3 如何选择营销传播渠道

市场流通渠道解决的是让消费者知道在哪能找到相应的产品的问题,但是,如何让消费者更好地了解产品,进而做出购买决策呢？企业及时地与市场成员和其他组织进行交流与传播十分重要。整合营销传播（integrated marketing communication,IMC）主要解决这一问题。整合营销传播是常用于向个人、集体、组织进行传播的活动,当企业将各传播渠道的信息与产品结合起来时,就构成了关于该产品的传播组合。整合营销传播大致可以分为大众传播与人际传播两种主要方式。随着网络的普及,在大众传播中,除了传统方式以外,新媒体营销、多渠道营销等创新方式也被纳入其中。人际传播主要包括直销、口碑营销和人员推销。企业可以根据产品特征自由选择其中一项或多项。在新一轮科技革命的时代背景下,人工智能、物联网、云计算、大数据、3D 打印等新兴技术的发展突飞猛进,数字技术的发展为营销模式带来了变革,数字营销成为数字经济时代中一种新兴的营销模式。其以用户的行为数据为基础,结合人工智能、大数据等数字技术,挖掘这些行为数据背后的行为活动,并分析用户未来的行为轨迹,不断与用户产生共鸣,增强与用户的交互,既加深了用户与企业之间的关系,又达到了提升营销效率的目的。

1. 传播渠道分类

（1）传统方式营销　传统方式营销主要分为传统媒体营销、促销与公共关系三类。传统媒体营销的传播媒介广泛,具有较强的地域性。促销是营销活动中的关键组成部分,主要由各种短期激励工具构成,用来促进消费者或贸易商更快、更多地购买特定的产品或服务。公共关系是一种用于建立并维护企业与公共机构之间良好关系的传播方式,具体如表 7-12 所示。

表 7-12　传统方式营销

传统方式营销类型	具体内容
传统媒体营销	●传统媒体营销的传播媒介包括广播、电视、杂志、户外大屏等展示性强的媒体平台。传统媒体营销的特点是媒介内容之间为单一沟通,传播范围具有较强的地域性 ●传统媒体营销的传播方式具有内容形式多样,但传播方向单一的特点。对于通过传统媒体传播的信息,信息接收方不能对信息进行评论、转发,信息发布方与接收方不能通过传统媒体进行及时且高效的沟通。单一的传播方向虽然不利于企业和消费者之间进行互动,但适合企业品牌和产品的强曝光。它多以广告的形式出现 ●对于企业而言,是否需要通过传统媒体营销提升产品的知名度,与产品本身的属性有关。一般来说,我们看到的广告与日常生活息息相关,如食品、服装、手机、汽车等,良好的广告设计、有效的媒体计划能提升企业的形象,提高产品的市场份额

(续)

传统方式营销类型	具体内容
促销	● 主要消费者促销工具：样品、优惠券、现金返还、降价、奖金（赠品）、奖品、光顾奖励、免费使用、产品保证、搭售促销、交叉促销、购买点陈列和示范 ● 主要贸易促销工具：价格折扣（发票折扣或价目表折扣）、折让、免费商品 ● 主要贸易促销及业务和销售人员促销工具：贸易展览和会展、销售竞赛、纪念品广告
公共关系	● 公共关系的维护有多种方式，如举办活动、参与保护环境及其他方面的公益活动、公司年报的宣传等 ● 公共关系的维护不应只是企业处于危难之时的工具，为了获得长期回报，企业应制订相应的具有连续性的公共关系维护计划

（2）新媒体营销　新媒体营销的传播媒介既包含以互联网为传播渠道，如微博、微信、直播、短视频、知乎、今日头条等具备传播属性的社交媒体平台，也包含在这些平台上活跃的意见领袖。新媒体营销的传播媒介特点是重新构建人与人之间的沟通方式，并实现信息的全网覆盖。

新媒体营销的传播方式具有双向性和互动性的特点，且互动形式多样。对于通过新媒体传播的信息，每个人都可以进行评论、转发等，信息发布方通过新媒体平台可以及时高效且以丰富的形式与对方进行沟通。双方的互动性有利于企业及时了解市场动向和消费者需求，以便及时调整市场策略。

新媒体营销依托于互联网技术，通过新媒体平台的用户注册信息、身份验证、消费记录、兴趣爱好、浏览轨迹等可以进行全方位的用户信息梳理，有效信息量越大，则消费者画像越清晰。企业通过这些用户信息可以在新媒体营销平台上开展更为精准的营销活动。

在这里主要列举以下五种新媒体营销形式，如表7-13所示。

表7-13　五种新媒体营销形式

新媒体营销形式	特　点
微博营销	微博开放性强，传播属性强，广告投放资源丰富，通过微博实施新媒体营销活动的重点在于充分利用微博平台进行大面积的传播，并且在广告资源方面，微博自身的推广广告位和第三方营销公司及各行业资源账号都非常丰富
微信营销	微信封闭性强，人与人之间属于强关系连接，打开频率较高，传播属性弱于微博，广告资源投放弱于微博，通过微信实施新媒体营销活动不容易引起大范围的传播，但其对于网页的交互支持较为有力，广告资源方面由腾讯广点通提供支持，企事业单位或个人可以通过开通微信公众账号在微信平台推广营销活动，或通过第三方营销公司及各行业账号资源进行新媒体营销公关传播
直播营销	直播的特点是及时性强，视频的互动内容形式容易拉近与消费者之间的关系。视频形式能够承载的内容更丰富，传播性依托于微博和微信等社交媒体平台，随着移动智能设备的普及以及网络资费的降低，短视频的形式逐渐被大众接受。其广告资源有短视频平台自身的广告位和短视频制作团队或短视频博主

(续)

新媒体营销形式	特　点
今日头条营销	今日头条的特点是根据用户的阅读习惯，有针对性地向用户推荐其喜欢阅读的内容，内容的传播性较低，属于资讯类平台。企事业单位或个人可开通"头条号"以及"微头条"进行新媒体营销推广。其广告资源以今日头条自身资源和第三方"头条号"推广为主
知乎营销	知乎的特点是在某一垂直领域的问答较为全面且专业，形式以图文为主，有利于垂直领域知识的沉淀，但传播性较差，广告营销形式以知乎平台广告位、问答和作家专栏为主，软文投放较多

资料来源：张向南.新媒体营销案例分析：模式、平台与行业应用[M].北京：人民邮电出版社，2017.

（3）人际传播　人际传播营销主要分为直销、口碑营销与人员推销三类。直销是一种不通过中间人而使用客户直接渠道来接触客户并向客户传递产品或服务的营销方式。虽然积极的口碑优势并不需要广告的推动，而是自然而然发生的，但积极的口碑也是能够被管理和推动的，所以口碑营销是人际传播中的重要部分。人员推销是一种有偿的人际传播方式，以销售人员面对面地告知并说服顾客购买产品为主。其具体内容如表7-14所示。

表7-14　人际传播营销形式

人际传播营销形式	具体内容
直销	●直销者可以使用多种渠道来接触个体消费者和客户，如直邮、产品目录营销、电话营销、互动电视、自动售货亭、网站以及移动通信设备等
口碑营销	●随着社交媒体的发展，营销有时会把付费媒体和免费媒体区分开来 ●一般来说，付费媒体是指公司利用广告、公关和其他促销努力带来的媒体报道。免费媒体是指公司没有直接花费资金而获得的公共关系的利益，即所有新闻故事、博客、社交网络话题中有关品牌的内容 ●免费媒体并不意味着完全免费，公司需要在产品、服务和营销上进行投资，在某种程度上引起人们注意，并引发人们谈论有关该公司品牌的内容和话题，但这笔费用并不是直接用来进行媒体宣传的
人员推销	●当销售人员与顾客接触时，各种肢体语言，包括头、眼、手、腿，甚至躯干的运动都在传递信息。好的销售人员能够通过顾客的眼神等来发掘顾客对产品的兴趣点 ●制定促销决策时，一项重要内容应该是对销售人员的相关销售技巧进行培训。强大的销售队伍是营销计划成功的重要基础

2. 传播渠道选择

在传播流程中，一般传播渠道的创新组合，基本上是由企业的产品因素、产品生命周期、市场因素以及营销组合因素等决定的[⊖]。

（1）传统传播渠道选择

1）产品因素。各种传播工具对消费品和工业品的促销效果并不一致。

① 传统媒体营销，特别是广告对消费品的促销作用更加明显。对于消费品，

⊖　陆军.营销管理[M].上海：华东理工大学出版社，2017.

尤其是选择范围较大的消费品，如时装、家具、鞋帽等，使用广告的促销效果较好。广告可以为这类商品建立品牌优势，使其在同类产品中独树一帜。

② 人员推销对工业品的促销效果更为显著。工业品特别是高技术含量的产品，例如精密设备等，其购买者对售后服务的要求较高，推销人员可向购买者提供咨询、技术指导与培训等服务。

新媒体营销、公共关系、直销对消费品或工业品所产生的影响效果不如广告与人员推销两种方式那么显著。所以，企业在设计整合营销传播方案时，会将新媒体营销、公共关系与直销放在广告或人员推销之后，作为辅助、配合的工具。

2）产品生命周期。产品在其生命周期的不同阶段，对各种传播手段有着不同的要求。

① 在导入期，新产品最大的问题是缺乏知名度。企业需要靠大量的广告宣传来快速提高产品和品牌的知名度。因为与其他营销传播手段相比，广告具有范围更广、传递速度更快、目标受众更精准的显著特征。公共关系、人际传播虽不及广告作用大，但可以作为辅助工具配套使用。

② 在成长期，由于市场容量迅速扩大，企业之间的竞争日益激烈，所以企业应该继续将广告宣传作为自己主要的传播工具，同时要树立企业和品牌形象，这时可以用新媒体营销、促销与口碑营销使消费者迅速了解企业形象。此时，企业传播设计者应该知道，传播目标不再是"您知道了吗"，而是"您深入了解了吗"。

③ 在成熟期，竞争的激烈化与市场需求逐渐趋于饱和并存。企业必须选择更加合适的传播工具，如促销、口碑营销、新媒体营销等，以实现其不仅要巩固自己原来的市场，还要设法争取从竞争对手那里吸引购买者，从而扩大企业产品市场份额的目的。

④ 在衰退期，企业应该调整促销组合，选择促销成本相对较低的促销工具，如传统媒体营销等，加之逐步地削减各项促销支出，最后根据实际情况决定何时停止产品的所有促销活动。

3）市场因素。

① 从市场占有率的角度出发，对于市场占有率高的产品，说明此前的营销传播活动取得了一定的成效，继续维持即可。而对于市场占有率低的产品，则要根据其自身特点，选择和使用某种效果更加明显的促销工具，比如新媒体营销。通常市场占有率高的企业，未来的促销预算可以减少；相反，若市场占有率低，则企业为提高市场占有率会准备投入更大的促销预算。

② 从产品的市场竞争水平出发，对于处于激烈市场竞争中的产品，要综合运用各种促销工具，使顾客不仅知道和熟悉本企业的产品，还对该产品产生较强的兴

趣和购买意愿。例如，企业可以考虑在传统媒体营销和人员推销等传播工具运用上增加新媒体营销方式，这也意味企业应该考虑增加在促销预算上的投入力度。

③ 从产品所处的行业情况来看，如果行业是由包括本企业在内的少数企业所控制，此时应加大广告等传统媒体营销的投入和宣传。一方面是为了降低潜在消费者对本企业产品性能、质量的担忧，增强他们对本企业产品的信任度；另一方面是为了设置行业进入障碍，增加潜在进入者的营销支出，增强自身的核心竞争优势。

4）营销组合因素。除产品因素外，影响企业营销组合的其他因素，如定价和渠道因素等，对促销组合的构成也有一定的影响和制约作用。对于价格较高的产品，要大量使用广告等传统媒体营销以及新媒体营销工具，以期在消费者心目中树立独特的形象。产品的分销方式对促销活动也有较大的影响。若采用直接渠道，则推销人员的宣传、解释和技术指导工作处于主导地位。若采用间接渠道，特别是较长的渠道，则要通过将广告与促销、公共关系、人员推销等多种工具相结合来加速产品的销售。传播渠道选择如表 7-15 所示。

表 7-15　传播渠道选择

选择影响因素	具体因素	传播渠道选择
产品因素	工业品 消费品	人员推销、传统媒体营销、公共关系等 传统媒体营销、新媒体营销、人员推销、公共关系等
产品生命周期	导入期 成长期 成熟期 衰退期	传统媒体营销、公共关系、人际传播等 传统媒体营销、新媒体营销、口碑营销、促销等 促销、口碑营销、新媒体营销等 传统媒体营销等
市场因素	市场占有率低 市场竞争激烈 垄断	新媒体营销等 传统媒体营销、人员推销、新媒体营销等 传统媒体营销以及新媒体营销
营销组合因素	定价高 直接渠道、间接渠道	传统媒体营销以及新媒体营销 人际传播、广告与促销、公共关系、人员推销等

资料来源：陆军.营销管理[M].上海：华东理工大学出版社，2017.

需要强调的是，在渠道选择上，渠道信息载体没有好坏之分，企业主要根据影响因素进行选择。只要监测好营销数据，适时地做出调整，就能实现更好的传播。

（2）数据赋能营销传播渠道　随着市场环境的不断演进，我们已进入大数据时代，大数据营销随着大数据概念的提出已成为近年来业界热议的焦点，那么大数据如何赋能市场推广，实现精准营销呢？

数据赋能营销是在基于多平台的大量数据，依托大数据技术的基础上，应用于互联网广告行业的一种新型营销方式。它的核心在于精准,即广告信息在合适的时间段,通过合适的载体,以合适的方式,投给合适的人。随着通信技术的不断发展,手机等移动设备不仅是消费者购买商品的工具,还是营销人员获取海量数据的有效工具。移动设备是连接数字世界和线下世界的桥梁。营销人员可以通过移动设备了解消费者线上线下购物的全过程,收集消费者的网络浏览记录、产品和推送偏好、交易记录等数据,从而挖掘消费者潜在的需求,改善渠道的运营情况。

传统的营销是"猜测"消费者喜欢什么,而大数据营销则完全是"预测式",通过大数据技术把整个营销行为数据化,使营销行动目标明确、可追踪、可衡量、可优化,精准预测将要发生的事件,然后给消费者推荐当下需要的东西,由此产生的营销显然将价值挖掘到了极致。数据如何赋能营销传播呢?其具体步骤如表 7-16 所示。

表 7-16 数据赋能营销传播的步骤

数据赋能营销传播的步骤	具体内容
确定促销信息的目标受众	利用大数据与标签化思路的消费者画像分析: ● 可以得到用户标签和消费者画像,如性别、年龄、学历、收入、生活习惯、居住的城市、日常的饮食与购物习惯等 ● 可以在海量的数据中心发现消费者行为背后的相关性。例如,通过消费者画像,企业发现很多买了 A 商品的客户都会买 B 商品,那么,企业在进行营销活动设计的时候,就会向买了 A 商品的客户推荐 B 商品,实现有效的推荐,成功地进行交叉销售
选择合适的促销工具组合	在大数据背景下,依托互联网技术的公共关系的大范围使用是可行的: ● 企业的微博平台和微信公众号平台经常借助一些事件进行相关的营销活动,俗称"蹭热点"。在大数据背景下,这种"蹭热点"的行为可以依据微博、微信等平台信息的转发量、点赞量、点击量、转化率等各种虚拟数据量化出促销工具的活动效果,从而帮助企业选择合适的促销工具 ● 社群聆听是人本营销的有效工具。社群聆听就是对社交媒体和线上社区中品牌风控的主动观测,通过社群聆听,企业可以获取消费者对产品真实的想法;可以进行消费者社交关系管理;可以捕捉消费者所在社区中发生的社交动态,以便了解消费者最深入的需求
按消费者的需求设计促销内容	企业需要对促销信息和内容进行系统的优化设计: ● 利用大数据对定位精准的消费群体在信息渠道、交易行为、情感与态度、购买偏好等方面进行分析,总结和预测企业目标消费群体的喜好,以便对促销内容进行个性化的设计 ● 通过消费者画像和用户标签分析,确定消费者欣赏的故事类型、喜欢的生活方式等,由此企业可以通过大数据预测消费者心中企业形象最佳的代言人,设计目标消费群体喜欢的广告情节和场景,提供让目标消费者感到满意的优惠措施
精准投放促销信息	企业可以依托高速发展的互联网及移动终端技术,精准地分析,找到目标消费者最合适的接触点: ● 通过消费者的网络使用行为分析、手机使用行为分析,企业可以轻松地获得消费者浏览过的网页、微ս、微信等社交平台,经常使用的 App,以及其对推送广告的反应等信息,这样企业就可以利用这些途径进行促销信息的传播 ● 通过大数据还可以分析、预测、得出促销信息投放的频率,以及单一促销信息的使用寿命

(续)

数据赋能营销传播的步骤	具体内容
分析与优化投放效果	企业可以通过促销信息投放数据及目标消费者的实时反馈数据持续跟踪、分析促销信息的投放效果，并以此分析结果不断地优化促销信息的投放： • 企业在给目标消费群体的手机 App 投放促销信息以后，要分析这些消费者对促销信息的反应，主要包括是否点击信息、信息页面停留时间如何、是否转化为实际消费者、是否转发给他人等 • 企业可以在后期投放促销信息时，剔除那些从不点击促销信息的、页面停留时间过短的目标消费者，而对转化为实际消费者的、转发给他人的目标消费者进行多次投放

资料来源：陈志轩，马琦. 大数据营销 [M]. 北京：电子工业出版社，2019.

由以上论述可以发现，大数据背景下的促销组合设计是一个系统的过程。它从定位目标受众开始，经过选择促销工具、设计促销内容，再到多时空、多渠道的促销信息投放，最后到投放效果的分析和优化。这还是一个不断循环的过程，随着获取的消费者信息越来越多，企业需要不断重新定位其目标受众，不断重复上述步骤。

7.5 如何绘制创新的市场路线

通过市场机会分析、目标市场选择、市场策略制定，我们可以得出市场路线的输出结果，并基于不同的顾客需求或企业自身的技术优势，采取不同的市场策略。

1. 输出形式：同一产品基于不同顾客需求的市场路线

形式一展示了基于不同顾客需求的市场路线情况，对于同一产品基于不同的人群需求可以制定不同的市场策略。企业可以按照不同的变量将人群需求分为不同的类型，针对不同的顾客需求进行分析，从而制定出不同的商业模式与营销渠道等市场策略，如图 7-6 所示。

2. 输出形式：基于不同产品的市场路线

形式二展示了基于不同产品的市场路线，对不同的产品进行了不同的分析。这种输出结果适用于实施多元化战略的企业，可以基于不同的产品制定不同的市场路线，如图 7-7 所示。

3. 输出形式：基于时间演变的市场路线

形式三展示了基于时间演变的市场路线，描绘了企业从发现市场机会到企业的产品或服务实现商业化的整个演变过程。这种输出结果适用于企业基于时间维度，针对不同的产品或服务确定未来的发展方向，制定不同的市场路线，如图 7-8 所示。

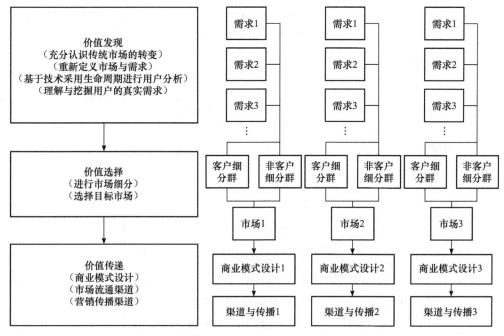

图 7-6 同一产品基于不同人群需求的市场路线

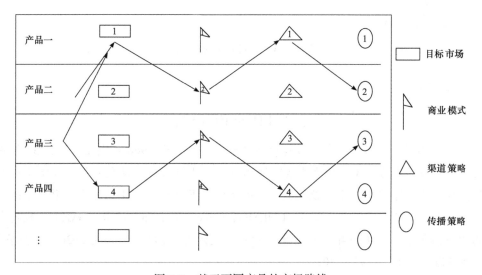

图 7-7 基于不同产品的市场路线

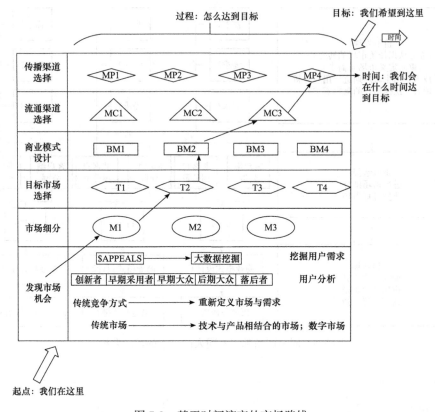

图 7-8　基于时间演变的市场路线

◀ 创新探索 ▶

美的集团的市场路线

美的集团秉承用科技创造美好生活的经营理念，于 1968 年成立，经过 52 年的发展，目前已成为一家集消费电器、暖通空调、机器人与自动化系统、数字化业务四大板块为一体的全球化科技集团，产品及服务惠及全球约 4 亿用户，形成包括美的、小天鹅、东芝、华凌、布谷、COLMO、Clivet、Eureka、库卡、GMCC、威灵在内的多品牌组合。2019 年，美的集团营业总收入为 2 794 亿元，在 2020 年《财富》世界 500 强榜单上位列第 307 名。

1. 发现价值——市场机会分析

美的集团在制定市场路线的过程中，首先进行了充分的市场机会分析，为市场路线的制定提供了可靠的保证。

由于美的集团所服务的市场范围十分广阔，所以在进行市场机会分析时，美的集团以地域为分类标准，将行业市场分为国内成熟市场、国内潜力市场、国外发达市场和国外新兴市场四个部分，对不同的市场进行有针对性的市场分析。其中，国内成熟市场主要是指国内城镇市场，国内潜力市场主要是指国内农村市场，国外发达市场主要是指以美国、日本为代表的发达国家，国外新兴市场主要是指俄罗斯、巴西等新兴经济体国家以及中东、非洲和东盟等国家和地区。

国内成熟市场和国外新兴市场的增长空间广阔，在未来几年将成为美的集团重点开拓的市场。在国内成熟市场上，一方面，城镇家电已基本普及，"十三五"期间，冰箱、洗衣机、空调等家电产品将进入大批量更新期；另一方面，城镇化率进一步提高也将使人们对家电产品的需求增加，因此，城镇市场仍有较大的上升空间。

国外市场家电需求较大，发达国家市场需求稳定，新兴经济体市场需求快速增加。国外发达市场稳定的家电需求和国外新兴市场快速增加的家电需求，使国外市场成为美的集团将要继续扩张的重要市场。

2. 价值选择——细分市场选择

美的集团将市场布局划分为国外市场和国内市场，主要覆盖北美洲、南美洲、欧洲、亚洲、非洲、大洋洲的 200 多个国家和地区，结算币种达 22 种，已经在全球设立销售运营机构 24 个。将地域与发展程度作为最基础的细分变量，美的集团对市场进行了细分，并对每个细分市场的发展状况进行了分析与总结。各个市场的特征如表 7-17 所示。

表 7-17　美的集团各个市场的特征

市场分类	特　征
国内成熟市场	建立自己的营销渠道；在国内形成了华南、华东、华中、华北、西南五大区域布局，产品种类丰富，品牌云集，美的集团在此市场的占有率较高
国内潜力市场	市场占有率较高，建立了比较完善的营销渠道，目前这一市场具有较大的上升空间；城镇家电基本普及，城镇家庭对节能、环保、健康、高端的家电产品的需求迅速增长
国外发达市场	以 OEM 为主，通过收购或租赁品牌模式进入主流市场；该市场对产品的需求以高科技、高档次和高附加值产品为主
国外新兴市场	大力推进自主品牌建设，积极推进与主流渠道的合作、联营

确定细分市场之后，美的集团对于不同细分市场的顾客需求情况进行了具体的分析，以便制定有针对性的市场战略。通过分析可以发现，不同细分市场的顾客需求也不同，根据美的集团产品的特点，顾客的价格偏好、功能偏好和形象偏好三个要素所占比重最大，具体情况如表 7-18 所示。

表 7-18　不同细分市场的顾客偏好情况

市场	价格偏好	功能偏好	形象偏好
国内成熟市场	价格适中，高端产品价格接受能力较强	多功能、智能化、一机多用，操作简便、快捷，重视杀菌功能，常使用烹制等功能	外形美观、时尚，注重品牌，倾向于高中档产品，可选颜色多样
国内潜力市场	价格较便宜或者价格适中	常用功能较简单，主要包括加热、解冻、蒸、煮，使用寿命长，节能、环保	注重口碑、相信权威，识别力弱，品牌忠诚度高，容易跟风
国外发达市场	高端产品价格接受能力较强	多样化、智能化、功能齐全，烹调功能使用较多，节能、环保、低碳	外形美观、时尚，多种外观设计，注重品牌
国外新兴市场	价格相对较便宜	常用功能简单，质量好，使用寿命长，节能	不是很注重品牌，容易跟风

美的集团在不同细分市场上采用的策略具有不同的侧重点。美的集团在各细分市场上的规划和策略如下：①在国外发达市场上，高档次、高附加值的产品还有一定的提升空间。近几年美的集团将继续采取 OEM 方式，以收购或租赁品牌的模式进入主流市场。②在国外新兴市场上，各新兴经济体国家和地区经济的快速发展以及市场需求的快速增加为美的集团带来了更多发展机遇。因此，美的集团将积极推进该市场自主品牌的建设和生产基地的布局，迅速开拓新兴市场。③在国内成熟市场上，美的集团将继续推进营销体制改革，加强自有渠道建设，整合营销资源，巩固美的集团在该市场上的地位。④在国内潜力市场上，由于城镇市场的更新需求和农村市场的新置需求较大，具有广阔的市场空间，因此，它们是美的集团重点开拓的市场。

3. 价值传递——市场策略组合

美的集团根据自身经营状况以及为了应对外部环境的不断变化，开展了商业模式创新，并制定了企业的营销渠道策略和营销传播策略。

（1）美的集团的商业模式创新　企业要想基业长青，就要对自己的商业模式进行创新。优秀的企业是在不断进行商业模式的演化历练中成功的。基于此，美的集团积极开展数字化转型，打造数字化商业模式，截至 2019 年年底，美的集团依托自身领先的工业互联网平台，以"T+3"订单模式为牵引，打通线上线下，实现了全价值链数字化运营、智能排产、工业 AI、全流程数字化物流管理，以及互联网数据 SaaS 平台五大维度的结合，实现了当年劳动效率提高 28%、单位成本降低 14%，以及订单交付期缩短 56% 的运营目标，在提升自身业绩与助力客户成功上实现了"双飞跃"。

（2）美的集团的营销渠道策略　从美的集团官网全面对接美的在线商城，实现美的商城、美的移动商城、美的微信商城等多平台的自主布局，到完成与阿里巴巴天猫、京东、苏宁易购、美的品牌旗舰店的第三方电商平台布局,并最终借助线下分布在全国各个县镇市场上的数千家美的旗舰店,美的集团通过多种渠道并举,健全销售网络,为用户提供了从线上线下一站式购买到送货、安装、维修服务、产品体验、用户交互的新体验。美的集团的市场渠道如图 7-9 所示。

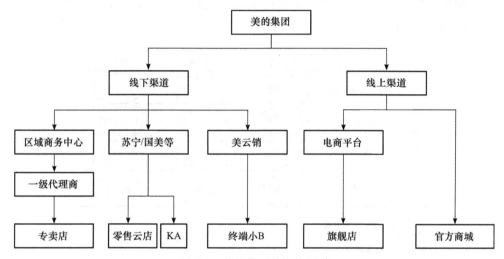

图 7-9　美的集团的市场渠道

资料来源:根据美的集团 2019 年的公司公告整理。

(3)美的集团的营销传播策略　2020 年 8 月 29 日,由美的集团与荷兰知名插画师 Rick Berkelmans 联合打造的"美的理想生活家"主题都市慢闪店正式开启全国 21 城巡展计划,从 8 月底至 11 月,美的集团计划将美的都市慢闪店带到全国大江南北 21 个不同的城市(武汉、沈阳、烟台、苏州、合肥、南京、济南、上海、杭州、福州、深圳、邯郸、太原、焦作、西安、成都、重庆、长沙、南昌、广州、珠海),且首站空降武汉航空路工贸广场,为疫后复苏的城市增添一抹亮色。此次都市慢闪店活动是美的集团旗下的美的及 COLMO 双品牌全品类的首次全国巡展,消费者可以在这 21 城限时打卡体验,充分感受美的智能家电加持下的智慧慢生活。

4. 美的集团的重点市场路线

基于上述分析,美的集团根据不同的时间段,针对各细分市场制定了一个简化的市场路线图(见图 7-10),其中包含美的集团在不同的阶段针对不同的细分市场所要采取的不同举措。

美的集团建立了基于时间的市场路线:

2011～2013年，重点开拓国外新兴市场和国内潜力市场，稳步推进国外发达市场和国内成熟市场；

2013～2015年，重点开拓国外新兴市场和国内潜力市场，稳步推进国外发达市场和国内成熟市场；

2015～2020年，重点开拓国外发达市场和国内潜力市场，稳步推进国外新兴市场和国内成熟市场。

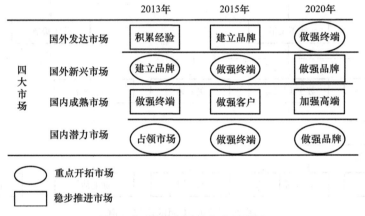

图 7-10　美的集团重点市场路线

资料来源：根据《美的集团院线提升计划项目综合报告》及美的集团官网资料整理。

思考：

1. 美的集团的目标市场主要包括哪些类别？每个类别有哪些特征？
2. 美的集团的市场策略组合给中小企业带来了什么启示？

◀ 本章小结 ▶

1. 市场路线是企业基于市场需求与组织能力而制定的一系列与市场相关的行动方案，是连接企业与市场的重要桥梁，凝结了企业进行市场创新的实践智慧。

2. 制定与绘制企业创新的市场路线的第一步就是进行市场机会分析。市场机会分析意味着，企业需要认识到传统市场在时代转换与新兴技术不断涌现的情况下在不断进行转变，需要重新定义市场与需求，并基于技术采用生命周期进行用户分析，最后通过分析结果真正地理解用户的需求。

3. 细分市场选择的过程是价值选择的过程，具体包括以下两个方面的内容：一是进行市场细分，即运用科学的方法对企业所面临的市场进行细分；二是选择目标市场，即基于市场细分与组织能力选择符合标准的细分市场。

4. 要制定市场策略，首先需要设计适合目标市场的商业模式，其次选择适当的市场流通渠道与营销传播渠道，将企业的产品、技术或服务创造的最大价值交付给顾客，并实现不断创新。

5. 通过市场机会分析、细分市场选择、市场策略制定，我们可以得出市场路线的输出结果，并基于不同的顾客需求或企业自身的技术优势，采取不同的市场策略。

◀ 思考与练习 ▶

1. 什么是市场路线？市场路线的构成要素有哪些？
2. 如何发现市场机会？
3. 如何进行市场分析？如何进行市场选择？
4. 如何制定市场策略组合？
5. 如何绘制市场路线？

第 8 章

组织路线

研发组织管理

本章概览

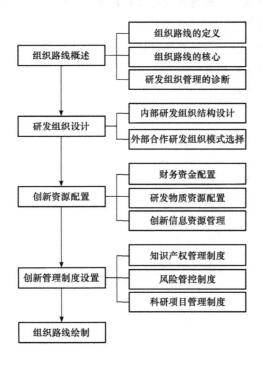

创新导入

杰赛科技研究开发院的建设

广州杰赛科技股份有限公司(以下简称"杰赛科技")是国家高新技术企业、广东省创新型企业和广州市重点软件企业。杰赛科技的业务范围涵盖电子信息与通信领域。它拥有一批高素质的技术开发和工程技术人员,具有较强的科研和工程设计施工能力,在电子信息与通信领域积累了丰富的经验,可为客户提供优质的通信产品与服务。随着公司规模的不断扩大,杰赛科技重视技术和市场的发展模式取得了较好的成绩,这也更加坚定了企业打造创新体系的信心。杰赛科技在多个研究中心的基础上形成了多层次的研发体系,并组建了研究院。杰赛科技研究院将不断增强通信技术研究,同时加强换代新产品、新技术研究,以及新产业培育,最终建设成为国内一流的研究院。研究院作为杰赛科技的创新源泉,其建设的过程如下。

1. 研发组织结构设计

(1) 内部研发组织模式 杰赛科技制定了公司创新发展战略规划,构建了企业研究院组织架构,如图 8-1 所示,并明确了各部门的职责。

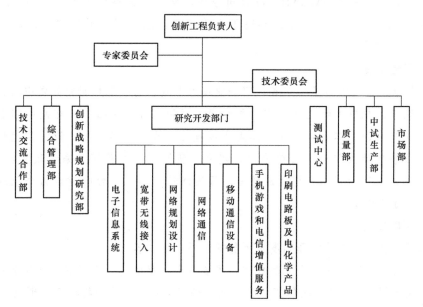

图 8-1 企业研究院组织架构

研究院采用线性职能式组织结构，创新工程负责人组织进行公司创新战略的具体规划和重大技术及发展规划等，进行创新工作的整体规划和顶层设计，专家委员会和技术委员会起辅助作用，同时设立综合管理部等职能部门进行创新管理，在公司－事业部两个层面建立了包括基础技术研究、产品设计、工艺制造、测试评价在内的技术创新体系，且各研发部门掌握不同的研究方向。

（2）外部合作模式选择　杰赛科技研究院一直与国内著名高校和院所保持着紧密的技术合作关系，分别与北京大学、清华大学、中山大学、华南理工大学、电子科技大学、湖南大学、四川大学、暨南大学、中国科学院等国内著名高校和院所建立了项目合作或战略合作伙伴关系。其合作领域包含通信、电子材料与元器件、镁合金电镀等。通过资源整合和优势互补，解决了无线宽带接入系统的核心算法设计和芯片设计，镁合金镀前的酸洗、活化和浸锌工艺及无毒或低毒的各处理溶液的配方等公司的一些技术瓶颈，直接提升了产品的技术竞争力，培养了技术人才。杰赛科技与华南理工大学建立了"杰赛－华工天线与射频技术联合实验室"，与华南师范大学建立了"杰赛－华师服务计算联合实验室"，充分利用高校的人才和技术优势，为杰赛科技在射频和云计算领域的长远发展提供了有力支撑。此外，杰赛科技还与华为公司合作，对外承接通信工程规划设计业务；与瑞士 COMLAB AG 公司合作研发高速铁路无线覆盖设备，形成具有公司自主知识产权的产品，解决了当前高速铁路专网的通信覆盖问题，实现了关键设备的国产化。

2. 平台建设

近年来，公司组建了广东省认定企业技术中心、省级工程研究开发中心、省宽带无线通信工程技术研究开发中心和市级工程研究开发中心等，在此基础上构建了多层次技术创新体系，形成了涵盖无线宽带，通信网络规划、设计和优化，移动通信设备的研发平台。目前公司已建立了研制调试实验室、系统集成实验室、环境与可靠性实验室、大型微波暗室、天线测试场等。平台的建设为企业的研发活动提供了有力支撑。

3. 制度建设

杰赛科技研究院的管理制度主要包括以下几项内容：

（1）运行管理机制，研究院成立技术委员会，整体运作实行院长领导下的研发中心（或部门）负责制，具体工作开展实行部门负责人领导下的项目经理负责制。

（2）人员管理机制，主要包括研究院领导的选拔标准与技术研究骨干人员的选拔标准。

（3）运作流程机制，包括技术规划流程管理及技术研究项目管理流程。

（4）绩效评价和激励机制，杰赛科技在对各事业部的经营业绩管理方面取得了良好的效果，有成熟的经验。但对研究院的绩效管理显然不能套用对事业部的考核模式，在考核指标选取、比重设定、目标设定、评价标准、考核周期等各方面都应该有所不同，这些都需要在实践中积累经验数据，摸索出一套有效的办法。

（5）管理体系建设情况，杰赛科技研究院自成立以来，已经形成了以《科技项目管理办法》为总纲，包括《公司职位序列分类办法》《公司关键岗位人员与干部考核管理办法》《公司科研项目与新产品奖励办法》《公司研发核算管理办法》《公司知识产权管理办法》《公司知识产权奖惩办法》《公司专利管理办法》《公司科技进步奖励办法》《公司科研档案管理规定》《公司技术保密管理规定》等完善的系列管理制度，保证了各类科研项目的规范运作，也有效地调动了技术研发人员的创新积极性。在此基础上，杰赛科技每年都会对管理制度进行梳理，根据业务和管理需要，新增或修订相关的管理制度。

4. 队伍建设

公司非常重视技术带头人及技术创新团队的培养，在收入上倾斜的同时，还专门设立了科技进步奖和知识产权奖，以鼓励技术带头人脱颖而出，为科技人员树立典范，这极大地调动和激发了科技人员的工作热情；通过技术人员的职称评定，制定了技术人员、管理人员的双通道晋升途径，为技术人才提供了职业发展空间，营造出"事业留人"的良好环境。加强科技骨干的培训工作，培养出核心技术团队和技术带头人，是人才战略的重中之重，公司有计划、有目标地开展多层次的人员培训活动，制订年度培训计划，让优秀的技术人才在企业里迅速成长。

技术人员的晋升方式和渠道：杰赛科技设立了技术职称评审委员会，并颁布了《技术研发人员的职称评定办法》，根据具体的专业方向，对技术研发人员进行职称评定，评定等级分为：助理工程师（1~2级）、工程师（3~5级）、高级工程师（6~8级）、专家级高级工程师（9级）。

管理人员的晋升方式和渠道：杰赛科技颁布并实施了《公司关键岗位人员与干部考核管理办法》，由考核委员会与人力资源部对关键岗位和干部岗位开展360度考核管理；通过"工作绩效、知识和技能、认知能力、原则性、保密意识"等方面对关键岗位进行考核，通过"创新能力、人际沟通能力、工作知识和技能、职业素养、团队建设能力、工作作风、协作能力、发现与解决问题的能力"等方面对干部岗位进行考核；结合360度考核结果进行职位晋升和岗位调整。

5. 文化建设

杰赛科技以"求实、创新、奉献、荣誉"为核心价值观，建立了以绩效为导向的企业文化。企业要想进行变革，无论是改革分配机制，还是进行业务流程重组，都需要利用绩效管理系统来逐步引导，促使员工逐渐转变观念。只有员工的责任意识和管理水平都做到了与时俱进，才能真正促使企业与员工共同进步，确保企业基业长青。

资料来源：根据《创新型企业院线提升计划项目研究报告》整理。

思考：

1. 杰赛科技的研发组织建设有何特点？
2. 杰赛科技在组织上如何支持企业的研发活动？
3. 杰赛科技的研究院的组织结构合理吗？

8.1 什么是创新的组织路线

创新需要强有力的组织进行支撑。为了从组织层面指导企业进行创新，有必要对组织的创新路线进行梳理。

8.1.1 组织路线的定义

组织是指企业诸多要素按照一定的方式相互联系并用于支撑企业运作的系统。组织创新是企业进行的一项有计划、有组织的系统变革过程。它不仅包括企业组织结构的变革和发展，还包括企业管理机制和资源分配方式的变革。组织路线是企业基于创新目标与工作任务而设计的关于创新组织、创新资源配置及创新管理制度的行动方案。图8-2是组织路线的构成。

组织路线是对企业组织变革方向的总体判断。它反映了企业创新过程中组织结构、资源配置方式和管理的动态变化过程。事实上，组织路线是企业进行的一项有计划、有组织的系统变革过程。它不仅包括企业组织结构的变革和发展，还包括企业管理制度和资源分配方式的变革。企业实施组织变革的过程，就是企业根据内外部环境的发展变化对组织架构、管理制度和资源配置程序进行创造性设计与调整的过程。组织路线的本质是研发组织管理的工具，即在企业重新系统地梳理研发组织管理的基础上，结合企业成长阶段与内外部环境变化绘制而成的组织路线蓝图。

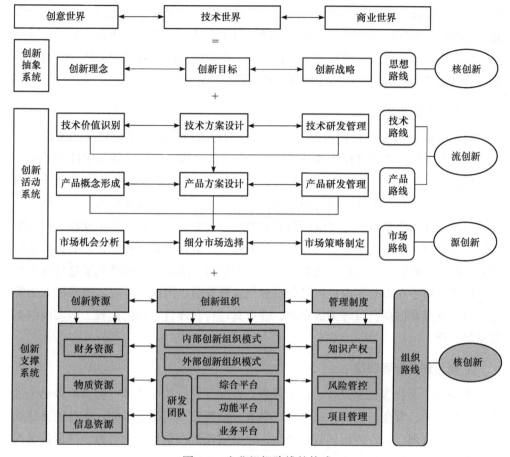

图 8-2　企业组织路线的构成

8.1.2　组织路线的核心

为了保证企业创新项目有秩序且顺利地进行，企业应当选择适当的组织结构，以促进研发团队发挥创造性、明晰创新活动中的管理权限、保持组织内外部创新资源的高效流动等。因此，组织路线的核心包括设计研发组织、分配创新资源和制定创新管理制度三大要素。

1. 设计研发组织

研发组织是指企业为了实现组织研发目标，在职务范围、责任、权利、平台方面所设计的结构体系。设计研发组织主要包含两个方面：企业内部项目的研发团队组织结构设计、企业与外部机构进行合作的组织模式选择。高效的研发组织能够通过厘清企业研发部门的职责、统筹安排参与研发活动的员工，使企业的研发活动得到组织的支持，进而获得良好的创新效益。企业应根据内外部创新环境的动态变化，及时调整创新组织，保障企业各项创新活动的正常进行。

2. 分配创新资源

创新资源是指企业在创新过程中所需要的物质资源和非物质资源的统称。其中，物质资源包括创新过程所涉及的财务资源、信息资源以及设备和物料等资源。

创新过程本质上是企业塑造异质性资源的过程，因此，创新资源是企业进行创新时必须具备的基本条件，也是创新组织设计的基础。其特征体现为三个方面：一是价值性，即企业能够通过对资源的有效利用形成竞争优势；二是稀缺性，即关键性的创新资源并非所有企业都具备且能带来巨大价值；三是时效性，即有价值和稀缺的资源为企业所带来的竞争优势将持续到竞争对手成功模仿或替代了这种资源为止，即竞争对手在短时间内难以模仿或替代这种资源。因此，企业需要掌握人力资源、财务资源和信息资源等关键资源，并对其进行合理且有效的配置，以实现创新效益最大化。

3. 制定创新管理制度

创新是一个包含概念设计、技术研发、产品开发以及市场推广的多阶段动态过程，涉及人才、资金、物资、技术、信息等一系列管理问题。因此，企业需要建立一套科学、合理、完备的创新管理制度，以有效地管理企业创新资源、降低信息沟通成本、防范创新风险，从而推动企业持续创新。

企业的创新管理制度主要是指企业在创新项目运作过程中所运用的管理思想、管理原则和运行机制。具体而言，创新管理制度包括知识产权管理制度、创新风险管控制度、研发项目管理制度等。

8.1.3 研发组织管理的诊断

组织诊断是指组织成员与组织发展顾问合作，为组织变革收集相关信息、分析信息、得出结论的过程。它是评估组织、部门、群体和职位功能的一个过程。其目的在于发现产生问题的原因和有待提高的领域。组织诊断包括为可能的变革和改进收集、分析与当前运作有关的信息并得出结论[一]。企业在运营中出现的大部分问题

[一] 丁敏. 组织行为学 [M]. 2 版. 北京：人民邮电出版社，2020.

是由企业内部组织引起的，因此企业不应过多关注外界环境而忽略内部组织。组织要赶在落后之前进行诊断，及早发现存在的问题，并提前进行变革。组织诊断通常包括诊断企业机构是否冗余、诊断企业是否存在部门的本位主义、诊断企业内部的责任和权限是否明确等。

由于研发组织在企业发展中具有特殊地位，因此，除了上述诊断内容外，对研发组织还需要进行组织运作效率和创新能力两个方面的诊断[一]。

1. 运作效率诊断

一是诊断是否有多职能参与。研发活动要求企业内部多职能部门的人员积极参与，这样做有利于组织形成创新能力。二是诊断是否有同步全日制参与。来自设计、生产和营销部门的关键的新产品开发小组成员应该从一开始就全日制参与，其他人员和兼职人员应在最紧张的阶段全日制参与。三是诊断研发小组成员是否共处一室。研发小组成员共处一室非常有利于交流。

2. 创新能力诊断

作为研发组织，除了对组织中存在的共性问题进行诊断外，还要对组织的创新能力进行诊断。美国西北大学凯洛格商学院和库奇马斯基联合会的托马斯·库奇马斯基提出了衡量企业新产品开发小组创新能力的六个问题。这些问题可以用于诊断一个组织的创新能力。具体如表 8-1 所示。

表 8-1　创新能力评价

问题	分数				
1. 开发战略计划是否界定财务增长幅度和新产品在今后五年中应起的作用？	1	2	3	4	5
2. 企业最高管理层是否培育了一种"有组织的自由"的环境？企业是否持之以恒地投入新产品融资中，并将拥有高新技术和专门知识的优秀经理分配到对应的研发岗位上？	1	2	3	4	5
3. 是否明确谁负责新产品开发，谁负责其性能诊断？决策过程是否已被大家了解？审批要点是否已经明确并贯彻到该过程中？	1	2	3	4	5
4. 是否有与业绩挂钩的工资制度？该制度是否可以鼓励创业精神、鼓励承担风险的人、巩固创新思想和行动？	1	2	3	4	5
5. 是否用不同的标准来评价研发概念？	1	2	3	4	5
6. 是否以正规的跟踪系统来计算研发成本或回报？	1	2	3	4	5

注：最好的得分为 30 分；29～26 分为优秀；25～21 分为良好；20～16 分为一般；15 分以下的企业应该敲响警钟；而对于低于 5 分的企业，其创新能力或新产品开发能力绝对差，这类企业一般朝不保夕。

[一] 付维宁. 如何诊断新产品开发组织 [J]. 经济与管理，2003（007）：32-33.

在进行研发组织的诊断之后，若企业发现组织中存在运行效率低、创新能力差的情况，则企业需要根据诊断结果对研发组织结构、研发团队建设、创新资源配置及创新制度规划进行设计。

8.2 如何进行研发组织设计

创新组织路线的重点是研发组织设计。研发组织设计是企业对创新单元组织构成和功能划分的基本设计。具体而言，研发组织设计的内容包括支持企业内部创新项目运作的内部研发组织结构设计和促进企业整合创新资源的外部合作研发组织模式选择。内部研发组织结构设计包括内部研发组织模式的选择以及研发平台的建设。在外部合作研发组织模式选择方面，企业需要考虑合作模式以及合作对象的选择，如图8-3所示。企业的研发组织体系是企业配置研发资源、组织科技攻关的基础，是企业技术创新体系的重要组成部分。构建合理的研发组织体系对于提高企业研发工作的专业化水平、研发资源的使用效率以及自主创新能力具有重要意义[1]。

8.2.1 内部研发组织结构设计

我国企业应该以基本创新为基本战略，以原始创新、消化吸收再创新、集成创新为基本途径，建立适应市场经济发展和具有企业特色的研究与开发管理体系。企业内部研发组织结构设计应包括研发组织模式选择与支撑研发团队的平台设计[2]。企业内部研发组织模式是指企业为完成特定研发项目而设计的团队分工协作模式。企业内部研发组织模式包括线性组织模式、小组制组织模式、矩阵式组织模式及网络式组织模式。另外，企业内部还需要搭建能够支撑研发团队的系统，即研发平台，包括综合平台、业务平台及功能平台等。

1. 研发组织模式

美国著名的企业历史学家钱德勒（Chandler）在其著作《战略和结构》中提出了"结构跟随战略"的理论，即当企业采取不同的发展战略时，为了保证战略的成功，企业必须通过变革组织结构来适应企业战略的需要。企业进行创新管理也需要组织结构的配合。也就是说，当企业处于不同的发展阶段时，为了保证企业的创新发展，企业必须采用适当的组织结构来适应发展阶段的需要，如图8-4所示。

---

[1] 龚小军, 杨艳. 企业研发组织模式的影响因素和选择策略 [J]. 石油科技论坛, 2015, 34（05）: 55-59.
[2] 黄少坚. 国家创新体系与企业研发中心建设模式研究 [M]. 北京: 中国人民大学出版社, 2016.

第8章 组织路线 · 297

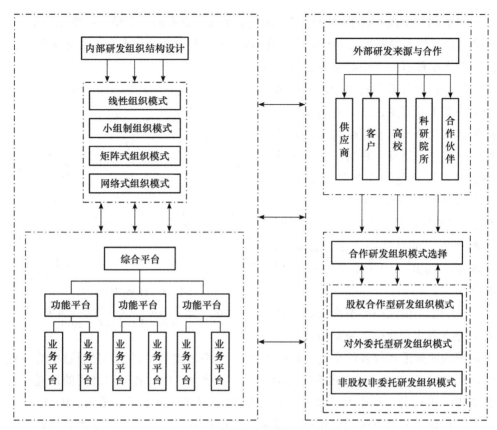

图 8-3 企业创新组织的内容体系

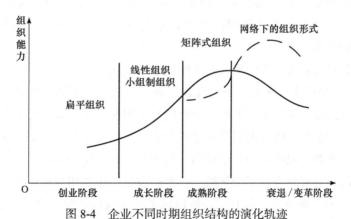

图 8-4 企业不同时期组织结构的演化轨迹

资料来源：兰德尔.成长之痛[M].葛斐,译.北京：中信出版社,2017.

（1）创业阶段：扁平组织模式　在创业阶段，企业的组织结构通常是扁平的。典型的扁平组织模式如图 8-5 所示。图 8-5 中的组织包括三个小组（虚线椭圆），虽然每个小组都有一个中心节点，但每个小组内部的关系都有差异。小组 A 的中心是 1 号节点，这个节点和小组内的其他三个节点有直接联系，而其他三个节点之间没有联系。小组 B 的中心是 2 号节点，这个节点和小组内的其他五个节点之间是串联关系。小组 C 的中心是 3 号节点，这个节点和小组内的其他四个节点之间都有联系，而其他四个节点之间也都有联系。

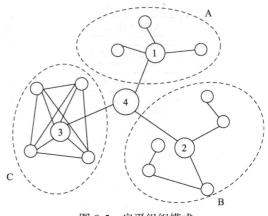

图 8-5　扁平组织模式

资料来源：兰德尔. 成长之痛 [M]. 葛斐，译. 北京：中信出版社，2017.

每个小组的网络类型决定着小组内的沟通方式和效率。通常而言，对于内部沟通渠道比较多的小组（如 C 小组），其沟通效率要高于只是通过中心节点沟通的 A 小组和用串联方式沟通的 B 小组。在图 8-5 中，各小组之间的沟通是通过节点 4 进行的，这个节点是整个组织的中心节点。由于联系着 A、B、C 三个小组，所以 4 号节点也叫结构洞，而 4 号节点和另外三个中心节点之间的联系叫作结构桥。由于连接着不同的结构，所以结构洞和结构桥对结构间的沟通非常重要。对于创业企业而言，创始人应该就是 4 号节点，而创业合伙人应该就是其他几个中心节点。当然，要让组织的沟通效率更高，可以在图 8-5 中的各个小组间建立起更多的联系。

（2）成长阶段：线性组织模式和小组制组织模式

1）线性组织模式。随着业务的高速发展，企业如果还沿用扁平组织模式，那么肯定会制约其进一步发展。因此，此时线性组织模式和小组制组织模式较为适合处于成长阶段的企业。线性组织模式是指企业按照纵向关系逐级安排责任和权利的组织模式，是企业组织模式中最早使用、最为简单且应用最为广泛的一种模式。它将研发活动的全过程分为若干个阶段，每个阶段的工作是相对独立的，不同阶段存在着前后相连的逻辑关系。只有前一阶段的工作完成后才能开始后一阶段的工作，任何一个环节出现失误或漏洞，都很有可能导致整个项目失败。因此，这种环环相扣的组织模式决定了企业需要认真对待产品创新的每一个环节，采取循序渐进的形式进行研发。

一般来说，在线性（串行）模式下，产品研发过程可以分为三个阶段（概念形成阶段、研究开发阶段、市场开发阶段）和九个环节（创意形成、项目筛选、产品构思、技术开发、产品开发、营销设计、市场试验、工艺完善、商品化），如图8-6所示。每个环节的运作由相应的职能部门负责。

线性组织模式中最典型的团队结构是职能式团队结构，如图8-7所示。职能式团队结构强调职能导向，其成员仍属于各自的职能部门，并向各自的职能部门经理汇报日常工作。这种团队通常是临时性的，团队成员在项目上花费的时间不超过工作总时间的10%。此外，成员的长期职业发展仍由所属职能部门经理负责。该团队结构适用于只涉及一个职能部门的派生项目。

线性组织模式有利于来自同一职能部门的人员进行交流，并快速获取职能部门的专业知识。然而，此模式也存在不少缺点，如只强调职能部门的自身利益、缺乏全权负责项目的中心人物、跨部门协调及沟通难度大、产品开发周期过长等。随着现代企业竞争日趋激烈，线性组织模式暴露出来的缺点越来越明显，难以适应企业创新日新月异的需求（陈劲，伍蓓，2009）。

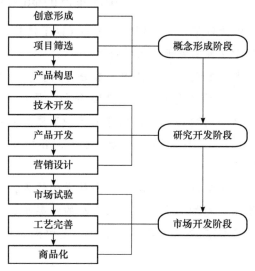

图8-6 创新的线性组织模式

资料来源：陈劲，郑刚.创新管理：赢得持续竞争优势[M].3版.北京：北京大学出版社，2016.

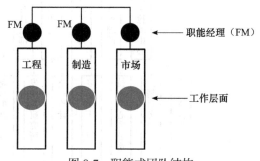

图8-7 职能式团队结构

资料来源：希林.技术创新的战略管理[M].谢伟，王毅，译.北京：清华大学出版社，2009.

◀▪ 创新聚焦 ▪▶

中国重汽的职能式组织模式

中国重型汽车集团有限公司（以下简称"中国重汽"）研发机构是国家首批认定的 127 家国家级技术中心之一。

中国重汽的工程技术人员分为两类：一类是在技术中心专门从事新产品、新零部件设计开发的，共有 370 余人；另一类属于制造部子公司的制造技术部门，负责产品的现场制造技术与工艺、工序的研究以及生产的保障，此类技术人员有 1 710 多人。这两类人员交流不多，各司其职，共同负责中国重汽的技术研究与支持工作。

中国重汽技术中心是一个独立的法人，因此，其组织结构是按照传统的职能组织来构建的，也就是按照汽车的主要组成部分来设立研究机构，根据产品制造与工艺的需要分为整车、车身、发动机等 9 个研究所，还包括相应的管理机构，如图 8-8 所示。

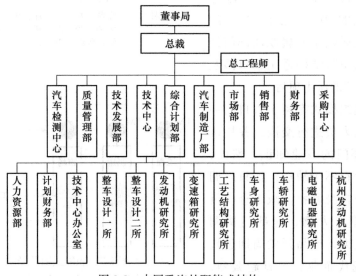

图 8-8 中国重汽的职能式结构

中国重汽的 R&D 活动采取的是由总裁直接管理的模式，由集团公司分管技术的副总裁兼任技术中心主任，在特殊时期由总裁直接兼任技术中心主任。这种组织结构属于直线职能制，最大的好处就是计划性强、集中决策、执行力强、资源能够得到有力保障，因此其开发效率较高。其劣势也是很明显的，需要安排大量的组织协调工作，且管理难度较大。其运营模式是传统型的，即以研发计划为主线，始于计划，终于市场销售，形成从研发到产品转移的全过程，周而复始，不断将新品推向市场。

资料来源：黄少坚. 国家创新体系与企业研发中心建设模式研究 [M]. 北京：中国人民大学出版社，2016.

思考：

1. 中国重汽的组织结构是怎么样的？
2. 中国重汽的组织结构有何优劣势？
3. 如何对中国重汽的组织结构进行改进？

2）小组制组织模式。尽管线性组织模式也适用于企业高速成长的阶段，但线性组织模式有致命的缺陷。例如，组织层次多、机构大，本位主义，工作协调困难，应变能力差，对员工的自主性、创造性束缚过大，等等。很显然，在竞争日益激烈的背景下，线性组织模式越来越不适应企业的发展。因此，小组制组织模式成了企业成长阶段的另一种选择。小组制组织模式是指企业为完成特定研发项目而组建的由不同部门、不同职务成员共同参与的组织模式。小组制组织模式将与研发相关的主要人员，如研发人员、生产人员、市场人员等在一个工作组内工作，目的是加强研发人员之间的沟通和培养责任感，进一步提高研发效率，缩短产品开发周期。小组制组织模式需要一个素质良好的项目负责人管理和推动整个创新研发过程。小组制组织模式如图8-9所示。

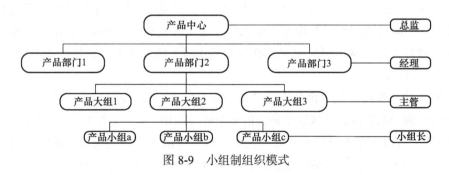

图8-9 小组制组织模式

自治项目团队结构（也称"老虎团队"）是小组制组织模式的典型体现，如图8-10所示。自治项目团队的成员来自不同的职能部门，主要接受项目最高领导的指挥。在自治项目团队结构中，项目团队拥有独立的实践方法、激励和报酬体系，对项目最后的结果负有全部责任，加速了项目运作、产品设计和工艺开发过程，同时提高了成功开发创新项目的概率。自治项目团队适用于突破创新性项目和一些大型的平台项目。

研发的小组制组织模式具有鲜明的优点和缺点。优点体现为：第一，项目经理全面负责项目，对研发小组拥有绝对的领导权，下属可以较好地配合上司完成工作；第二，项目经理与高层管理者之间的有效沟通，有利于高层管理者及时掌握项目的进展情况，以便做出正确的决策；第三，各项目团队的成员一起工作，有利于培养工作组成员的团队精神、归属感，激

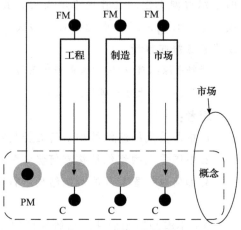

图 8-10　自治项目团队

资料来源：希林. 技术创新的战略管理 [M]. 谢伟，王毅，译. 北京：清华大学出版社，2009.

发他们的责任感；第四，该模式的组织形式简单明了，灵活性强，可以加快创新的速度，以适应迅速变化的市场。然而，创新的小组制组织模式也有一些缺点。由于没有职能部门的参与，因此，小组制组织模式失去了职能部门作为知识仓库的支持和帮助，失去了接收原所属职能部门相关职务的专业知识的途径，在一定程度上使研发活动开展后劲不足（陈劲，伍蓓，2009）。

（3）成熟阶段：矩阵式组织模式　为了充分利用职能组织的业务优势来解决特定项目进度的问题，同时也不影响职能部门各项职务的开展，矩阵式组织模式被适时提出。矩阵式组织模式是指企业在直线职能式组织架构的基础上，增加一种垂直方向的领导系统，从而同时建立具有事业部式与职能式组织结构特征的组织模式，如图 8-11 所示。

矩阵式组织模式的突出特点是"双头领导"，即下级要同时受项目组和职能组两个方面领导的指挥，这区别于传统的组织管理原则（单一命令）。因为要接受"双头领导"，所以工作人员要处理好与两个上级领导的关系，同时完成职能部门职务以及项目任务；而项目经理、职能部门经理在做决策时要注重及时沟通，确保传达给下属的指令统一；高层主管则应该注意平衡项目经理和职能部门经理的权力分配问题。

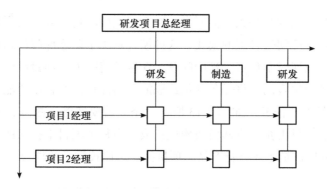

图 8-11 矩阵式组织模式

资料来源:何曙光,齐二石,李莉.矩阵式组织结构中的绩效评价问题研究[J].工业工程,2003,6(5):13-15.

1)按照项目关键资源的重要性不同,矩阵式组织模式可以分为强矩阵、弱矩阵和混合矩阵三种模式。

强矩阵是指参加项目的人员只参加一个项目,并由项目经理直接管理,所属的职能部门间接管理的模式。一般情况下,该项目成员直接接受项目经理的命令,并向职能部门经理汇报工作情况。此外,该项目成员需要在每个月参加职能部门的例行活动,其任职资格等级由职能部门经理评定,而其绩效由项目经理负责考核。项目完成后,该项目成员将回到所属的职能部门,如图 8-12 所示。企业若要实施强矩阵,则需要满足三条原则:项目成员在某一个项目上投入超过 80%,且持续时间超过一个月;项目成员是该项目的重要成员,并且在此项目上投入了超过 60% 的工作量;该项目是企业在战略排序中最重要的前三个项目之一。

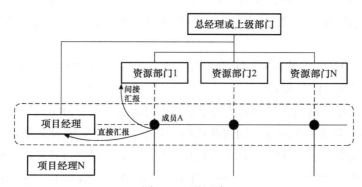

图 8-12 强矩阵

资料来源:周辉.产品研发管理:构建世界一流的产品研发管理体系[M].北京:电子工业出版社,2012.

弱矩阵是指参加项目的人员同时参加两个以上的项目，并由所属职能部门经理直接管理，项目经理间接管理的模式。这种模式解决了职能部门经理和项目经理可能同时负责管理或同时不负责管理的问题。在这种情况下，项目经理与职能部门经理分别签订任务外包合同，将任务外包给职能部门经理，并且由职能部门经理直接给开发管理人员下达任务，如图 8-13 所示。企业若要实施弱矩阵，则需要满足三条原则：产品、项目由企业成熟模块构成；成员在每个项目上投入的工作量不超过 20%；所开展的项目是企业进行产品、项目排序时比较靠后的项目。

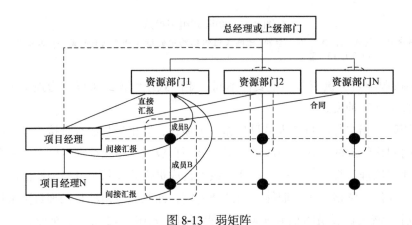

图 8-13　弱矩阵

资料来源：周辉. 产品研发管理：构建世界一流的产品研发管理体系 [M]. 北京：电子工业出版社，2012.

混合矩阵是指强矩阵管理方式与弱矩阵方式相结合的矩阵管理模式，在大企业中得到广泛运用。在这种管理模式下，企业一般对项目核心组成员、项目关键路径的关键资源采取强矩阵管理，而对项目一般成员、非核心项目的关键资源采取弱矩阵管理。

2）按照团队结构的不同，矩阵式组织模式可以分为轻型团队结构（见图 8-14）和重型团队结构（见图 8-15）。

轻型团队结构是指企业为完成特定创新项目而组建的，由中低层经理带头、各职能部门的一名成员共同参与的团队结构。其中，"轻型"的含义是项目经理一般是中层或基层的员工，在组织中的影响力不大，无法掌握项目研发的关键资源，并且只会花 25% 的精力在一个单一的项目中。在轻型团队结构中，每个职能部门会派出一名联络员与轻型团队项目的经理共同协作，但是各部门的联络员只是把工作当成自己的额外职能。

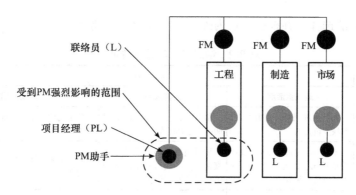

图 8-14 轻型团队结构

资料来源：希林.技术创新的战略管理[M].谢伟，王毅，译.北京：清华大学出版社，2009.

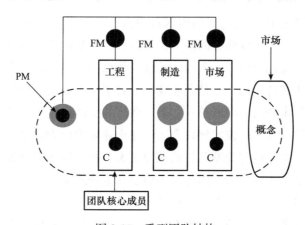

图 8-15 重型团队结构

资料来源：希林.技术创新的战略管理[M].谢伟，王毅，译.北京：清华大学出版社，2009.

重型团队结构是指企业为完成重要创新项目而组建的，由高层领导带头、各职能部门的核心成员共同参与的团队结构。其中，"重型"指的是项目经理是企业的高管人员，级别可能比职能部门经理还高，对项目资源的支配权力较大。在重型团队结构中，团队成员是从各个部门抽调而来的，并由项目经理对其工作进行统筹安排。在重型团队结构中，团队核心成员会百分百投入到工作当中，确保创新项目按时按质按量完成（罗伯特•A.伯格曼，2004）。轻型团队结构和重型团队结构的共同点是团队成员都受到各自职能部门经理和项目经理的双重指导，而区别体现在项目领导地位、项目资源掌握情况和团队服务重心等方面。

表 8-2 给出了线性组织模式、小组制组织模式及矩阵式组织模式的具体特征，其主要体现在组织灵活度、内部沟通和研发周期等方面。企业要根据创新项目的具

体情况进行灵活选择，并根据企业内外部环境变化及时调整。

表 8-2　组织模式与具体特征

组织模式	具体特征		
	组织灵活度	内部沟通	研发周期
线性组织模式	人员组成灵活，自由度大，但缺少负责人	信息单向流通，职能部门间的沟通难度大	分工明确，循序渐进，但研发周期较长
小组制组织模式	不同部门的员工形成独立的项目团队，并由项目负责人"单头"领导	项目负责人与高层领导者直接沟通，同时小组内部的信息实现多向流通	分工明确，各项任务同时进行，研发周期较短
矩阵式组织模式	项目负责人和职能部门负责人"双头领导"	项目内部成员分别与项目负责人和职能部门负责人沟通	项目负责人和职能部门负责人共同推进项目进度，但当二者产生意见分歧时，会影响项目进度

影响企业研发组织模式选择的因素有很多，除了企业的发展阶段外，主要因素还有以下几个。一是研发内容的性质。若进行的是基础研究和应用基础研究，在研发中与用户的交流相对较少，不需要其他职能部门的参与，在这种情况下，采用线性组织模式是比较合适的。二是企业规模。对于小型企业、产品或业务单一的企业，由于涉及的技术相对简单或单一，研发队伍的总体规模小，通常会单独设置研发机构，所以采用线性组织模式比较合适。在企业规模较大、经营的产品或业务较为复杂的条件下，企业内部研发队伍的规模更大，技术的多样化程度更高，研发机构与业务单位的联系更加复杂，因此，小组制和矩阵式组织模式更加合适。三是企业采取的产品战略。在企业采取单一产品战略的条件下，不同业务单位经营同一种产品或业务，各业务单位在技术上没有差异，因此，研发机构的设置宜采用线性组织模式。在企业采取相关多元化产品战略的条件下，各业务单位经营的产品或业务是多样化的，不同产品在技术上既存在一定差异，也存在某些共性，这类企业适合采用小组制或矩阵式组织模式[一]。

（4）衰退或变革阶段：网络下的组织形式　在当今的互联网时代，社会结构发生了根本改变，人与人之间、企业与企业之间的关系越来越接近混序概念中的去中心化、去层级化、相互平等的超级链接组织关系，通过自由组合的方式来摆脱传统组织中"命令-执行"的简单、粗暴的管理模式，是互联网时代的必然趋势[二]。

1）网络环境下企业创新组织边界逐渐模糊化。网络技术的出现使技术创新的

[一] 龚小军，杨艳. 企业研发组织模式的影响因素和选择策略 [J]. 石油科技论坛，2015，34（05）：55-59.

[二] 路江涌. 图解企业成长经典 [M]. 北京：机械工业出版社，2019.

各个相关环节得以在共享的信息平台上及时、并行地交流工作信息,如微软公司实行的各创新环节并行的瀑布式创新模式。这种相关的工作环节可以不局限于组织内部,而在更大的范围内整合、利用创新资源,虚拟研究机构的工作原理就是这样的。实际上,网络技术就是一种结构性的技术,它的出现和应用使得组织内部、组织之间的结构与边界具有前所未有的弹性,其利用资源的范围有了极大的拓展。同时,创新过程中的任何一个环节并非遵循传统的线性组织模式,而是在企业内部网络和外部网络的共同作用下成为断点、发生跃迁或直接与外部联结。竞争机制被广泛引入组织内部,企业"内部市场"(internal market)屡见不鲜,形成了企业与市场的双向变动趋势,因此,企业网络和市场网络的界限日渐模糊。

2)网络环境下企业创新组织结构趋于扁平化。传统组织的特点表现为层级结构。层级结构的组织形式源于经典管理理论中的管理幅度理论。管理幅度理论认为,一个管理者由于精力、知识、能力、经验的限制,其所能管理的下属人数是有限的。通常,基层管理者能有效管理的下属不超过15人,中层管理者能有效管理的下属不超过10人,高层管理者能有效管理的下属不超过7人。在一个组织的人数确定后,由于有效管理幅度的限制,所以必须增加管理层次,管理层次与管理幅度呈反比。层级结构的组织形式在相对稳定的市场环境中是效率较高的一种组织形式。外部环境的快速变化要求企业快速应变,具备极强的适应性,而管理层次众多的层级结构所缺少的恰恰是一种对变化的快速反应能力和适应性。随着现代信息技术的发展,特别是计算机管理信息系统的出现,传统的管理幅度理论不再有效。现代网络技术和功能强大的管理软件能够对反馈的大量信息进行快速处理,并能通过因特网将企业的信息"集群化",即在同一时点向所有对象传递信息,这使得企业创新组织结构的扁平化成为网络环境下的一种必然趋势。

3)知识共享是网络环境下创新组织提高创新绩效的基本途径。组织内和组织间的知识共享对于高水平的创新和提高组织绩效所起的重要作用已经得到广泛承认,并被认为是知识管理的一个重要支柱。在市场快速变化的今天,越来越多的企业开始认识到知识共享的重要性。国内外众多案例表明,知识共享可以分担研发成本并有效规避风险,可以提升企业竞争力,实现合作双方的共赢。哈默尔(Hamel)和普拉哈拉德(Prahalad)通过研究发现,合作伙伴间相互学习对方的知识是企业建立联盟的重要目的与动机,而巴达拉科(Badaracco)也认为企业间的隐性知识无法通过市场交易获得,必须通过合作联盟的方式获取。由于信息技术推动的知识管理对于交互式创新过程具有一定的局限性,所以建立在网络环境条件下的知识管理方法就逐渐受到人们的重视。

4）组织学习成为网络环境下企业创新组织的关键能力。在网络环境下，知识和信息量呈指数增长，拥有信息和知识并能有效地利用信息和知识就意味着拥有市场，因此，企业创新组织对各种个人知识、组织知识的学习变得格外重要。企业要想在网络环境下的激烈竞争中获取优势地位，就必须在组织学习的基础上快速且有效地组织自身的创新活动，不断从创新中获得利润。组织正向国际化方向发展，企业需要同时发展全球竞争力、跨国经营柔性和全球化学习能力。信息技术和网络技术对组织学习产生了深远的影响。网络化的安排提供了灵活的学习性结构，并取代了传统的等级结构。

5）企业创新组织结构的社区化已成为新趋势，其中，创新的分布式和开放性将更强。新近出现的长尾理论改变了传统的认识：在古典经济学中，社会资源被认为是稀缺而有限的，而网络社会使得选择、空间和产品成为无限，由此可知，传统经济学中的"匮乏经济学"已经变为"丰饶经济学"。长尾理论对创新的启示是创新不是少数精英的特权，而是多数社会民众集体创作的结果。因此，企业在创新的人力安排上，不是集中于少数技术权威的努力，而是发挥全体利益相关者（重点是用户和企业员工）的积极性和创造性。在基于社区组织的创新模式下，自我创新（创新 DIY）将成为时尚。用户参与产品开发，主要体现为新思想的产生、产品概念的形成。这时，企业必须根据产品技术和市场的不同特点，选择不同的用户，建立与用户的有效和恰当的联系，使用户为企业新产品的开发提供基础资源。作为共同的创造者、生产者，用户参与从产品设计到产品开发的全过程，包括产品结构的选择、产品特性和产品结果的设计、产品界面的说明、制造工艺的建立。与消费品相比，用户参与工业品联合创新的程度更加明显。

◀▪ 创新聚焦 ▪▶

韩都衣舍的组织创新：以"产品小组"为核心的单品全程运营体系

自 2006 年创立以来，韩都衣舍（集团）创造了一个服装电商界的神话：交易额从 2008 年的 300 万元增长到 2015 年的 20 亿元，从一个淘宝小型卖家成为中国互联网快时尚第一品牌、中国最大的互联网时尚品牌孵化平台、国家电子商务示范企业。韩都衣舍独创的以"产品小组"为核心的单品全程运营体系（integrated operating system for single product，IOSSP），是其近年来异军突起的关键。

在传统的服装行业里，几乎所有的公司都采用科层制的组织结构。它基本上分成四个板块：一是研发部门，负责做产品的开发设计；二是销售部门，负责销售策略的制定和渠道的管理等;三是采购部门,负责各种资源的配置,包括工厂管理等;四是服务部门。四个板块各司其职,有点流水线的意思。即使他们后来做电商,也分为设计师团队、视觉团队、销售推广团队等,并分成各种不同的部门,包括现在的代销也是采用这种模式。在这种情况下,一件事情如果做好了,分不清楚到底是谁的功劳;如果做不好,也分不清楚到底是谁的责任。好是大家的功劳,差是大家的责任。

韩都衣舍小组制结构的具体实施方式是:将产品设计开发人员、页面制作人员、库存采购管理人员三个人组成一个小组。产品设计开发相当于传统企业的产品研发,在这里包括面料、款式、颜色、尺码等的选择。页面制作就是传统企业的市场和产品管理,主要包括产品定位、定价、产品特色选择、卖点提炼、页面视觉设计、市场活动策划等,需要与公司核心服务层的客服、摄影部门进行沟通和协作。库存采购管理等同于传统企业的供应链管理,包括打样、下订单、签合同、协调生产等,负责给公司核心服务层的供应链、仓储物流下订单。根据产品小组的结构,韩都衣舍后来提出了以产品小组为核心的单品全程运营体系,即公司平台为所有的小组提供具有共性的信息技术平台支持、物流仓储服务、样品摄影服务、客服和供应链服务。韩都衣舍的小组制借鉴了阿米巴经营模式,并根据其特点进行了发展创新。

韩都衣舍的小组制组织创新不仅为公司自身业务的飞速发展奠定了基础,而且为其他互联网企业带来了关于变革时代组织创新的新思考。

资料来源:陈劲,郑刚,蒋石梅.创新管理:赢得持续竞争优势案例集[M].北京:北京大学出版社,2013.

思考:
1. 韩都衣舍的组织形式与传统的组织形式相比有何优缺点?
2. 韩都衣舍的组织形式是否符合当今的发展环境?

2. 研发平台

研发平台是指企业为了提高技术创新能力而组建的研发载体。一个多层次、高水平的技术研发平台体系,有利于企业在科技投入、人才引进培养、重点项目和关键技术研发等方面取得阶段性成果,能促进企业驶上技术发展快车道。企业技术研发平台主要由综合平台、功能平台及业务平台构成。

(1)综合平台:综合平台是指通过对各种企业创新资源进行有序的组织和管理,从而实现研发功能的基础性创新支撑系统,主要包括重点实验室、技术中心、工程中心等国家或省级相关部门授牌的研发平台。企业在国家"创新产业化"方针的指引下，可以通过申请国家或省级工程技术研究中心、国家或省级实验室的途径，构建企业综合平台，承担起国家重大科研任务，推进科技成果的产业化，增强企业工程化成果的辐射和扩散作用。综合平台包括国家级研发平台和省级研发平台。国家级研发平台主要包括国家重点实验室、国家工程技术研究中心、国家工程实验室等。对于省级研发平台，以广东省为例，主要包括广东省重点实验室及广东省工程技术研究开发中心、广东省研究开发院等。

（2）功能平台：功能平台是指贯穿于研发活动全过程，且具有特定研发辅助功能的载体，主要包括创新设计平台、行政管理平台、知识管理平台、信息管理平台和质量管理平台五类。这五类平台并不是独立存在的，它们均渗透于产品研发过程（从产品创意产生、项目定义、技术预研、产品设计与开发、产品测试与验证到产品发布）的每一个阶段。

创新设计平台根据创新战略发展规划，主要负责技术研发的前期调研和规划工作，支持项目的顺利研发，并协助技术成果转化后成功占领市场。行政管理平台负责企业研究开发院体系建设、决策支持、组织监控、绩效管理以及后勤保障等工作。知识管理平台旨在积累和总结企业在运营过程中产生的经验和知识，形成有效的知识库，提升研发人员获取知识和利用知识的能力。信息管理平台是企业技术创新的基础支撑系统和工作平台，是技术创新服务平台，是与外界进行合作及交流的平台。质量管理平台是企业为了解决技术研发和产品开发以及生产环节中的质量问题而搭建的管理平台。

随着大数据时代的到来，大数据被广泛应用于功能平台中，也有企业选择通过搭建大数据平台来管理从产品创意产生到产品发布的每个过程。例如，格力电器于2018年成立大数据中心，通过大数据平台有效地管理从研发到售后的价值链流程。在研发活动方面，大数据平台能够对已收集的顾客数据、产品数据进行分析并发现创新点，把握从创意产生到产品形成的全过程，重新定义企业的功能平台，从而帮助企业获得竞争优势。

（3）业务平台：业务平台是指承担企业特定领域研发任务的具体研发实体，包括博士后科研工作站、院士工作站、科技特派工作站、产学研合作基地、产学研合作联盟、测试评价中心、孵化基地、工程技术中心、实验室和加工装备平台等研发实体。

以企业为主体建设的各种业务平台，是落实企业创新战略、推进企业自主创新、完善企业创新体系的重要举措，也是企业进行自我发展、提高竞争力的内在需求。研发实体的搭建，有利于企业快速掌握最新发展动态，了解市场需求，并将设计、研发、制造、生产等有机结合起来。例如，海格通信为了有效整合科研资源，引领行业技术发展，在广州高新技术开发区广州科学城的海格通信产业园内建立了广州海格通信研究所，简称"七五〇研究所"或"七五〇所"。作为海格通信高新技术企业形象的代表，海格通信研究所促进了技术与市场的紧密融合，有效地整合了企业的各项科技资源，大大提升了海格通信的科研能力、新领域拓展能力、新项目开发能力。

◆ 创新聚焦 ◆

海信集团R&D组织模式

作为科技先导型新兴产业的拓展者，海信集团十分注重和加强企业技术创新工作，一直将建立同海信集团事业发展要求相适应的现代企业集团的技术创新体系作为现代企业制度的重要内容，并不断地努力探索与完善。目前海信集团已建立起一个由高层决策管理、R&D中心开发研究、各子公司群众性技术创新三个层面相互支持、有序衔接的技术开发与创新体系。

为了保证技术创新决策的科学性与权威性，海信集团初步建立起一个由决策层、决策咨询层和管理执行层构成的技术创新决策与管理系统。决策层就是由集团经理班子成员及生产、营销、财务等部门的负责人组成的技术委员会，负责重大技术改造与创新问题的决策、指导与检查监督，如集团的技术创新规划、研发计划、重点技术创新工程项目和重大研究开发课题及有关经费预算等。决策咨询层是从山东大学、清华大学、北京航空航天大学、西安交通大学等高校和有关研究开发机构聘请部分专家组成专家咨询委员会，负责技术创新的决策咨询及重大项目的评估等。管理执行层由集团科技质量部、R&D中心及各子公司的总工程师、科技管理职能部门组成，负责技术创新的日常管理工作。这个系统从组织与管理体制上保证了技术创新的高效有序运行。

在R&D中心建设方面，海信集团也做了一些尝试。一是每年根据企业发展需要确定课题项目和管理方式，并根据持续课题和新开课题研究投入的费用，由各子公司和集团公司拨付款项，以保证开发费用的支出。二是有意识地让R&D中心成为集团产业与产品的孵化器。即每涉足一个新产业，均先在R&D中心成立研究所，待技术、人才成熟后，再裂变出公司，海信集团的计算机公司、软件公司、空调公司均是如此。这种"种树不栽树"的产业拓展思路，保证了海信集团新兴产业深厚的技术底蕴与广阔的发展前景。三是使 R&D 中心成为集团的"特区",努力营造有利于技术创新和技术人才成长的小环境。在海信集团,R&D 中心的平均收入是集团平均收入的 3 倍左右。此外,为了确保新产品技术研究与开发的连续性,公司内部的研究团队分为基础研究、应用研究和开发项目研究三拨人员团队。基础研究主要是跟踪国际与国内技术开发水平,站在技术的前沿,确保海信集团的持续创新能力,预研 5~10 年中将要开发与运用的先进技术。应用研究主要是研究 2~3 年内即将投放市场的新产品技术。海信集团每年会推出几个系列,100 多种新产品,如果没有预研项目的跟进,那么海信集团就无法站在技术开发的前列。开发项目研究主要是对应用研究成果的生产转化,以及根据市场反馈对已投放市场的新产品技术进行完善与创新。公司内部三拨人员轮流转换,并形成了相互支持、有序衔接的协作系统,同时通过加强 R&D 中心与各子公司技术开发机构和生产厂的联系,加快成果转化过程。海信集团产品的研发及商品转化在短期内取得较快的进展,在很大程度上得益于这个系统快速的反应。

在做好内部建设后,海信集团也加强对外开放,广开产学研合作渠道,这也在很大程度上促进了 R&D 中心的建设。近几年来,海信集团先后与国内十几家高校和科研机构建立了密切的合作关系,建立了多个合作研究中心,使 R&D 中心成为集团参与产学研合作的中心,在利用社会科技资源、促进企业科技进步方面发挥着越来越重要的作用。

资料来源:黄少坚.国家创新体系与企业研发中心建设模式研究[M].北京:中国人民大学出版社,2016.

思考:
1. 海信集团的技术创新决策与管理系统由几部分组成?
2. 海信集团是如何进行 R&D 中心建设的?
3. 海信集团还实行了哪些措施来进行技术研发?

8.2.2 外部合作研发组织模式选择

随着创新活动复杂性的增加以及环境动态性的加剧,传统企业"单打独斗"的模式已经很难在短时间内适应市场日益变化的需求,越来越多的企业已经开始意识到利用外部创新资源的重要性。外部创新资源的利用不仅有助于企业紧跟最先进的技术、产品发展步伐,而且有助于企业集中于核心技术与业务,提高创新效率,节约成本，实现资源外部效应的"内部化"。因此，企业应积极寻求与外部组织合作，以促进研发活动的进行。

合作研发组织模式是指企业为了解决研发的高额投入、不确定性和高风险性等问题，与供应商、客户、高校、科研院所、合作伙伴等外部组织进行合作的外部创新组织模式。合作研发组织以合作创新为目的，以组织成员的共同利益为基础，共同遵守合作行为准则和风险承担准则。企业选择合作研发组织模式的过程，也是企业与外部利益群体进行的组织协调、信息共享以及与共同创新的过程⊖。

根据合作研发活动一体化的程度，我们可以把合作研发组织模式分为股权合作型研发组织模式、对外委托型合作研发组织模式和非股权非委托型合作研发组织模式。具体如图8-16所示。

图8-16 合作研发组织模式

尽管目前企业合作研发组织模式有多种形式，但总体上可以按照企业合作的紧密程度划分为股权合作组织形式和契约合作组织形式。企业在选择合作研发组织模式时，要把握以下几个原则。一是根据技术发展阶段进行选择，在技术的引入阶段和早期发展阶段，企业的合作研发组织形式主要是股权合作形式；而在技术迅速发展的阶段，企业采用股权合作形式的倾向将下降；在技术的成熟阶段，非股权合作组织形式成为主流。二是根据研发知识的黏滞性进行选择，若研发知识的黏滞性较强，则双方很难将合作研发的所有知识内容均写入明确的合同中，这时双方需要通过人员的频繁交流及共同研发才能取得最终的研究成果，在这种情况下，股权合作形式比契约合作形式更加有效率。三是根据合作研发知识的重要性进行选择，如果合作研发知识比较重要，那么企业为保持对研究成果的占有

⊖ 王安宇，司春林. 联盟型虚拟研发组织形式及其本质特征 [J]. 中国科技论坛，2007，(1)：106-109.

权,将会增强对合作研发过程的控制,因而适宜采取股权合作形式。四是当企业间的合作研发涉及的技术范围比较宽时,合作研发组织形式比较倾向于股权合作形式。五是对于技术差距较大的企业间的研发合作,为保证研发合作的效果,可以考虑股权合作形式,通过建立长期的合作关系来缩小企业间的技术差距[一]。下面对企业的合作研发组织模式进行介绍,企业可以根据自身的情况选择合适的合作研发组织模式。

1. 股权合作型研发组织模式

股权合作型研发组织模式是指合作各方共同出资成立一个独立的研究型企业或者联合实验室来开展合作项目的模式。基于股权的合作形式具有长期性,双方共同分担合作研发成本,共享合作成果;同时,双方的共同投入能够抑制机会主义行为,有利于二者的协同[二]。其中,研发合资企业和联合实验室是股权合作型研发组织模式的典型代表。近年来在股权合作型研发组织模式方面也出现了以新型研发机构等为代表的新型组织模式。

(1) 研发合资企业 研发合资企业多出现在高新技术领域或科技密集型产业领域,合作企业依据各自的股权投资额分享利润和投资成本。2017年6月1日,安徽江淮汽车集团与大众汽车在德国柏林正式签署合资企业协议。根据该协议,合作双方将共同成立一家股份比例各占50%的合资企业,进行新能源汽车的研发、生产和销售并提供相关移动出行服务。该研发合资企业能够在充分利用合资双方资源的基础上,不断提升自身的研发能力和增强自身的品牌效应,实现技术合作和商业模式的创新。

(2) 联合实验室 联合实验室是指合作各方基于自身发展和长期合作的考虑,共同进行研发而建立的研发载体。一般情况下,合作各方将共同协商实验室的投入份额,制定实验室的运行制度,以及互派人员或者聘请第三方管理公共实验室,以维护合作研发成员的共同利益。联合实验室具有长期性、稳定性的特点,并且能反映熊彼特的研发规模收益递增效应。例如,2003年9月,中兴通讯与微软(中国)有限公司通过签署战略合作备忘录,在中兴通讯建立了"中兴通讯——微软软件技术实验室",旨在实现双方自愿优势互补,以及实现在电信行业信息

[一] 陈永广,韩伯棠. 企业研发合作组织模式选择影响因素及决策机制研究 [J]. 科学与科学技术管理,2011,32(06):123-127.

[二] 许春,刘奕. 企业间研发合作组织模式选择的知识因素 [J]. 研究与发展管理,2005(05):62-67+72.

化建设和数字化应用领域的拓展。

（3）新型研发机构　随着技术更新和成果转化更加快捷，产业更新换代不断加快，科技创新活动不断突破地域、组织、技术的界限，研发组织形式迫切需要创新变革。在国家创新系统思路的指导下，新型研发机构的概念被提出并逐渐推广。例如，在国家创新系统思想的影响下，日本众多企业提出了"工厂也是实验室"的思想。

新型研发机构是指投资主体多元化，建设模式国际化，运行机制市场化，管理制度现代化，创新创业与孵化育成相结合，产学研紧密结合的独立法人组织。它拥有具备独立法人资格的科技类民办非企业单位（社会服务机构）、企业和事业单位三种形态。新型研发机构是传统企业与现代研究机构深度融合的产物，其营销平台为机构研发活动筹集经费，研发平台进行市场化运作，以提高科研成果的转化能力。在决策机制上，新型研发机构普遍采用理事会领导下的院（所）长负责制度，实现"投管分离"。理事会通常由建设出资方，如政府、大学、科研机构或企业等共同组成，负责决策和监督，由院长负责执行，对外行使法人权利，对内负责研究院的日常运行管理。在人事管理上，采用了合同制、匿薪制、动态考核、末位淘汰等管理制度。

传统研发机构组建模式是院校与政府共建型，是指若干高等院校、科研院所与政府合作共建的研发机构，如中国科学院深圳先进技术研究院、华中科技大学东莞工业技术研究院等。新型研发机构的组建模式包括两种：一是通过政府、企业与省内外高校、科研院所、企业和社会团体以产学研合作形式创办的研发机构，如广东温氏集团研究院、广天机电工业研究院等；二是企业自建型，即高新技术企业自行筹建的研究院，如深圳光启高等理工研究院、深圳TCL工业研究院、珠海格力节能环保制冷技术研究中心等。新型研发机构按照性质可分为两类：一类是营利性研发机构；另一类是非营利性研发机构。

传统研发机构一般属于国有事业单位，有固定人员编制和科研经费，参照政府机关的体制机制管理，不作为市场竞争主体；而新型研发机构突破了传统科研机构的从属角色，更符合科学技术发展规律，更符合产业发展需求，具有明显的时代性、多样性、先进性和创新性。新型研发机构的特点有如下几个。一是新型研发机构专注于产业价值链的前段和终端，即产品研发和产品营销环节。新型研发机构能够找准源头性技术创新领域，具有很强的原始创新能力。同时，新型研发机构通过从源头创新到新技术、新产品、新市场的快速转换，催生了新兴产业的孕育和发展。例如，深圳光启高等理工研究院瞄准超材料领域，在国内外申请了近 2 000 项超材料领域发明专利，PCT 国际专利申请 129 件，涵盖基础设计、关键器件和产品应用等各个领域，产品专利覆盖率达到了 100%，为广东开创了预期产值达千亿元的超材料新兴产业。二是新型研发机构强调开放创新，整合内外部资源的能力较强。新型研发机构能够聚集人才、技术，研发团队知识基础雄厚，科研能力强，产融互动顺畅，能吸引社会资本投入科研项目中，研发经费充足，可实现科研、产业与资本的三方对接，且利用外部科技资源的能力较强。三是新型研发机构聚焦于特定的科技领域。新型研发机构在产生之初就紧紧围绕地方产业发展需求，通过产学研合作平台和合作机制，大力开展相关领域的技术研发和成果转化，为地方产业发展提供了重要的技术支撑和服务。新型研发机构实现了创新链、产业链、资金链的紧密融合，消除了传统创新链条各个环节的独立性强、容易"断链"的弊端。

目前，广东省新型研发机构主要集中在珠三角区域，深圳的华大基因、光启团队等正在各自的专业领域从事着世界前沿研发工作；广州华南新药创制中心用世界顶级研发成果保障着人类的生命与健康。在广州冠昊生物科技园内，北昊干细胞与再生医学研究院有限公司（以下简称"北昊研究院"）是一家由北京大学、广东知光生物科技有限公司和广东冠昊生物科技股份有限公司三方共同出资成立的新型研发机构。通过汇集高校、科研院所、企业以及金融机构的力量，打造生物医药研发与产业对接的开放式平台，北昊研究院成功地破解了生物医药从研发到产业过程的难题。

2. 对外委托型合作研发组织模式

对外委托型合作研发组织模式是指委托方基于效率、时间、经费、技术等方面的考虑，通过研发合同招标、技术外包等形式将研发任务委托给所选的研究机构的组织模式。在该组织模式下，委托方的任务是提供研发资金和制定研究目标，被委托方的主要任务是提供人力资源及核心技术。在创新任务结束后，被委托方将提供给委托方技术项目任务的基础技术资料，并获得相应的报酬。该方式是合作研发的一种重要形式。

（1）研发合同　研发合同是指合作各方就新技术、新工艺和新材料的研究开发而订立的合同。一般情况下，研发合同采取技术招标的形式，由招标企业提供资金，投标机构提供人员和设备。

作为正式契约，研发合同具有明确的规定及可操作性，以书面形式明确了各方的权责关系，并借助于第三方权威机构进行监督及实施。关系性契约是研发合同的另一个特征（重要属性），它是指企业在信息和竞争不充分的交易活动中所议定的文字性、口头性或根本没有承诺的一种非正式交易契约。在研发合同执行过程中，有些事项无法或难以由第三方进行成本核实，并且契约标的在事后被当事者感觉到时，关系契约就会产生。

（2）技术外包　技术外包是指企业为了将创新资源聚焦于核心板块而将自身较薄弱或次要的技术环节外包给优秀的第三方的模式。研发合同与技术外包都属于对外委托型合作研发组织模式的典型代表，前者强调招标者和中标者的雇佣关系，即中标者必须向招标者提供符合合同要求的技术成果，而后者则着重于技术的买卖关系，其组成形式及契约的形成都比研发合同模式单一。

3. 非股权非委托型合作研发组织模式

非股权非委托型合作研发组织模式是指除股权合作型研发组织模式及对外委托型合作研发组织模式以外的合作研发组织模式，包括多种类型，如联合开发、交叉许可、研发联盟、研究协会、研发网络等。

（1）联合开发　联合开发（joint R&D）是指合作企业为了实现各自的战略目标，通过达成一致的协议来实现研发合作的模式。例如，2010年，广东易事特集团股份有限公司（以下简称"易事特"）与南京航空航天大学进行联合开发，讨论高频链光伏并网逆变器及多能源分布式发电系统研发技术路线，最终签署了（N+X）数字化逆变器并联技术研发合作协议，为易事特产品技术升级、新能源产业技术发展增添了强劲动力。

采取联合开发模式的企业一般不组建实体组织，而是通过某种形式的协议进行合作，将合作项目细分为若干个研究任务，并分别承担自己擅长的部分，共享合作研发成果。联合开发存在一定的风险，体现在三个方面：①在联合开发中，企业会不可避免地将核心技术或关键技术透露给合作伙伴，而后者可能会在今后成为自己的竞争对手；②企业需要为联合开发工作调整自己的工作方法、进行沟通交流，在花费时间的同时，也可能产生额外的协调费用；③企业可能会因联合开发过程中的不明确授权要求而陷入困境。

一般情况下，当企业需要开展具有中高等战略重要性的研发项目，且企业自身技术能力水平难以独自进行时，企业需要选择联合开发。

（2）交叉许可　交叉许可协议（cross-licensing agreement）是两个权利人互相允许对方在约定的时间、地域范围内使用自己的知识产权的协议。交叉许可协议主要运用于合作生产、合作设计、共同研究开发等项目中，其内容没有统一的标准。

除了允许双方使用各自已被授权的专利技术外，交叉许可协议的内容还包括固定或可变动的许可费，以及双方拥有的其他专利。企业签订了交叉许可协议后，双方互为技术供给方和需求方，共同享有使用权、产品生产和销售权。

交叉许可为企业带来了一定的好处：①提高专利的价值，有效防止专利侵权诉讼问题，提高企业的产品开发效率；②解决企业使用对方专利所需要的长期谈判和高额费用问题，有效降低企业技术转移的交易成本；③发挥双方的资源优势，实现共赢。例如，2020年4月，华为加入全球专利保护社区（open invention network，OIN），成为OIN的被许可方和正式成员。OIN拥有强大的产业支撑，已获得谷歌、IBM、飞利浦、索尼、腾讯、阿里巴巴等企业的支持。加入OIN之后，华为可与OIN成员之间进行Linux系统相关技术的交叉许可，免费使用OIN名下的所有专利和应用。同时，华为也将与其他成员共同支持Linux系统及其他全球核心开源项目的专利保护工作○。交叉许可协议也增加了行业垄断的可能性。一些跨国企业可能会通过实施交叉许可协议，将自己掌握的关键技术许可给同样掌握该产品或该领域的其他大型跨国企业，造成市场垄断，进而影响产品价格，损害消费者的利益。此外，交叉许可要求合作双方提供对等价值的技术，而行业中的新企业不太可能拥有自主研发并掌握相关技术的实力，因此，一些企业在内部交叉许可的同时，向那些只有少量或没有专利的供应商收取高额专利权使用费，最终导致少数大型制造商拥有了市场主导权，阻碍了新供应商进入市场，缩小了消费者的选择范围○。

（3）研发联盟　研发联盟（R&D alliance）是指两个或两个以上的企业为了达到共同的创新目标、共享研发资源而建立的联盟。研发联盟可以使联盟成员降低研发费用、学习互补知识、分担风险以及提高研发的成功率。该模式与交叉许可模式都可以帮助企业实现共赢，然而前者更加注重研发资源的共享，而后者则注重研究成果的共享。

自美国的福特汽车公司与日本的马自达汽车公司结成一个大公司的战略联盟以来，至今约有30%的大企业战略联盟是研发联盟。例如，美国基因泰克（Genentech）作为生物技术和人类基因技术的领先者，已与30多个公司结成了研发

○ 黄鸿文. 华为加入开放发明网络 [EB/OL]. （2020-04-02）[2021-05-17]. https://openinventionnetwork.cn/huawei-joins-the-open-invention-network/.

○ 张胜, 黄欢, 李方. 产品架构视角下专利池治理机制：GSM 与航空专利池案例研究 [J]. 科技进步与对策, 2018, 35（05）: 96-105.

联盟，以此推动开发治疗不同疾病的新方法⊖。

（4）研究协会　研究协会是指若干个企业或者相关的政府部门为了共同的知识生产目标，通过协议形成松散型研究联合体的组织模式。研究协会一般致力于构建产业技术研发平台，尤其是在新技术以及行业新发展方向出现时。

（5）研发网络　研发网络是指若干个企业在合作过程中形成的正式与非正式合作关系的总体网络结构。研发网络超越了一般的组织边界，具有可渗透性和模糊性。通常而言，研发网络组织类型主要包括跨国公司全球化研发网络、区域研发网络和产学研合作研发网络⊜。

1）跨国公司全球化研发网络：是指跨国公司在全球各地建立的研发机构所组成的网络。跨国公司在生产和贸易全球化后继之以研发全球化，其目的是在全球范围内搜寻、利用、配置以及整合研发资源。2018年，时任科技部高新技术司副司长曹国英在国家高新区发展30周年新闻通气会上透露，截至2017年年底，国家高新区企业共设立境外研发机构994家。在跨国公司的研发网络中，高度的专业化使各研发机构拥有各自的核心能力。通过各种灵活和分散的制度使各独立的研发机构建立密切的联系，跨国公司的技术垄断优势将得到进一步强化。

◀▪ 创新聚焦 ▪▶

美的集团的全球研发网络

美的集团成立于1968年，经过50多年的发展，已成为一家集合消费电器、暖通空调、机器人与自动化系统及创新业务四大板块业务的科技集团。2020年，美的集团实现收入2 857.10亿元，同比增长2.27%，实现归集母公司净利润272.23亿元，同比增长12.44%。在美的集团快速发展的过程中，全球化开放式创新是其强有力的支撑。

美的集团坚持全球开放式创新，其构建的研发体系由原来的聚焦中国市场拓展到全球市场，即整合全球资源以满足全球用户的需求。美的集团创建四级研发体系，着力构建"4+2"全球化研发网络，在11个国家建立了28个研发中心，其中海外研发中心有18个。四级研发体系、全球研发布局、开放式创新形成了美的集

⊖ 汤普森, 等. 战略管理: 概念与案例 (原书第21版) [M]. 于晓宇, 等译. 北京: 机械工业出版社, 2020.
⊜ 江诗松. 研发组织的网络模式 [J]. 科技进步论坛, 2005 (9): 30-31.

团独具特色的开放式创新体系。

美的集团内部的四级研发体系是指从颠覆性研究和前沿技术研究，到共性技术和基础技术研究，再到个性化技术研究，最后到产品开发的四级研发体系，如图8-17所示。该体系布局前沿技术，支持美的集团未来5～8年的产业发展。其中，中央研究院负责开展颠覆性研究、前沿技术研究及共性技术研究与基础技术研究，各事业部负责个性化技术研究和产品开发。中央研究院作为美的集团的最高技术研究机构，培养了一批优秀的研发人才，共有400多名国内外专家及资深工程师，形成了多元包容、开明开放、低调务实的组织文化，并在诸多研究领域中取得技术突破，将研究成果广泛应用于产品中。在各事业部内的两级研发体系中，负责产品开发的部门和进行先行研究的创新部门是核心组织，进行先行研究的部门的职能是做创新平台的研究，包括产品创新平台、标准化平台、可靠性平台等，负责产品开发的部门则主攻产品开发。在美的集团的四级研发体系中，各事业部内的两级研发体系分工明确，层级之间友好协作。这种分工明确的模式能保证整个体系高效运转。

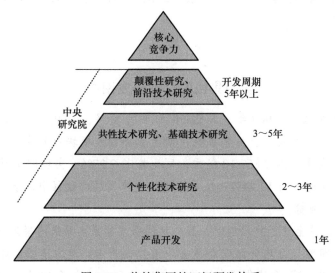

图8-17 美的集团的四级研发体系

在全球化开放式创新方面，美的集团建立了"4+2"全球化研发网络，其中，"2"是指位于顺德和上海的两大研发中心，而"4"则是指在日本、德国、美国和意大利的海外研发体系。根据各个海外研发中心的实际地域优势及特点，美的集团会有不同的侧重。例如，日本大阪的研发基地侧重基础技术研究；德国研发中心的人员专注于前沿研究成果及创新资讯，为美的集团突破性产品技术研发提供支持；美国硅谷新兴技术中心专注于人工智能的前沿技术研究，为智能家居、工业机器人和商业应用提供人工智能解决方案；意大利米兰设计中心致力于新用户体验设计与跨界创新突破，为美的集团全球化工业设计提供战略指引与设计原型。美的集团的全球研发布局协调全球创新资源与人才，提升了新产品的研发效率，降低了研发成本，逐步建立起研发规模体系。

在构建开放式创新生态平台方面，美的集团既与麻省理工学院（MIT）、加利福尼亚大学伯克利分校（UC Berkeley）、伊利诺伊大学香槟分校（UIUC）、斯坦福大学（Stanford University）、普渡大学（Purdue University）、马里兰大学（University of Maryland）、谢菲尔德大学（The University of Sheffield）、米兰理工大学（Polytechnic University of Milan）、清华大学、上海交通大学、浙江大学、中国科学院、哈尔滨工业大学、西安交通大学、华中科技大学、华南理工大学等顶级科研机构开展合作，建立联合实验室，又与BASF、Honeywell等科技公司开展战略合作，多渠道构建全球创新生态系统。

美的集团独具特色的创新体系的形成，为保持持续领先的产品技术优势奠定了稳固的基础，从而帮助美的集团在动态环境下更好地发展。

资料来源：①美的集团官网. [2021-05-22]. https://www.midea.com/cn/About-Us/Innovation/research-centers. ②美的集团股份有限公司2020年年度报告[R/OL]. （2021-04-30）[2021-05-22]. http://static.cninfo.com.cn/finalpage/2021-04-30/1209870336.PDF.

思考：

1. 美的集团的四级研发体系是怎样的？
2. 美的集团的全球化开放式创新有何优点？

2）区域研发网络：是指若干个企业在特定的地理区域内高度集中，实现知识、资源、资本等各要素不断汇聚的网络模式。库克（1998）在开展对欧洲企业的研究中指出，虽然经济全球化和外资控股迅猛发展，但是企业关键性的商业联系仍然集中在特定范围内。区域研发网络的典型代表有高新技术工业园区、创新产业集聚地等。合作企业已经不是单纯的资金或契约纽带，而是充满着社会和人际关系的纽带。区域研发网络的优点有：①企业之间可以实现面对面的交流和沟通，实现机构之间隐性知识的扩散；②基于"重复博弈"的思想，企业之间的个人关系和信任感得到有效增强，企业可以实现诚信合作，控制企业合作中的道德风险;③有利于区域创新文化和社会资本的培育,加快新思想、新概念、新信息的扩散速度。

◀ 创新聚焦 ▶

中关村区域创新网络的形成

中关村起源于20世纪80年代的"中关村电子一条街",是我国第一个国家自主创新示范区,是第一个国家级高新技术产业开发区(以下简称"高新区")、第一个"国家级"人才特区,是我国体制机制创新的试验田,也被誉为"中国的硅谷"。经过30多年的时间,中关村已经发展成为拥有"一区十六园"的创新集群,形成了以电子信息、生物医药、能源环保、新材料、先进制造、航空航天为代表,以研发和服务为主要形态的高新技术产业集群。

中关村的快速崛起得益于在集群内部确立了以企业为主体的创新体系,涌现出一批龙头企业、平台企业、源头企业、金融企业。一是龙头企业带动产业链上下游企业联动发展。中关村逐步培育出一批在行业内部具有影响力的龙头企业,为中关村成为国际一流创新集群奠定了坚实的基础,如京东方依托国家产业战略布局及政策支持,依托重大项目带动上下游企业快速发展。二是平台企业推动产业链上下游企业融合发展。平台企业表现为多种形态,如电子商务平台(京东等)、信息服务平台(搜狐、新浪等)、技术创新及应用(奇虎360等)、企业孵育平台(各类孵化企业及创新工场)、企业投资平台(中关村发展集团等)、产权交易平台(中国技术交易所等)。三是源头企业构成战略性新兴产业的有生力量。中关村先后出现了一批源头企业,如搜狐、慧聪等,率先在行业内开展技术试错、产品试错等试错行为,推动新兴产业快速发展。四是金融企业推动科技与金融高效对接。中关村拥有如投行、创投等一批直接融资机构和商业银行、信用社等一批间接融资机构,通过多种投资途径促进科技与金融对接,推动中关村创新集群快速发展。

截至2013年,中关村承担的重大专项项目累计达到1 300多项,约占全国重大专项的40%。创业投资占全国的1/3,万元工业增加值能耗占全国的1/10。同时,每年新创办科技型企业多达4 000多家,现代服务业占总收入的2/3,已成为中关村的主导产业。中关村企业总收入增长显著,25年里年均增长幅度达到36.6%,占全国高新区总收入的1/7,创新集群发展势头强劲。

作为全国技术创新的龙头和高技术产业创新集群的示范区,中关村企业在将自身做大做强的同时，也积极通过多元化的跨区域布局和跨区域合作方式，促进集群内部技术、产品、服务和品牌的输出，辐射带动全国创新发展。2011年，集群内部上市公司合并报表总收入共计1.1万亿元，其中在示范区外实现收入约7 738亿元，对外辐射收入占合并报表总收入的七成以上。集群内部企业表现出多元化的跨区域辐射带动模式，如技术交易、产品和服务示范应用、创新协作、设立分支机构、跨区域并购等。

资料来源：陈劲，吴航，刘文澜.中关村：未来全球第一的创新集群[J].科学学研究，2014, 32 (1): 5-13.

思考：

1. 中关村为何能够快速崛起？
2. 中关村的创新体系有何特点？

3）产学研合作研发网络：是企业、大学以及科研机构等利益集体为了实现优势互补、促进科技成果转化和产业化而组成的研发网络。例如，20世纪80年代初，欧盟深感其技术落后于主要竞争对手，于是欧盟领导人制订了一些针对技术前沿的合作研发计划，其中欧洲信息技术研究发展战略计划（ESPRIT）名噪一时。这项计划使欧盟内不同规模的电子和信息公司（包括"欧盟八强"）与大学和其他研究机构一起，为提高欧盟在电子信息领域内的技术能力而攻关。这项计划在1984～1998年内分成4期，共实施了1 000个研发项目和900个辅助项目，收获了数千项成果产出，成就卓著，对提高欧盟信息通信产业的竞争力做出了重要贡献（凌云等，2004）。

◀ 创新聚焦 ▶

恒尼智造的产学研合作

由成立于1997年的青岛红妮集团创新蝶变而成的恒尼智造（青岛）科技有限公司（以下简称"恒尼智造"），以互联网科技内衣公司的形象全新面世，其首个产学研结合的创新产品便是海藻纤维智能内衣。而海藻纤维面料的横空出世，不仅是对海洋资源的创新型开发，还掀起了一场国内外内衣行业的颠覆性革命。

2016年，恒尼智造和青岛大学的校企合作，首次将"863"项目纯天然海藻抗菌纤维应用于服装领域，成为世界上唯一一家用海藻纤维制造智能内衣的企业。2018年6月，恒尼智造的海藻纤维染色技术获得国家专利，这也代表恒尼智造真正打通了海藻纤维从纤维纺纱、织布、染色到成衣的上下游产业链。目前，恒尼智造的海藻纤维产品已经涵盖了内裤、袜子、家居服、保暖衣等，销售占比从最初的 5% 提升到约 60%。最令人骄傲的是，如今恒尼智造的海藻纤维服装已经走出国门，销往澳大利亚、英国等国家，并且得到当地消费者的认可。

作为一款具有革命性的新面料，海藻纤维针织服装行业标准的制定是企业发展的必行之路。虽然海藻纤维在国家标准 GB/T 4146.1—2009< 纺织品定量化学纤维，第 1 部分 > 有署名，但是在产品检验过程中无法识别海藻纤维。因此，恒尼智造牵头，与青岛纤维检验院、青岛大学共同制定了海藻纤维针织服装行业标准，2017 年 12 月国家工业和信息化部已立项，2020 年上半年已发布。目前，恒尼智造正与青岛大学等高校进行校企合作，探讨海藻纤维在多个产学研领域的深度融合和开发。未来，恒尼智造将会与更多高校强强联手，成立高端海藻纤维科研机构，为各大高校提供全球孵化平台。

资料来源：凤凰网青岛. 恒尼海藻纤维智能内衣掀起行业颠覆革命 [EB/OL].（2019-12-06）[2020-06-02]. http://qd.ifeng.com/a/20191206/7898708_0.shtml.

思考：

1. 恒尼智造是如何进行产学研合作的？
2. 恒尼智造的产学研合作取得了哪些成效？

一般情况下，产学研合作研发网络中的各主体主要是通过契约或其他方式建立合作关系，并且形成了由主要参与方、主要辅助者等不同角色共同参与的合作范式，如图 8-18 所示。

企业、大学、科研机构是产学研合作研发网络的主体，直接参与创新过程，并且对具体的产品创新或工艺创新的实现做出实质性贡献，是技术创新过程的直接参与者和实践者。若用户也深度参与了产学研合作创新活动，则构成了所谓的"基于用户的创新"，这时用户也可以成为产学研合作研发网络的主体[⊖]。

政府和中介机构则是该合作研发网络的辅体。政府在产学研合作研发网络中扮演着"出政策、搭平台、促沟通"等重要作用，但是不直接参与技术或工艺创新过程，因而是该合作研发网络的辅体之一；技术市场、生产力促进中心、商业金融机构、专利事务所、科技评估机构、企业孵化器等中介机构并没有直接参与创新过程，并且不是直接的利益和风险分摊主体，所以应归入合作研发网络的辅体中。

⊖ 陈云. 产学研合作相关概念辨析及范式构建 [J]. 科学学研究，2012, 30（8）：1206-1210.

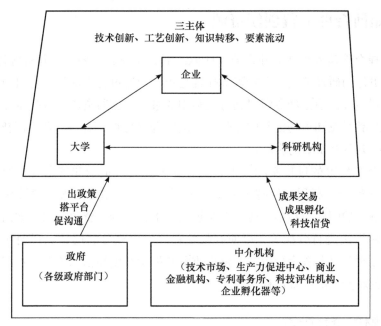

图 8-18 产学研合作研发网络

资料来源：陈云. 产学研合作相关概念辨析及范式构建 [J]. 科学学研究, 2012, 30 (8)：1206-1210.

合作研发组织模式有多种形式，其适用条件和优缺点各不相同，没有绝对的最佳形式，企业应该根据具体的研发目标进行选择。合作研发组织模式的使用期限及优缺点如表 8-3 所示。

表 8-3 合作研发组织模式的使用期限及优缺点

合作研发组织模式		使用期限	优点	缺点
股权合作型研发组织模式		长期	专用技术及诀窍互补，可以改进管理工作	战略不一致、文化融合难
对外委托型合作研发组织模式		短期	降低成本和风险、缩短周期	难以选择合作伙伴
非股权非委托型合作研发组织模式	联合开发	长期	不组建实体、形式灵活	技术泄露、文化融合冲突
	交叉许可	长期	提升专利价值、降低谈判费用	进入门槛高、市场垄断
	研发联盟	长期	研发资源共享、成果共享	知识泄露、资金耗费
	研究协会	长期	致力于新技术发展	结构松散、自律性差
	研发网络	长期	形式灵活，有利于知识发挥作用	需多方推动，效率较低

8.3 如何合理配置创新资源

在选择合作研发模式并建设研发团队之后，企业就需要对创新资源进行配置，进而获得更好的研发绩效。创新资源配置是指企业通过合理的举措将组织的创新资源进行重新整合，使创新资源得到有效利用的过程。创新资源配置是企业关键技术攻克、新产品开发和市场创新的保障。其配置合理与否，对一个企业创新能力及创新绩效的提升具有重要的影响。

创新资源配置的过程实际上也是对企业的物力、资金和信息等资源进行"搜索－获取－整合－利用－保持－更新"的循环过程。在进行资源配置的过程中，企业需要解决的问题包括如何协调企业短期与中长期创新资源需求，如何对创新活动中的创新资金进行分配等，以使有限的资源得到充分利用且实现创新效益最大化。下面分别从财务资金配置、研发物质资源配置和创新信息资源管理三个方面来阐述企业创新资源的配置过程。

8.3.1 财务资金配置

财务资金配置是指企业对技术创新过程中所涉及的资金进行分配的过程。资金是企业基本的、同质性较强的重要资源，会对企业的经营活动产生重要影响。合理配置企业各项创新活动的资金，对于企业顺利开展创新活动、提升创新绩效有着重要的作用。研发投资具有周期长、风险高、转换成本高的特征，这会造成研发投资所形成的资产价值具有高度的不确定性。其价值将随着新技术的出现而逐步降低。这些特征使得研发投资的资金来源变得十分有限，相比外源融资，内源融资成为企业创新最主要的资金来源[1]。除了企业的内部资金，企业外部资金来源包括投资机构融资、金融机构贷款、政府资金、政策性贷款、针对创新的减免税、股权众筹等[2]，企业在进行创新活动时应积极开拓外部资金来源。

企业在进行创新的过程中，往往不能很好地把握资金配置问题。一是资金配置缺乏科学性。创新过程中需要的固定资产投资项目和规模往往是由高管决定的，而不是经过市场充分调研以及成本效益分析来确定的。二是财务资源配置结构不合理。企业在创新过程中往往缺乏整体概念及长远思路，没有根据资金总量、项目的

---

[1] 顾群，翟淑萍. 融资约束、研发投资与资金来源：基于研发投资异质性的视角 [J]. 科学与科学技术管理，2014, 35 (03)：15-22.

[2] 郭志超，张宇. 创新创业企业"最先一公里"的资金来源问题的研究 [J]. 全国流通经济，2018 (21)：19-20.

重要性等合理配置资金，以致某些创新项目在实施后期缺乏充足的资金保障，某些重要的创新项目未得到足够的重视㊀。

创新项目中资金投入的分配首先应当与企业的创新战略相适应，对企业战略执行影响重大的项目应当优先执行。根据创新目标和战略，确定计划期内的创新投资规模，然后需要协调好在研发人员与研发物资间，基础研究、应用研究与试验发展研究间以及产品开发与工艺改进间的资金分配比例问题（许庆瑞，2010）。这不仅关系到当前创新目标的完成，还关系到企业未来的发展。

1. 研发人员与研发物资间的资金分配

研究显示，使用在研发人员上的研发资金回报率比使用在研发物资上的研发资金回报率更大㊁。然而，研发经费使用中的"重物轻人"现象严重。根据 OECD《弗拉斯卡蒂手册》的定义，研发经费按照用途可以分为资本性支出、人员费和其他日常性支出。其中，资本性支出主要包括土建费和设备购置费；人员费是以现金或实物形式支付给研发人员的工资、薪金，以及所有的其他劳务费用。世界主要科技强国都把对人员费的投入作为重中之重，法国和德国的研发经费支出中，分别有 61.2% 和 60.3% 用于支付人员费，英国和日本相对略低一些，但也分别为 43.5% 和 38.4%，中国则相对较低，仅为 29.9%㊂，这说明中国研发经费存在"重物轻人"的倾向。

2. 基础研究、应用研究与试验发展研究间的资金分配

基础研究是长期投资，往往可能需要 30～50 年才能对生产力的变革产生影响，体现出创新的效益。由于基础研究耗时长、风险大，因此采取产学研合作、国际合作等合作创新的方式是较好的选择。应用研究是中期投资，一般在 5～10 年产生重大创新成果，能对生产力产生重大影响。试验发展研究能够最快地给企业带来回报。研发经费在不同研发阶段通过有效配置，可以使基础研究、应用研究和试验发展研究资金保持合理比例，是长久保持科技创新活力和竞争力的基本保障。根据 OECD 的统计数据，2018 年美国、日本、法国等主要发达国家用于基础研究的经费占其国内研发总投入的 12%～23%，中国的基础研究经费占国内研发总投

㊀ 张丽，魏玲丽，魏顺泽. 我国中小企业财务资源配置的现状及对策研究 [J]. 管理论坛，2012（2）：44-45.

㊁ 王欣. 不同用途研发资金对企业创新的影响 [D]. 济南：山东大学，2016.

㊂ 曹琴，玄兆辉. 中国与世界主要科技强国研发人员投入产出的比较 [J]. 科技导报，2020，38（13）：96-103.

入的比例仅为 5.54%。从应用研究经费来看，中国的应用研究经费占比最低，为 11.13%；英国、法国等国家的应用研究经费占比超过 40%。从试验发展研究经费来看，各国的差异较大，法国占比最低，为 25%；中国占比最高，2018 年试验发展研究经费占比为 83.33%[一]。为保证企业在今后一二十年间的持续发展，必须在应用研究中有足够的投入，根据企业的中长期战略结构，形成企业的核心竞争力，这是 20 世纪 90 年代以来诸多世界著名企业获得成功的关键。但这并不代表基础研究不重要，事实上，没有基础研究在理论上和方法上的支持，应用研究就不能有效地解决问题。处于前一阶段的基础研究主要是为处于后一阶段的应用研究提供科学储备，而应用研究则以其成果为生产提供中期与近期的技术储备。企业在对基础研究、应用研究与试验发展研究进行资金分配时，应当保持三种研究间的合理比例。

3. 产品开发与工艺改进间的资金分配

按照产品的生命周期理论，产品最终会走向衰退。企业通过产品研发来不断推出新产品，以便在原有产品退出市场前利用新产品占领市场。由于新产品的研发往往关系到企业的生存与发展，尤其是在消费者需求变化快、竞争对手不断推出新产品的压力之下，企业习惯于将绝大部分资金投放在产品的研发上，而忽略了工艺改进的资金投入。事实上，工艺改进可以对产品的质量、生产流程等进行改善，达到提高生产效率或提升现有产品质量的效果。在产品开发与工艺改进间的资金分配不当，不仅不利于企业提高产品质量，而且不利于降低新产品的生产成本等。

企业应首先对各类项目实行资金预算，然后选择合理的方式分配不同项目的资金，以确定各类研究的资金比例。具体的分配比例标准是符合企业的创新目标。应当强调的是，企业应该为分配比例留有余地，以备在研发过程中突然出现重要的新型技术、创新设想等。否则，当资金全部分配完毕，却要进行新项目时，就不得不中止之前的某些正在执行的项目，这样可能带来较大损失，并挫伤该创新项目团队的积极性。

除了以上的研发资金分配原则，研发资金分配也应与企业研发战略相匹配，要以企业研发战略为核心展开，要有助于企业研发战略的实施。对于不同的研发战略，要求研发资金的分配地点也有所不同。若企业采用成本领先战略，则研发战略需要强调研发成本的竞争优势，而研发资金控制的重点应是确保在新产品的基本功能实现的情况下从源头上有效控制研发投入，尽可能消除研发活动中不必要的资金支出。若企业采用差异化战略，则研发战略会强调研发产品的差异性，赢得差异

[一] OECD 官网. OECD Statistics [EB/OL]. [2021-05-17]. https://stats.oecd.org/Index.aspx.

竞争优势，这样研发资金控制的重点在强调可持续研发效益增加的同时，适当增加研发投入，加大创新力度。若企业采用目标聚集战略，则既要重视研发产品的创新力度，满足特定市场的差异化需求，又要重视研发资金投入与收益的平衡[○]。

8.3.2 研发物质资源配置

研发物质资源配置是指企业对技术创新过程中所需要的设备、仪器、材料、场地进行合理安排的过程。充足的物质资源是企业顺利进行技术创新的基本保证，也是企业将创意转化为创新成果的必要条件。能否有效利用外部资源推动技术创新，是企业创新管理能力强弱的衡量标准。企业在进行物质资源配置过程中，应该重点把握以下几个原则。

（1）及时维护、更新仪器设备等创新物质资源。一些企业因为没有中试条件，无法实现商品化，或者因陋就简地降低创新所需的物质条件而导致创新失败，进而导致技术研发失败。因此，企业在进行技术创新的过程中，应该检查企业技术创新所需的设备、仪器、材料等物质资源是否完整且先进，以确保创新成果科学、正确、有效。

（2）及时从企业外部寻求资源帮助和支持。这些外部支持主要包括各类科技企业孵化器或加速器、区域性仪器设备共享服务平台和社会办中试基地、公共检测平台等。网络资源的有效利用，能在一定程度上帮助物质条件欠缺的企业，以较小的代价、较短的时间完成创新过程的关键阶段。例如，高校、科研院所的很多仪器都是低频使用的，这就导致了仪器资源的闲置和浪费。与之相反的是，很多科技型的小微企业没有条件购买仪器进行研发活动。这些情况催生了对科研仪器资源共享的需求。因此，通过制定合理的标准流程和利益分配机制，大型机构可以将设备出租，小微企业则可通过租赁设备等方式支持研发活动，并最大化地利用科研仪器。同时，小微企业要时刻关注政府关于科研仪器共享的扶持政策，充分利用外部资源。以广东华南技术转移中心有限公司为例，它通过把科技创新券搭载到华转网科技服务商城中，一方面使得创新券的申领使用更为便捷，另一方面让企业享受到研究开发、检验检测、大型科学仪器设备共享等"一站式"科技服务，而且购买科技服务就像在京东、淘宝上购买商品一样方便。小微企业可以通过类似广东华南技术转移中心有限公司的机构寻求外部资源，进而丰富企业的创新资源。

（3）注重大型仪器设备的日常运行和维护。目前我国企业在设备管理方面还存

○ 宋雪莲，张德洲. 我国企业研发资金控制现状及策略探析 [J]. 商业会计，2012（10）：78-79.

在管理模式落后、设备维修人员水平良莠不齐的状况。这种管理设备的水平严重影响了我国企业新产品的研制和生产。一般来说,大型仪器设备耗材昂贵、维修难度大,需要花较多的经费。许多企业虽然注重引进先进的大型仪器设备,但不注重设备的维修或者不愿意付出昂贵的维修经费,从而导致大型仪器设备出现"停摆"现象。因此,企业需要建立一支责任心强、大型仪器设备操作技能较高的人才队伍,并通过该人才队伍在企业内部进行大型仪器设备的日常运行、维护、维修等管理工作,对外进行技术指导,开展测试或联合开发等服务工作。

(4)建立一套完善的设备管理制度,并保证设备规范使用。企业需要制定《安全操作规程》《管理及使用人员岗位责任制》等规章制度,并要求操作人员详细登记设备的购买、运行、维修、保养等情况,对各项设备的可行性报告、购置合同、安装调试情况、科研成果等资料进行收集和整理,使各种仪器设备的日常管理工作有章可循。此外,企业可以对各部门使用的较大型或大型仪器设备进行综合效益评价,确定考核等级,促使各部门爱护设备、仪器等企业资产。

8.3.3 创新信息资源管理

创新信息资源管理是指企业从整体创新水平提升出发,通过统一规划在各个子公司和部门中配置各种信息、人才及技术设备,实现信息资源结构优化的过程。企业信息资源优化配置的内容主要包括企业信息数量、信息内容、信息质量、信息形式、信息人才结构和信息技术结构。

为了保证企业创新信息资源的有效管理,首先要保证企业信息技术基础设施的投资力度。信息技术基础设施是能够为企业特定的信息系统应用提供平台的共享技术资源,包括运营整个企业所必需的一系列物理设备和应用软件的集合。信息技术基础设施投资包括在硬件、软件、服务等方面的投资。这些投资为企业服务客户、联系供应商和管理内部业务流程提供了基础。信息技术基础设施能提供数据管理、企业资源规划、知识管理等多方面的服务,其对企业创新效率的提升有重要的意义[⊖]。

在进行信息资源的优化配置时,企业可以从信息结构、信息技术和信息人员资源管理以及数据赋能创新信息管理四个方面着手。

第一,优化配置企业创新活动过程中的信息结构。创新活动贯穿于企业运作的

⊖ 劳顿 K,劳顿 J. 管理信息系统(原书第 15 版)[M]. 黄丽华,俞东慧,译. 北京:机械工业出版社,2018.

全过程，既涉及企业高层与下属之间的纵向交流，也涉及各部门之间的横向交流。因此，信息资源优化配置结构也应该相应地设置为垂直信息结构和水平信息结构。垂直信息结构有利于通过设置合理的等级，使得企业上级和下属一起参与决策，提高决策的效率；而水平信息结构有利于各部门之间进行密切交流，快速传播创新文化及传达创新项目内容。目前大多数企业采用的是职能式的组织结构，因此垂直信息结构比水平信息结构更适用于企业的信息结构现状。

第二，优化配置企业生态系统的信息技术。管理信息系统（management information system，MIS）是指企业为提高效益和效率而建设的以人为主导，以计算机硬件和软件、网络通信设备等办公设备为载体的，用于信息收集、传输、加工、储存、维护及更新的人机系统。管理信息系统主要由决策支持系统（DSS）、工业控制系统（CCS）、办公自动系统（OA），以及数据库、方法库、知识库和信息交换接口组成。企业在开展创新活动时，由于信息量很大，信息关系较为复杂，因此，通过信息管理系统可以减轻信息收集、整理、存储和处理的压力，使企业可以顺利地解决信息资源管理问题，并且给企业带来新的活力。因此，企业需要建立自己的信息管理系统，并做好系统规划和分析工作，这样可以实现在战略层支持企业的战略性决策，在战术层和作业层提高企业的工作效率[一]。例如，海格通信通过签订考核目标责任书、甘特图管理、研发信息化、EDA 应用等措施努力实现科学化管理，逐步打造一个现代企业管理平台。而科学化的信息管理基础为海格通信开展技术研发、产品开发、创新资源共享、文化推广与传播等创新活动打下了坚实的基础。如果一家公司不想使用内部资源构建或是运营信息系统，那么该公司可以选择将这些工作外包给擅长这方面并提供此类服务的公司。目前，许多系统都以商业应用软件包或云软件即服务（SaaS）为基础。例如，企业可以选择在企业内部实施 Oracle 企业资源计划、供应链管理或人力资本管理软件，或者在 Oracle 云平台上付费使用这些软件。许多应用程序对所有业务组织都是通用的，如工资单、应收账款、总账或库存控制等。标准流程的通用功能不会随着时间的推移而改变，更通用的系统将满足许多组织的要求。如果商业软件包或云软件服务能够满足企业的大部分要求，那么企业就不必编写自己的软件。企业可以通过使用软件供应商提供的预先写好的、预先设计的、预先测试的软件程序来节省时间和金钱。商业软件包和 SaaS 供应商为系统提供大量的维护与支持工作，包括通过增强系统使系统与持续的技术和业务发展保持一致等。当采用商业软件包或 SaaS 供应

㊀ 范并思，许鑫. 管理信息系统 [M]. 2 版. 上海：华东师范大学出版社，2017.

商解决方案时，最终用户将负责提供对于系统的业务信息需求，信息系统专家则提供技术需求服务○。

第三，提高信息资源管理人员的思想认识水平及工作技能。信息资源管理人员的能力和素质决定了企业信息管理水平的高低，继而影响企业创新活动的开展。因此，企业必须加强对信息资源管理人员的引进和任用，对已有的信息资源管理人员继续培养及再培训，使其认识到信息资源在企业创新发展过程中的重要性，并且逐步提高工作技能。

第四，数据赋能创新信息管理。企业可以通过大数据技术获得并使用更多的创新信息。客户需求往往是企业的直接创新点，通过线上数据挖掘和线下数据收集，企业能够直接获得对产品及技术改进的创新点。同时，存储技术的进步使企业能够存储、分析大量的数据资源，进而从大数据中获得新见解并有效配置资源。

在全球范围内，许多企业正在增加自身内部以及与其他企业之间的连通性。当某个顾客下了一笔大订单，或者供应商的供货产生延迟时，若你是企业的经营者，尤其是一家大公司的经营者，那么你一定希望能立即得到信息，了解这个事件对企业内各部门的影响，以及企业该如何进行应对。因此，任何企业都需要利用信息政策对企业信息资源的分享、传播、获取、标准化和分类进行管理。对于小型企业，信息政策一般由企业所有者或者高层管理者确立与实施；对于大型企业，将信息作为企业资源进行规划和管理，往往需要一个正式的数据管理部门。企业各方面的数据管理对于企业的运营、决策都十分重要。不准确、不完整或不一致的数据可能导致企业的决策错误，会给企业带来严重的运营和财务问题，因此，企业必须重视信息政策的制定，以发挥企业数据资源的价值○。

◀ 创新聚焦 ▶

阿里巴巴数字化时代的组织变革

阿里巴巴于 2015 年年底全面启动"中台战略"，通过构建"大中台、小前台"组织机制和业务机制，将搜索事业部、共享业务平台、数据技术及产品部组成"共享业务事业部"，依托该部门沟通前端业务部门与后端云平台，促进各部门在数据、资源、产品和标准等方面的共享。

○○ 劳顿 K，劳顿 J. 管理信息系统（原书第 15 版）[M]. 黄丽华，俞东慧，译. 北京：机械工业出版社，2018.

1. 业务中台

业务中台抽象、包装和整合后台资源，将其转化为便于前台使用的可共享的核心能力，实现从后端业务资源到前台易用能力的转化，为前台应用提供了强大的"炮火支援"，且随叫随到。业务中台的共享服务中心提供了统一、标准的数据，可减少系统间的交互和团队间的协作成本。业务中台是从整体战略、业务支撑、连接消费者和业务创新等方面进行统筹规划的，围绕以交易为核心所关联的领域组成。交易的对象是商品，商品通过店铺售卖给会员，交易的凭证是订单，在线交易需要支付，成单后需要货品出库和物流派送等，售前需要通过营销与促销活动吸引流量、加强转化，售后用户会对店铺、商品进行评价等。因此，典型的业务中台由多个业务服务中心组成。

2. 数据中台

数据中台可接入业务中台、后台和其他第三方数据，完成海量数据的存储、清洗、计算、汇总等，构成企业的核心数据能力，为前台基于数据的定制化创新和业务中台基于数据反馈的持续演进提供强大支撑。数据中台为前台战场提供了强大的"雷达监测"能力，实时掌控"战场"情况。数据中台所提供的数据处理能力和数据分析产品，不局限于服务业务中台，可以开放给所有业务方使用，如图 8-19 所示。数据中台是一个用技术链接计算存储能力，用业务链接数据应用场景的能力平台。"链接能力"是数据中台的精髓。数据中台与数据仓库不同，数据中台更加贴近业务，不只提供分析功能，更重要的是为业务提供数据支撑，与业务中台链接更加紧密。

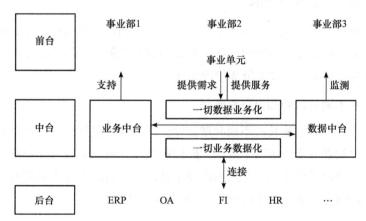

图 8-19　业务中台与数据中台双轮驱动的数字中台与前台、后台的关系

业务中台和数据中台简化了业务系统,能够让各个系统采用更合适的技术,专注于自身擅长的事务。阿里巴巴的"大中台、小前台"让作为前台的一线业务更敏捷、更快速地适应瞬息万变的市场。中台将集合整个集团的运营数据能力、产品技术能力,对各前台业务形成有力的支撑。同时,中台向前台提供共性服务,前台数据与信息回流至中台,不断为中台赋能。1688(B2B 电商平台)、淘宝(C2C 电商平台)、聚划算(团购平台)、闲鱼(二手商品交易平台)的这些服务均是由各自的服务中心提供的。前端业务的交易信息和数据回流到对应的服务中心,对数据中台和业务中台起到相互赋能的作用。

资料来源:张小峰,吴婷婷,章扬.数字时代国有企业组织升级与组织模式创新[J].中国人事科学,2020(02):38-51.

思考:
1. 阿里巴巴的"中台战略"是如何开展的?
2. 阿里巴巴的"中台战略"对企业的创新资源配置有何意义?

8.4 如何设置创新管理制度

完善的制度是企业进行创新的保障。针对创新项目存在复杂性、不确定性、多部门参与及分阶段进行的特征,企业需要从知识产权管理、风险管控、科研项目管理等方面来建立创新管理制度,对创新过程进行管理。

8.4.1 知识产权管理制度

知识产权管理制度是指企业为了激发员工发明创造的积极性以及维护知识产权所有者的合法权益而建立的制度。作为知识经济时代的重要资产,知识产权的创造和保护已成为企业获得持续竞争优势的关键。

1. 企业在不同阶段的知识产权管理

一般而言,在企业成长的不同时期,知识产权管理制度的侧重点会有一定的区别。一般企业发展可能经历四个阶段,即创业阶段、成长阶段、成熟阶段、衰退或变革阶段,但是由于行业及产业结构的复杂性,本书将以企业发展的共性对不同阶段的产权管理侧重点进行简要的分析⊖,如图 8-20 所示。

⊖ 杨淼.企业发展阶段的知识产权管理特点[EB/OL].(2019-08-19)[2020-10-11]. https://www.sohu.com/a/33-4713957_120170377.

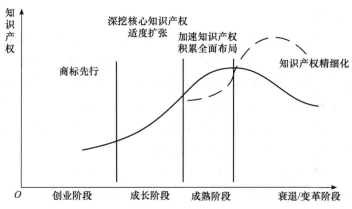

图 8-20　企业在不同阶段的知识产权管理的侧重点

创业阶段：初创期的企业一般具有生产规模与市场份额小、企业组织结构简单及盈利能力低等特点，往往为了生存而忽略其他管理流程，只重视销售和业务模式。在这种情况下，很多企业都放弃了知识产权管理。因此，处于该阶段的企业可以抓住以下几个重点进行知识产权管理。一是商标先行。商标命名对于企业后续的发展有重要意义，因此，在企业营业范围内要尽可能地注册商标，保证该名称在法律保护范围之内可以持续投入、持续升值。二是完善商业秘密管理和著作权登记，完善保密制度，让商业秘密不能轻易地从企业中流出，包括源代码、会议资料、客户获取方式、盈利方式、客户联系方式等。三是优先保护核心技术。对于企业的核心技术，企业需要通过评估来判断是将其作为商业秘密，还是以专利的方式公开。如果该项技术的门槛够高，属于难以模仿的技术，则建议不予公开。如果行业竞争者能够通过产品启迪开发或者研发出类似产品，那么就必须要采用专利的手段。

成长阶段：经过市场淘汰和原始积累之后，企业的业务模式及盈利模式均得到了一定的验证，很多企业已经具有一定的市场规模，找到了发展方向和生存模式。企业开始进入快车道，这个时候会有较多的管理模式、内部流程与业务销售方式的选择。虽然知识产权问题在这个阶段会被提及，但也容易被一般化，从而错失企业引导该行业的最佳时机。因此，企业需要通过深挖核心知识产权来避免错失发展时机。企业要通过深挖核心知识产权，对企业的产品系列进行根本性的梳理，从产品的名称、外观、技术等方面进行巩固，由内而外、独树一帜；根据已有范围适度进行扩张，此处的扩张是对企业、产品上下游和关联范围的扩张，包括商标类别的扩张、专利技术的延伸，甚至是核心技术的上下游技术的整理与挖掘，对于关联产品的专利族群构建等。

成熟阶段：成熟阶段的企业一般已经在行业内找到了自己的位置，业务、盈利模式均已相对稳定，管理模式基本构建完成。知识产权制度一般已经进入了企业的管理体系范畴之内，利用知识产权获得市场份额和规避法律风险是此阶段重点考虑的问题。企业可以通过以下方式在现有的基础上进行开拓。一是加速知识产权积累。此阶段的企业有一定的经济实力，同样也有关于业务发展突破的压力。为了更好地占有市场，抢占市场份额，必须加大知识产权投入，尽可能多地增加知识产权覆盖面积，包括专利地图扩张、国际化进程及商标类别抢占等。二是整体布局专利领域，抢占市场或领域制高点。基于企业未来的发展规划，着眼全局，从整体加速知识产权布局，尽可能多地占有较好的商标资源，尽可能多地突破目前企业的业务模式，占领更多的技术领域及商业领域的市场和技术的制高点。企业应使已有的优质专利和商标尽可能地突破国界限制，进行全球化布局，占领较多的市场，同时，应加快对新技术领域的知识产权布局，加速新领域的专利申请及基础必要专利的构建。

衰退或变革阶段：这个时期的企业一般已经在一定领域内受到了限制，甚至开始进入抛物线的下降阶段，企业内部的各种固守与创新会形成激烈的冲突和碰撞。当知识产权积累到一定阶段时，就应该对其进行精细化管理，对自有专利进行系统的评估与分级，包括基础必要专利、优质专利、全球主标、系列产品标等，并确定优质资源。企业在完成自有知识产权分级之后，要进行知识产权的运营及运作，让知识产权不再辅助于商业发展，而是主导商业发展，甚至让知识产权成为一项新的商业运作模式。企业要适度平衡知识产权运营与知识产权积累，不管用何种模式运营，一定要实现经济价值的最大化，包括知识产权的转让、许可、授权等。

一个企业持有的有效知识产权，是其发展的核心竞争力。如果企业是一个武士，那么知识产权就是其手里的盾牌与锋利的长矛。企业必须根据发展阶段确定知识产权管理方式，以便在每个阶段都能够切实享受到知识产权带来的收益与价值。从理论上说，这才是知识产权对于企业的最大价值。

2. 知识产权管理的步骤

知识产权管理的步骤如下。①知识产权管理组织的构建。这是知识产权管理的第一步。只有明确知识产权管理部门在企业和科研院所的整体组织部门中的位置，才能确定知识产权管理工作的权限和范围。②知识产权制度的建立。知识产权制度在有效地配置科技资源，提高研究开发起点和水平，避免人力、物力、财力的浪费方面具有重要作用。③知识产权专利信息的利用。专利文献是集技术信息、经济信息和法律信息于一体的，内容极为丰富的信息源。这些信息对企业而言具有巨大的利用价值。④知识产权纠纷的预防和处理。高科技企业必须建立产权纠纷应对制度以维护自身的合法权益。

由于大型企业的业务部门、业务线众多，诸多项目重复开发会造成成本浪费、知识流失等问题，且大型企业的员工分布较广，员工数量多，思想更加多元化，推行知识管理更加困难，因此，对于大型企业，有必要建立一套有效的知识管理体系，引入专业的知识管理软件平台，构建企业内部的知识网络，促进员工之间的经验和知识共享。企业要建立健全知识产权管理机构，配备专门的知识产权管理人员，企业高层要重视知识产权管理的重要性，同时完善对员工的激励制度，调动员工学习与交流的积极性⊖。由于中小企业自身实力的不足，缺乏知识产权管理的规模、资金及专业人才等，在知识产权创造、运用、管理、保护等方面缺乏优势，因此会导致知识产权管理不善，进而严重制约企业的发展。中小企业可通过知识产权托管服务机构帮助解决知识产权管理不善的问题⊖。除借助专业机构的力量之外，中小企业还需要关注政府的知识产权政策，并加强对核心技术和管理人员的培训，以便更好地进行知识产权管理。

3. 知识产权管理组织的构建

先进企业和科研院所一般都设有专门的知识产权管理部门，称为知识产权部。其组织结构主要有三种基本模式。

一是隶属于技术研发部，如图8-21所示。该模式的优点是：①方便知识产权部与技术研发部及时沟通，做到决策和开发同步进行，节约开发成本，避免不必要的侵权风险；②知识产权部可以清楚地了解技术创新和产品开发的重点，及时制定出适用的知识产权战略。然而，由于其层级较低，无法直接参与企业决策，相关信息不易快速传递给决策层，在处理问题时效率较低，因此，这一模式适用于以专利技术为战略主导、业务范围主要在国内的高科技企业和科研院所（陈劲，2009）。

⊖ 周育忠，文毅. 大型企业专利管理研究现状及应用 [J]. 中国高新技术企业，2013（33）：5-7.

⊖ 车晓静，吴洁，毛健，等. 中小企业知识产权托管双边匹配的模糊多目标决策方法 [J]. 江苏科技大学学报（自然科学版），2017，31（03）：356-361+380.

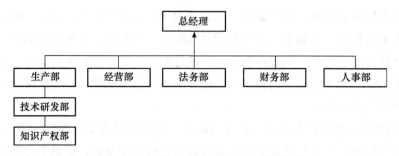

图 8-21　知识产权部隶属于技术研发部

二是直属于决策层，如图 8-22 所示。该模式的优点是知识产权部的层级较高，直属于总经理，可直接参与企业高层决策，易于执行企业的各项知识产权管理制度，并且可以直接与法务部联系，掌握企业及其他法务信息，及时处理相关工作。然而，由于其层级较高，无法及时掌握技术研发部的信息，与其他部门保持良好沟通的成本大，因此，该模式适用于企业规模较大、知识产权管理复杂的跨国企业。

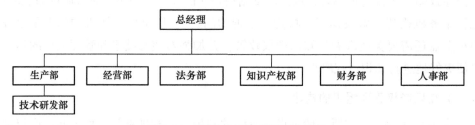

图 8-22　知识产权部直属于决策层

三是隶属于法务部，如图 8-23 所示。该模式的优点是由于其隶属于法务部，有利于完成知识资产相关合同的订立和进行诉讼等反侵权措施，因此，可以对企业的知识产权进行多角度、全方位的保护。其缺点是与其他部门相隔较远，不能及时掌握技术研发部的信息，不利于制定技术含量较高的知识产权战略。因此，该模式适用于专利技术不多，但对法律要求较高且法律纠纷较多的新兴科技型企业。

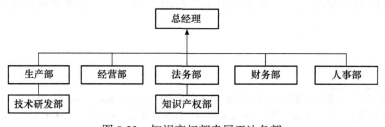

图 8-23　知识产权部隶属于法务部

除了以上三种主要模式外,还有行政部门管理模式和设立专门公司管理模式。行政部门管理模式指企业的知识产权管理工作由行政部门负责。这种模式存在于小企业或是对知识产权极度不重视的企业中。这种模式的特点在于虽然能为企业节约大量的人力成本,但是不利于对知识产权的创造、运用、管理和保护。设立专门公司管理模式实质上是直属于决策层管理模式的变相形式。这种模式适用于拥有较多知识产权的特大型企业,特别是知识产权运营得比较规范的跨国企业[一]。

4. 知识产权制度的建立

知识产权制度不仅包括知识产权管理战略的提升、知识产权管理机构的构建,还包括知识产权管理规章制度的运作。知识产权管理战略的提升表明企业高度重视知识产权管理,通常会从整体上规划知识产权管理的方向。知识产权管理机构的构建旨在搭建知识产权管理平台,为企业实施知识产权管理提供组织上的保障。此外,在战略认识和组织机构的基础上,企业只有制定明晰有序的规章制度,才能保障知识产权在实际执行过程中发挥有效的作用。知识产权管理规章制度主要包括知识产权保密制度、知识产权检索与检验制度、知识产权激励制度、知识产权教育和培训制度、知识产权评估制度、知识产权培育制度及知识产权转化制度。

第一,知识产权保密制度。知识产权是企业和科研院所的重要的无形资产,它的无形性、高投入、独占性等特征对知识产权保密制度提出了新要求,其主要包括三方面的内容:首先是知识产权相关员工的保密制度,主要表现为新进员工的知识产权背景调查制度和对离职人员的知识产权保密制度;其次是知识产权相关信息的保密制度,主要体现为知识产权保密信息分级管理制度和保密信息全程管理制度;最后是知识产权管理资料的保密制度。企业和科研院所只有全方位地完善知识产权保密制度,才能确保在投入大量资源开发知识产权的过程中无后顾之忧。

第二,知识产权检索与检验制度。其主要包括建立知识产权信息网络平台、专利文献检索和专利信息分析制度。知识产权检索与检验制度是企业和科研院所对知识产权信息进行管理的重要制度,贯穿于产品研发、生产和销售的各个阶段。它们不但可以防止盲目开发、侵犯他人知识产权等行为,而且能够指导企业和科研院所有效地利用已有技术,从而避免重复开发,造成资源的浪费。知识产

[一] 王小兵. 企业知识产权管理:操作实务与法律风险防范 [M]. 北京:中国法制出版社,2019.

权检索制度是在利用知识产权检索网收集信息的基础上,分析通过其他企业和科研院所的专利信息进行战略规划和开发应用的制度。知识产权检验制度是在产品生产过程中或生产之后、上市之前,对其中的知识产权相关问题进行全面检验,以免在产品中存在侵权等问题。

第三,知识产权激励制度。其主要包括两方面内容:一是市场制度下的外部环境提供资金、政策或技术知识,促进企业和科研院所自主创新;二是企业和科研院所内部积极推行各种精神或物质层次的激励措施。员工是企业和科研院所技术创新的不竭源泉与动力,提高员工的知识产权意识、调动员工的积极性是企业和科研院所进行知识产权管理的重要内容。因此,知识产权激励制度在知识产权管理中必不可少。

第四,知识产权教育和培训制度。其宏观目标是向员工传达企业和科研院所的知识产权发展战略,使员工明晰企业和科研院所的知识产权要求;其微观目标在于通过培训提升员工自身知识层次,满足员工精神教育的需要。它主要包括知识产权新进从业人员的教育制度和知识产权培训制度。其中,对员工的培训制度主要有三种形式:定期安排相关课程对员工进行知识产权培训、选派员工参加外部培训和聘请专家进行专题报告讲座。

第五,知识产权评估制度。知识产权是高科技企业和科研院所的重要无形财产。通过有效的运营,将知识产权商品化、资本化、资产化是企业和科研院所增值的有效手段。基于此,企业和科研院所必须定期对其拥有的无形资产进行评估。正确、及时的知识产权评估结果对知识产权的转让、许可、使用等都大有裨益。对不同的知识产权进行评估时需要考虑诸多不同的因素,为了确保评估结果的真实性和科学性,知识产权评估一般由专门的机构负责,而我国法律规定必须由专业注册的会计师事务所进行评估。

第六,知识产权培育制度。国家知识产权局专利局机械发明审查部轻工机械处副处长马天旗认为:"高价值专利应具备技术价值、法律价值及市场价值,三者缺一不可。"技术价值是"蛋黄",是核心;法律价值是"蛋壳",是对核心的有效保护、对保护范围的合理界定;市场价值则是高价值专利在产品化、市场化过程中带来的预期收益。基于以上标准,在进行知识产权培育时,首先要对知识产权进行价值鉴定,而鉴定的标准是该知识产权是否解决了市场痛点,因此企业应找准市场缺口,从技术、法律和市场三个维度出发把握高价值知识产权的培育。

第七,知识产权转化制度。知识产权只有经过转化,才能为企业带来真正的经济效益。因此，提高知识产权的转化率是企业提高竞争力的决定性因素。基于此，企业应利用财政性资金推动知识产权的转化，同时加强对知识产权转化情况的监督，建立成果转化的验收指标体系；完善知识产权的投融资体系，探索建立多方参与的知识产权转化运营基金，以促进企业知识产权的转化。

◆ 创新聚焦 ◆

如何培育与转化高价值专利组合

达闼科技（北京）有限公司（以下简称"达闼科技"）成立于 2015 年 12 月，是一家云端智能机器人运营商，主要从事云端智能机器人运营级别的安全云计算网络、大型混合人工智能机器学习平台以及安全智能终端和机器人控制器技术的研究。"作为全球首家云端智能机器人运营商，达闼科技已提交云端智能相关专利申请近 1 000 件。相关报告显示，其在区块链领域的专利申请数量排名全球第九。"达闼科技的法务总监王振凯说，"达闼科技凭借领先的科研实力，先后入选创业黑马 2018 中国人工智能独角兽 TOP20、CB Insights 全球最强 AI 创新公司、2017 年度最具商业价值人工智能公司 TOP50 等榜单，并入围 2018 世界人工智能创新大赛最高荣誉 SAIL 奖，该奖项是人工智能领域最高规格的官方奖项之一。"

"达闼科技对自主创新的不断深入依托于对知识产权的严密保护和全球布局。"王振凯说，"达闼科技首创的'专利合伙人计划'贯穿了专利创造、运用、保护和管理的整个过程，是通过机制牵引来培育具有知识产权思维的人，被业界称为全球最具吸引力的创新激励计划之一。这项高竞争性的专利政策，将 10% 的收入直接奖励给发明者，且长久奖励（发明者的后代永久享受专利收入 10% 的奖励）。这种以人为本的机制创新还在于，'专利合伙人计划'不是在职人员独有的，即使是离职的员工，也可以享受这份待遇。用 CEO 黄晓庆的话来说，就是'不管发明人是在职还是不在职，哪怕是过世了，他一旦发明了这个专利，这就是他的，他就有 10% 的所有权'。"这样一来，知识产权直接转换为等额的经济价值。

对于科技创业公司来说，知识产权是商业模式的根基，达闼科技一直都十分重视知识产权。专利合伙人制显然甚为有效，在宣布该计划之后，达闼科技的员工们的专利申请量翻了一倍。此外，达闼科技内部还设计了一面专利墙，上面挂满了关于员工们所申请专利内容的牌子。中关村科技园区管理委员会主任郭宏曾访问过达闼科技，在听完"专利合伙人制"的介绍后立马表示赞赏。他将"专利合伙人制"评价为："双创"（大众创业、万众创新）之后听过的最伟大的管理制度改革之一。

资料来源：①汪宇.达闼科技：AI公司的"专利合伙人制"[J].经理人，2019（08）：64-65. ②裴宏.达闼科技："专利合伙人"打造高价值专利[J].科学之友，2018（12）：33-35.

思考：
1. 达闼科技是如何进行知识产权保护的？
2. "专利合伙人计划"对达闼科技的自主创新有何意义？

5. 知识产权专利信息的利用

知识产权专利信息的利用主要体现在两个方面。

一是专利文献检索，主要涉及如何充分利用知识产权检索网来收集专利文献的信息。专利文献是集技术信息、经济信息和法律信息于一体的，内容极其丰富、应用价值极高的信息源。专利文献主要包括专利说明书、权利要求书、专利文摘、专利索引、专利公报等。专利文献检索的类型主要有新颖性检索、侵权检索、现有技术水平检索、专利法律状态检索、专利有效性检索等。专利文献检索分为五步：第一，分析课题，即明晰待检索课题的概念和具体要求；第二，选择检索系统和数据库；第三，选取检索方式，如关键词检索、专利号检索等；第四，确定检索途径，输入检索条件；第五，显示和输出检索结果。

二是专利信息分析，是在通过专利文献检索收集信息的基础上，整合、分析和利用其他企业与科研院所的专利信息，进行战略制定和专利再开发。专利信息分析的主要内容有：第一，产品从申请专利到上市有一段时间间隔，在这一时间间隔中推测未来新产品的发展趋势；第二，统计竞争对手的产品和技术的专利公布数，结合市场占有率的情况，将市场占有率与专利分布数进行比较，分析竞争对手的专利战略意图；第三，利用数理统计的方法了解同行企业和科研院所拥有专利数较多的前几家，这些企业和科研院所是值得企业注意的竞争对手；第四，积极关注并高度重视失效的专利。企业通过分析可以了解国内外技术现状与水平，判断技术和产品的发展趋势，确立产品开发战略选题，同时以较低的成本获取外部先进技术和知识（尤其是失效专利）。

6. 知识产权纠纷的预防和处理

企业和科研院所面临的知识产权纠纷包括两类：一类是本企业和科研院所的知识产权受到侵害；另一类是本企业和科研院所被控侵权。企业和科研院所应当建立有关知识产权纠纷的应对制度：一方面，在日常生产与销售中建立有效的预防制度，尽量避免知识产权纠纷的发生，如侵权保证金制度；另一方面，一旦侵权纠纷发生，应当迅速做出回应，防止损害进一步扩大，从而维护企业的合法权益。纠纷处理主要体现在建立完善的侵权诉讼制度等方面。

侵权保证金制度是一种事前避免侵权的方式，一般在企业和科研院所采购零部件与引进技术时采用。在引进技术和零部件的交易过程中，企业和科研院所需要确定转让方是技术的合法拥有人，换言之，就是保证技术和零部件的合法性。因此，技术转让方和零部件供应商必须提供相关知识产权证明文件，若未能提供相关文件，那么需要支付一定金额作为日后防范专利侵权的保证金。保证金一般由第三方保管，其数额由双方协定。一旦发生侵权纠纷，企业和科研院所将凭保证金应对争议，防止责任转嫁于自身。

市场竞争的激烈性和全球性导致企业和科研院所侵权或被侵权的可能性与日俱增。当侵权或被侵权纠纷发生时，企业和科研院所必须通过诉讼手段维护自身的合法权益。在运用诉讼手段达到诉讼目的的过程中，企业需要科学地收集证据来维护自己的权益。收集证据时需要注意三个方面的问题：首先，要收集正反两方面的充分证据，提高胜诉的概率；其次，注意提交证据的时间和方式，防止证据提前泄露；最后，注意收集证据的方式，确保证据的合法有效性。在诉讼的过程中需合理运用两类措施。一是诉前临时措施，主要包括诉前禁令、财产保全和证据保全。它能够有力地打击规模较小的侵权企业和科研院所。此外，对于被起诉的企业和科研院所，在被起诉前实施临时措施后，也需要考虑是否继续应诉。二是综合选择抗诉措施。抗诉措施主要包括证明对方滥用知识产权、证明自己的行为可不视为侵权、证明自己实施的技术是通过技术转让获取的。抗诉措施不仅可以在确定侵权责任后，由转让方首先承担责任，被诉方承担一般连带责任，还可以证明自己不知情或非故意侵犯他人知识产权，这样只需要承担停止侵权行为的法律责任，而不必承担赔偿责任。

在科研项目运行及其成果存续期间，企业可以通过研发过程中的知识产权登记、保护方式确定、专利产权战略制定等步骤，结合成果中的知识产权信息利用、成果应用与转化等成果管理环节，将知识产权管理工作贯穿于科研项目立项、实施、验收和项目成果转化全过程[一]。

（1）项目立项阶段　在立项阶段，项目管理者在确定项目研发方向和领域时应对知识产权的现状进行初步调研，根据产权成果分布情况来辨别和筛选科研项目的重点研究领域，并将其作为确定科研项目重点研究方向和制定申报指南的依据。在科研项目申报指南发布后，项目申报者应根据项目要求和申报指南确定申报课题，进一步了解该领域的知识产权现状，在该领域的研究基础上增加研究的深度和广度。在科研项目申报结束后，管理者应对所有申报材料进行审核，确保申报书中体现了知识产权调查内容。

（2）项目实施阶段　企业在该阶段开始实施知识产权的管理工作。项目承担者在申报书的基础上，一是要确保项目的知识产权目标，并确定对成果的保护形式及进度安排等；二是要对项目总目标进行分块，分别确定不同的知识产权分析任务；三是在项目实施过程中要持续关注研究问题和研究领域，并及时调整研究方案；四是对研发过程中的阶段性成果要及时确认和保护，通常可以用技术秘密保护、专利申请、论文发表等方式进行成果保护；五是时刻保持警惕，不仅要警惕他人侵犯项目团队的成果，还要警惕项目团队侵犯他人的成果。企业在项目实施过程中要做好外部监督，以保证项目实施进度及项目质量。

（3）项目验收阶段　项目完成后需要进行结题验收，承担者应依据申报书和项目合同制作成果清单，列明获得保护的知识产权成果内容和保护形式，若没有完成相应的任务则应提供后续改进方案。管理者则应当对知识产权进行评审。

（4）项目成果转化阶段　若项目成果能够进入该环节，则项目承担者需要对产权成果进行成果保护和使用方案设计。例如，专利的许可、转让、融合、商业化和产业化等过程，在该过程中需要对非专利成果进行秘密保护以及专利成果的合法使用，以免造成成果流失。对于管理者而言则是应当促进项目成果的社会效益最大化，促进学界、产业界在相关领域的交流，共同提高科技研究水平的质量。

8.4.2　风险管控制度

风险管控制度是指企业为降低风险事件发生的各种可能性，以及减少风险事件发生造成的损失而建立的制度。企业创新的过程中充满了不确定性与风险，牵涉到许多相关因素，包括技术因素、社会因素、政治因素以及其他一些难以预测

[一] 韩缨. 科技管理制度中的知识产权管理问题研究 [M]. 杭州：浙江大学出版社，2018.

的未知因素，这些因素会导致很多创新思想不能最终转变成新技术或新产品。为了规避创新风险、更加顺利地完成创新项目，企业需要对创新风险进行识别，并针对创新风险建立相应的管控制度。企业在发展的不同阶段，要重点管控不同的风险[一]，如图 8-24 所示。

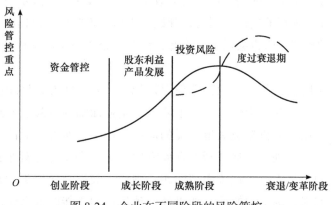

图 8-24　企业在不同阶段的风险管控

创业阶段：初创期的企业需要大量的资金，因此要重视筹资活动，这样就必然面临因筹资而产生的风险。企业承担筹资风险的程度与筹资来源、资金使用方式和使用期限有关。从筹资来源看，对于股东投入的股本、留存的未分配利润等权益性筹资，由于其资金成本低，偿还期灵活，因此，可以与股东协商，不用按年偿还，还可以等企业经营稳定后再偿还，这样对企业资金流动性影响不大。相比之下，对于银行借款等债权性筹资，需要按期偿还本金和利息，这对企业资金流动性要求高，而且资金成本比较高，如果不能按期偿还，企业可能对所抵押的资产失去控制权。因此，在创业阶段，企业面临的主要创新风险为企业的资金风险。在该阶段，企业的营业收入和现金流动不稳定，不适宜承担较高的债权性质的筹资风险，可以将所有者权益形式的筹资作为主要资金来源，以保证生产经营的稳定性，降低企业整体经营风险。

成长阶段：企业成功"迈过"创业阶段后，将进入快速成长阶段。在前期积累的基础上，企业的制度、管理文化、组织架构等逐步完善，企业的业务发展步入正轨。在这个阶段，企业的产品线开始变多。企业在主打产品之外开始尝试开发其他可以增加企业盈利的产品，以丰富产品种类。在该阶段，企业雇用的员工和专业管

[一]　李福华. 风险控制在企业发展不同阶段的侧重点和作用 [J]. 金融经济，2019（18）：102-103.

理人员在增加，经营业绩也在稳步增加，企业总体上呈现稳中向好的发展趋势。因此，该阶段的创新风险控制重点主要包括股东收益分配要求、产品发展情况及人员管理等。

成熟阶段：经过快速发展后，企业慢慢进入成熟阶段，其核心竞争能力明显增强，管理经验逐渐丰富，前期快速发展的效果已开始显现，并逐步积累了可供分配的利润。企业在巩固行业地位的同时，开始寻求新的投资领域以提高企业的整体获利能力，相应的投资风险也会增加，因此，该阶段企业的风险控制要偏重在投资风险上。

衰退或变革阶段：每个企业都希望保持稳定的发展状态，持续盈利，给员工提供薪资报酬，履行社会责任。在这个阶段，企业面临的风险主要是如何顺利地度过衰退期。企业要分析造成衰退情况的原因，如果是所处行业的发展趋势、技术周期等外部问题，则需要选择新的发展方向，更换企业的主营业务，培育新的利润增长点；如果是人员管理等内部问题，则应由高层领导牵头对人员管理等制度进行变革，实现管理上的蜕变。如果经变革后仍然不能改变企业停产等结果的话，则需要对企业的各项资产、人员权益等进行核算，从资金上合理安排后续的处置情况。

在发展的不同时期，企业都需要进行风险识别并建立风险管控制度。

1. 创新风险识别

企业需要明确创新项目的组成、各变数的性质和相互之间的关系以及项目与环境之间的关系等，然后在此基础上利用系统的方法来识别可能引发风险的因素。在此过程中，企业还要调查、了解并研究对各个项目所需资源形成潜在威胁的各种因素的作用范围⊖。创新风险识别的基本方法是风险清单。风险清单是专业人员将所有可能面临的风险罗列在一个标准的表格或问卷上，由使用者回答清单上的每个问题而构建的风险框架。创新风险识别的辅助方法包括现场调查法、组织图分析法、问卷调查法、流程图分析法等⊖。企业在创新过程中的主要风险包括内部风险和外部风险两方面，其中，内部风险包括管理风险、技术风险、生产风险、财务风险等，外部风险包括政策风险、市场风险、社会风险和自然风险等（陈劲，2016），如表8-4所示。

⊖ 白思俊. 现代项目管理：升级版（上、下册）[M]. 北京：机械工业出版社，2020.
⊖ 平准. 企业内部控制基本规范详解与实务 [M]. 北京：人民邮电出版社，2021.

表 8-4 识别创新项目的风险

创新项目的风险类型		具体内容
内部风险	管理风险	由于管理失误而导致创新失败的可能性，如组织协调不当、其他部门配合不好、高层管理者关注不够或做出错误决策等
	技术风险	创新项目本身所含技术不够成熟、完善，以及可替代新技术的出现导致创新失败的可能性。此外，关键技术选择失误、对配套技术重视不够等都会加大技术风险
	生产风险	由于生产系统中的有关因素及其变化的不确定性而导致创新失败的可能性。例如，产品质量难以保证、工艺不合理、设备和仪器损坏等
	财务风险	由于资金不能及时供应而导致创新活动的某一环节中断的可能性。企业在经营过程中出现财务困难、创新资金难以筹集等都可能导致创新失败
外部风险	政策风险	由于国家或地方法律法规、政策等变化对创新产生不利影响而导致创新失败的可能性。例如，因不符合国家或地方政府的环保、能源、科技政策而被迫中止的项目等
	市场风险	由于技术创新后所生产的新产品不适应市场需求或变化而未被市场充分接受的可能性。市场风险来源于消费者偏好的变化、技术引进的冲击、模仿者的存在以及侵权行为等
	社会风险	存在导致社会冲突、危及社会稳定和社会秩序的可能性。例如，就业问题、诚信危机、贫富差距悬殊问题等对创新产生的直接或间接影响
	自然风险	由于地震、台风、海啸等不可抗力因素而导致创新项目受阻的可能性

资料来源：陈劲，郑刚. 创新管理：赢得持续竞争优势[M]. 3 版. 北京：北京大学出版社，2016.

2. 创新风险管控制度

在识别出创新项目可能存在的风险后，企业需要从事前防范、事中控制和事后评价三个维度来建立创新风险管控制度。

（1）事前防范　建立完善的风险评估体系，对企业的创新风险进行全面评估。通过内外部分析、技术与市场预测、可行性论证和风险预警监控等方法，发现各风险之间的自然对冲、风险事件发生的正负相关性等效应组合，从而获取尽可能多的风险信息，并通过项目组合管理、合作创新等形式尽可能地降低或规避风险。此外，在面对前景不明、信息不准确或是创新失败可能性很大的创新项目时，企业应通过全面评估以确保风险在可接受的范围之内，否则应终止相关项目以规避风险。

（2）事中控制　风险控制涵盖创新项目运作的立项、实施过程、成果检查等多方面，并重点落实到核心技术、产品及市场创新过程中的关键控制点，如资金管理、原料采购、技术研发、产品生产、产品质量安全控制、新的市场渠道开拓等环节。在这些关键环节中，企业可以采用定性与定量相结合的方法，按照风险发生的可能性及影响程度进行排序，一旦发现风险超过常值或即将发生时，应立即采取相应办法进行应急处理。为此，企业可以设立控制创新过程的风险的专职部门或岗位，聘用专业人员作为项目监督者，进行相应的监督。

（3）事后评价　这主要是建立有效的风险应对制度，在风险发生后能及时应对，尽量将风险造成的损失降至最低程度。例如，在创新项目完结时，企业还需要对新技术进行检测、对新产品进行市场调研等，并结合各职能部门的信息、资源，测定大规模应用新技术的可行性以及将新产品推向市场的成功率等，以降低应用新技术、生产新产品的风险。

8.4.3　科研项目管理制度

科研项目管理制度是指企业为了使科技项目顺利开展并完成预期目标而建立的制度。作为科研管理工作的重要组成部分，项目管理贯穿于企业项目的申报、研发、评估和验收等环节，对项目的顺利实施和完成均会产生重要影响。如图8-25所示，企业要根据所处的不同发展阶段对项目进行管理。在创业阶段，企业主要进行常规作业管理，此时企业的项目数量较少，对项目管理则依赖于项目经理以及项目管理专家；在成长阶段，企业的项目数量增多，此时对企业的业务流程管理和项目流程管理均提出了更高的要求，企业管理者要对项目流程进行把控；在成熟阶段，企业的项目数量逐渐稳定，此时企业需要更加完善的项目管理团队，包括管理人员、项目经理以及法律专家等。

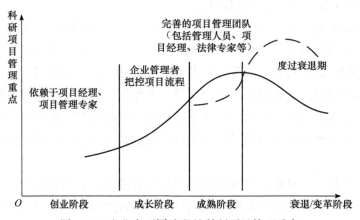

图8-25　企业在不同阶段的科研项目管理重点

企业在进行科研项目管理过程中，往往会遇到以下问题：

（1）在流程管理方面，企业主要依靠经验进行管理，缺乏对整个业务流程的有效规范和控制。例如，一些企业在制订科研项目计划或预算时不够谨慎，导致科研项目在执行过程中需要频繁变更，发挥不了指导和评估作用。一些企业缺乏风险管理意识和处理机制，无法妥善处理好科研项目实施过程中出现的风险问题，进而导致科研费用的无效支出。为了加强流程管理，企业应该制定如下制度。

1）根据项目进度表分配各部门的工作任务和时间。

2）各部门需根据工作任务和时间制订工作计划并提交给项目部，同时按时向项目部汇报工作进展情况。

3）制订备用工作方案，以应对紧急事件。

4）制定奖惩措施，对按质按量完成项目任务的团队给予奖励，而对没有按时完成项目任务的团队要采取一定的惩罚措施，有特殊原因的除外。若确实有原因无法完成项目任务，则可向项目部提出，项目部应根据实际情况找外部资源完成，费用从部门奖金及工资中扣除。

5）在与外包厂家签订合同时，应在合同内明确时间节点和违约惩罚措施。在选定外包厂家时，项目部应有备选厂家以应对突发情况。项目部负责对外包厂家的工作进行监督与管理。

6）项目经理有责任推进项目的进行。当项目进展出现阻碍时，应及早想办法解决，以保障项目顺利完成。项目完成后，项目经理要对各部门的任务完成时间情况以及临时任务的反应情况等打分。

（2）在资金和核算管理方面，企业往往缺乏较好的成本控制制度。企业在实施科研项目的过程中，有时过于追求技术的先进性，而忽略了科研项目的研发成本，从而导致科研项目预算超支现象频繁发生，项目预算无法发挥有效控制成本的作用。在资金和核算管理方面，企业需要制定以下制度。

1）根据项目的实际情况编制成本预算表。成本预算应具体到各部门，各部门应根据项目的实际情况，结合企业的资源情况来进行合理的人员安排和确定费用预算。各部门上报的管理费用经项目部审核后，整理到成本预算表内上报给企业。

2）项目完成时，管理费若有结余则由部门自行分配，若超支则从项目奖金中扣除。外包费用应控制在预算范围内。

3）因管理不善或自身技术原因而导致工程返工、材料浪费等，将对相关责任人进行处罚。

4）对于计划外的采购，凭业主的变更通知报预算追加，若没有变更通知，则由项目部写明情况，另作预算追加。

（3）在项目绩效评价管理方面，企业缺乏一套系统、有效及有针对性的绩效评估体系，或者对项目的绩效评价流于形式。例如，绩效评价指标体系缺乏过程性指标、定量指标，以及不够科学和细致，无法作为科研项目实施质量评估的重要标准。企业在科研项目管理的过程中往往存在重立项、轻过程管理的现象，缺乏对科研项目实施过程和结果的绩效考核，容易出现项目结题质量不高的情况。

以上这些问题并非个别企业独有，而是普遍存在于各企业中。因此，为了保证科研项目规范运行，促进企业科研资源的合理利用，企业需要制定一套规范化、结构化、可控制的项目管理制度。该项目管理制度将规范阐述企业科研项目调研、科研项目实施、项目验收和评估等问题，如图 8-26 所示。

图 8-26　科研项目管理过程

在项目立项之前，企业需要重点考虑项目申请指南、项目时间、项目选题等问题。企业可以通过成立管理组和技术组来对项目的可行性、风险性进行评估；要预留充足的时间进行项目书的写作，从而加大中标的概率；要考虑所选的课题是否科学，是否具有亮点。项目专家在评审项目时，往往会被一个好题目吸引，进而仔细阅读项目的支撑材料。因此，一个好题目对于提高项目申请的中标率能起到关键作用。

在项目实施过程中，企业可以通过协调管理、动态管理及文档管理等途径妥当地处理项目争执、实际进展情况与计划存在偏差，以及信息丢失等常见的问题。首先，要进行协调管理。由于项目在实施过程中会涉及项目成本、质量控制、项目采购等问题，因此需要科研管理部、财务部、市场部、采购部、人力资源部等企业相关部门共同参与。各部门在合作过程中，难免会出现资源分配不均、分工不明等冲突。因此，企业可以通过召开项目例会、委任协调专员等途径协调解决各部门的利益冲突问题。其次，要进行动态管理。在项目实施过程中，各要素是不断发生变化的，因此对项目的管理和控制也是动态的。企业可以制订总进度计划、项目资源总计划及费用总计划，并将这些总计划分解到每年、每季度、每月、每旬等各阶段，也可以制定阶段报告制度，通过年报、季报、月报等方式来了解项目进展状态、资金使用情况等，以促进科研项目规范运作。最后，要进行文档管理。文档管理对企业实施科研项目的重要性不言而喻。企业需要对项目文档做好分类，建立索引机制,以便随时检索及阅读文档。

在项目验收和评估过程中,企业需要做好项目验收准备工作以及经验总结工作。一是建立项目验收和评估专家组,包含企业管理者、该领域的专家等;二是由评估组制定并公示评估程序、评估标准、评估指标和评估方法,根据评估程序执行科研项目评估;三是建立项目评估的反馈机制,对合理的评估建议予以吸收,对评估报告有异议的地方也可以提出申述,以提高科研项目评估质量[一]。

8.5 如何绘制创新的组织路线

组织路线是企业基于创新目标与工作任务而设计的关于创新组织、研发团队建设、创新管理制度及创新资源配置的行动方案。在企业的不同发展阶段,创新组织、研发团队建设、创新管理制度、创新资源配置的各种具体要素都在发生变化。因此,借助"过去－现在－未来"的时间轴,企业可以了解到不同发展阶段的创新组织、研发团队建设、创新管理制度及创新资源配置情况,把握组织路线的发展脉络,从而为企业技术发展、产品研发、市场开发等活动提供重要支撑。以下几种输出形式可供参考。

输出形式一:基于某一阶段的创新组织、管理制度及资源情况,如表 8-5 所示。

表 8-5 基于某一阶段的创新组织、管理制度及资源情况

组织路线		企业现有情况	企业规划	完成时间
创新组织	内部研发组织结构			
	外部研发模式选择			
	综合平台			
	功能平台			
	业务平台			
研发团队建设	组建团队			
	明确职责			
	团队沟通			
	团队考评			

[一] 曹希敬. 系统论视角下的科研项目管理研究 [J]. 科研管理,2020,41(09):278-283.

（续）

组织路线		企业现有情况	企业规划	完成时间
创新管理制度	知识产权			
	风险管控			
	项目管理			
创新资源配置	资金资源			
	物质资源			
	信息资源			

输出形式二：基于时间演变的组织路线，如图 8-27 所示。

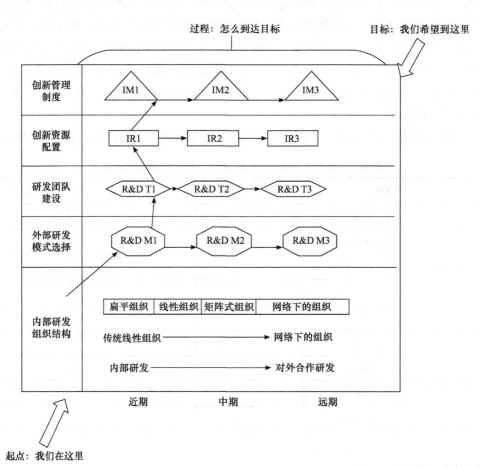

图 8-27　基于时间演变的组织路线

输出形式三：基于不同阶段的创新组织、管理制度及资源情况，如图 8-28 所示。

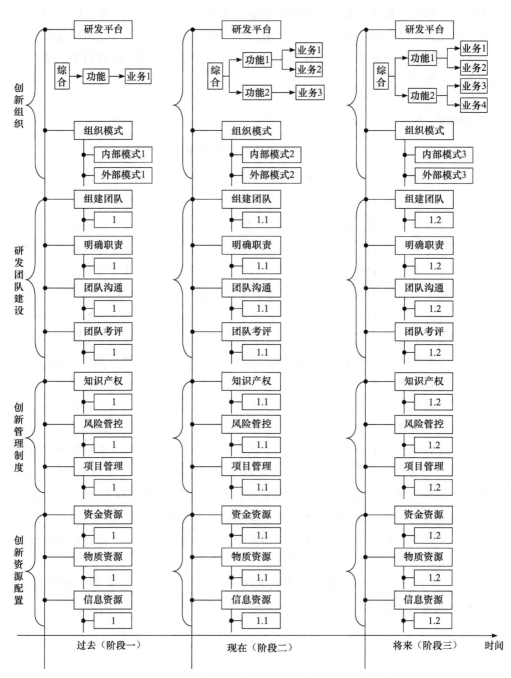

图 8-28　基于不同阶段的创新组织、管理制度及资源情况

以上三种组织路线的输出形式各有优势。输出形式一表现了组织在某一阶段的组织路线。该输出形式能够有效地帮助企业发现某一阶段的组织问题。输出形式二表现了组织路线基于时间的演变形式，有助于企业对组织路线进行总结与规划。输出形式三直观、全面地体现了企业在不同阶段的组织演变形式，既有利于总结过去的问题，也能对未来进行有效的规划。

◆ 创新探索 ◆

金发科技组织路线设计

金发科技股份有限公司（简称"金发科技"）于1993年成立，是一家主营化工新材料研发、生产和销售的国家级创新型企业。

纵观金发科技的创新发展历程，可以划分为三个阶段，分别是研发与代工并行的技术积累阶段、自主创新驱动的规模化扩张阶段、以先进聚合物材料为核心的多元提升阶段。1993～1998年是起步发展阶段，金发科技由单一技术逐步形成多项核心技术，并在此基础上实现产品的产业化和硬件设施的扩充。1999～2007年，金发科技通过自己投资或者与其他企业合资，在全国各主要腹地组建了子公司，形成东、南、西的生产制造格局，通过"异地复制、纵向进入产业链高端环节"的策略来实现产业链的横向扩张。2008～2020年是金发科技重点发展先进聚合物材料和大力拓展海外市场的重要阶段。

金发科技技术能力的全面提升离不开每个阶段坚实的组织保障，具体体现在平台搭建、人才管理和知识产权管理等方面。一方面，金发科技从美、日、德等国引进了大量的现代化设备，利用高校的科研人才和硬件设备优势对一些新兴课题进行前瞻性的研究开发，充分发挥了产学研互动整合的作用，不断完善研发平台体系。此前，金发科技形成以国家级企业技术中心、院士工作站、博士后工作站和国家级实验室为依托的国内一流的研发平台，并坚持应用研究和前瞻性研究两手抓，不断研发出适销对路的新产品，由原来的市场跟随者逐步过渡到某些产品和研究领域的领跑者。图8-29是金发科技的研发平台。

另一方面，金发科技通过人才激励制度、人才培养、知识产权管理等举措，大大提高了员工的激情，吸纳和培养了一批高质量、高科技人才，如图8-30所示。

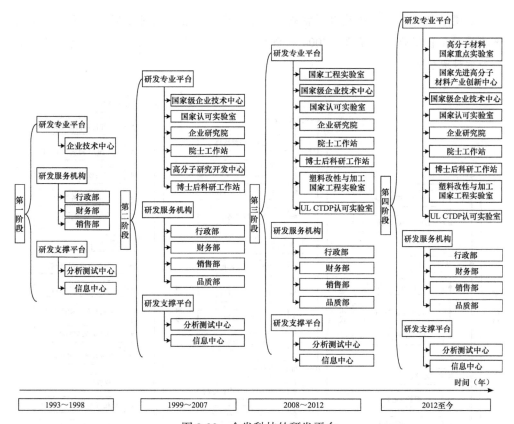

图 8-29 金发科技的研发平台

资料来源:根据《金发科技研究开发院组建研究综合报告》、金发科技官方网站相关信息等资料整理。

第一,在人才激励制度方面,金发科技实施"藏富于民、风险共担"的分配激励制度,将员工的利益与公司的利益捆绑起来。其一,大胆进行股权制度改革,不断地增加股东人数。1996 年实施第一次股权分配,使核心员工成为企业的主人;2001年完成股份制改造,使得股东人数增加至 25 人;2005 年实施股权分置改革,对有贡献的员工进行股权激励,使公司股东增加至 118 人,同时避免家族制对企业长远发展造成不利影响。其二,创建了一套独特的人才激励制度,即限制性期权股份制。对于管理类员工,实行"空壳制"股权分配,员工的股份是空股,不能转让或赠送,要达到一定的工作年限才可以转化为"实股"。对于技术类员工,按技术革新所获得的市场业绩进行提成,其股份为实股,可以转让或赠送。其三,实施技术类员工收入与市场业绩挂钩的制度,充分激发与调动研发人员的责任心和积极性。金发科技的研发人员按产品种类分为高抗冲聚苯乙烯、改性聚丙烯、工程塑料等若干个技术组,负责产品研发、生产及市场相关的技术问题,由客户认可程度和市场销售收入来决定其工作绩效考核结果。2004年金发科技上市,其中相当一部分研发人员就是企业的最大股东。

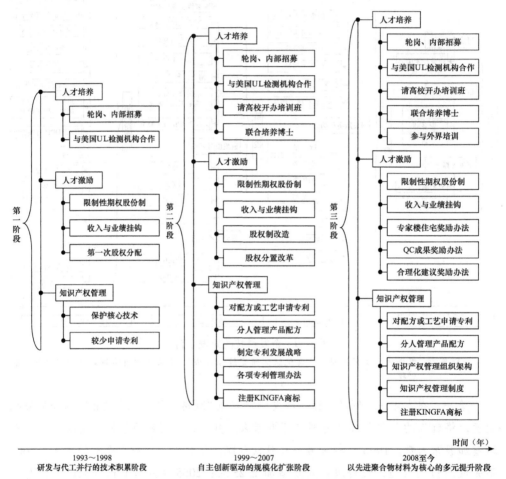

图 8-30 金发科技各阶段主要创新制度的内容

资料来源:根据《金发科技研究开发院组建研究综合报告》、金发科技官方网站相关信息等资料整理。

第二,在人才培养方面,金发科技非常注重高层次人才的引进与培养工作。其一,金发科技坚持以培养自有人才为主,以引进外来人才为辅,主要通过实行工作轮换方式和内部公开招募制度来培养核心管理和技术骨干。其二,金发科技不断从外部引进多种高质量培训,为员工创造自我提升的机会。金发科技曾与广东轻工职业技术学院开展培训班，与中山大学联合培养博士后研究员，邀请美国 UL 检测机构提供研发培训，邀请北京理工大学开办硕士培训班，同时组织多场新员工入职培训、技术研发培训、高管培训等，提升了员工的技能和水平。其三，金发科技积极组织员工参与相关学校或专业公司的培训，同时为技术研发人员提供充足的研发资金等，大大提高了员工的创造激情。

第三，在知识产权保护工作方面，针对改性塑料行业的核心技术可能向外泄露和被人盗用的风险，金发科技通过申请专利、管理核心技术人员、建立完善的知识产权管理组织架构，以及制定各项管理制度等方式有效地进行知识产权保护。其一，金发科技改变以往因保护核心技术而不申请专利的局面，从 1998 年开始加强对部分产品配方或生产工艺申请专利，并相继制定了专利发明人或设计人的奖励办法和各项专利管理办法。到 2011 年年底，公司共申请中国专利 183 项。其二，金发科技生产部对产品配方进行分解，使核心技术人员难以掌握整个环节，同时还与其签订了《技术保密协议》，加强对技术机密的保护。其三，金发科技建立了以知识产权领导小组为主体，以法律服务部、商标管理部、专利管理部等为依托的知识产权管理组织架构。其四，金发科技制定了《金发科技股份有限公司商标管理制度》《金发科技股份有限公司专利申请、管理办法》《金发科技专利发明人奖励方法》等知识产权管理制度，从制度规范上进一步明确了知识产权相关管理问题。

目前，新一轮科技革命和产业变革方兴未艾，蓄势待发的创新企业正深刻改变着世界经济版图、重塑国际竞争格局。依托金发科技的产业背景和行业资源，金发科技创新社区在广州、成都、武汉、天津、昆山、清远等多个城市布局，以分享金发科技的市场、技术和运营资源，并充分导入孵化器行业优势资源及联合众多第三方机构平台，为区内企业提供市场拓展、技术研发、创业辅导、金融支持、科技项目管理等核心服务，并配套优质的行政会务、物业管理、工商财税、人才培训等，促进区内企业平台共用、资源共享、协作共赢，加速成长及成功。金发科技正以不断完善的组织体系汇聚智慧、稳定产出，形成以研发平台为核心、管理机制为支撑系统，以及以金发创业投资公司等创业平台为辅助，同时覆盖多个功能平台的完善的组织体系，如图 8-31 所示。

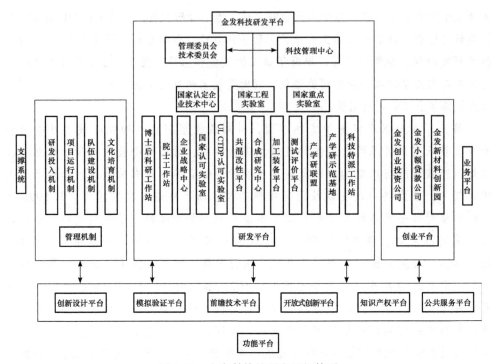

图 8-31　金发科技的研发组织体系

资料来源：根据《金发科技研究开发院组建研究综合报告》、金发科技官方网站相关信息等资料整理。

思考：

1. 金发科技的组织路线包括哪些部分？每个阶段最突出的变化是什么？
2. 金发科技的创新制度有何特点？

◆ 本章小结 ◆

1. 组织路线是企业基于创新目标与工作任务而设计的关于创新组织、研发团队建设、创新管理制度、创新资源配置的行动方案。

2. 从构成要素来看，企业的组织路线包括创新组织、研发团队、创新资源和创新管理制度四大要素。

3. 我们首先要对企业整体的研发组织架构进行设计，包括组织内部研发结构的设计及组织外部合作研发模式的选择；其次是研发团队的建设，根据组织架构选择合适的项目团队结构，并挑选合适的人才组建项目团队，确定团队的职责并加强团队的沟通，同时要制定适宜的考评体系；再次是对财务资金、研发物质资源及信息资源等创新资源进行合理的配置；最后是为组织设置相应的创新管理制度，绘制创新组织路线。

4. 我们根据企业发展的不同阶段，提供了三种组织路线图的输出方式：一是基于某一阶段的创新组织、管理制度及资源情况进行输出；二是基于时间演变进行输出；三是基于不同阶段的创新组织、管理制度及资源情况进行输出。

5. 组织路线是企业进行的一个有计划、有组织的系统变革过程。企业实施组织变革的过程，就是企业根据内外部发展环境的变化，对组织架构、组织团队、管理制度和资源配置程序进行创造性设计与调整的过程。因此，企业创新的组织路线决定了企业能否更好地适应外部环境。

◆ 思考与练习 ◆

1. 组织路线的核心是什么？
2. 在成长的不同时期企业应如何制定组织路线？
3. 如何绘制企业创新的组织路线图？

第 9 章

数字创新管理

本章概览

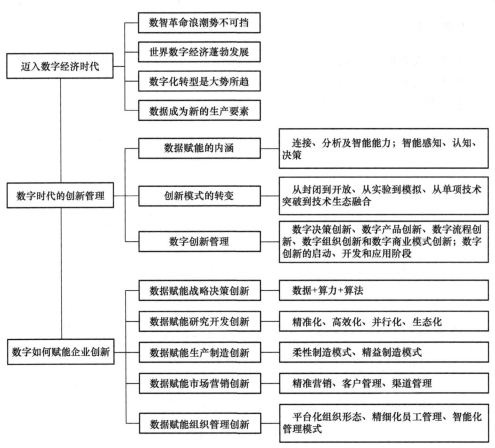

创新导入

数说故事：数据赋能企业创新

广州数说故事信息科技有限公司（以下简称"数说故事"，Data Story）成立于 2015 年，是国内领先的大数据整体解决方案提供商，为企业提供"大数据采集 – 大数据处理 – 大数据分析 – 商业化场景应用"等一站式服务，以及品牌、产品、用户、渠道等细分决策场景的专业数字化解决方案。目前数说故事有员工 500 多人，60% 以上为大数据和 AI 技术研发团队成员。

数说故事拥有从数据源的采集、挖掘、分析、融合到全流程的商业场景应用的完整的数据产业链条，以全网数据为基础，构建针对品牌建设、市场营销、生意诊断等业务场景的数据应用。数说故事为企业在规划、执行、评估等多个决策环节提供科学且高效的数据支撑，赋能品牌建设、营销监测、用户运营、产品创新、渠道铺设等企业商业决策的细分环节，助力企业营销决策智能化，反哺产品创新。

在品牌建设方面，数说故事围绕品牌驱动的关键要素，提供品牌定位、品牌资产评估、消费者洞察、热点内容发现、活动效果评估等全方位的品牌数字化解决方案。例如，数说故事为某大型日化集团提供了数字化品牌营销方案，首先通过采集互联网公开的新闻、论坛、短视频等多源数据，形成千万级日化行业数据库，实时追踪全网舆情态势，基于每日更新的海量数据，一键生成多维分析报表，直观展示市场动向与品牌趋势变化；其次制定影响力模型，建立 KOL 排行榜及活动监测、传播监测模块，量化市场投放效果；最后基于消费者数据与商业应用模型，通过建设数据分析维度，支撑市场、品牌、媒介、产品等部门在不同应用场景下的更明细的策略，助力品牌增值。

在产品创新方面，数说故事通过"行业库+AI 智能算法"双引擎，帮助企业持续捕捉产品创新趋势，结合目标人群需求洞察，打造爆品概念，加速新品孵化。例如，数说故事为某跨国食品巨头提供大数据产品创新数字化解决方案，通过海量数据全面实时捕捉消费者需求，依此打造多种不同类型的趋势榜单，帮助企业发现处在萌芽期、快速增长期和市场成熟期的产品创新趋势，并生成行业知识图谱，为新品研发和现品升级提供创新灵感。

在用户运营和渠道铺设方面，数说故事以消费者为中心，融合人、货、场多渠道数据源，梳理会员全景标签体系，致力于为品牌商和零售商打造一张渠道智能全景网，实现网点周边客群、商圈、销售潜力的洞察，为网点拓展智能优选、媒介资源精准投放、线下行销资源精准匹配等提供了高效的数字化解决方案。例如，数说故事为某大型美妆连锁集团提供了SCRM营销自动化解决方案，通过搭建全渠道消费者数字化管理平台，完善线上会员体系，实现全类型营销触达，以丰富模板化的H5游戏助力企业营销活动升级，量化营销效果，并在线下通过办公机制在线化、门店经营数据化的工具"店小秘"，打造线上线下联动的一体化商业体系，降低企业营销获客成本，提升线下门店经营效率。

数说故事的千亿级基础数据平台的数据涵盖社交、电商、渠道等多个领域，日均入库数据上亿，在过去的6年多时间里，数说故事已为伊利、腾讯、华为、宝洁、联合利华、屈臣氏、英特尔、OPPO、vivo等全国500多家企业提供服务，覆盖快消、零售、科技、互联网、3C、美妆、家电、广告营销、市场研究、房地产、汽车等10余个行业，助力企业及政府实现业务变革和营业收入增长。

资料来源：作者团队调研整理；数说故事官网. [2021-04-23]. https://www.datastory.com.cn/.

思考：
1. 通过阅读本案例，你对数据赋能有了怎样的认识？
2. 数据赋能企业创新的哪些方面？

9.1 迈进数字经济时代

当前，以网络化、信息化、智能化为代表的新兴技术风靡全球，新一轮科技革命和产业变革深入发展，全球科技创新进入密集活跃期，世界经济加速实现数字化、网络化、智能化。在数字经济浪潮中，新技术、新产业、新模式、新业态大规模涌现，深刻影响着全球科技创新版图、产业生态格局和经济社会发展。

9.1.1 数智革命浪潮势不可挡

回顾工业革命的历史，如图9-1所示，第一次工业革命大约从1760年延续至1840年，以英国为代表的资本主义国家首次完成了工业化进程，解决了人力效率低下和动能不足的问题，工业领域出现了第一次重大飞跃，人类进入蒸汽时代。第二次工业革命始于19世纪末，延续至20世纪初，随着生产线和发电机的发明，规模化生产应运而生，人类从此进入电力时代。第二次工业革命是制造标准化和生产流水线化革命，解决了规模化和生产成本之间的矛盾。第三次工业革命始于20世纪70年代。这一次革命通常被称为计算机及信息化革命。半导体技术、信息技术和互联网技术的发展催生了以信息技术和控制技术为代表的制造变革，实现了生产的自动化和精细化。

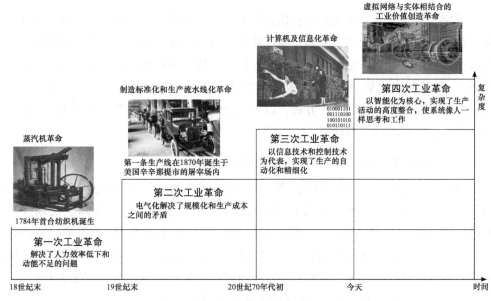

图 9-1　四次工业革命

资料来源：许正. 工业互联网：互联网+时代的产业转型 [M]. 北京：机械工业出版社，2015.

当前，第四次工业革命的序幕已经拉开。第四次工业革命是物联网、大数据、云计算、人工智能等技术逐步推动生产与生活逐步实现信息化及智能化的全新革命[一]。互联网逐渐变得无处不在，移动性大幅提高。传感器的体积更小、性能更强大、成本也更低。人工智能和机器学习开始崭露锋芒，数据要素变得更加重要，数字经济蓬勃发展。第四次工业革命绝不仅限于智能互联的机器和系统，其内涵更为广泛。第四次工业革命的主要特征是新兴技术突破性地结合，涵盖新一代信息技术、人工智能、智能制造、新材料、新能源、生物医药等领域。从基因测序到纳米技术，从可再生能源到量子计算，各领域的技术突破风起云涌。这些技术之间的融合，以及它们横跨物理、数字和生物几大领域的互动，决定了第四次工业革命与前几次革命有着本质的不同[二]。以这些技术为代表的新一轮技术应用已经在日常生活中无处不在，并将日益消除物理世界、数字世界和生物世界之间的界限，开启一个

[一] 田颖. 第四次工业革命将怎样改变世界 [EB/OL].（2016-03-17）[2021-04-23]. http://www.xinhuanet.com/world/2016-03/17/c_128806846.htm.

[二] 施瓦布. 第四次工业革命：行动路线图，打造创新型社会 [M]. 北京：中信出版社，2018.

全新的时代[1]，数智革命浪潮势不可挡。

9.1.2 世界数字经济蓬勃发展

数字经济是以数字化的知识和信息为关键生产要素，以数字技术为核心驱动力量，以现代信息网络为重要载体，通过数字技术与实体经济深度融合，不断提高经济社会的数字化、网络化、智能化水平，加速重构经济发展与治理模式的新型经济形态[2]。随着数据收集、存储和处理成本的大幅下降和计算能力的大幅提高，数字化正在改变人类经济社会生产方式，以价值化的数据为关键生产要素的数字经济正在为全球经济发展注入新动能。

1. 数字经济在各国国民经济中的地位持续提升

2019 年，中国信息通信研究院测算的 47 个国家数字经济增加值规模达到 31.8 万亿美元，占 GDP 的比重达到 41.5%。2019 年，全球数字经济平均名义增速为 5.4%，高于同期全球 GDP 名义增速 3.1 个百分点。从不同收入水平来看，中高收入国家数字经济增长水平超过高收入国家和中低收入国家，增速为 8.7%；从不同经济发展水平来看，发展中国家数字经济同比增长 7.9%，超过发达国家 3.4 个百分点；从具体的国家来看，中国数字经济增长领跑全球，同比增长 15.6%。

2. 全球数字经济融合发展的趋势逐步深化

2019 年，全球产业数字化占数字经济的比重达 84.3%，产业数字化成为驱动全球数字经济发展的关键主导力量。收入水平越高的国家，产业数字化占比越高，高收入国家产业数字化占数字经济的比重达到 85.9%；经济发展水平越高的国家，产业数字化占比越高，发达国家产业数字化占数字经济的比重达到 86.3%。全球数字经济向三次产业加速渗透。2019 年，全球服务业、工业、农业数字经济渗透率分别为 39.4%、23.5% 和 7.5%。

9.1.3 数字化转型是大势所趋

我国政府高度重视数字经济，推动数字经济与实体经济深度融合。2020 年 10 月，中国共产党第十九届中央委员会第五次全体会议公报指出，面对错综复杂的国

---

[1] 施瓦布. 第四次工业革命：转型的理论 [M]. 北京：中信出版社，2016.
[2] 中国信息通信研究院. 中国数字经济发展白皮书：2020 [EB/OL]. （2020-07-15）[2021-04-23]. http://news.sciencenet.cn/htmlnews/2019/2/423145.shtm.

际形势、艰巨繁重的国内改革发展稳定任务特别是新冠肺炎疫情的严重冲击，我国发展仍处于重要战略机遇期，应"把科技自立自强作为国家发展的战略支撑，面向世界科技前沿、面向经济主战场、面向国家重大需求、面向人民生命健康，深入实施科教兴国战略、人才强国战略、创新驱动发展战略""坚持把发展经济着力点放在实体经济上，坚定不移建设制造强国、质量强国、网络强国、数字中国"。2021年3月第十三届全国人民代表大会第四次会议通过的《中华人民共和国国民经济和社会发展第十四个五年规划和 2035 年远景目标纲要》明确指出，要打造数字经济新优势，加快推动数字产业化，推进产业数字化转型。

从数字经济结构看，我国的数字经济发展呈现出数字产业化占比逐年下降、产业数字化占比逐年提升的趋势。从数字产业化来看，2020 年我国数字产业化增加值达到 7.5 万亿元，同比名义增长 5.3%，占数字经济的比重由 2015 年的 25.7% 下降至 2020 年的 19.1%。从产业数字化来看，2020 年我国产业数字化增加值达到 31.7 万亿元，同比名义增长 10.3%，2005～2019 年年复合增速高达 24.9%，显著高于同期 GDP 增速，占 GDP 的比重由 2015 年的 74.3% 提升至 2019 年的 80.9%，产业数字化深入推进，为数字经济发展输出强劲动力[⊖]。

从产业发展的角度看，我国数字经济向经济社会各领域深度融合发展，产业数字化转型是发展的必然趋势。中国数字经济正在向三次产业加速渗透，如图 9-2 所示。其中，服务业是产业数字化发展最快的领域，2020 年服务业数字经济增加值占行业增加值的比重为 40.7%，同比提升 2.9 个百分点；工业领域数字经济加速发展，2020 年工业数字经济增加值占行业增加值的比重为 21.0%，同比提升 1.5 个百分点；农业由于行业的自然属性，数字化转型需求较弱，2020 年农业数字经济增加值占行业增加值的比重为 8.9%，同比提升 0.7 个百分点。

9.1.4　数据成为新的生产要素

在数字经济时代，智力劳动者使用智能工具进行知识的创造，各类生产活动和社会活动围绕数字化信息而展开，数据成为新的生产要素。2020 年 3 月，中共中央和国务院印发的《关于构建更加完善的要素市场化配置体制机制的意见》提到"加快培育数据要素市场"。数据正在成为比肩土地、劳动力、资本和技术的"第五要素"。培育数据要素市场，推动数字经济发展，成为重要的战略方向。国际数据公司

⊖ 中国信息通信研究院. 中国数字经济发展白皮书：2020 [R/OL].（2020-07-03）[2021-04-23]. http://news.sciencenet.cn/htmlnews/2019/2/423145.shtm.

（International Data Corporation，IDC）在其发布的《数据时代2025》白皮书中预测，未来数据将以惊人的速度增长，全球数据将从2018年的33ZB（泽字节，1ZB≈1万亿GB）增至2025年的175ZB，中国将在2025年成为全球最大的数据圈[一]。

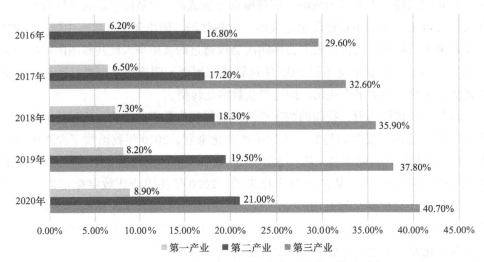

图 9-2　2016～2020年我国三次产业数字经济渗透率

资料来源：中国信息通信研究院.中国数字经济发展白皮书：2020[R/OL].（2021-04-23）[2021-05-02]. http://www.caict.ac.cn/kxyj/qwfb/bps/202104/P020210424737615413306.pdf.

数据要素引发了生产力和生产关系的全面变革。在数字经济时代，基于"数据＋算力＋算法"，工业时代的脑力劳动者逐渐转型为知识创造者，能量转换工具升级为智能工具，数据成为一种新的生产要素，与技术（以数字技术为引领）、资本、劳动力、土地等构成新的生产要素组合。虽然数据不是唯一的生产要素，但作为数字经济中全新的、关键的生产要素，贯穿于数字经济发展的全部流程，与其他生产要素不断组合迭代，加速交叉融合，实现生产要素多领域、多维度、系统性、革命性的群体突破。数据生产力的本质是人类重新构建一套认识和改造世界的方法论，基于"数据＋算力＋算法"，通过在比特的世界中构建物质世界的运行框架和体系，推动生产力的变革从局部走向全局、从初级走向高级、从单机走向系统。生产与分配由按劳分配转为按价值分配，推动消费引导生产，并将人在生产中的支配与被支配的关系转变为赋能与协作的关系。这一变革将推动生产要素从自然资源拓展到数据要素，实现资源优化配置从单点到多点、从静态到动态、从低级到高级的跃升。

[一] 赵广立.IDC：到2025年中国将拥有全球最大数据圈[EB/OL].（2019-02-22）[2021-04-23]. http://news.sciencenet.cn/htmlnews/2019/2/423145.shtm.

9.2 数字时代的创新管理

随着物联网、云计算、大数据、人工智能、5G通信等新一代信息技术的出现，数字经济的发展方兴未艾，涉及数据收集、分析、利用等方面的大数据技术正深刻地重塑着社会生活的方方面面，给传统商业模式带来颠覆性变化。新一代数字化技术被视为组织进行赋能的重要手段，学者们开始提出数据赋能、网络赋能、数字化赋能（又称"数字赋能"）等新兴概念。

9.2.1 数据赋能的内涵

数据赋能可定义为企业充分利用数据要素资源推动企业数字化转型和数据价值发掘的过程，重视对数据的运用场景及技能方法的创新[1]。

从能力视角看，数据赋能主要包含连接能力、智能能力及分析能力三个维度。三者的协同能够提高企业收集、分析和利用数据的能力，以便实现数据的价值并获得赋能价值[2]。第一，连接能力是指企业通过有线网络、无线通信、路由器、交换器等基础通信技术串联数字化产品的能力。第二，智能能力是指企业采用无线射频识别、传感器、微处理器等低人工干预的智能硬件组件来实现信息感知和获取的能力。第三，分析能力是指企业通过开发操作指令、逻辑算法等提供信息和数据的处理能力，也就是将智能产品和网络产生的海量数据转化为企业有价值的信息，从而为企业的决策提供预测性意见。

从过程视角看，数据赋能主要包括智能感知、智能认知和智能决策三个阶段，可以实现对数据的采集、分析和利用，从而发挥数据的价值。第一，智能感知是数据赋能的基础，是指运用智能化工具监控观测对象并记录相关数据，具体包括软感知和硬感知。软感知是指使用自动运行的软件或各种程序来收集数据；硬感知是指利用设备或装置对物理实体的信息、事件、流程、状态等数据进行收集。第二，智能认知是在智能感知的基础上，通过机器学习的方法，模仿人脑机制来分析数据，认知数据中的规律，并根据已知规律对新的数据进行处理的。其中，分析模型是指借助一系列的算法，对数据进行加工和处理，将数据转化为信息和知识，以实现描述、诊断及预测三大功能，为决策提供依据，常见的分析模型包括客户细分模型、

---

[1] 孙新波，苏钟海，钱雨，等. 数据赋能研究现状及未来展望[J]. 研究与发展管理，2020, 32（02）: 155-166.

[2] LENKAS, PARIDAV, WINCENTJ. Digitalization capabilities as enablers of value co-creation in servitizing firms[J]. Psychology and Marketing, 2017, 34（1）: 92-100.

商品分析模型、内容分析模型等。第三，智能决策是指企业以数据驱动的决策代替经验决策，在不确定的环境下以一种低人为干预或无须借助人的方式，做出合适的判断或决策。企业依靠丰富的数据和敏锐的洞察来做出更加敏锐的业务响应，将改变企业运营决策的方式。

9.2.2 创新模式的转变

数据作为一种新的生产要素，深刻改变了人类寻找新规律、发现新现象、创造新事物的方式。数字赋能使得创新模式发生三种转变：第一，从封闭到开放，创新主体由单一走向多元；第二，从实验到模拟，创新过程从长周期、大循环走向短周期、小循环；第三，从单项技术突破到技术生态融合，创新效率得到了极大的提高。

1. 从封闭到开放

从封闭到开放，是指组织在创新过程中要从仅依靠自身内部资源转变为综合利用内外部资源。在数字经济时代，组织的创新思维应从封闭式创新范式转为开放式创新范式。在这个快速发展变化的时代，企业仅仅依靠内部资源进行高成本的创新活动，已经难以适应快速发展的市场需求以及日益激烈的企业竞争。企业要开放自身的组织边界，充分利用外部资源，协同多方主体，共同参与创新。开放式创新有利于企业之间集思广益、实现优势互补，集聚多方创新资源，提高创新效率，从而创造出真正有价值的产品。

2. 从实验到模拟

从实验到模拟，是指组织的创新方式逐步从物理实验转为计算机模拟实验。数字赋能改变了人们认识和改造世界的方式，带来了创新效率的提高。在传统的创新过程中，研发设计、工艺优化与流程再造等不同阶段都需经历大量复杂、漫长、费用高且风险大的实验进行验证。传统创新过程周期较长，试错成本较高。而在数字赋能下，企业通过计算机模拟来代替实际的实验验证，对创新对象、运行环境以及运行模型等进行全面数字化，通过建立数字化模拟实验环境来进行试错和优化，采集并分析创新对象的各项数据，从而降低对物理实验的依赖，缩短创新周期，降低试错成本，提高创新效率。

3. 从单项技术突破到技术生态融合

从单项技术突破到技术生态融合，是指当前各技术领域的发展逐渐呈现出相互渗透、交叉融合的特征。人工智能、大数据、云计算、物联网、区块链等技术领域的发展并不孤立，彼此存在着联动性，一项技术的发展可能有赖于另一个技术领域的突破，一项技术也可在其他技术领域中应用并有效地提升其他技术领域的研发效率，助力其他技术领域取得突破，而重大的科技创新突破需要建立在多个技术领域的综合应用的基础上。因此，创新主体在进行科技创新活动时，需要从聚焦单项技术的突破逐渐转移到对技术生态的融合上，用联系而非孤立的视角去促进技术的发展与突破。

9.2.3 数字创新管理

在数字经济时代，大数据、人工智能、云计算等数字技术的快速发展及广泛应用给产品基本形态、新产品创造方式、组织形态和商业模式带来了改变，甚至颠覆了许多创新理论的基本假设，数字创新管理的概念应运而生。数字创新是指企业或者组织以数字技术为组成部分或支撑部分，对原有决策、产品、流程、商业模式、组织等进行改变的过程。

1. 数字创新的类型

数字创新可分为数字决策创新、数字产品创新、数字流程创新、数字组织创新和数字商业模式创新。

（1）数字决策创新　数字决策创新是指企业在战略决策过程中使用数字技术，使得企业管理决策方式由传统的基于经验的决策转变为基于"数据＋算力＋算法"的决策，管理决策过程由"事后管控"向"事前预测"转变。大数据、物联网、云计算和人工智能等新一代信息技术的快速发展与突破给经济社会带来了颠覆性的"决策革命"，正在重塑国家战略决策、社会管理决策、企业管理决策等战略活动的决策主体、决策方式和决策过程，数字赋能下的企业战略决策的效率将大大提升。

（2）数字产品创新　数字产品创新是指面向特定市场创造出包含或使用数字技术的数字产品的过程。数字产品创新的产出通常包含两类：纯数字产品与智能互联产品。纯数字产品是指诸如 App 等由数字技术支持的产品，人们使用纯数字产品进行物质文化和精神文化的消费及享受。智能互联产品是指将数字技术和物理部件相结合的产品，通常包含物理部件（如传统的机械部件）、数字部件（如软件应用）和互联部件（如无线连接协议）三个部分，例如各大家电品牌都在着力打造的智能家居就属于此类范畴。

（3）数字流程创新　数字流程创新是指数字技术的应用改善甚至再造了原有创新的流程，对企业的创意产生、产品研发、设计、试制、制造、物流、营销、服务等流程产生了颠覆性影响。例如，在产品研发过程中，数字仿真与数字孪生技术大大降低了研发成本；工业互联网使企业的生产制造阶段实现从标准化生产到个性化定制的转变，使营销服务阶段实现千人千面的精准营销。

（4）数字组织创新　数字组织创新是指数字技术（即信息、计算、交流和连接技术的组合）改变了组织的形式或者治理结构。数据要素的出现推动时代快速地变化，传统的自上而下、层级分明的组织形态已经越来越难以满足企业对外部环境的需求。为了构建与发展战略相匹配的组织结构，企业对组织结构的调整与重构势在必行。数字技术能够影响诸如交易处理、决策制定、办公工作等企业治理的方式，甚至改变企业的形态。例如，阿里巴巴在2015年为适应数字经济而启动了中台战略，重构了组织模式和运行机制。数据驱动下的赋能型组织的主要特征有：组织结构平面化、组织功能平台化、管理模式智能化、决策权力自主化、价值导向创新化等。

（5）数字商业模式创新　在数字经济时代，企业需要对"为谁创造价值、创造什么价值、如何创造价值、如何实现价值"等问题（即商业模式）进行重新思考。商业模式是指描述价值主张、价值创造和价值获取等活动连接的架构。数字技术的嵌入可以通过改变企业价值创造以及价值获取的方式而改变企业的商业模式。数字商业模式创新是指一种基于价值主张，涵盖资源、流程等的运营模式以及涉及收入、成本等的盈利模式的设计过程。数字商业模式创新的典型例证有个性化定制模式（customer to business，C2B）、跨界融合模式、场景营销模式等。

2. 数字创新的过程

在数字经济时代，我们很难事先界定明确的创新主体，创新过程和创新产出过程变得模糊。因此，明确数字赋能创新过程有助于我们更好地理解并开展数字赋能创新活动。数字赋能创新过程主要包括数字创新的启动、开发和应用三个阶段[⊖]。

（1）数字创新的启动阶段：即企业识别数字创新机会，通过多种方式扫清企业内开展数字创新的阻碍，从而为数字创新做好准备的过程。由于数字创新的过程会受到来自组织文化、制度安排、企业高管三方面的阻力，涉及组织过程、制度基础设施的重大变化，因此数字创新启动会变得很困难。在数字创新的启动阶段，企业

⊖ 魏江，刘洋. 数字创新 [M]. 北京：机械工业出版社，2020.

可从战略、资源、能力、文化这四个方面与数字创新的集合付诸努力，以实现资源的最佳配置、组织活动的有利协调，从而更好地启动数字创新活动。因此，数字创新的启动阶段包含四个重要内容，分别是制定数字创新战略、积累数字创新资源、提高数字创新能力、培育数字创新导向的文化。

第一，制定数字创新战略。数字创新战略起引领全局的作用，是企业基于外部数字经济发展趋势及内部资源优势而凝练的关于未来创新发展的愿景、使命、价值观、发展目标、工作任务与总体战略，包括创新理念、创新目标和创新战略等要素。

第二，积累数字创新资源。数字创新资源是指企业数字创新过程中所需要的各类资源，包括企业的数字基础设施及数字创新人才。关于数字基础设施，企业要根据自身的资金储备情况、技术支持情况及外部的成本消耗等因素来决定是自建数字基础设施，还是使用其他组织的设施。关于数字创新人才，企业要选择并培育懂得人工智能、大数据、云计算等数字技术的人力资本，打造一支持续学习能力和创新能力较强的团队来提高数字创新技能。

第三，提高数字创新能力。数字创新能力是指企业在数字创新过程中需要运用到的各类能力，包括数字环境扫描能力、吸收能力及双元能力。数字环境扫描能力是指企业能否在日新月异、复杂多变的数字环境中识别出有利的数字创新机会的能力。吸收能力是指企业识别、吸收和使用外部知识的能力。在实施数字创新的过程中，仅依赖于企业内部的知识和资源是不够的，还需要提高其吸收能力，以便对外部知识加以利用。双元能力指的是企业对现有资源和能力进行重构、整合与变革来开发与利用新资源的能力。企业既能利用现有数字资源，又能开发新数字资源的能力，可以帮助企业不断地更新数字资源，在激烈的数字经济竞争中立于不败之地。

第四，培育数字创新导向的文化。数字创新导向的文化是指企业内部鼓励创新、不怕失败、持续学习、开放共享的组织文化。企业内部营造创新氛围，高管层及员工敢于承担风险，持续组织学习，组织内部成员共享决策并广泛吸收外部资源等，有利于数字创新活动的实施。

（2）数字创新的开发阶段：即企业通过实际的开发计划将启动阶段识别出来的数字创新机会转变为新的数字技术产品。在数字创新的开发阶段，企业应重点关注如何设计出企业期望的数字技术创新产品，以及如何将创新想法与企业内原有的知识基础相融合。企业在持续迭代、动态交互的数字创新开发阶段应重点关注以下四个要素：设计逻辑、开放创新、场景创新、持续迭代[⊖]。

第一，设计逻辑是指企业从识别元需求、建立元设计规则、拆分并改进元设计的各个模块，直到设计出完整的创新产品的整个逻辑过程。元需求即客户所有需求背后的真正需求。元设计要建立在元需求的基础上，改进元设计的各个模块需要多方创新参与者的共同理解和体验。

第二，开放创新是指数字创新开发阶段是一个开放的过程，参与数字创新的主体事先并不明确，参与者的创新投入、参与过程及参与结果都有所变化，企业需以开放式创新思维开展数字创新，广泛吸收来自外部的创新资源及知识。

第三，场景创新是指在数字创新开发中，数字技术需要与特定的使用情境相结合。一种数字技术应用到不同的社会文化背景，以及与用户交互的不同场景中，可以产生多种数字创新。数字技术与组织自身的价值主张、组织文化、行业背景、用户的社会认知背景的结合可产生新的创意和创新成果，创造新的价值。

第四，持续迭代是指在数字创新的开发阶段，企业应运用数据挖掘算法、数据分析工具等，不断更新对外部环境的认识及对自身知识的探索方式，实现对数字创新产品的持续更新与迭代。

（3）数字创新的应用阶段：是数字创新产品商业化的过程，即将其真正应用到市场上的过程。数字创新的应用阶段非常复杂，涉及变革价值创造、重构价值网络、变革组织架构三个要素。

第一，变革价值创造。数字技术的发展及应用改变了价值创造的方式，例如，用户可通过社交媒体向组织提出对产品设计的需求和意见，参与价值的共同创造过程。数字技术的升级完善及广泛使用使得数据量呈爆炸式增长，对用户使用习惯的数据、组织内部各价值链环节的数据等进行收集、分析及利用，可以快速提升运营效率。企业可成立专门的数据分析部门对实时数据进行快速采集和高效分析，以寻找为用户创新价值的机会。

第二，重构价值网络。数字技术可将顾客、员工、供应商等企业的多方利益相关者更好地连接起来，降低企业内外部交流成本，发挥价值网络的重要作用。例如，百度通过搭建阿波罗开放平台，向汽车行业及自动驾驶领域的合作伙伴提供开放、完整、安全的软件平台，吸引了宝马等一大批来自世界各地的合作研发者，共同推出有关自动驾驶的一系列解决方案。

⊖ 刘洋，董久钰，魏江. 数字创新管理：理论框架与未来研究[J]. 管理世界，2020，36（07）：198-217+219.

第三，变革组织架构。企业需要通过跨部门协作将数字创新和特定的组织环境结合起来。在数字经济时代，组织架构的变革可以保障数字创新的应用。组织结构趋于网络化、扁平化，企业职能部门之间的协同体现为横向业务的跨界入局及纵向业务的贯通融合，由此可以搭建起网络化的组织结构[一]。

9.3 数字如何赋能企业创新

随着数据资源的爆发式增长，以移动互联网、大数据、云计算、物联网、人工智能、区块链等为代表的新一代信息技术不断取得突破和发展，数字技术正快速渗透到各行各业中，并且赋能企业的战略决策创新、研究开发创新、生产制造创新、市场营销创新和组织管理创新。

9.3.1 数据赋能战略决策创新

数字技术的发展为数据赋能战略决策创新提供了更丰富的工具和手段。当前，以大数据为主的数字技术在企业决策过程中产生了深远的影响。大数据技术并不仅是企业决策形成过程中的辅助工具，它还在理念层面影响着决策者的思想和行为，成为串联决策形成过程的关键纽带。通过大数据思维的引入，企业将对现行的战略决策进行调整，从而精准定位决策目标。在决策过程中，数据的采集和存储、清理、挖掘及可视化分析工具是数字决策创新的技术实现手段，如图9-3所示。

数据赋能制造业企业战略决策创新主要体现在两个方面：一是管理决策方式由基于经验的决策转变为基于"数据+算力+算法"的决策，企业的决策思维方式发生了根本转变，管理者通过数据呈现出的结果做出精准判断和科学决策；二是管理决策过程从"事后管控"向"事前预测"转变，通过对企业研发、生产、营销等活动数据的收集和分析，管理者的决策思维会超越眼前的事实，并对未来做出合理判断。企业可以采用基于数据驱动的决策方式，通过收集与企业经营相关的综合数据，并使用数字方法对其进行分析与建模，挖掘出隐藏在数据背后的关系，最大限度地挖掘有价值的信息，进而预测事件可能发生的概率，为决策者提供较为合理的决策方案，以提高企业战略决策的预见性、针对性与科学性。

[一] 戚聿东，肖旭. 数字经济时代的企业管理变革 [J]. 管理世界，2020，36（6）：135-152+250.

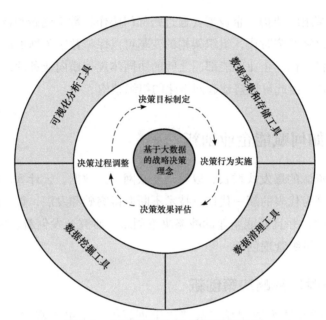

图 9-3 大数据工具应用及其战略决策

资料来源：姜昊，梁林，刘培琪. 大数据对企业决策过程的影响：一个多案例的研究 [J]. 河北经贸大学学报，2018，39（03）：99-107.

第一，企业战略决策逐渐从传统的经验决策方式转变为基于"数据+算力+算法"的决策方式。企业基于内部的 PLM、EPR、CRM、SCM、MES 等信息系统，通过不断挖掘、汇聚、分析消费者以及研发、生产、供应链等环节的数据，以"数据+算力+算法"的方式构建起一套新的数字化决策机制，替代传统的经验决策机制，实现了更加高效、科学、精准、及时的决策[一]。其中，"数据"是智能决策的基础，大数据技术带来的海量数据资源是智能经济的核心生产资料；"算力"是智能决策的保障，以云计算、超算中心为代表的算力技术的快速发展为处理海量数据提供了有力的技术支持；"算法"是智能决策的核心，以人工智能、机器学习、神经网络等为代表的智能算法技术能帮助智能制造发现规律并提供智能决策支持[二]。基于"数据+算力+算法"的决策方式可以分为四个环节：一是描述，在虚拟世界描述物理世界发生了什么；二是洞察，为什么会发生，事物产生的原因；三是预测，研判将来会发生什么；四是决策，最后应该怎么办，提供解决方案。在具有不确定

[一] 安筱鹏. 一文解读数字化转型的十个关键词 [EB/OL].（2019-05-07）[2021-01-16]. https://www.sohu.com/a/312472570_168370.

[二] 毕马威中国，阿里研究院. 从工具革命到决策革命：通向智能制造的转型之路 [R/OL].（2019-08-30）[2021-01-16]. https://max.book118.com/html/2019/0829/8126107026002045Shtm.

性的环境中进行决策是企业面临的巨大挑战，从基于经验的决策到基于"数据＋算力＋算法"的决策，是数据赋能制造企业战略决策创新的重要方式转变。以广东三维家信息科技有限公司（简称"三维家"）为例，它是一家以信息化、数字化为基础，通过云计算、大数据、人工智能技术为家居产业数字化赋能的高新技术企业。它能够通过大数据驱动家居产业链企业在设计、营销、生产、管理全流程中进行在线化、实时化、精准化决策，帮助企业降本增效，推动家居产业全面数字化升级。

第二，企业数字化决策就是以大数据为基础、信息为导向的决策智慧。但是企业数字化决策转型的过程并不是一蹴而就的，而是基于人工经验反馈不断进行调整的过程。企业在生产经营过程中通过大数据、人工智能等技术的深入运用，使得专业知识与智能知识不断融合，最终实现管理规则和流程的自适应调节。企业借助人工智能技术和大数据技术不断地向智能协同跨越、实现智慧企业管理自动化的过程中，会依靠海量数据，依据无方向、无预判的数据搜索，查看肉眼无法察觉却广泛存在的关系结构，然后将人的经验与智慧等融入其中，明确企业对商业本质的理解、对行业的洞察和对未来行业生态新样貌的创造，并且可以决定人工智能算法持续迭代优化的方向，从而为企业创造意料之外的竞争力与价值⊖。

◀ 创新聚焦 ▶

金域医学的数字化转型战略

广州金域医学检验集团股份有限公司（以下简称"金域医学"）是一家以第三方医学检验及病理诊断业务为核心的高科技服务企业，通过不断积累的"大平台、大网络、大服务、大样本和大数据"等核心资源优势，致力于为全国各级医疗机构提供领先的医学诊断信息整合服务。金域医学的核心创业团队自20世纪90年代以来就积极探索医学检验外包服务在中国的运营模式，开创了国内第三方医学检验行业的先河，经过多年的发展，现已成为国内第三方医学检验行业中的领先企业。

金域医学作为中国第三方医学检验行业的开创者与引领者、第三方医检行业与数字经济融合的先行者，占我国第三方医学检验市场份额的约1/3，在内地及香港地区设立了37家中心实验室，服务22 000多家医疗机构、2 000多个物流网点，年检测标本量超6 500万例。面对数字经济时代的机遇与挑战，金域医学制定了坚守医学检验主航道，以客户为中心，以临床和疾病为导向，通过多技术平台整合

⊖ 杨庚鑫，黄玲美，刘海兵，等. 企业智慧力：构建适应未来竞争的新型能力 [J]. 清华管理评论，2021（Z1）：12-21.

和提供卓越服务，成为中国第三方医学检验行业的长期领导者的总体战略。其中，数字化转型战略是重中之重。金域医学的数字化战略主要由信息技术战略和实施策略两部分组成。信息技术战略的主要目标：一是实现外部客户与内部生产要素的互联互通，提升效能；二是通过数字技术赋能公司对外以临床与疾病为导向的精准营销与服务，对内进行精细化运营，提升运营效率；三是通过建设医学健康大数据、探索医疗人工智能来增强公司精准诊断创新能力。实施策略包括：一是实现资金流、物流、信息流、服务流的优化；二是通过完善数字化营销与服务系统来改善客户体验；三是建设大数据服务平台，盘活大数据资产；四是积极探索人工智能与行业应用产业化落地。金域医学致力于从经验决策到"数据＋算力＋算法"决策方式的转变。

具体而言，金域医学整合以临床和疾病为导向的多技术平台并提供卓越服务，依托国家5G技术、工业互联网、人工智能、大数据等新基建政策，启动"两库一中心一基地"的建设规划，利用3～5年的时间建成健康医疗领域的信息化和数据化公司，成为国家公共卫生疾病防控和医学科研的重要支撑，成为第三方医学检验数字经济产业示范应用基地。

"两库"指生物医学样本资源库、医学检验与病理诊断大数据库，可提供标准化、高质量、开放性、临床资料齐全的生物样本资源和海量医学数据，为国家相关机构和部门开展科学研究及技术创新提供基础性的支持。

"一中心"指智慧医学检验与大健康技术创新中心，通过运用新一代信息技术对全国样本检测产生的海量数据进行采集、处理、存储、整合、挖掘和解析，以生命科学技术与信息技术的融合创新为手段，驱动医学检验和诊疗技术向可定量、可计算、可调控、可预测的方向跃升，不断孵育出适应临床发展的医学检验和大健康产业新技术、新产品、新模式和新业态。它是"政产学研"协同创新、开放式创新、交互式参与创新，国际化合作程度高，涵盖医学检验、病理诊断和大健康上下游产业链的技术创新中心。金域医学顺应智慧医学检验与大健康产业的发展趋势，建立了以疾病为导向的智慧医学检验及诊断的个性技术、共性技术、关键技术和前瞻性技术研发层级和体系。金域医学目前已在建可保存样本过5亿、样本总量达到世界前列水平的国家生物医学样本库，并建设具有10EB级数据的存储、管理和分析能力的医学大数据中心。

"一基地"指第三方医学检验数字经济产业示范应用基地，可探索医学检验诊断的智能化、数字化发展模式，以5G、大数据、云计算、工业互联网与医学检验诊断行业的深度融合为重点，加强智脑、智网、智库、智检、智诊、智服的基础建设，充分发挥金域医学的平台性、综合性、整合性功能，开展产业创新、科技创新、商业模式创新和产品创新，为国家和社会提供更优质、更高效、更丰富的智慧医学检验诊断服务。

在国家大力推进新基建和数字化转型的趋势下，金域医学启动的"两库一中心一基地"数字化转型建设规划将为其在新一轮数字科技的发展中带来更多的可能。

资料来源：根据课题组企业实地调研材料整理。

思考：

1. 金域医学的数字化转型战略包括哪些内容？有什么特点？

2. 金域医学是如何将大数据、云计算等新兴数字技术运用于企业战略决策和运营管理中的？

9.3.2 数据赋能研究开发创新

数字化研发是利用各种数字化的工具、软件等对产品进行数字化设计、分析、仿真、试验/验证的过程。与传统的研发模式不同，数字技术在用户需求识别、产品设计效率、研发组织方式等方面为企业的产品研发带来了巨大的变革。依托数据赋能带来的连接、分析和智能能力，企业可进行研究开发创新，实现需求分析精准化、研发设计高效化、研发流程并行化和研发模式生态化。

1. 需求分析精准化

随着互联网的普及，电子商务成为人们购买产品或服务的一种重要方式。当前，网络直播购物等新模式方兴未艾。根据中国互联网络信息中心2021年2月发布的《第47次中国互联网络发展状况统计报告》，截至2020年12月，我国网民规模达9.89亿，其中网络零售用户规模达7.82亿，占网民总数的79.1%。我国已连续八年成为全球最大的网络零售市场[一]。消费者通过网络购买产品并表达自己对产品的看法，形成了大量的注册信息、浏览记录、搜索记录、购买记录和产品评论等数据。这为消费者需求的挖掘提供了丰富的素材。通过观点抽取、情感分析、关联规范、分类与聚类等各种数据挖掘方法对这些数据进行分析，企业既能获得消费者作为整体的群体行为特征，又能在个体层面上精准地描述消费者行为，发现消费者对产品属性的要求和喜好，如消费者在产品的视觉外观、交互操作、使用场景、功能效用等方面的需求和偏好，从而准确地把握消费者的产品需求。以此为基础，

[一] 中国互联网络信息中心. 第47次中国互联网发展报告 [R/OL]. （2021-02-03）[2021-02-08]. http://cnnic.cn/hlwfzyj/hlwxzbg/hlwtjbg/202102/P020210203334633480104.pdf.

企业可以有针对性地进行产品设计。以广州利口福食品有限公司的新产品开发过程为例，通过基于大数据、人工智能、知识图谱等技术，企业能够明趋势、懂用户、知敌情，更快、更精准地把握消费需求，预测未来消费趋势和市场反馈，高效打造具备竞争力的新产品，如图9-4所示。

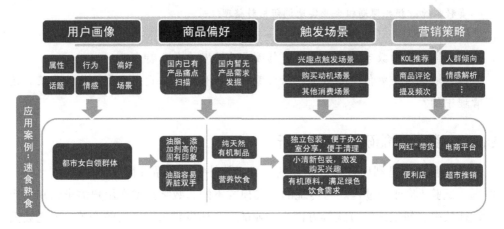

图9-4 数据赋能广州利口福食品有限公司的新产品开发流程
资料来源：张振刚，等. 广州酒家集团利口福创新体系建设规划[R]. 2020.

2. 研发设计高效化

数字技术的使用给新产品的研发设计带来了巨大的变化。随着产品功能的不断丰富，产品的研发已经成为复杂的系统工程，而占产品生命周期比例较小的设计阶段至关重要，因为设计质量的高低直接决定了后续的产品制造进度和运维成本。面对产品设计过程的复杂性，企业关心的核心问题之一是如何通过复杂性评估和管理来减少实际设计工作量。

数字孪生的出现为产品设计效率的提升以及产品研发周期的缩短提供了有效的途径。数字孪生实质是针对一个特定的现实世界中的对象，在虚拟空间中对其进行全生命周期的描述、复刻和模拟，然后对这些行为表现出的特征或行为过程中产生的数据进行分析、决策与预测，从而更好地了解与控制现实对象⊖。作为数字孪生的主要应用方向之一，产品数字孪生模型可作为产品全生命周期和全价值链的数据中心，为模拟、监控、诊断、预测和控制产品的形成过程和行为提供重要的技术基

⊖ 庄存波，刘检华，熊辉，等. 产品数字孪生体的内涵、体系结构及其发展趋势[J]. 计算机集成制造系统，2017, 23（04）：753-768.

础。具体而言，数字孪生能够在虚拟世界中对产品进行数字化定义和描述，构建新产品在虚拟世界中的几何模型，精确地描述和定义新产品的形状、属性和结构等特征，形成虚拟产品。以构建的虚拟产品为基础，企业在产品设计阶段就可以开展大量仿真试验和虚拟验证，模拟与检验产品在真实环境中的性能，根据仿真和验证结果调整产品参数或工艺参数，快速优化设计方案，将产品开发的关键问题和可能发生的错误集中在设计阶段解决，从而降低测试成本，提高设计的效率和准确性。例如，在飞机研发领域，波音 787 飞机的研制采用了完全数字化设计、试验和装配，总共 16TB 的设计和试验数据，没有实物样机。虚拟试验验证技术作为核心技术之一发挥了重要作用。波音 787 飞机的大型试验均在虚拟环境中进行，这大大降低了研制风险，并将研制周期缩短到 4 年⊖。

除了在产品研发阶段的应用以外，产品维护阶段的数字孪生也能够为产品性能的优化提供支持。产品维护阶段的数字孪生可以远程监测与收集产品的各项内在性能参数。这些参数可以反映产品在使用过程中的变化规律，也可以用于分析产品性能的影响因素，还能够提供工作状态与设计性能之间的关系曲线。设计人员可以利用该性能偏差在后代产品中对产品进行改进，不断实现产品性能的提升。

3. 研发流程并行化

制造业企业传统的产品研发模式是基于串行工程的模式。如图 9-5 所示，企业把产品研发过程细分成需求分析、产品设计、工艺设计、产品试制（加工装配）、产品验证等多个环节，研发活动在各部门之间按顺序进行，一个研发环节完成后再转到下一个环节。这样的模式使各个环节难以对设计全局进行综合考虑，难以实现全局最优，且容易造成研发设计流程长、效率低、成本高等问题。

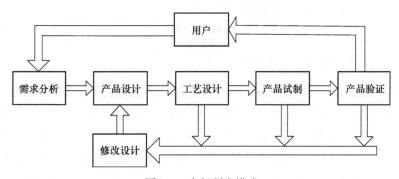

图 9-5　串行研发模式

⊖ 田锋. 精益研发 2.0：面向中国制造 2025 的工业研发 [M]. 北京：机械工业出版社，2016.

随着数字技术的发展和应用，基于虚拟世界的模拟择优方法逐步兴起。CAD（计算机辅助设计）、CAPP（计算机辅助工艺过程设计）、CAE（计算机辅助工程）、PDM（产品数据管理）等数字技术和工具的使用，使得高度集成的数字化模型以及研发工艺仿真体系成为现实，企业在设计阶段即可根据产品的形状、属性、结构等构建出虚拟产品，从而降低试错成本，提升产品研发的效率。如图 9-6 所示，专业工艺人员将其经验知识总结为工艺信息库，记录产品的几何特征与工艺的匹配关系；在产品设计阶段，可以对设计方案进行智能特征识别，然后在工艺信息库中智能匹配出对应的工艺。借助数字技术和智能匹配的工艺，产品将在工艺工程师的监督下进行修订与仿真。工艺工程师逐步确定工艺顺序与工艺参数，然后在虚拟世界中即可构建出虚拟产品。当设计方案变更时，识别特征、匹配工艺与工艺顺序、工艺参数也将随之更新，虚拟产品也可实现即时更新。这种模拟择优方法可以使设计与工艺规划同步进行，从而帮助企业及时发现问题并及时进行调整，有利于研发效率的提高。

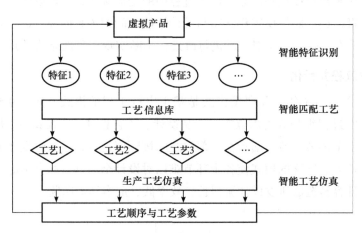

图 9-6 虚拟产品的构建过程

资料来源：苗田，张旭，熊辉，等. 数字孪生技术在产品生命周期中的应用与展望 [J]. 计算机集成制造系统，2019，25（06）：1546-1558.

同时，数字技术的发展使得产品的研发过程能够在各部门之间并行进行，在更大程度上缩短研发周期。随着人工智能、物联网、大数据、云计算等新一代信息技术的发展与应用，传统上相互独立、顺序进行的研发工作在时空上实现了交叉、重组和优化，一些原本处于下游的开发工作，也提前到了上游进行，研发流程实现了从串行向并行的演进，从而缩短了研发周期○。现今，并行设计、协同研发等新的

○ 毕马威，阿里研究院. 从工具革命到决策革命：通向智能制造的转型之路 [R]. 2019，4.

研发模式不断发展，产品开发从一开始就考虑到产品全生命周期的各种因素，包括质量、成本、进度计划和用户需求等，在研发设计时就将下游环节的可靠性、技术性、生产性等作为设计环节的约束条件，以避免或减少出现产品开发进行到后期才发现错误，进而返回到设计上游环节进行修改的情况。随着数据采集技术和设备的普及，以及基于互联网、云计算等高效协同平台的应用，并行设计的逻辑在多个领域中得以实现。产品设计、工艺设计、装配设计、检验设计等传统上顺序进行的活动在时间维度上出现交叉与重叠。如图9-7所示，在产品的研发过程中，借助智能化的感知系统，可以采集物理实体系统中的政策数据、社会数据、行业数据、市场数据，以及产品数据、性能数据、工艺数据、环境数据等，同时在虚拟模拟系统中生成孪生大数据，完成物理空间和虚拟空间中数据与信息的关联及互动。通过在虚拟模拟系统中构建产品研发模型，可以对产品设计、工艺设计、装配设计、检验设计进行动态的仿真分析，形成相关产品研发的决策信息，这样不仅可以实现产品设计与工艺设计、装配设计、检验设计等各个设计环节并行进行，还可以对产品研发各个环节进行优化反馈，及时纠错，在设计研发阶段改善产品质量，使得产品全局最优设计成为可能，也使得研发周期缩短，研发效率提高。

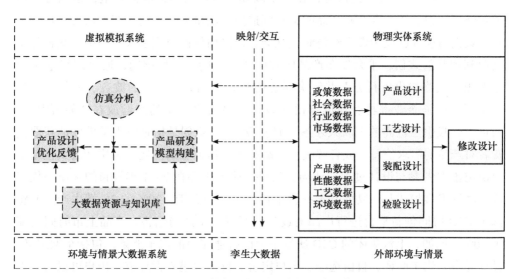

图9-7　数据赋能下的并行设计示意

以波音777飞机的研发为例，美国波音公司在777大型民用客机的开发研制过程中，运用CIMS（计算机集成制造系统）和并行工程技术，由200多个研制小组协同并行工作，将产品全部进行数字定义，设计出777飞机所有零件的三维模型，完成所有零件、工装和部件的数字化整机预装配，建立了电子样机。它与波音767飞机的研制周期相比，缩短了13个月，实现了从设计到试飞的一次成功。

4. 研发模式生态化

在数字技术的驱动下，企业的研发设计正在从以企业内部研发部门为主向多主体协同研发的模式演进。企业的研发活动不仅需要企业内部的协同，还需要企业与外部环境中的用户、供应商、技术提供商等主体实现双向的、连续的、实时的信息互动。

用户需求的多变性、技术环境的动态性和复杂性使企业难以具备准确地把握用户需求和产品创新所需的全部能力。基于社会化的开放式创新平台将用户及第三方创新资源整合到产品研发中，形成了社会化的协同研发模式，为企业应对数字经济时代市场的快速变化、解决产品研发中遇到的技术难题提供了可行的方案。构建开放式的创新网络平台，成为企业获取外部创新资源、深度理解用户需求、及时捕捉市场动态变化、更好地满足市场需求的有效途径。开放式创新的思想由美国加利福尼亚大学伯克利分校哈斯商学院的教授亨利·切萨布鲁夫（Henry Chesbrough）于2003年提出。切萨布鲁夫认为，在一个以知识分散为特征的世界里，组织可以通过对外部知识、智力资产和产品的整合创造更多的价值。当前，产品众智、众创等开放式创新模式已成为数字经济时代社会化协同研发的典型模式。其中，众智是指企业利用开放式创新平台发布产品研发中所面临的技术性难题，通过网络汇集全球思想，最终找出可行方案并解决问题的模式。例如，美国的波音、杜邦、宝洁等世界500强企业都将企业内部研发设计人员解决不了的问题放在"创新中心"网页上，吸引全世界的创新人才参与研发设计㊀。众创是指企业为了更好地获取消费者对产品的需求信息，或者解决在产品研发中所面临的问题，利用开放式创新平台邀请消费者参与设计过程的活动。阿里云研究中心在2021年发布的《新一代工业互联网发展模式与成功实践》报告中指出，未来五年，30%的2C端生产企业将基于C2B协同创新平台进行产品的设计、开发、生产与销售，产品上市时间会缩短30%。例如，上汽集团的C2B研发平台已打通完整的汽车链条，包括车型定义、设计开发、汽车验证、自由选配、用户定价、反馈改进六大环节。用户可以参与上汽大通D90多达60个节点的开发，包括钥匙、个性化徽章、娱乐大屏、座椅等多项零部件㊁。

㊀ 孙延明，宋丹霞，张延平. 工业互联网：企业变革引擎 [M]. 北京：机械工业出版社，2021.
㊁ 阿里云研究中心. 新一代工业互联网发展模式与成功实践 [R], 2021.

◀■ 创新聚焦 ■▶

三维数字化工艺系统打通徐工集团研发数字链

徐州工程机械集团有限公司（以下简称"徐工集团"）成立于1989年，是集工程机械研发、制造、出口为一体的大型企业集团。近年来，公司采用数字化研发手段大力实施集成创新，维持了国内行业领先地位。公司面向产品设计、工艺、试验、制造、服务等产品实现的全过程，通过全球范围的平台统一规划、统一建设和统一管理，以及与企业其他信息化系统、数据和业务的创新集成，建立了以数字化产品设计、数字化工艺与制造、数字化仿真试验、数字化服务设计、数字化协同管理等模块为基础的全球协同研发信息平台。以平台建设为抓手，公司获得了数字化研发技术与应用的核心能力，有效地支撑智能制造和高端智能装备的发展。

研发过程中的各种信息如何高效、完整、精确地定义，如何有效地管理，如何无失真、无缺漏地向生产制造等各环节传递是多年来困扰企业的重要问题。在研发过程中，产品设计的数字化已经具备了良好的基础，各类三维设计和仿真软件应用比较成熟。与之相比，工艺设计的数字化程度普遍较低，工艺设计工具多样、数据离散和研发数据脱节，成为研发数字化的短板。综合企业需求和技术发展趋势，徐工集团于2012年启动三维数字化工艺系统的建设和应用项目（以下简称"项目"），力图打通研发数字化数据链，建设"所见即所得的工艺指导生产"的新型研发机制；统一研发环境，实现产品设计和工艺设计的有效协同；增强工艺的指导性和研发的规范性，并提高研发整体效率，降低研发成本。

项目以三维工艺软件为中心，配合三维标注、模型检测等软件，实现从设计到工艺的全三维化，以缩短流程、促进协同、提高工艺设计水平。项目从三个方面开展工作。

1. 建立三维数字化产品和工艺协同设计及管理系统平台

自主研发并搭建三维工艺设计管理所需要的系统平台，形成全三维数字化产品与工艺协同设计及管理系统平台等主要功能，构建工艺知识、工艺流程和工艺参数等基础信息库，具备三维标注、三维工艺快速设计、模型轻量化及可视化发布等多项功能，实现基于MBD（基于模型定义）的产品与工艺协同设计、模型规范性自动审查、基于模型的工艺快速设计以及面向制造的三维可视化发布。

2. 开展数字化工艺的标准化工作，建立国际先进的数字化工艺标准体系

数字化建设和标准息息相关，在建设过程中，项目按照技术标准化建设路线，建立了国际先进的三维数字化工艺标准体系，制定了企业标准，包括术语定义、

设计建模、三维标注、三维工艺设计过程,以及数据审批、管理和发布等内容,配以相关国标,以支撑系统和业务运行。

3. 应用于产品设计、工艺设计、生产制造等各阶段,形成了完整的应用模式

在项目研发过程中,徐工集团广泛开展业务调研,制定了三维工艺设计、三维工艺数据管理等核心业务专题方案和系统应用上线策略,形成了三维数字化工艺设计系统应用指南,能全面指导企业的核心业务处理、上线推广步骤、数据切换、实施周期和资源配置等,并据此形成了产品和工艺全三维设计、制造可视化发布等基本模式。具体而言,主要包括以下几个方面。

(1)全三维产品设计 在产品设计阶段实现标准化建模,在建模中要着重考虑模型面向下游工艺应用的建模要求,遵循相应的企业建模规范。实现各类设计信息的三维标注,在几何、标注和属性等方面对数据进行标准化,从而省去工程图,将带有完整信息的模型作为下游工艺设计的输入内容。将离散在三维模型和工程图上的设计信息集中表达在三维模型上,统一研发数据源头。

(2)三维数字化的工艺设计 对焊接装配、机械加工、钣金等主要工艺类型进行三维工艺设计,梳理、总结并标准化工艺设计流程、资源、工艺方法、工艺参数等数据信息,建立结构化的工艺数据库,并通过几何模型、标注和属性等综合表达工序工步设计信息。

(3)产品和工艺数据关联管理 将工艺数据和设计数据一起保存在 PDM(产品数据管理)系统中,以工艺设计驱动生产工艺 BOM(物料清单)和工艺路线,以 EBOM(设计物料清单)和 PBOM(计划物料清单)的关联管理研发数据,在统一研发数据源的同时,实现数据的结构化和可追溯管理。

(4)产品和工艺模型数据质量的控制 在综合建立基于 MBD 的产品研发标准后,同步利用多种数字化手段来保证传递数据的质量。主要通过总结模型数据标准化要求,开发模型质量检测软件,建立涵盖设计、工艺等多阶段、多类型数据的检测项来提高数据质量和传递效率。

(5)生产制造可视化发布 工艺部门完成工艺设计后,要将工艺规程包上传到 PDM 系统,并通过"三维工艺可视化发布软件"将其发布到企业生产、装配车间,生产人员可以在现场终端上进行工艺数据的浏览和交互式操作,从而准确且规范地进行制造与装配。

项目取得了良好的经济和社会效益,全面建立了全三维数字化产品与工艺协同设计及管理系统平台和三维数字化工艺标准体系,实现数据源统一、模型规范化、设计协同化、生产无图化,提高了研发质量,缩短了研发周期。同时,项目产出了一系列标准，包括国际标准和国家标准，有助于行业数字化研究和应用水平的进步。

资料来源：e-works数字化企业网. 三维数字化工艺系统打通徐工研发数字链[EB/OL].（2020-01-11）[2021-01-15]. https://articles.e-works.net.cn/cad/article145428.htm.

9.3.3 数据赋能生产制造创新

数据赋能生产制造创新的核心是制造范式的变革，将推动传统制造模式逐步向智能制造模式的转变。根据我国工业和信息化部、财政部联合发布的《智能制造发展规划（2016—2020年）》，智能制造被定义为基于新一代信息通信技术与先进制造技术深度融合，贯穿于设计、生产、管理、服务等制造活动的各个环节，具有自感知、自学习、自决策、自执行、自适应等功能的新型生产方式。智能制造将带来制造行业的价值链、产业链和创新链的改善和优化，使企业生产运营逐步实现定制化、多品种、高质量、低成本、高效率等目标，从而更好地满足外部日益激烈的市场竞争的新要求。

随着信息技术的发展，企业智能制造的发展主要经历了自动化、网络化和智能化三个基本阶段。第一，从20世纪中叶到90年代中期，计算机技术不断发展，分布式控制系统（DCS）、可编程逻辑控制器（PLC）、数据采集与监视控制系统（SCADA）等自动化技术在制造业得到推广及应用，企业生产制造逐渐实现自动化改造。第二，从20世纪90年代中期到21世纪10年代中期，互联网技术逐步得到大规模的普及与应用，制造企业开始利用工业互联网、物联网等技术加强信息的集成与互联，建立起内外互通互联、信息高度集成的运作网络。第三，21世纪10年代中期至今，大数据、云计算、移动互联网、工业互联网、机器学习与人工智能等低人工干预智能技术实现了突破发展和融合应用，企业的生产制造模式进入了以智能感知、分析、决策为特征的智能制造阶段[一]。

数据赋能智能制造主要体现在三个方面。第一，广泛建立连接机制。综合利用REID、传感器、GPS等技术实现感知，并通过WiFi、5G等网络接入实现数据采集和传输，最终形成设备互联、车间互联、工厂互联的基于工业物联网的数据集成系统，通过基于工业大数据平台的仓储物流管理系统、ERP系统实现与原料供应商、产品经销商等合作伙伴的连接，最终将企业内部系统与政府公共数据平台、数据服务商相连接，实现人与人、人与物、物与物的无缝连接。第二，综合利用分析

[一] 用友网络科技股份有限公司. 企业数字化：目标、路径与实践[M]. 北京：中信出版社，2019.

模型。在企业内部系统部署深度学习平台、分布式系统、大规模并行计算，提升系统的运算能力，并通过可视化系统呈现分析结果。第三，实现生产制造各环节的智能认知、智能决策和智能管理。在仓储环节，系统可以根据物料的使用情况进行自主决策，若物料处于将要用完的状态，则系统将通知物料供应商及时供货，降低物料库存成本。在生产环节，系统可以自主判断设备是否需要维修、工序是否冗余等情况，以帮助生产人员管理设备、协助技术人员改进工序。

具体来看，数据赋能生产制造创新主要有大规模定制化的柔性制造模式和及时精准生产的精益制造模式。

1. 数据赋能大规模定制化的柔性制造模式

个性化定制是企业根据每个用户的特殊要求提供个性化定制产品的一种模式，是相对于传统的大批量生产模式而产生的新的生产模式。与传统的以产品为中心的商业模式不同，个性化定制模式是一种以用户为中心的商业模式，能够增强企业和用户之间的互动。对于用户来说，个性化定制能够满足其差异化、独特性的需求；对于企业来说，个性化定制能够使企业快速地获取用户需求，从而优化产品或服务。但是，个性化定制和大规模生产之间天然存在着难以调和的矛盾，而"互联网+"模式能够缓和二者的冲突，既能发挥大规模生产高效低价的成本优势，又能满足用户的个性化需求。它使大规模定制模式的出现成为可能。大规模定制是一种集企业、用户、供应商于一体，在系统整体优化思想的指导下，充分利用企业已有的各种资源，在标准化技术、现代设计方法学、信息技术和先进制造技术等的支撑下，根据用户的个性化需求，大批量生产低成本、高质量的定制产品的生产方式。表 9-1 列出了大规模生产与大规模定制的区别。

表 9-1 大规模生产与大规模定制的区别

项目	大规模生产	大规模定制
焦点	通过稳定性和控制力实现高效率	通过灵活性和快速响应来实现多样化及定制化
目标	以几乎人人买得起的低价格开发、生产、销售、交付产品和服务	开发、生产、销售、交付具有多样化和定制化特征的产品与服务
关键特征	●稳定的需求 ●统一的大市场 ●低成本、质量稳定、标准化的产品和服务 ●产品开发周期长 ●产品生命周期长 ●按需求预测生产	●分化的需求 ●多元化的细分市场 ●低成本、高质量、定制化的产品和服务 ●产品开发周期短 ●产品生命周期短 ●按个性化订单生产

资料来源：用友网络科技股份有限公司.企业数字化：目标、路径与实践 [M].北京：中信出版社，2019.

为了实现大规模定制，企业必须具备三种能力。一是具备准确地获取用户需求的能力。获取用户需求是大规模定制的第一步，为了准确地了解用户需求，企业要创建快速获取用户需求的平台，进而按照用户需求进行生产。对于不同行业，需求获取的要求可能会不一样。服装、家具等行业要求进行参数化配置，例如，服装行业需要测量用户的身高、腰围、臀围等参数，然后依照用户的体形个性化定制服装并交付给用户；汽车、家电、计算机等行业要求实现模块化选配，根据用户选配的模块情况进行生产或组装。二是具备敏捷的产品开发能力。用户的个性化需求无疑增加了产品的多样性和复杂性，企业的研发人员需要根据相似性原理对产品进行模块化设计，即在对产品进行功能分析的基础上，划分并设计出一系列通用的功能模块，然后根据用户的要求，选择和组合不同的模块，从而生成具有不同功能、性能或规格的产品，并有效地降低制造过程的复杂性，提高生产效率。三是具备柔性制造能力。在传统的大规模生产中，一条生产线或者一个加工中心只能加工某一规格型号的产品，且换本成本极高。柔性制造系统是由若干数控设备、物料运储装置和计算机控制系统组成的自动化制造系统，能够根据制造任务和生产品种的变化迅速进行调整。这种生产制造系统能够在较少的人为干预下，生产同一系列的不同产品，因此能够满足大规模定制模式下的大批量、多品种的生产需求。

2. 数据赋能及时精准生产的精益制造模式

在数据赋能作用下，企业传统的制造模式逐渐转化为及时精准生产的精益制造模式，如图 9-8 所示，具体构成要素包括一个基础和三根支柱。一个基础是指在互联网、云计算等计算机信息网络技术支持下的群体工作小组和并行工程的生产作业方式。三根支柱分别是准时生产系统、成组技术知识系统和全面质量管理系统。屋顶是精益制造模式的目标，即零库存、零缺陷、多品种。三根支柱代表着精益制造模式的三个本质方面，它们之间相互配合，缺一不可。准时生产系统是缩短生产周期、加快资金周转和降低生产成本的重要方法；成组技术知识系统是实现多品种、小批量、低成本、高柔性、按顾客订单组织生产的技术基础；全面质量管理系统是保证产品

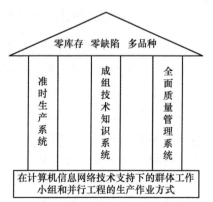

图 9-8 数据赋能及时精准生产的精益制造模式

质量、树立企业形象和达到零缺陷目标的主要措施。作为基础的并行工程，它们既代表了高速度，又代表了高质量。其要求产品的设计不仅要考虑产品的各项性能，还应考虑与产品有关的各工艺过程的质量及服务的质量，要求通过优化的生产过程来提高生产效率，通过并行设计来缩短设计周期。

数据赋能主要通过建立连接机制、分析模型、智能模式等，进一步提升精益制造的准时生产效率。一是通过建立多种连接机制实现精益制造的数据互通。在原有的计算机网络技术中融入物联网、大数据、5G通信等数据采集和传输技术，纵向实现企业内部、合作伙伴以及数据平台之间的连接，横向实现准时生产系统、成组技术知识系统、全面质量管理系统之间的数据互通和集成。二是通过构建多种分析模型强化精益制造的分析深度、效率。在生产工艺改进方面，企业在生产过程中可以使用大数据技术对整个生产流程进行分析，了解每个环节是如何执行的。一旦某个流程偏离了标准工艺，数字化系统就会产生报警信号，从而更快速地发现错误或者瓶颈所在，并且解决问题。企业还可以对产品的生产过程建立虚拟仿真模型，从而优化生产流程。在能耗分析方面，企业在设备生产过程中利用传感器集中监控所有的生产流程，能够发现能耗的异常或峰值情形，由此便可在生产过程中优化能源的消耗。三是通过形成智能模式加速实现零库存、设备零故障。通过跟踪生产过程，结合大数据分析，企业可以对比历史数据，预判潜在的设备故障，有效地规避生产中断，也可以将预测型维护数据整合到ERP系统中，实现生产流程的最优化，并通过动态调整将设备故障的影响降到最低。

◀ 创新聚焦 ▶

尚品宅配：数字化贯通三端，重新定义定制家居

广州尚品宅配家居股份有限公司（以下简称"尚品宅配"）成立于2004年，是一家强调依托高科技迅速发展的创新型企业。尚品宅配秉承"网络成就你我家居梦想"的企业理念，以"做中国家居电子商务领航者"为使命，以"轻松家居，节约家居，舒适家居，科技家居"为愿景，经过15年的发展，已成为国内定制家居行业的知名企业。尚品宅配致力于用数据赋能，为顾客创造完美家居。2019年，尚品宅配推出了第二代全屋定制，以"更全、更美、更懂你"的方式出现在消费者面前。尚品宅配的第二代全屋定制讲究"两智、四齐"。两智指的是智能设计和极智服务。其中智能设计即通过智能云计算、智能大数据开展智能设计。人工智能云设计可实现10秒极速渲染出图，拥有4万多海量方案，效率能提升30%。极

智服务即实现"两网三端四化",在消费互联网层面,智慧门店通过FaceID精准捕捉和分析用户画像,让零售端做到"有的放矢";在工业互联网层面,通过数据打通消费端、服务端、生产端,实现全流程服务在线化、可视化、个性化、精准化。四齐指的是一屋配齐、一次配齐、一站配齐、一生配齐。除全屋柜类定制外,与老板电器、左右沙发等公司合作,增加背景墙、沙发、床垫、窗帘、电器、灯饰、饰品等全品类定制,打造从木门、卫浴到阳台等全场景解决方案,提供"5 000+SKU"供消费者选择,实现全品类的一体化和一站式配齐。通过数字化技术的运用,尚品宅配打通了前端的门店、中端的设计和后端的制造环节,实现了全屋配齐、一站配齐的新模式,让顾客的购物体验更加便捷、满意、透明。

1. 前端:智慧门店

在一些前端门店,尚品宅配安装了Face ID体系顾客管理系统,用于捕捉顾客数据,并根据捕捉到的数据有针对性地规划营销活动。顾客进入门店后,系统会通过Face ID捕捉数据并进行跟进。比如,顾客在某一款风格的产品前面停留了多长时间、这个人的年龄有多大等。这些数据都会进入尚品宅配的管理系统中。通过管理系统对数据进行分析,尚品宅配可以得到有价值的信息,比如,哪种风格的产品会更受消费者关注、某款产品更受哪个年龄段的消费者关注等。根据这些信息,门店会在营销上制定相应的对策,进而提高顾客的转化率。

2. 中端:智能设计

在设计环节,尚品宅配采用人工智能云设计,协助设计师为顾客提供高质量的设计方案。设计师去顾客家中量完尺寸、了解完需求后会画出一个简单的图,并将图上传到尚品宅配的系统里。通过云渲染,后台会自动对这些信息进行人工智能云设计,最终自动生成一个满足顾客需求的方案,并反馈给设计师。智能云设计用到了尚品宅配的"三大库",即房型库、方案库和产品库。其中,房型库里存有国内90%的户型,包括不同的楼盘房价功能组合、全生命周期的功能组合和不同客户群体的风格等信息。经过十多年的积累,尚品宅配也形成了丰富的产品库和方案库。此外,尚品宅配在国外也有一些合作商和合作门店。例如,泰国最大的家居生产制造商是尚品宅配的合作伙伴。尚品宅配在泰国开设了十几家门店。泰国的设计数据也会通过云渲染输送到尚品宅配的后台。因此,中国的设计师可以在方案库里看到"泰式"设计风格。"三大库"共同构成尚品云,支撑尚品宅配的人工智能云设计。

3. 后端:智能制造

在制造环节,尚品宅配实现了智能排产和智能制造,极大地提高了生产效率。

在排产方面，中端为顾客完成方案设计并通过"下单宝"自动下单后，后端的系统就可以根据订单数据形成最优的生产计划。在制造方面，尚品宅配的工厂实现了从最开始进门端的机器手臂自动分拣板材到后端各个环节的互联。工厂的智能制造通过大规模生产定制进行柔性批量生产，现在不同规模、不同批次、不同颜色的板材，一天的产量可以达到十多万块。一台机器可以同时生产不同的板材。

资料来源：根据作者调研和网络资料整理。

9.3.4　数据赋能市场营销创新

市场营销是企业价值创造及传递过程的关键环节，是企业价值流程的放大器与变现器，通过影响客户的感性认知，将理性创造过程形成的价值向市场传播与扩散，可以实现产品价值的商业化、规模化和大众化。市场营销的本质就是洞察需求，数据赋能为企业洞察市场需求、开展市场营销创新提供了新的思维、新的工具和新的方法。通过积极运用大数据、云计算、人工智能等新一代信息技术开展市场营销创新，企业的销售管理、客户管理和渠道管理逐渐呈现智能化、数字化的发展态势，数据赋能下的线上线下相融合的新营销、新零售逐渐成为大势所趋。

1. 基于用户画像的精准营销

精准营销是著名营销理论学者菲利普·科特勒（Philip Kotler）于 2005 年提出的营销概念，强调传统营销方式应向更精准、可衡量和高投资回报的方向转变。随着大数据时代的来临，数据驱动下的精准营销逐步得以实现，并逐渐形成"数据为王"的营销格局。大数据精准营销又称为数据驱动的精准营销，是指通过大数据挖掘技术对企业从外部收集的或者已有的海量消费者数据进行分析，并根据分析结果优化企业营销策略的一种新型营销手段[一]。运用大数据的根本在于积累了海量数据，企业通过对海量消费者数据的解读，分析出消费者真正的行为和态度，并在适当的时候向消费者推送合适的信息，提高了营销的精准性，这成为增强企业竞争力的关键。数据驱动下的精准营销弥补了传统营销方式成本高、见效慢的缺点，以高性价比的优势逐渐受到企业的青睐，如图 9-9 所示。

数据赋能下的精准营销模式的构建是一项系统工程，主要包括数据层、方法层和管理层等模块（如图 9-10 所示）。企业在海量搜集和积累消费者数据的基础上，依托数据挖掘和云计算等技术开展数据分析，形成千人千面的用户画像，从而有针对性地制定具体的营销策略并将其贯彻执行。数据积累和数据挖掘应用成为制造业

[一]　李静. 基于大数据精准营销的网络营销策略研究 [J]. 商业经济研究，2017（11）：46-47.

企业经营的重要部分。精准营销是企业将价值快速、有效地传递至消费者的重要环节。精准营销系统能利用数据挖掘技术、云计算技术等，对企业经过积累而形成的数据库进行处理，从而再造或保持顾客的价值空间。数字时代的精准营销通过借助更加先进的数字技术实现业务深度运营，将传统营销模式提升至精准营销层级，通过内外部数据融合、线上线下数据打通来构建营销闭环，以消费者需求为导向，精准识别用户信息，智能推荐产品服务组合，全面提升售前售后服务。

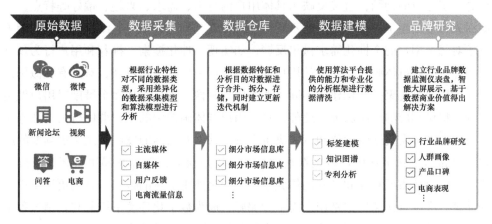

图 9-9　数据赋能下的市场精准分析

资料来源：广州数说故事信息科技有限公司（DataStory）。

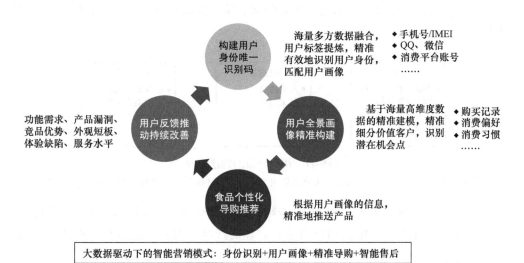

图 9-10　数据赋能下的智能精准营销模式

资料来源：广州数说故事信息科技有限公司（DataStory）。

（1）用户画像　用户画像作为一种实现大数据有效利用的工具被广泛应用。对用户进行准确画像是开展精准营销的基础。用户画像是指从多个维度对用户大数据进行分析，具体描述标签用户的各种属性特征，对其赋予不同的数据标签，进而抽象出用户的商业全貌[一]。基于主体划分的视角，用户画像可分为用户个体画像和用户群体画像。用户个体画像是通过抽取某一用户多维度的属性特征，并赋予不同的标签，从而对不同用户做出个体区分。通过大数据分析可以对个体消费者的属性特征进行多方位的刻画，直接反映出具体用户的行为、需求、兴趣、偏好等特点，从而深入且全面地了解每个用户的不同需求，在此基础上，企业可结合大数据等相关技术对每个用户的个性化需求做出反馈，如实现个性化搜索、推荐和用户行为预测等功能。用户群体画像是通过从用户群体的数据中抽取用户特征，对具有相似用户特征的用户进行聚类，构建出不同类型的用户画像，进一步从多个维度对用户做出细分并提供相应的产品服务。此外，对于用户群体画像中的用户群体行为特征规律的探索有助于实现运营优化和营销决策支持。移动互联网的发展带来了更频繁的用户互动接触，数字化用户数量快速增长，且用户获取信息和交易决策行为持续分化，有的更注重便利性和良好的体验感，有的更注重实惠的价格，有的更注重产品的品牌，准确且快速地识别用户需求和偏好，成为数字化环境下服务与营销过程中的关键挑战[二]。在这种情况下，企业需要更准确的用户画像信息来建立对用户的背景处境、认知特征和个性特点的全面理解，并持续优化营销互动策略。在实际应用中，用户画像的构建流程主要包括数据收集、特征提取和画像表示三个步骤，如图9-11所示。

图9-11　用户画像的构建流程

资料来源：宋美琦，陈烨，张瑞. 用户画像研究述评[J]. 情报科学，2019，37（04）：171-177.

（2）精准导购　在用户画像的基础上，企业可进一步将用户与产品进行匹配，用于个性化推荐，推送用户可能感兴趣的产品和内容，这有利于提高用户满

[一] 宋美琦，陈烨，张瑞. 用户画像研究述评[J]. 情报科学，2019，37（04）：171-177.

[二] 史雁军. 数字化客户管理：数据智能时代如何洞察、连接、转化和赢得价值客户[M]. 北京：清华大学出版社，2018.

意度和用户黏性。在大数据时代，消费者的特征更加细分化，用户画像能够较为全面地描述用户的兴趣与特征。以电子商务平台常用的个性化推荐为例，电子商务平台能够掌握每一个用户浏览过什么商品、停留了多久、曾经购买过什么商品。因此，企业可以基于用户画像发现用户的购物偏好，知道每个用户所属的消费类型，根据其购买记录和浏览记录推送更为精准的产品信息，实现消费转化。在互联网竞争越发激烈的形势下，想要成功地夺取用户的注意力，必须迅速捕捉用户的兴趣点，将符合用户信息需求的内容及时推荐给用户。例如，北京字节跳动科技有限公司（以下简称"字节跳动"）的产品"今日头条"凭借强大的定向推送功能取得了巨大成功。自2012年发布以来，"今日头条"凭借其用户大数据积累，基于个性化推荐引擎技术，根据用户的年龄、性别、搜索行为、浏览习惯、评论内容、地理位置等多维度信息，向用户推荐其可能感兴趣的个性化内容。其个性化推荐功能主要体现在推荐添加关注的用户、信息流推送、城市版本、个人页面定制等方面⊖。在首页顶部导航栏的"关注"下，系统将为用户推荐在"今日头条"上开通了账号的大V、自媒体人和媒体账号所发布的信息，用户选择自己感兴趣的账号并添加关注后可获得该账号发布的最新资讯。在"推荐"栏下，除了置顶的重要新闻以外，系统通过用户画像、上下文推荐和聚合协同过滤，挖掘信息和用户的相关性，为不同的用户推送他们可能感兴趣的资讯。在5年的时间内，"今日头条"超越了网易新闻、腾讯新闻等竞争对手，成为新闻资讯类App中排名第一的应用平台。

（3）智能售后　在精准营销的过程中，企业还需要精确化的营销分析与管理。企业需根据用户行为数据对产品推送的效果进行评估，并建立用户反馈的渠道，在此基础上进行推送内容的强化或调整。在这个过程中，一套科学合理的评估指标体系是对营销策略进行评估的重要依据，也是营销效果达到预期目标的重要保证。

2. 数据赋能客户管理

企业可综合运用大数据技术对客户管理的各个环节进行重新设计，逐步建立快捷、灵活、高效并富有弹性的客户管理体系，进而对市场、客户变化做出敏捷的反应，大幅提升企业客户管理的科学化和智能化水平。具体而言，在大数据时代下，数据驱动的客户管理能够给企业带来如下效益。

⊖ 杨莉明. 个性化推荐在移动新闻资讯传播中的应用、影响与反思 [J]. 新闻与传播评论，2020，73（02）：47-58.

首先，企业能够利用大数据识别用户身份、描述用户画像。在数字化时代，用户的身份信息和消费过程实现了数据化。基于数据识别用户身份、描述用户画像是企业进行用户选择、建立全面用户理解和维护用户关系的基础。在移动互联网时代，由用户产生的数据呈指数级增长，企业对数字化用户画像的要求比以往更加精确化。快速且准确地识别用户身份，成为数字化环境下用户服务过程的关键挑战。企业建立用户画像需要利用所有可以收集的自有数据以及第三方数据，通过信息综合和特征分析，形成对用户整体特征的全面认识，以便为后期开展用户关系管理提供可靠的依据。

其次，企业通过数据挖掘来分析用户行为，能够为企业决策提供依据。不是所有的用户数据都能为企业带来价值，因此在进行数据分析时，企业不能盲目地对全量数据进行分析和挖掘，而应借助数据处理工具将精力投入到最有可能产生价值的分析上。来自不同渠道的数据中隐藏着用户的产品偏好、信用、忠诚度及流失倾向等属性，企业可以依托这些信息对用户进行细分，实施差异化策略，为用户提供更优质的服务。通过数据分析和挖掘，企业可以对用户行为进行洞察，运用数据分析方法来预测用户对企业开展经营活动的态度等，进而了解目标用户的可获取性和营销活动的必要性，据此组织企业经营活动，为企业决策提供依据。

最后，企业利用大数据能够提升用户价值，赢得更长久的用户。要想实现长期发展，只赢得用户的短期贡献是不够的。企业需要将自己定位为一个价值创造者，不断地创新产品、改善业务、优化流程，伴随用户共同成长，不断地为用户创造价值。企业可以运用大数据技术持续地研究和了解用户，对从用户获取、用户提升、用户成熟、用户衰退到用户流失的整个生命周期进行管理：在获取阶段关注和培育目标用户；在提升阶段借助大数据技术最大限度地挖掘和满足用户需求；在成熟阶段分析、跟踪用户的忠诚度及深度需求，以便提供更好的服务，延长成熟阶段的用户生命周期；在衰退阶段利用大数据技术及时洞察用户异动，根据不同用户的情况采取不同的策略，争取再次提升用户价值，进入一个新的用户价值提升周期；在流失阶段要尽快开展用户保留和赢回工作，根据不同的用户价值采取不同的关怀挽留活动，针对用户流失的具体原因做出改进。企业应借助大数据对用户终身价值进行深入分析，持续完善用户画像，优化用户接触点，不断创造有价值的用户互动，最终提升用户忠诚度，实现用户的终生价值。

3. 数据驱动渠道管理

在大数据时代，消费者获取信息的手段逐渐多样化，企业应该通过多渠道的营销方案带来多流量入口，利用大数据合理地选择适合本企业的线上、线下渠道。在线上渠道方面，企业可以收集网络流量数据，分析目标客户广泛活跃的线上渠道，例如电商平台、微信及小程序、App、短视频直播平台等，找到客户数量大、转化率高的渠道进行广告投放和产品销售。新兴渠道的运营对于当下企业来讲至关重要。在线下渠道方面，企业应借助于大数据实现线上与线下数据（包括订单、财务、会员、库存、商品数据等）互通，优化布局线下实体零售店，同时利用"情景消费"来改善消费体验，让消费者有更多的商品选择。同时，供应商也能够利用有限的空间展示更多的商品，满足消费者一站式生活需求，按需预约配送，不仅让消费者的生活更加便利，而且让商品的销售范围更大。

以数说故事为例，它是国内领先的大数据整体解决方案提供商，能够基于海量级数据的流通和融合，以商业应用为目的进行外部数据的采集和分析，帮助企业实现线上线下渠道的合理布局。在线下渠道布局方面，它依托数说睿见平台构建数字战略地图，基于地理位置信息，融合人、货、场、介四大数据资源。对于零售来说，人是起点。人（消费者）通过场（商场、超市、便利店等），与货（商品）产生联系。在"人"的维度，通过对目标区域 500 米 × 500 米的网格范围内的客流分析和人群画像，细分价值人群的分布情况；在"货"的维度，分"城市-商圈-商场"三级对销售的商品进行潜力评估，明确目标区域的重点铺货品类；在"场"的维度，集成全国约 1 000 万家各类店铺的地理周边信息，形成目标区域的销售地图，用于分析目标区域内本品和竞品的关系；在"介"的维度，依托线上平台媒介和线下实体媒介实现资源的精准投放。最后，在融合人、货、场、介四大数据资源的基础上，为品牌商和零售商打造一张渠道智能全景网，纵览全国各类网点信息，实现网点周边客群、商圈、销售潜力的洞察，并从潜力城市、重点商圈和热门店铺三个层级开展销售潜力评估，为网点拓展智能优选、媒介资源精准投放、线下行销资源精准匹配等提供高效的数字化解决方案，如图 9-12 所示。

在线下、线上渠道融合发展方面，数说故事打造了"连接-运营-变现-数据"的用户运营模式，帮助品牌实现跨平台连接，打通线上、线下渠道，利用线下导流、线上沉淀的方式获得用户全景画像，进而实行精准营销。以它服务过的某化妆品连锁品牌为例，该化妆品连锁品牌拥有 2 000 多家门店，发送出的会员卡约 2 000 万张。然而这海量会员的活跃度却不得而知。它为该品牌提供了大数据运营支撑平台"数说领客"。第一，通过二维码把所有的消费者从线下门店引入线上平台。第二，量化店长的 KPI，持续吸引新用户。第三，在投递包裹、售卖场景中，都通过二维码进行引流。两年时间内，该品牌的 2 000 万会员转化成线上 600 万的活跃粉丝。此后，该品牌依据全景画像精准推送的活动更是达到87%的转化率，并赢得单次秒杀活动超过100万元的销售额[⊖]。

图9-12　数据赋能下的数字化渠道管理
资料来源：广州数说故事信息科技有限公司（DataStory）。

◀　**创新聚焦**　▶

科大讯飞助力乐城超市实施精准营销策略

在商超行业产品、服务同质化的大背景下，乐城超市需要加强营销服务创新，从众多知名商超中脱颖而出，形成差异化竞争优势。所以，乐城超市主张重新回归零售精神的本源，运用人工智能、机器人等新兴技术实施精准营销策略。

科大讯飞智能服务机器人（Robot, A.I. and Bigdata, Offline and Online, RAIBOO）作为线下连接用户的新的互动式媒介平台，将线下数据和线上数据融合，给营销领域带来了营销主动化、目标精准化、品牌人格化及效果可量化四大突破。科大讯飞智能服务机器人通过人脸识别、语音语义、肢体动作、触屏互动、券码打印、视频影音等多重功能，能够实现商家与消费者实时互动并完成品牌传播的目的。

具体的执行过程可以分为以下四个步骤：

（1）消费者进店后，智能服务机器人主动迎宾，吸引消费者的注意力并引导对话互动，同时进行WiFi信号扫描，并对消费者ID进行跟踪与分析。

（2）当消费者开始与机器人进行互动时，机器人会利用科大讯飞独有的AIUI

⊖　根据DataStory创始人兼CEO徐亚波的演讲《数据驱动智能商业决策——数字化转型到企业大脑的革命之路》及官网其他公开资料整理所得。

语音技术和丰富的资源库主动与消费者展开多轮对话，精准识别并理解消费者的方言，哪怕环境嘈杂也能有效地获取声音信息；通过引导消费者进行触屏操作，让消费者主动了解品牌和最新活动。与此同时，机器人会提取消费者在对话中的有效信息，准确地获取消费者的核心诉求。

（3）在特别定制的问卷调查环节，问卷根据人流量自动下发，通过机器人的引导，用户在不知不觉中完成问卷调查并获得特定奖励。

（4）在机器人与消费者的交互过程中，机器人会根据消费者的交互信息及购买意向产生会员注册页面并引导消费者提交手机号码、完成会员注册，注册完成后通过券码打印功能，给消费者提供促销活动的优惠券，刺激消费者完成购买。同时，通过机器人交互注册的会员信息将为线上渠道导流并完善企业CRM建设。

乐城超市销售统计数据及科大讯飞大数据研究院与科大讯飞语音云平台的数据显示，机器人在店促销期间，商超的总客单数达51 672笔，相当于10%的客流转化。通过"店促+机器人促销"，门店单品日均销量迅速增长58%；通过"店促+机器人促销+短信促销"，门店单品日均销量呈10倍增加。

资料来源：根据科大讯飞、乐城超市的官网资料整理。

9.3.5 数据赋能组织管理创新

1. 平台化组织形态

平台化组织是数字经济时代催生的新组织形态。平台化组织的典型特征是"高敏捷小前台+强赋能大中台"，面对数字化时代的冲击，构建"小前台+大中台"的平台化组织，赋能一线，提升组织敏捷性，打造业务间的高效协同机制，是组织管理创新的高效手段。

小前台强调小和敏捷，其主要由跨职能的人员组成前台业务团体，赋予业务决策权。前台工作人员直接面对市场和用户，负责组织企业内部的资源，可作为独立的盈亏单位直接与市场互动，为用户提供产品、服务或解决方案。小前台的小而敏捷，相当于在组织中引入类市场机制，让前台的小业务团队或者个人成为一个个自主决策的主体，这对充分发挥前台工作人员的自主性、创新性至关重要。同时，面对越来越复杂的外部市场环境，小前台的业务人员需要越来越灵活地应对各种可能出现的情况。

大中台强调大和赋能，其主要由跨职能、跨区域共享的业务支持平台组成，主要具有降本提效和支持创新两大功能。在与小前台的协作中，大中台至少起到以下两个作用。第一，给前台提供丰富的资源支持。中台只有提供各种优质的资源，才能吸引和留住中台上的小前台团队，支持其为用户提供优质的产品和服务，进行创新和变革以及拓展新业务。第二，提供各种机制保障。一个成功、高效的中台，需要提供收益分配机制来明确企业与前台创业团队的利益分配关系，提供激励机制来激发前台工作人员的积极性，提供风险控制机制以控制可能出现的各种风险，从而确保中台高效运转○。

要实现小前台与大中台的有效运转，需要做到两个"良性循环"○。一是前台与中台的高效合作。赋能型组织的有效运行建立在前台和中台高效协作的基础上。由于小前台和大中台在工作节奏、沟通方式、人才特征、利益诉求等方面具有很多差异甚至冲突，因此，企业需要多管齐下，促进两个"齿轮"同时运转，相互带动。企业调和冲突的关键在于寻求共识，可以从加强沟通、建立联系，人员轮岗、换位思考等方面解决这两个平台的协作问题。

二是前台和中台的有序运营和迭代。有序运营是指中台的价值虽然是通过支撑前台实现的，但中台的建设和运营具有独立性，它对前台的响应并不是有求必应，同样，前台所获得的技术、业务和数据也不是全部需要沉淀在中台之中，必须有选择性地相互支持和促进。而迭代则是指中台和前台都需要不断地发展，一方面，前台在面对市场变化时，需要及时调整自身定位和功能，推出新的适应市场的产品或业务；另一方面，前台的创新性行为也会为中台带来对应的技术、数据或业务，或者对中台提出更高的建设要求，此时的前台和中台就会相互促进，有序迭代。为了防止前台和中台在稳定运营后仅作为被动的"服务提供者"，企业应该不断激励前台和中台发挥其独特优势，彻底摆脱"成本中心"的定位。在具体操作中，企业可以通过文化重塑，倡导"拥抱变革、敢于创新"的理念，鼓励小前台和大中台组织内的员工居安思危、自我驱动，积极参与团队协作。

例如，阿里巴巴将企业拆分成众多独立的小事业部来运营，并在组织内部建设强大的中台，中台提供组织内部共享的技术、数据、产品和标准等，并将各业务前端需要的商业能力进行模块化和封装化，如图9-13所示。封装后的能力可以由前端业务部门直接调用，快速创新，从而形成"大中台、小前端"的组织和业务体制，使系统更轻、更快，决策更灵活，以迎接未来新商业环境带来的机遇和挑战。

○ 尹晓娟. 刍议互联网时代企业组织结构的变革 [J]. 商业经济研究, 2020 (24): 107-110.
○ 波士顿咨询 (BCG). 解码未来组织 [R]. 2019

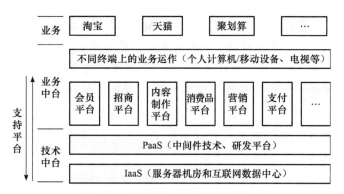

图 9-13 阿里巴巴中台的封装能力

资料来源：尹晓娟.刍议互联网时代企业组织结构的变革[J].商业经济研究，2020（24）：107-110.

◀▪ 创新聚焦 ▪▶

字节跳动的"小前台+大中台"模式

字节跳动成立于 2012 年 3 月，是最早将人工智能应用于移动互联网场景的科技企业之一。现在字节跳动已从一家初创企业，成长为国际知名的互联网巨头，2020 年员工人数约 10 万人。

在组织架构方面，字节跳动拥有典型的"小前台＋大中台"组织模式。其中，小前台主要指各个 App 产品或业务。当字节跳动需要进入一个领域或推出新的产品时，通常会成立不止一个团队，并投入大量资源，同时推进多个项目。这些团队就是各个小的前台。如果业务发展达不到预期，就会发出调整指令，关停或者撤换产品负责人。大中台则是由技术、用户增长和商业化三个部门组成的，对应的职能分别是留存（实现功能）、拉新（获取客户）和变现（获得营业收入）。当一个项目开始进行时，中台会向前台输出通用的技术、运营等解决方案，加快开发速度、降低成本，为前台赋能。此后，当项目得到验证并积累流量池后，中台也会输出商业化能力，帮助产品变现。这种配合模式，保障了前台和中台的高效协作，避免了因共识不足而导致的协作效率低下的问题。

在实际运营方面，中台与前台的配合在字节跳动成立伊始就出现了雏形。2012年，刚成立不久的字节跳动推出了今日头条 App，凭借着创新的细分标签，通过海量信息采集、深度数据挖掘和用户行为分析，为用户智能推荐个性化信息，因此，今日头条很快成为爆款产品。而为用户智能推荐个性化信息这一技术也沉淀在字节跳动的中台之中，推动了中台技术的有序迭代，并在此后的新产品中不断发挥着作用。例如，在 4 年后，字节跳动推出的抖音 App 就利用了这一技术，而这也促成了抖音的成功。同时，字节跳动每一个新的产品研发所产生的技术、业务和数据，也会以规模化、标准化的方式沉淀在中台之中，使得中台越来越强大。

凭借着强大的中台赋能作用，字节跳动还建立了针对前台的快速迭代项目机制，这为字节跳动赢得了"App 工厂"的称号。例如，在教育行业，字节跳动的瓜瓜龙英语产品从项目立项到交付只经历了四个月，并快速上线、投放广告，而它效仿的斑马英语上线了一年半才开始推广。

在组织管理方面，字节跳动的所有员工均可享受无拘无束的工作环境和灵活平等的工作方式，并感受"情景管理，而非控制管理"（context not control）的文化理念。管理层充分相信员工的创造力和自主性，鼓励内部信息共享，员工不仅可以充分使用公司资源，还可调配重要相关方参与关键项目或自由组建项目团队。同时，字节跳动采用目标与关键成果法（OKR）进行目标管理，从 CEO 到普通员工的 OKR 均在内部网站公开，以 2 个月为周期更新迭代，最大化地实现公司上下的目标对齐与跨部门目标协同，有效地打破了管理的边界。

中台的技术、业务和数据沉淀，为企业开发新产品和拓展新业务提供了强有力的保障，而在开放式的管理下所组建的具有竞争性的项目小前台，既提供了低成本切入市场的机会，也保障了面对市场变化时的灵活反应度，从而避免错失市场机会。在"小前台＋大中台"的高效配合下，字节跳动快速地发展着，现已有 11 款爆款 App 产品，覆盖教育、短视频、办公、资讯、社交等多个领域，2019 年营业收入突破 1 200 亿元[○]。

2. 精细化员工管理

随着互联网技术的飞速发展以及移动应用的不断普及，网络产生的数据呈指数趋势增长。大数据的爆炸性增长给人们获取有效的信息带来便利的同时，也增添了困难。对于管理者来说，如何快捷地排除冗杂信息的干扰，通过对员工进行全面认知来做出正确的选拔决策，是企业实现员工资源最大化需要考虑的重要问题。其中，员工画像是企业对员工进行全方位、深入管理的重要手段。

员工画像是通过员工的属性与特征形成完整且可用的有关员工的描述，以便对员工进行完整认知的一种技术手段。这些画像分析可以用于员工需求分析、技能培训分析、素质分析、人才储备分析，以及员工在企业的生命周期管理，从面试、入职、培训、工作、晋升、薪酬、异动、人际关系、团队合作、业绩贡献直至流失的全过程，

○ 根据字节跳动官网及公开资料整理。

可以帮助人力资源部提升各方面的管理水平，例如，简历匹配、应聘人员量化比对、岗位素质要求、绩效考评、关键员工培养、员工关系管理和团队协作等⊖。

如图 9-14 所示，构成员工画像的基础要素通常有基本属性、工作状态、行为偏好、门户应用和团队培养等。其中，员工的基本属性主要包括员工注册时所填写的信息，如员工的姓名、年龄、性别、职务、党团关系、教育经历、职业履历、项目经验等。员工的工作状态包括员工的绩效、工作位置、工作评价和工作效率等。员工的行为偏好主要指员工的知识偏好与应用关注，如员工的知识分享次数、内容等。员工的门户应用指员工对企业办公信息系统的应用情况，包括其使用习惯、门户访问量、模块访问量与访问热点等。

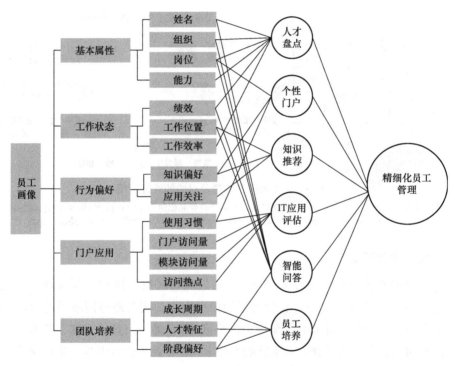

图 9-14　企业的精细化员工管理

资料来源：徐霞. 制造型企业智慧转型升级的思考与实践 [R]. 2020.

总的来说，利用信息系统对员工实时行为进行数据积累，并结合员工的基本属性、工作状态、行为偏好等要素，可以从四个方面构建员工画像。一是个人信息。

⊖ 吕兆星，等. 企业大数据系统构建实战：技术、架构、实施与应用 [M]. 北京：机械工业出版社，2017.

通过人力资源管理系统和人员档案可提取员工年龄、性别、工作年限、联系方式、岗位情况以及工作履历等基本信息，并加以组合运用。二是业务能力。通过实时监控员工工作习惯以及相关的业务操作记录、技能等级和业绩情况等，可以对员工的业务能力进行综合评价，并判断员工对企业的贡献度。三是成长情况。可以从信息化系统中提取员工的培训记录、考试及知识分享次数以及论坛分享次数，准确定位员工的成长情况。四是敬业程度。通过获取信息化系统中的员工的上班考勤记录、门户使用习惯与状态、参加会议次数、出差次数等了解员工的工作效率与敬业度。根据员工的个人信息、成长度、贡献度、敬业度等特征，可以将员工划分为不同的群体，进而实施相匹配的管理策略，如图 9-15 所示。

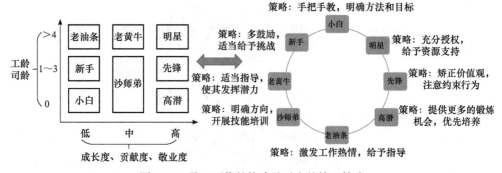

图 9-15　员工画像的构建及对应的管理策略

资料来源：毕马威、阿里研究院. 百年跃变：浮现中的智能化组织 [R/OL].（2019-04-17）[2021-05-10]. https://assets.kpmg/content/dam/kpmg/cn/pdf/zh/2019/04/intelligent-organisation.pdf.

3. 智能化管理模式

智能化管理模式有两层含义：一层是通过互联网技术和 ERP 等管理平台，让企业中的每一个人都成为一个管理沟通的信息中心，同时通过网络渠道为他人提供信息服务，让内外协作都构成紧密的网络联系○；另一层是通过数字技术赋能管理，即利用大数据、云计算、人工智能等技术，让产品的设计开发、生产制造、销售、物流配送、财务处理、顾客服务数字化，由此将企业系统中的人流、物流、资金流、信息流集成化处理，从而实现智能级的优化整合。管理模式的智能化有利于企业的决策实时同步和内部信息共享，从而提高企业的管理效率。

例如，平安科技打造的"平安脑"依托平安集团多年来积累的数亿级线下用户数据、互联网数据以及数千万企业的信息数据，对其进行精细化分类管理，绘制全方位、

○　纪华道. 企业组织结构的变革演化及趋势 [J]. 学术界，2014（11）：91-97.

多维度的用户画像、产品画像、渠道分析报表和监控报告，从而帮助平安集团监控风险、发现商机。平安科技还搭建了深度学习集群，可以通过图像识别、语音分析、文本理解等技术进行智能化数据挖掘，相关研究成果已经服务于平安集团的众多金融业务，包括风险管控、反欺诈、智能营销、运行优化、智能健康、智能监控等领域[①]。

◀ 创新探索 ▶

美的集团数字化路线

自1968年创立以来，经过53年的发展，美的集团已成长为一家集合消费电器、暖通空调、机器人与自动化系统及创新业务四大板块业务的科技集团。然而美的集团的发展并非一帆风顺。2012年，随着互联网企业的兴起，作为传统制造企业的美的集团，面临着市场红利不断消失、利润空间受挤压、客户需求升级、企业经营效率不高、市场反应慢、库存积压多、资金占用大等多方面挑战。因此，美的集团拉开了大刀阔斧地数字化转型与管理变革的序幕。从不同阶段来看，美的集团数字化转型之路可分为五大阶段，分别为：2012~2015年的"数字化1.0"阶段、2015~2016年的"+互联网"阶段、2016~2017年的"数字化2.0"阶段、2017~2020年的"工业互联网"阶段、2020年以后的"数字美的，敢知未来"阶段，如图9-16所示。而从数据赋能对象来看，美的集团数字化转型可从数据赋能战略决策、研究开发、生产制造、市场营销、组织管理五大方面进行分析。

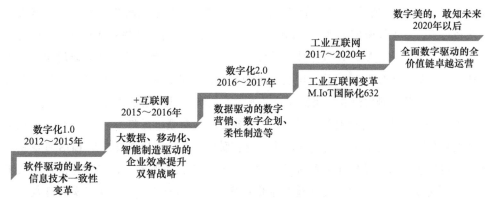

图9-16 美的集团数字化转型路径

在数据赋能战略决策创新过程中，美的集团秉持着"让高管层尽量年轻化"的理

---
① 周朝林. 赋能型组织：未来组织不是管理，而是赋能[M]. 北京：中国纺织出版社，2019.

念，通过数据进行决策和迭代，以培养数据驱动的决策文化，将数据植入整个企业的思维逻辑中，靠数据而不是靠经验来判断客户的需求，以便更加精准地开发产品并快速响应市场的改变。美的集团打造开普勒大数据平台，打通企业内部涉及生产、研发、销售、财务、人力资源等方面的数据，融合包含互联网商情与用户声音的外部数据，整合统一的售后用户、电商用户、物流用户、导购收集的用户数据等，完善设备的运营数据、企业内部数据、互联网数据等。美的集团利用该大数据平台助力企业运营与决策分析。例如，水晶球是美的集团内部经营分析产品，能对财务、内销、外销、运营、审计、金融、人力资源、智慧家居等内部数据进行全面融合，涉及美的集团12大业务领域、2 000多份业务报表、3 000多项业务指标、4层数据模型。通过丰富的维度指标、可视化的数据展示方式和良好的数据使用体验，美的集团可对各项业务做出更合理的决策。2020年以来，美的集团将"全面数字化和全面智能化"提升为集团核心战略，实现贯穿研发、制造、营销、售后的全价值链条数字化，孵化以"美云销"为代表的商业平台、以"美居"为代表的互联网平台以及工业互联网平台。

在美的集团数据赋能研究开发创新过程中，美的集团使用数字化技术精准地识别消费者的需求，并实现研发设计高效化及研发流程并行化。美的集团在产品开发侧搭建信息体验平台，洞察用户在不同场景下的生活方式及潜在需求，以精准定位产品痛点并确定未来的产品趋势，提升了研发设计的精准度。美的集团打造全球产品平台，从单品开发转向平台开发，形成支撑C2M定制的产品能力，完成研发数字化平台的自主化建设，发布GPM、MPLM等研发领域自主知识产权工业软件平台，实现开发效率提升27%和测试周期缩短32%的目标。美的集团通过数字化服务，平台化、模块化开发和生产，率先探索家电产品C2M定制模式，实现面向单品的灵活定制和面向装修需求的全屋套系化定制，以服务体验持续强化产品体验，带来用户全生命周期体验的提升。美的集团数字验证或数字孪生技术的应用，产品仿真、工艺仿真、工厂仿真的使用缩短了产品的研发流程，提高了产品质量，实现了研发流程并行化。

在数据赋能生产制造创新过程中，美的集团打造新型"黑灯工厂"，实现自动化生产和数字化透明。美的集团通过移动化、设备联机等智能手段实现工厂EHS可视化管理及智能预警，通过数字化系统进行科学排产和数字化品控管理，有效地降低了人工成本，实现效率的提升。一是通过数字化系统进行科学排产。以旗下"美云智数"提供的高级计划与排程（APS）系统为例，该系统支撑营销订单和生产制造高效协同，通过获取内外销订单实现来单即可引入并排产，从而协同工厂内外及各车间的工序排程，提升制造效率。二是通过工业云系统保障品控管理。美的集团工业云系统利用大数据分析、机器学习、AI算法等优化生产运营，实现故障自动检测及智能管理。通过大数据的应用，使得生产中的数据透明化，并且实现整个过程可控，让问题得到及时闭环处理。例如，在洗衣机的品控管理中，美的集团工业云系统以声纹识别技术实现异音的自动检测，并与 MSE 检测交互，通过 RFID 自动将异音洗衣机排出到返修线，检测员可以通过 MSE 查询 AI 检测的异音效果，并根据异音效果做精准检查，这样不仅能提高检测准确率，还能将异音检测人工成本降低 50%。以电器制造中的"注塑"环节为例，根据美的集团官网数据，美的集团通过工业互联网平台及智能装备赋能制造业，实现原材料库存减少八成、生产效率提高 17%、故障响应时间缩短 80%、故障率减少 36%、停机时间缩短 57%、检测成本下降 55%、外观检测精度上升 80% 的目标。

在数据赋能市场营销创新方面，美的集团利用大数据平台，围绕用户探索数字化精准营销。2013 年，美的集团开始布局线上渠道，启动美的集团官方线上商城运营。2017 年，公司发挥"线上用户和订单＋线下旗舰店＋物流仓储"的全渠道布局优势，探索数字化精准营销。美的集团旗下的云服务商"美云智数"拥有用户画像大数据平台，即开普勒地动仪。它汇集了家电行业的用户数据，通过对用户数据进行深度的分析和挖掘，提炼用户特征，构建出一套完整的用户标签体系，从而按需进行产品设计，根据用户特征制定营销策略，保证产品精准推送，同时提供具有针对性的售后服务，形成一套从产品设计到销售，最后到售后的完整的业务应用闭环管理流程。开普勒地动仪汇集了 2 亿多用户标签数据，整个标签体系共有 800 多项标签，能够全面剖析用户特征，为营销活动提供精准支持。在数字化赋能营销方面，美的集团还打造"美的惠生活家装店"，在消费者入店后，展示多种 3D 场景效果图，在精准锁定业主所需户型后，实现业主户型 1：1 方案设计，将 3D 全景图分享给其家人，帮助业主做出决策行为，并在下单购买后按施工进度适时交付产品。"美的惠生活家装店"实现了从家装设计环节开始，为用户提供全屋家电解决方案和交付体验的梦想。

在数据赋能组织管理创新方面，在美的集团数字化转型初期，美的集团对组织结构进行了重大调整。美的集团在 2012 年之前的 IT 系统按子集团、子平台运作，事业部之间的系统、流程、数据都是分散的，整体运营效率难以评价，因此也就无从着手整体优化。2012～2015 年，美的集团实行了"632"项目，即以"统一流程、统一数据、统一 IT 系统"为工作目标，在集团层面打造六大运营系统（PLM、ERP、APS、MES、SRM、CRM）、三大管理平台（BI、FMS、HRMS）、两大门户网站和集成技术平台（MIP、MDP），以整合事业部制下分散式的应用，打造"一个美的、一个体系、一个标准"的模式。美的集团依托软件驱动的业务和 IT 系统一致性变革，构建了集团级的业务力，致力于研发制造智能化家电设备和推动生产线的工业自动化升级。在人力资源管理方面，美的集团从员工和智慧业务双维度出发打造数字化人才供应链，利用管理驾驶舱实时洞察团队动态，了解绩效、成本等关键指标，定期获取人才报告，提供人才决策依据，加速建立人才分析模型、人才标签体系和人才画像，为人力资源智能化应用夯实基础；以规范管理流程、提升操作效率及服务质量为目标，持续健全员工管理体系。

如图9-17所示，美的集团数字化转型卓有成效。美的集团在五个方面的数字化变革提高了战略决策的正确性，优化了产品研发流程，实现了自动化生产和数字化透明，提高了客户的满意程度，提升了企业的管理效率。美的集团位于广州的家用空调工厂，成功入选世界经济论坛（WEF）最新"灯塔工厂"，为全球泛制造业企业的转型与创新树立了新的标杆。在2020年新冠肺炎疫情之下，美的集团收获了难得的逆势增长，实现收入2 857.1亿元，同比增长2.27%，实现归集母公司净利润272.23亿元，同比增长12.44%。2020年，美的集团核心品类家用空调的全渠道份额明显提升，线上市场份额接近36%，全网排名第一，美的集团全网销售规模超过860亿元，同比增幅为25%以上，排名线上家电全品类第一。在2020年《财富》世界500强榜单中，美的集团位列第307名，较去年的排名前进了5名，连续五年跻身世界500强；在2020年《财富》中国500强榜单中，美的集团排名第35位，连续六年蝉联同行业第一。

图9-17 数据赋能美的集团转型

资料来源：①张小懿.关于"美的数字化转型实践"的分享[EB/OL].（2019-08-29）[2021-01-15]. https://www.ixigua.com/6730512206254834183. ②美的集团股份有限公司2020年年度报告[EB/OL].（2021-04-30）[2021-05-03].http://static.cninfo.com.cn/finalpage/2021-04-30/1209870336.PDF. ③吴涛.美的集团数字化历程与经验总结（2020年）[EB/OL].（2021-03-07）[2021-05-01]. https://mp.weixin.qq.com/s?__biz=MzIwNDk1MDA0OQ==&mid=2247492843&idx=1&sn=18b0e6bed2dc58e1e60be2be4199cf04&chksm=973afba5a04d72b38a2c8763fba3b8a2e480969a4e7e705d275ea1fe9ac3ab54dcd95ab56f6e&mpshare=1&scene=1&srcid=03078nzfPkM0KrBp8K4d6YoK&sharer_sharetime=1615126533924&sharer_shareid=b405a05341f92b81bec5b6f4821b1376#rd. ④美的官网.美的工业互联网[EB/OL].（2020-08-15）[2021-01-15]. https://www.midea.com/cn/Our-Businesses/miot.

本章小结

1. 本章从数字经济时代逐步到来的时代背景出发，阐释了数据赋能的基本内涵，分析了数据赋能给企业创新模式带来的转变，明确了数字创新管理的概念，从创新类型的角度将数字创新管理界定为数字决策创新、数字产品创新、数字流程创新、数字组织创新和数字商业模式创新，从创新过程的角度将数字创新管理划分为启动、开发和应用三个阶段。

2. 数据赋能为企业战略决策创新提供了更丰富的工具和手段。企业管理决策方式由基于经验的决策转变为基于"数据+算力+算法"的决策，从"事后管控"向"事前预测"转变，管理者的决策思维要能够超越当下，从而对未来做出合理判断。

3. 与传统的研发模式不同，数字化研发是企业利用各种数字化的工具、软件等对产品进行数字化设计、分析、仿真、试验或验证的过程。数字技术在用户需求识别、产品设计效率、研发组织方式等方面为企业的产品研发带来了巨大的变革。依托数字赋能带来的连接、分析和智能能力，企业在研究开发活动中逐渐实现了需求分析精准化、研发设计高效化、研发流程并行化和研发模式生态化。

4. 数据赋能带来企业生产制造范式的变革，推动传统制造模式逐步向智能制造模式转变。智能制造被定义为基于新一代信息通信技术与先进制造技术深度融合，贯穿于设计、生产、采购、营销、服务等价值创造活动的各个环节，具有智能感知、智能学习、智能分析、智能决策等功能，以在企业中逐渐形成大规模定制化的柔性制造模式和及时精准生产的精益制造模式为代表的新型生产方式。

5. 数据赋能为企业洞察市场需求、开展市场营销创新提供了新的思维、工具和方法。在大数据、云计算、人工智能等新一代信息技术的助力下，企业逐渐实现精准营销，销售管理、客户管理和渠道管理呈现智能化、数字化的发展态势，线上线下相互融合的新型营销模式逐渐成为大趋势。

6. 在数字经济时代，企业的组织架构不断重构，逐渐形成"小前台+大中台"的平台型组织，通过赋能一线提升组织敏捷性，打造业务间的高效协同机制；数据赋能同样驱动着企业不断创新人力资源管理方式，通过数字化技术绘制员工画像，加强对员工的全面认知，进而做出正确的选拔决策，这有利于企业实现人力资源的价值最大化。在大数据、云计算、人工智能等信息技术的推动下，企业应加强人流、物流、资金流、信息流的集成化管理，企业的设计开发、生产制造、销售服务、物流配送等价值创造活动要逐渐实现数字化、智能化。

◆ **思考与练习** ◆

1. 谈谈在新一代科技革命背景下数据的重要性。

2. 数据赋能是什么?数字时代的创新管理有哪些新的特点和内涵?

3. 数字创新是什么?其具体包括哪些类型和开展阶段?

4. 数据赋能分别给企业的战略决策过程、研究开发创新、生产制造模式、市场营销创新、组织管理创新带来了哪些新的变革?

结 语

迈向创新成功之路

一、创新管理是一项集齐五条路线的系统工程

正如动画片《龙珠》中所描绘的那样,只有集齐七颗龙珠才能召唤神龙。如果把企业创新的思想路线、技术路线、产品路线、市场路线和组织路线这五条路线看成是五颗星,那么企业只有集齐这五颗星才能迈向创新成功之路。其中,思想路线主要是指企业创新战略管理,构成一个包括创新理念、创新目标与创新战略在内的创新抽象系统;技术路线、产品路线、市场路线分别指企业技术研发管理、产品开发管理、市场营销管理,构成一个从技术价值、产品概念与市场机会识别到技术、产品研发与市场营销方案选择和管理的创新活动系统,涵盖创意、技术和商业三个世界;组织路线主要是指企业的研发组织管理,构成一个涵盖创新资源、创新组织与创新管理制度的创新支撑系统。创新管理是一项协调创新抽象系统、创新活动系统与创新支撑系统的系统工程,是一项系统策划创新的思想路线、技术路线、产品路线、市场路线和组织路线的协同工程,是一项着眼于现在与面向未来的创新路线图绘制工程。

创新路线图描绘了企业创新发展的宏伟蓝图。首先,创新抽象系统的思想路线是五条路线之首,对企业发展起到引领全局的关键作用。我们将创新的思想路线视为其他路线的基础和前提,为企业创新的技术路线、产品路线、市场路线和组织路线的制定提供了整体方向、基本准则与边界条件。其次,创新活动系统涵盖了企业技术创新、产品创新和市场创新等创新活动,分别对应于创新的技术路线、产品路线和市场路线。其中,创新的技术路线的核心是帮助企业利用技术预测、技术识别与筛选等制订的关于未来核心技术、关键技术、一般技术和通用技术的研发计划和行动方案。我们将技术路线划分为技术价值识别、技术方案设计以及技术研发管理三个具有先后顺序的核心模块,因此,技术路线的本质是技术研发管理的重要工

具。创新的产品路线是企业基于对产品概念的寻找，对其未来生产经营产品的预测、系统设计以及开发管理，并最终将产品创意转化为上市产品的蓝图。它主要回答了"企业如何开发新产品"的问题。我们将产品路线划分为产品概念形成、产品方案设计和新产品开发管理三个模块。其本质是产品开发管理的工具。创新的市场路线是企业基于市场需求与组织能力而制定的一系列与市场相关的行动方案，是连接企业与市场的重要桥梁，凝结了企业进行市场创新的实践智慧，主要回答了"企业该如何将产品或服务商业化"的问题。我们将市场路线划分为市场机会分析、细分市场选择和市场策略制定三个模块，其本质是市场营销管理的工具。最后，作为创新支撑系统的组织路线是企业创新路线的重要组成部分，其核心是支撑企业的各种创新活动，是企业基于创新目标与工作任务而设计的与组织创新、研发团队、创新资源配置以及创新管理制度相关的行动方案。综合来看，我们将企业创新路线图系统性地划分为创新抽象系统、创新活动系统和创新支撑系统三大层次，并进一步细分为与企业创新紧密相关的思想路线、技术路线、产品路线、市场路线和组织路线五个维度。"五位一体"的创新系统为企业开展创新活动指明了方向。企业应该尽全力形成与协调好这五条路线，绘制适合自身实际情况的创新路线图，这样才能实现成功创新与可持续发展。

二、创新成功需要将理论指导与企业个性化选择相融合

企业创新路线图是指导企业开展创新实践活动的重要理论工具和方法，是理论与实践相结合的成果。在开放创新与协同创新的背景下，企业不仅需要考虑技术创新的管理，还要关注整体层面的创新战略的制定与执行以及组织保障等整个创新体系。基于此，经由众多企业创新实践经验总结和现有创新管理理论方法凝练而成的创新路线图这一理论指导工具应运而生。相较于技术路线图而言，我们所提出的创新路线图更具系统性、科学性和实用性，能够更好地回答企业"创新什么"以及"怎么创新"的问题，从思想、技术、产品、市场和组织等多方面着手解决企业的创新发展难题，帮助企业统筹创新资源、寻找未来的创新路径、提高创新效率和实现可持续发展。

企业创新成功既需要系统的理论工具指导，又需要结合企业实践进行个性化选择，只有将二者深度融合，才能助力企业焕发新活力。我们并不是要求企业完全按照本书提及的方法论工具生搬硬套，而是要动态、灵活地运用理论工具指导企业创新活动。针对不同行业、不同成长阶段乃至不同规模的企业，我们所提出的创新路

线、创新工具、创新方法和创新流程等理论工具,都会结合每个具体企业的实际情况给出个性化选择与运用的建议。任何企业想要创新成功,必须因"企"制宜、因"时"制宜地绘制创新路线图。绘制创新路线图时尤其要注重时间演化的特性,根据企业不同的成长阶段制定具有层次的、分阶段的战略和目标。只有将理论指导和个性化选择有机地融合起来,才能促成企业的创新成功。

三、只有拥有成功的创新,才能迈向成功的未来

习近平总书记在党的十八届五中全会第二次全体会议上提出了"新发展理念",明确指出"我们必须把创新作为引领发展的第一动力"。当前,创新已成为引领企业发展的根本动力。企业只有不断创新,才能在数字经济浪潮中立于不败之地。对于企业而言,自主创新、协同创新和开放创新是企业从大到强的必由之路。

企业只有拥有成功的创新,才能迈向成功的未来。作为企业掌舵人的企业家,应该有大格局、前瞻性和长远眼光,拥有家国情怀和创新精神,将创新写入企业基因,将创新融入企业的血液和骨髓。对于企业而言,创新不仅要立足当下,还要面向未来。本书所提及的创新知识、创新理念和创新方法及工具既能帮助企业进行自我诊断并解决当下存在的问题,又能指导企业制定长远目标和战略规划,并帮助企业有效地开展创新实践活动,实现可持续发展。对于企业来说,选择创新就是选择未来,只有拥有成功的创新,才能跟上时代的步伐,才能迈向成功的未来。